컴퓨터활용능력
2급 필기

2025
시나공

길벗알앤디 지음

길벗

지은이 길벗알앤디

강윤석, 김용갑, 김우경, 김종일

IT 서적을 기획하고 집필하는 출판 기획 전문 집단으로, 2003년부터 길벗출판사의 IT 수험서인 〈시험에 나오는 것만 공부한다!〉 시리즈를 기획부터 집필 및 편집까지 총괄하고 있다.

30여 년간 자격증 취득에 관한 교육, 연구, 집필에 몰두해 온 강윤석 실장을 중심으로 IT 자격증 시험의 분야별 전문가들이 모여 국내 IT 수험서의 수준을 한 단계 높이기 위한 다양한 연구와 집필 활동에 전념하고 있다.

컴퓨터활용능력 2급 필기 – 시나공 시리즈 ⑦
The Written Examination for Intermediate Computer Proficiency Certificate

초판 발행 · 2024년 8월 12일

발행인 · 이종원
발행처 · (주)도서출판 길벗
출판사 등록일 · 1990년 12월 24일
주소 · 서울시 마포구 월드컵로 10길 56(서교동)
주문 전화 · 02)332-0931   팩스 · 02)323-0586
홈페이지 · www.gilbut.co.kr   이메일 · gilbut@gilbut.co.kr

기획 및 책임 편집 · 강윤석(kys@gilbut.co.kr), 김미정(kongkong@gilbut.co.kr), 임은정(eunjeong@gilbut.co.kr), 정혜린(sunriin@gilbut.co.kr)
디자인 · 강은경, 윤석남   제작 · 이준호, 손일순, 이진혁   마케팅 · 조승모, 유영은
영업관리 · 김명자   독자지원 · 윤정아

편집진행 및 교정 · 길벗알앤디(강윤석 · 김용갑 · 김우경 · 김종일)   일러스트 · 윤석남
전산편집 · 예다움   CTP 출력 및 인쇄 · 금강인쇄   제본 · 신정제본

ISBN 979-11-407-1038-6 13000
(길벗 도서번호 030856)

가격 20,000원

독자의 1초까지 아껴주는 길벗출판사

(주)도서출판 길벗 | IT교육서, IT단행본, 경제경영서, 어학&실용서, 인문교양서, 자녀교육서 www.gilbut.co.kr
길벗스쿨 | 국어학습, 수학학습, 어린이교양, 주니어 어학학습, 학습단행본 www.gilbutschool.co.kr

인스타그램 • @study_with_sinagong

짜잔~ 'Quick & Easy 단기완성' 시리즈를 소개합니다~

요즘같이 힘든 시대에 자격증 취득에까지 돈과 시간을 낭비하면 되겠습니까?
꼭 취득해야 할 자격증이라면 쉽고 빠르게 취득하는 게 좋지 않겠습니까?
시나공 퀵이지(Quick & Easy) 단기완성을 기획하면서 딱 두 가지만 생각했습니다.

시나공 **퀵앤이지(Quick & Easy) 단기완성**, 줄여서 '**퀵이지 단기완성!**'은 시나공 자격증 수험서로 공부하면
빠르고 쉽게 취득한다는 의미를 담고 있습니다.

Quick, 빠르게 합격하자!

▶ 이론상 중요할지라도 시험 문제와 거리가 있는 내용, 출제 비중이
낮은 내용은 과감하게 제외하였습니다.
▶ 중요한 내용을 먼저 확인한 후 필요한 내용을 빠르게 학습할 수 있
도록 구성했습니다.

Easy, 쉽게 공부하자!

▶ 소설책을 읽듯이 술술 넘어갈 수 있도록 쉽게, 그래도 어려운 부분
은 예제를 통해 충분히 이해할 수 있도록 자세하게 설명했습니다.
▶ 이해가 어려운 수험생을 위해 핵심 단위로 동영상 강의를 붙였습
니다.

"컴퓨터활용능력2급" 자격증, 꼭 취득하여 여러분의 즐거운 인생살이에 조금이라도 보탬이 되었으면 하는 간절함이 있습니다.

2024년 시원한 여름날에

강윤석

1 과목 컴퓨터 일반

2 과목 스프레드시트 일반

1등만이 드릴 수 있는 1등 혜택!!
수험생을 위한 아주 특별한 서비스

하나, 합격 도우미

'시나공 홈페이지(sinagong.co.kr)'
자격증 준비를 위한 시험정보와 합격전략을 제공합니다.

둘, 수험생 지원 센터

'책 내용 질문하기' 게시판
공부하다 궁금하면 참지 말고 게시판에 질문을 남기세요!

셋, 유형별 기출문제

'기출문제' 게시판
자세한 해설이 포함된 기출문제로 현장 감각을 키우세요.

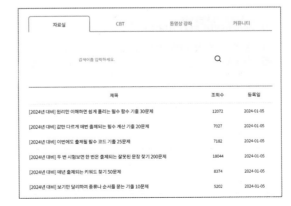

넷, 기출문제 CBT

최종점검 기출문제 CBT

시험장과 동일한 CBT 환경에서 실제 시험보듯 기출문제를 풀어볼 수 있습니다. 자세한 해설은 덤입니다.

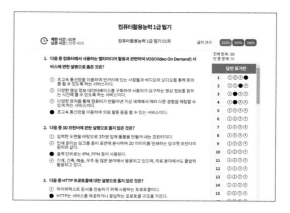

다섯, 무료 동영상 강의

합격에 필요한 내용은 모두 동영상 강의로!

97섹션 245필드 중 233필드를 동영상 강의로 담았습니다. 혼자 공부하다가 어려운 부분이 나와도 고민하지 말고 QR 코드를 스캔하세요!

방법1 스마트폰으로 QR코드를 스캔하세요.
방법2 시나공 홈페이지의 [컴퓨터활용능력 1/2급 필기] → [토막 강의]에서 강의번호를 입력하세요.
방법3 유튜브 검색 창에 "시나공"+강의번호를 입력하세요.

시나공600101

여섯, 온라인 실기 특강

실기 시험 대비 온라인 특강

시나공 홈페이지에서는 실기 시험 준비를 위한 온라인 특강을 무료로 제공합니다.

실기 특강 온라인 강좌는 이렇게 이용하세요!
1. 길벗출판사 홈페이지(www.gilbut.co.kr)에 접속하여 로그인 하세요!
2. 상단 메뉴 중 [동영상 강좌] → [IT자격증] → [컴퓨터활용능력]을 클릭하세요!
3. '[2025] 컴활2급실기 [실제시험장을 옮겨놓았다]'를 클릭하여 시청하세요.

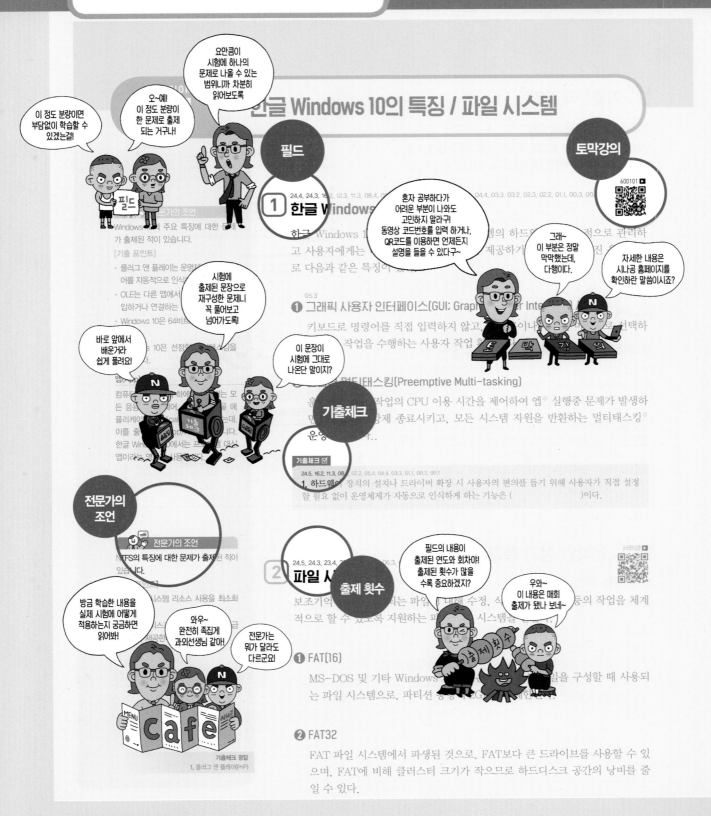

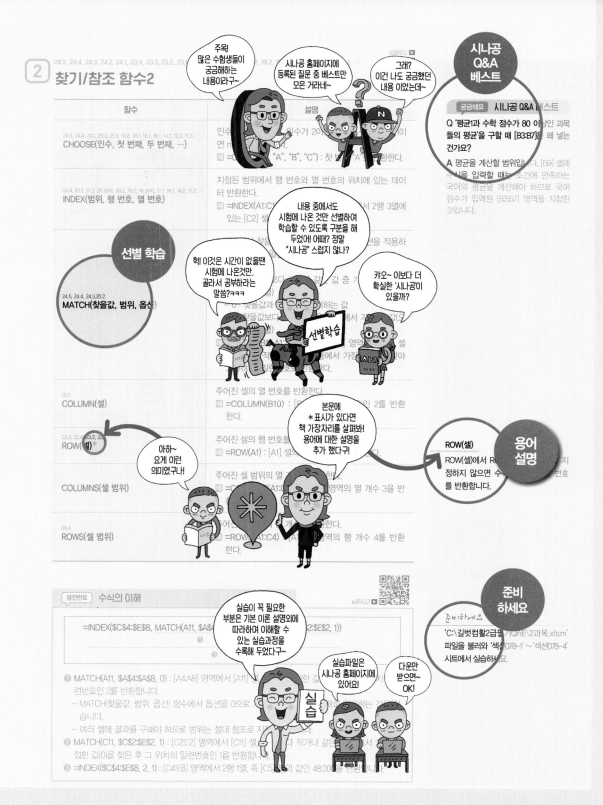

시나공 홈페이지 회원 가입 방법

1. 시나공 홈페이지(sinagong.co.kr)에 접속하여 우측 상단의 〈회원가입〉을 클릭하고 〈이메일 주소로 회원가입〉을 클릭합니다.
   ※ 회원가입은 소셜 계정으로도 가입할 수 있습니다.
2. 가입 약관 동의를 선택한 후 〈동의〉를 클릭합니다.
3. 회원 정보를 입력한 후 〈이메일 인증〉을 클릭합니다.
4. 회원 가입 시 입력한 이메일 계정으로 인증 메일이 발송됩니다. 수신한 인증 메일을 열어 이메일 계정을 인증하면 회원 가입이 완료됩니다.

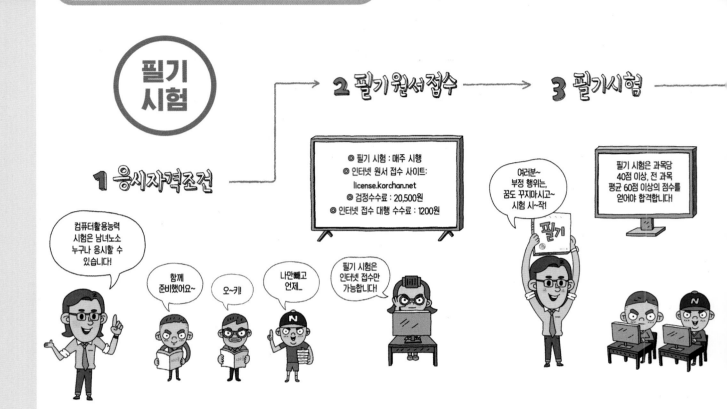

※ 신청할 때 준비할 것은~

▶ 접수 수수료 3,100원, 등기 우편 수수료 3,000원

→ **4 합격여부 확인** → **실기 시험** **1 실기원서접수**

설마 필기시험에 떨어진건 아니겠지~?

합격

축합격

실기 시험은 인터넷 접수만 가능합니다!

◎ 실기 시험 : 매주 시행
◎ 인터넷 원서 접수 사이트: **license.korcham.net**
◎ 프로그램 : 오피스 2021
◎ 검정수수료 : 25,000원
◎ 인터넷 접수 대행 수수료 : 1,200원

최종 합격 **3 합격여부 확인** ← **2 실기시험**

합격여부 확인은 license.korcham.net로 하면 됩니다.

필기는 합격 하셨군요~ 실기도 편안한 마음으로 시작하세요~고고

실기 시험은 70점 이상의 점수를 (1급은 두 과목 모두) 얻어야 합니다!

집중

컴퓨터활용능력 시험, 이것이 궁금하다!

Q 컴퓨터활용능력 자격증 취득 시 독학사 취득을 위한 학점 인정이 가능하다고 하던데, 학점 인정 현황은 어떻게 되나요?

A

종목	학점	종목	학점
정보처리기사	20	워드프로세서	4
정보처리산업기사	16	ITQ A급	6
사무자동화산업기사	16	ITQ B급	4
컴퓨터활용능력 1급	14	GTQ 1급	5
컴퓨터활용능력 2급	6	GTQ 2급	3

※ 자세한 내용은 평생교육진흥원 학점은행 홈페이지(https://cb.or.kr)를 참고하세요.
※ ITQ A급 : 5과목 중 3과목이 모두 A등급인 경우
※ ITQ B급 : 5과목 중 3과목이 모두 B등급 이상인 경우

Q 시험 접수를 취소하고 환불받을 수 있나요? 받을 수 있다면 환불 방법을 알려주세요.

A 네, 가능합니다. 대한상공회의소 자격평가사업단 홈페이지의 상단 메뉴에서 [개별접수] → [환불신청]을 클릭하여 신청하면 됩니다. 하지만 환불 신청 기간 및 사유에 따라 환불 비율에 차이가 있습니다.

상시 시험	
접수일 ~ 시험일 4일 전	100% 반환
시험일 3일 전 ~ 시험일	반환 불가

※ 100% 반환 시 인터넷 접수 수수료는 제외하고 반환됩니다.

Q 필기 시험에 합격하면 2년 동안 필기 시험이 면제된다고 하던데, 필기 시험에 언제 합격했는지 기억이 나지 않을 경우 실기 시험 유효 기간이 지났는지 어떻게 확인해야 하나요?

A 대한상공회의소 자격평가사업단 홈페이지에 로그인한 후 [마이페이지] 코너에서 확인할 수 있습니다.

Q 필기 시험 볼 때 입실 시간이 지나서 시험장에 도착할 경우 시험 응시가 가능한가요?

A 입실 시간이 지나면 시험장에 입실할 수 없습니다. 반드시 입실 시간에 맞춰 입실하세요.

Q 필기 시험 볼 때 가져갈 준비물로는 어떤 것들이 있나요?

A 수검표, 신분증(주민등록증, 운전면허증 등)을 지참해야 합니다.

※ 신분증을 지참하지 않으면 시험에 응시할 수 없으니 반드시 신분증을 지참하세요.

Q 컴퓨터활용능력 1급 필기 시험에 합격하면 2급은 필기 시험 없이 실기 시험에 바로 응시할 수 있나요?

A 네, 그렇습니다. 1급 필기 시험에 합격하면 1, 2급 실기 시험에 모두 응시할 수 있습니다.

Q 신분증을 분실하였을 경우에는 어떻게 해야 하나요?

A 신분증을 분실했을 경우 동사무소에서 임시 주민등록증을 발급 받아 오거나 교육행정정보시스템(www.neis.go.kr)에서 재학증명서를 발부해 오면 됩니다. 그 외에 운전면허증, 학생증(초·중·고등학생 한정), 사진이 나와 있는 여권, 국가기술자격증이 있어도 됩니다.

Q 필기 시험에 합격한 후 바로 상시 시험에 접수할 수 있나요?

A 네, 가능합니다. license.korcham.net에서 접수하면 됩니다.

Q 실기 시험 합격 여부를 확인하기 전에 다시 상시 시험에 접수하여 응시할 수 있나요?

A 네, 상시 시험은 같은 날 같은 급수만 아니면, 합격 발표 전까지 계속 접수 및 응시가 가능합니다. 그러나 합격한 이후에 접수한 시험은 모두 무효가 되며 접수한 시험에 대해서는 취소 및 환불이 되지 않으니 주의하기 바랍니다.

Q 필기 시험과 실기 시험의 합격 기준은 어떻게 되나요?

A

필기 시험

등급	시험 과목	제한시간	출제형태	합격기준
1급	컴퓨터 일반	60분	객관식 60문항	과목당 40점 이상 평균 60점 이상
	스프레드시트 일반			
	데이터베이스 일반			
2급	컴퓨터 일반	40분	객관식 40문항	
	스프레드시트 일반			

실기 시험

등급	시험 과목	제한시간	출제형태	합격기준
1급	스프레드시트 실무	90분 (과목별 45분)	컴퓨터 작업형	70점 이상 (1급은 매 과목 70점 이상)
	데이터베이스 실무			
2급	스프레드시트 실무	40분		

1 과목

컴퓨터 일반

1 장

한글 Windows 10의 기본

한글 Windows 10의 특징 / 파일 시스템

앱(App)

컴퓨터의 운영체제 하에서 실행되는 모
든 응용 소프트웨어, 즉 프로그램을 애
플리케이션(Application)이라고 하는데,
이를 줄여서 앱(App)이라고 부릅니다.
한글 Windows 10에서는 프로그램 대신
앱이라는 명칭을 사용합니다.

멀티태스킹(Multi-tasking)

다중 작업이란 뜻으로, 여러 개의 앱을
동시에 열어 두고 다양한 작업을 동시
에 진행하는 것을 말합니다. 이를테면
MP3 음악을 들으면서 워드프로세서 작
업을 하다 인터넷에서 파일을 내려받는
것을 멀티태스킹이라고 합니다.

개체 연결 및 삽입

개체를 연결한 경우 원본을 수정하면
연결된 개체도 함께 수정되지만 개체를
삽입한 경우 원본을 수정해도 삽입한
개체에는 반영되지 않습니다.

64비트

64비트 버전으로 제작된 Windows 10
용 앱은 32비트 버전의 Windows 10에
서는 작동되지 않습니다.

기출체크 정답
1. 플러그 앤 플레이(PnP)

600101 ▶

16.2, 12.3, 11.3, 08.4, 08.2, 07.3, 07.2, 07.1, 05.4, 05.3, 04.4, 03.3, 03.2, 02.3, 02.2, 01.1, 00.3, 00.1

1 한글 Windows 10의 특징

한글 Windows 10 운영체제는 컴퓨터 시스템의 하드웨어를 효율적으로 관리하
고 사용자에게는 더 편리한 컴퓨터 환경을 제공하기 위하여 만들어진 운영체제
로 다음과 같은 특징이 있다.

05.3
❶ 그래픽 사용자 인터페이스(GUI; Graphical User Interface) 사용

키보드로 명령어를 직접 입력하지 않고, 아이콘이나 메뉴를 마우스로 선택하
여 모든 작업을 수행하는 사용자 작업 환경이다.

08.2, 05.4
❷ 선점형 멀티태스킹(Preemptive Multi-tasking)

운영체제가 각 작업의 CPU 이용 시간을 제어하여 앱* 실행중 문제가 발생하
면 해당 앱을 강제 종료시키고, 모든 시스템 자원을 반환하는 멀티태스킹*
운영 방식이다.

16.2, 11.3, 08.4, 08.2, 07.2, 07.1, 05.4, 05.3, 04.4, 03.3, 02.2, 01.1, 00.3, 00.1
❸ 플러그 앤 플레이(PnP; Plug & Play)

컴퓨터 시스템에 하드웨어를 설치했을 때, 해당 하드웨어를 사용하는 데 필
요한 시스템 환경을 운영체제가 자동으로 구성해 주는 것이다.

07.3, 03.2, 02.3
❹ OLE(Object Linking and Embedding)

다른 여러 앱에서 작성된 문자나 그림 등의 개체(Object)를 현재 작성중인 문
서에 자유롭게 연결(Linking)*하거나 삽입(Embedding)*하여 편집할 수 있
게 하는 기능이다.

11.2, 08.2, 05.3
❺ 64비트 데이터 처리

완전한 64비트*로 데이터를 처리하므로 더 많은 양의 데이터를 빠르게 처리할
수 있으며, 사용자가 좀 더 빠르고 효율적인 시스템을 구축할 수 있게 한다.

기출체크 ☑

16.2, 11.3, 08.4, 07.2, 05.4, 04.4, 03.3, 01.1, 00.3, 00.1
1. 하드웨어 장치의 설치나 드라이버 확장 시 사용자의 편의를 돕기 위해 사용자가 직접 설정
할 필요 없이 운영체제가 자동으로 인식하게 하는 기능은 (   )이다.

② 파일 시스템

12.3, 11.1, 06.3, 02.1, 01.1

보조기억장치에 저장되는 파일에 대해 수정, 삭제, 추가, 검색 등의 작업을 체계적으로 할 수 있도록 지원하는 파일 관리 시스템을 말한다.

❶ FAT(16)

MS-DOS 및 기타 Windows 기반의 운영체제에서 파일을 구성할 때 사용되는 파일 시스템으로, 파티션 용량이 2GB까지 제한된다.

❷ FAT32

FAT 파일 시스템에서 파생된 것으로, FAT보다 큰 드라이브를 사용할 수 있으며, FAT에 비해 클러스터 크기가 작으므로 하드디스크 공간의 낭비를 줄일 수 있다.

❸ NTFS※

12.3, 11.1, 06.3, 02.1, 01.1

- 성능, 보안, 디스크 할당, 안정성, 속도 면에서 FAT 파일 시스템에 비해 뛰어난 고급 기능을 제공하며, 시스템 리소스 사용을 최소화한다.
- 파일 및 폴더에 대한 액세스 제어를 유지하고 제한된 계정을 지원한다.
- 최대 볼륨 크기는 256TB이며, 파일 크기는 볼륨 크기에 의해서만 제한된다.

기출체크 ☑

12.3, 06.3, 02.1, 01.1
2. NTFS는 시스템 리소스를 최대화할 수 있다. (○, ×)

바로 가기 키

1 바로 가기 키

바로 가기 키는 키보드의 키를 조합하여 명령어 대신 특정 앱이나 명령을 빠르게 실행하는 기능으로, 단축키 또는 핫키(Hot Key)라고도 한다.

24.5, 19.상시, 19.1, 13.3, 13.1, 06.2, 06.1, 04.2, 01.1

2 기능키

바로 가기 키	기능
24.5, 19.상시, 19.1, 13.3, 06.2, … F2	폴더 및 파일의 이름을 변경한다.
19.상시, 13.3, 13.1, 06.2, 06.1, … F3	파일 탐색기의 '검색 상자'를 선택한다.
19.상시 F4	파일 탐색기에서 주소 표시줄 목록을 표시한다.
19.상시, 13.3, 13.1, 06.2, 06.1, … F5	최신 정보로 고친다.
19.상시 F6	창이나 바탕 화면의 화면 요소들을 순환한다.
F10	현재 실행중인 앱의 메뉴 모음을 활성화한다.

기출체크 ☑

24.5, 19.상시, 19.1, 13.3, 06.2, 06.1, 04.2, 01.1

1. 바탕 화면에서 폴더나 파일을 선택한 후 (　　)를 누르면 이름을 변경할 수 있다.

24.5, 24.4, 23.1, 22.4, 20.상시, 20.2, 19.상시, 19.1, 18.상시, 18.1, 14.1, 12.1, 11.1, 10.3, 09.3, 08.1, 07.2, 06.4, …

3 Alt 를 이용한 바로 가기 키

바로 가기 키	기능
Alt + →, ←	현재 실행 중인 화면의 다음 화면이나 이전 화면으로 이동한다.
10.3, 07.2, 05.3, 04.1, 03.3, 03.2, … Alt + Esc	현재 실행 중인 앱들을 순서대로 전환한다.
24.4, 23.1, 22.4, 19.상시, 18.1, 14.1, … Alt + Tab	• 현재 실행 중인 앱들의 목록※을 화면 중앙에 나타낸다. • Alt 를 누른 상태에서 Tab 을 이용하여 이동할 작업 창을 선택한다.

24.5, 20.상시, 20.2, 19.상시, 19.1, … `Alt` + `Enter`	선택된 항목의 속성 대화상자를 나타낸다.
24.5, 18.상시, 03.3, 00.3 `Alt` + `Spacebar`	활성창*의 바로 가기 메뉴*를 표시한다.
20.상시, 19.상시, 11.1, 06.2 `Alt` + `F4`	• 실행 중인 창(Window)이나 앱을 종료한다. • 실행 중인 앱이 없으면 'Windows 종료' 창을 나타낸다.
18.상시, 08.1, 05.4, 03.3, 01.2, 00.3 `Alt` + `Print Screen`*	현재 작업 중인 활성 창을 클립보드로 복사한다.
`Alt` + `F8`	로그인 화면에서 암호를 입력할 때 표시되는 '●' 기호 대신 입력한 내용을 확인할 수 있다.

기출체크 ☑

24.5, 20.상시, 20.2, 19.상시, 19.1, 10.3, 09.3
2. 바탕 화면에서 아이콘을 선택한 후 (　　)+(　　)를 누르면 선택된 항목의 속성 창을 표시한다.

600204 ▶

24.5, 24.1, 20.2, 19.1, 14.1, 12.1, 10.2, 09.3, 07.2, 06.4, 05.3, 05.2, 05.1, 04.2, 04.1, 03.3, 02.3, 02.2, 01.2, 00.2

4 `Ctrl`*을 이용한 바로 가기 키

바로 가기 키	기능
24.5, 19.1, 06.4, 05.2, 05.1, 04.2, … `Ctrl` + `A`	폴더 및 파일을 모두 선택한다.
24.5, 20.2, 19.1, 14.1, 12.1, 10.2, … `Ctrl` + `Esc`	[⊞(시작)]을 클릭한 것처럼 [시작] 메뉴를 표시한다.
24.1, 02.3, 02.2 `Ctrl` + `Shift` + `Esc`	'작업 관리자' 대화상자를 호출하여 문제가 있는 앱을 강제로 종료한다.
`Ctrl` + 마우스 스크롤	바탕 화면의 아이콘 크기를 변경한다.

기출체크 ☑

24.5, 20.2, 19.1, 14.1, 12.1, 10.2, 09.3, 05.3, 03.3, 02.3, 02.2, 01.2
3. (　　)+(　　)를 누르면 시작 메뉴가 나타난다.

600205 ▶

24.1, 20.상시, 20.2, 19.상시, 12.3, 10.3, 10.2

5 `Shift`를 이용한 바로 가기 키

바로 가기 키	기능
24.1, 20.상시, 19.상시, 12.3, … `Shift` + `Delete`	폴더나 파일을 휴지통을 거치지 않고 바로 삭제한다.
24.1, 20.2, 10.2 `Shift` + `F10`	선택한 항목의 바로 가기 메뉴를 표시한다.

기출체크 ☑

24.1, 20.상시, 19.상시, 12.3, 10.3
4. 휴지통을 거치지 않고 바로 삭제하는 단축키는 (　　)+(　　)이다.

활성창

활성창은 활성화된 창, 즉 실행 중인 여러 개의 작업창 중에서 현재 선택되어 작업 대상이 되는 창을 말합니다.

활성창의 바로 가기 메뉴

`Print Screen`

`Print Screen`만 누를 경우 화면 전체를 클립보드로 복사합니다.

[기출 포인트]
• `Ctrl`+`Esc` : [시작] 메뉴 표시
• `Ctrl`+`A` : 모든 파일/폴더 선택

`Ctrl`을 사용한 기본 바로 가기 키

• `Ctrl`+`C` : 복사하기
• `Ctrl`+`X` : 잘라내기
• `Ctrl`+`V` : 붙여넣기
• `Ctrl`+`Z` : 실행 취소

[기출 포인트]
• `Shift`+`Delete` : 휴지통을 거치지 않고 바로 삭제
• `Shift`+`F10` : 바로 가기 메뉴 표시

기출체크 정답
2. `Alt`, `Enter` 3. `Ctrl`, `Esc`
4. `Shift`, `Delete`

⑥ 을 이용한 바로 가기 키

24.3, 23.3, 22.2, 21.6, 21.2, 20.2, 15.2, 08.1

600206 ▶

바로 가기 키	기능
⊞	[⊞(시작)]이나 Ctrl+Esc를 클릭한 것처럼 [시작] 메뉴를 표시한다.
⊞+D 24.3, 23.3, 22.2, 21.6, 21.2	열려 있는 모든 창과 대화상자를 최소화(바탕 화면 표시)하거나 이전 크기로 나타낸다.
⊞+E 24.3, 23.3, 22.2, 21.6, 21.2, 20.2, 08.1	'파일 탐색기'를 실행한다.
⊞+F 21.6, 21.2	피드백 허브* 앱을 실행한다.
⊞+L 24.3, 23.3, 22.2, 21.6, 21.2	컴퓨터를 잠그거나 사용자를 전환한다.
⊞+M / ⊞+Shift+M*	열려 있는 모든 창을 최소화/이전 크기로 나타낸다.
⊞+R 24.3, 23.3, 22.2, 21.6, 21.2	'실행' 창을 나타낸다.
⊞+T 15.2	작업 표시줄의 앱을 차례로 선택한다.
⊞+U	[설정]의 '접근성' 창을 나타낸다.
⊞+A	알림 센터를 표시한다.
⊞+B	알림 영역으로 포커스를 옮긴다.
⊞+Alt+D	알림 영역에 날짜 및 시간을 표시하거나 숨긴다.
⊞+I 24.3, 23.3, 22.2, 21.6, 21.2	'설정' 창을 화면에 나타낸다.
⊞+S	'검색 상자'로 포커스를 옮긴다.
⊞+Ctrl+D	가상 데스크톱을 추가한다.
⊞+Ctrl+F4	사용 중인 가상 데스크톱을 삭제한다.
⊞+Tab	'작업 보기'를 실행한다.
⊞+Home	선택된 창을 제외한 모든 창을 최소화 한다.
⊞+↑/←/→/↓	선택된 창 최대화/화면 왼쪽으로 최대화/화면 오른쪽으로 최대화/창 최소화(창 최대화일 때는 이전 크기로) 한다.
⊞+Ctrl+F	'컴퓨터 찾기' 대화상자를 나타낸다.
⊞++/-/Esc	돋보기 실행 후 확대/축소/종료를 지정한다.
⊞+Pause/Break	[설정] → [시스템] → [정보] 창을 나타낸다.

기출체크 ☑

24.3, 23.3, 22.2, 21.6, 21.2, 20.2, 08.1

5. '파일 탐색기'를 표시하는 바로 가기 키는 (   )+(   )이다.

24.3, 23.3, 22.2, 21.6, 21.2

6. '실행' 창을 표시하는 바로 가기 키는 (   )+(   )이다.

바로 가기 아이콘

22.5, 21.2, 21.1, 20.상시, 18.2, 17.2, 15.1, 11.2, 10.3, 10.2, 09.1, 06.1

600301 ▶

1 바로 가기 아이콘

바로 가기 아이콘(Shortcut)은 자주 사용하는 문서나 앱을 빠르게 실행시키기 위한 아이콘으로, 원본 파일의 위치 정보를 가지고 있다.

• 바로 가기 아이콘을 실행시키면 바로 가기 아이콘과 연결된 원본 파일이 실행 된다.

• 바로 가기 아이콘은 '단축 아이콘'이라고도 하며, 폴더나 파일, 디스크 드라이 브, 다른 컴퓨터, 프린터 등 모든 개체에 대해 작성할 수 있다.

• 바로 가기 아이콘은 왼쪽 하단에 화살표 표시가 있어 일반 아이콘과 구별 된다.*

• 바로 가기 아이콘의 확장자*는 LNK이며, 여러 개 존재할 수 있다.

• 하나의 원본 파일에 대해 여러 개의 바로 가기 아이콘을 만들 수 있으나, 하나 의 바로 가기 아이콘에는 하나의 원본 파일만 지정할 수 있다.

• 바로 가기 아이콘을 삭제 · 이동하더라도 원본 파일은 삭제 · 이동되지 않는다.

• 원본 파일을 삭제하면 해당 파일의 바로 가기 아이콘은 실행되지 않는다.

• 바로 가기 아이콘은 원본 파일이 있는 위치와 관계없이 만들 수 있다.

• **바로 가기 아이콘의 '속성' 대화상자**

 – 바로 가기 아이콘의 파일 형식, 설명, 위치, 크기, 만든 날짜, 수정한 날짜, 액세스한 날짜, 연결된 항목의 정보* 등을 확인할 수 있다.

 – 바로 가기 키, 아이콘, 원본 파일 등을 변경*할 수 있다.

기출체크 ☑

22.5, 21.2, 21.1, 20.상시, 18.2, 17.2, 15.1, 11.2, 10.3, 09.1, 06.1

1. 다음 중 바로 가기 아이콘에 대한 설명으로 옳지 않은 것을 모두 고르시오. (   )

ⓐ 원본 파일을 삭제하여도 바로 가기 아이콘을 실행할 수 있다.
ⓑ 바로 가기 아이콘을 삭제하면 연결된 실제의 대상 파일도 삭제된다.
ⓒ 바로 가기 아이콘의 확장자는 LNK이다.
ⓓ 하나의 원본 파일에 대하여 여러 개의 바로 가기 아이콘을 만들 수 있다.

 전문가의 조언

바로 가기 아이콘의 특징에 대한 문제가 출제되고 있습니다.

[기출 포인트]

• 원본 파일을 삭제하면 바로 가기 아이 콘은 실행되지 않는다.

• 바로 가기 아이콘을 삭제해도 원본 파 일은 삭제되지 않는다.

• 하나의 파일에 여러 개의 바로 가기 아 이콘을 만들 수 있다.

바로 가기 아이콘/일반 아이콘

바로 가기 아이콘의 확장자 확인

바로 가기 아이콘 속성 대화상자의 '자 세히' 탭에서 바로 가기 아이콘의 확장 자를 확인할 수 있습니다.

연결된 항목 정보

연결된 항목의 정보에는 대상 파일, 형 식, 위치 등이 있습니다.

원본 파일 변경

바로 가기 아이콘 속성 대화상자의 '바 로 가기' 탭에서 '대상' 난에 새로운 원 본 파일이 있는 위치를 직접 입력하여 변경합니다.

기출체크 1번

ⓐ 원본 파일을 삭제하면 해당 파일의 바로 가기 아이콘으로 실행할 수 없 습니다.

ⓑ 바로 가기 아이콘을 삭제해도 원본 파일은 삭제되지 않습니다.

기출체크 정답
1. ⓐ, ⓑ

24.4, 20.1, 12.3, 06.4, 02.1, 01.2

② 바로 가기 아이콘 만들기

- 바탕 화면이나 폴더 빈 곳의 바로 가기 메뉴에서 [새로 만들기] → [바로 가기]를 선택한다.
- 개체를 선택한 후 바로 가기 메뉴에서 [바로 가기 만들기]를 선택한다.
- 개체를 선택한 후 바로 가기 메뉴에서 [보내기] → [바탕 화면에 바로 가기 만들기]를 선택한다.
- 개체를 마우스 오른쪽 버튼으로 누른 채 원하는 위치로 드래그하면 나타나는 바로 가기 메뉴에서 [여기에 바로 가기 만들기]를 선택한다.
- 개체를 Ctrl + Shift 를 누른 채 원하는 위치로 드래그 한다.
- 개체를 복사(Ctrl + C)한 후 원하는 위치에서 바로 가기 메뉴를 호출하여 [바로 가기 붙여넣기]를 선택한다.

기출체크 ☑

24.4, 20.1, 12.3, 06.4, 02.1, 01.2

2. 파일을 선택한 후 (   )+(   )를 누른 채 다른 위치로 끌어다 놓으면 해당 파일의 바로 가기 아이콘이 만들어진다.

기출체크 정답

2. Ctrl, Shift

작업 표시줄의 개요

600401 ▶

20.2, 16.2, 10.3, 06.3

1 개념 및 특징

작업 표시줄은 현재 실행되고 있는 앱 단추와 앱을 빠르게 실행하기 위해 등록한 고정 앱 단추 등이 표시되는 곳으로서, 기본적으로 바탕 화면의 맨 아래쪽에 있다.

- 작업 표시줄은 [⊞(시작)] 단추, 검색 상자, 작업 보기, 앱 단추가 표시되는 부분, 알림 영역, '바탕 화면 보기' 단추로 구성된다.
- 작업 표시줄은 위치를 변경하거나 크기*를 조절할 수 있다. 단, 크기는 화면의 1/2까지만 늘릴 수 있다.
- 작업 표시줄의 바로 가기 메뉴를 이용하여 검색 상자와 작업 보기 단추의 표시 여부를 설정할 수 있다.
- 작업 표시줄 오른쪽의 알림 영역에 표시할 앱 아이콘과 시스템 아이콘을 설정할 수 있다.

| [시작]
단추* | 검색 상자 | 작업
보기 | 앱 단추가
표시되는 부분 | 알림 영역 | 바탕 화면
보기 |

> **전문가의 조언**
>
> 작업 표시줄의 크기 조절에 대한 문제가 출제된 적이 있습니다.
>
> [기출 포인트]
>
> 작업 표시줄의 크기는 화면의 1/2까지 늘릴 수 있다.

작업 표시줄의 위치나 크기 변경

'작업 표시줄 잠금'이 지정된 상태에서는 작업 표시줄의 크기나 위치 등을 변경할 수 없습니다. '작업 표시줄 잠금'은 작업 표시줄의 바로 가기 메뉴나 [⊞(시작)] → [⚙(설정)] → [개인 설정] → [작업 표시줄]에서 설정할 수 있습니다.

[시작] 단추

[시작] 단추는 작업 표시줄에 항상 표시되는 것으로, 표시 여부를 지정할 수 없습니다.

20.2, 16.2

[잠깐만요] 에어로 피크(Aero Peek) / '바탕 화면 보기' 단추

600431 ▶

에어로 피크(Aero Peek)
- 작업 표시줄에 표시된 현재 실행중인 앱 단추 위에 마우스 포인터를 놓으면 해당 앱을 통해 열린 창들의 축소판 미리 보기가 모두 나타나고, 이 중 하나를 클릭하면 해당 창이 활성화됩니다.
- 작업 표시줄의 오른쪽 끝에 있는 '바탕 화면 보기' 단추 위에 마우스 포인터를 놓으면 바탕 화면을 볼 수 있도록 열려 있는 모든 창이 투명해집니다.

'바탕 화면 보기' 단추
- '바탕 화면 보기' 단추의 바로 가기 메뉴에서 '바탕 화면 미리 보기'가 체크되어 있어야 '바탕 화면 보기' 단추 위로 마우스 포인터를 이동하면 열려 있는 모든 창들이 투명해집니다.
- '바탕 화면 보기' 단추를 클릭하면 열려 있는 모든 창들이 최소화 됩니다.

> **전문가의 조언**
>
> '에어로 피크'의 개념이나 '바탕 화면 보기'의 기능에 대한 문제가 출제된 적이 있습니다.
>
> [기출 포인트]
>
> - 에어로 피크는 바탕 화면을 빠르게 미리 보여 주는 기능이다.
> - 작업 표시줄에서 '바탕 화면 보기' 단추를 클릭하면 바탕 화면이 표시된다.

기출체크 ☑

20.2, 16.2

1. (   )는 모든 창을 최소화할 필요 없이 바탕 화면을 빠르게 미리 보거나 작업 표시줄의 해당 아이콘을 가리켜서 열린 창을 미리 볼 수 있게 하는 기능이다.

기출체크 정답
1. 에어로 피크

600402 ▶

2 작업 표시줄 설정

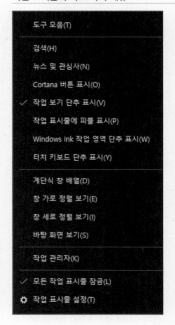

'작업 표시줄 설정' 창 실행

· **방법 1** : 작업 표시줄의 바로 가기 메뉴*에서 [작업 표시줄 설정] 선택

· **방법 2** : [⊞(시작)] → [⚙(설정)] → [개인 설정] → [작업 표시줄] 클릭

· **방법 3** : 작업 표시줄의 빈 공간을 클릭한 후 Alt + Enter 를 누름

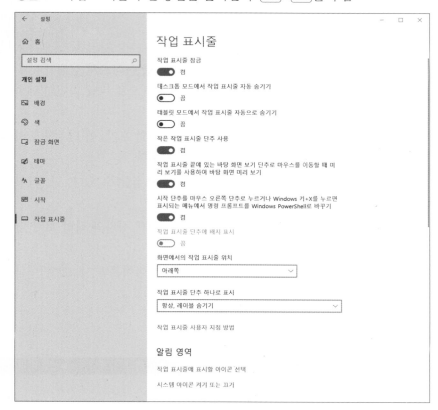

· 작업 표시줄을 포함하여 작업 표시줄에 있는 도구 모음의 크기나 위치를 변경하지 못하도록 할 수 있다.

· 작업 표시줄이 있는 위치에 마우스를 대면 작업 표시줄이 나타나고, 마우스를 다른 곳으로 이동하면 작업 표시줄이 사라지도록 하는 자동 숨기기 기능을 지정할 수 있다.

· 작업 표시줄의 앱 단추들을 작은 아이콘으로 표시할 수 있다.

· 작업 표시줄의 오른쪽 끝에 있는 [바탕 화면 보기] 단추 위에 마우스 포인터를 놓으면 바탕 화면이 일시적으로 표시되도록 할 수 있다.

· 계정을 등록해 사용하는 앱의 경우 작업 표시줄 단추에 사용자 이름을 표시할 수 있다.

· 작업 표시줄의 위치*를 왼쪽, 위쪽, 오른쪽, 아래쪽 중에서 선택할 수 있다.

· 알림 영역에 표시할 앱 아이콘과 시스템 아이콘을 설정할 수 있다.

- **작업 표시줄 단추 하나로 표시**
  - 항상, 레이블 숨기기 : 같은 앱은 그룹으로 묶어서 레이블이 없는 하나의 단추로 표시한다.

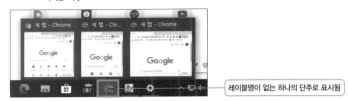

  레이블명이 없는 하나의 단추로 표시됨

  - 작업 표시줄이 꽉 찼을 때 : 각 항목을 레이블이 있는 개별 단추로 표시하다가 작업 표시줄이 꽉 차면 같은 앱은 그룹으로 묶어서 하나의 단추로 표시한다.

  작업 표시줄이 꽉 차면 레이블명 있는 하나의 단추로 표시됨

  - 안 함 : 열린 창이 아무리 많아도 그룹으로 묶지 않고, 단추 크기를 줄여 표시하다가 나중에는 작업 표시줄 내에서 스크롤 되도록 한다.

  그룹으로 묶이지 않고 표시됨

기출체크 ☑

24.2, 21.7, 21.1, 17.2, 14.1
2. 작업 표시줄의 바로 가기 메뉴에서 [아이콘 자동 정렬]을 설정할 수 있다. (○, ×)

3600403 ▶

---

③ 도구 모음 22.4

작업 표시줄에는 아래 그림과 같은 다양한 종류의 도구 모음을 표시할 수 있다.

링크 도구 모음   알림 영역

바탕 화면 도구 모음   입력 표시기

- 작업 표시줄에 도구 모음을 추가하려면 작업 표시줄 바로 가기 메뉴의 [도구 모음]*에서 추가할 도구 모음을 선택하고, 작업 표시줄에 표시되어 있는 도구 모음을 제거하려면 동일한 방법으로 다시 한 번 해당 도구 모음을 클릭하여 선택을 해제한다.
- **작업 표시줄 도구 모음의 종류** : 링크, 바탕 화면, 알림 영역, 입력 표시기, 새 도구 모음

기출체크 ☑

22.4
3. 작업 표시줄의 바로 가기 메뉴에 있는 도구 모음에서 '알림 영역'이 표시되도록 설정할 수 있다. (○, ×)

기출체크 2번

'아이콘 자동 정렬'은 작업 표시줄이 아닌 바탕 화면의 바로 가기 메뉴 중 [보기]의 하위 메뉴입니다.

전문가의 조언

작업 표시줄의 바로 가기 메뉴에 있는 [도구 모음]에 대한 문제가 출제됩니다.

[기출 포인트]

작업 표시줄의 바로 가기 메뉴에서 선택할 수 있는 [도구 모음]에는 링크, 바탕 화면, 새 도구 모음이 있다.

작업 표시줄 바로 가기 메뉴의 [도구 모음]

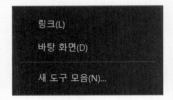

링크(L)

바탕 화면(D)

새 도구 모음(N)...

기출체크 3번

작업 표시줄의 바로 가기 메뉴에 있는 도구 모음에서 설정할 수 있는 항목에는 링크, 바탕 화면, 새 도구 모음이 있습니다.

기출체크 정답
2. × 3. ×

작업 표시줄의 점프 목록

기출체크 4번

점프 목록에서 항목을 제거하려면 항목의 바로 가기 메뉴에서 '🗑 이 목록에서 제거'를 선택해야 합니다.

24.5, 24.2, 23.4, 22.1

4 점프 목록

점프 목록은 파일, 폴더, 웹 사이트 등 최근에 사용했던 문서나 작업을 빠르고 간편하게 이용할 수 있도록 프로그램별로 구성한 목록이다.

- 작업 표시줄에 표시된 앱을 마우스 오른쪽 버튼으로 클릭하면 최근에 실행한 항목이 표시된다.*

- 점프 목록에 표시된 항목을 제거하려면 항목의 바로 가기 메뉴에서 '🗑 이 목록에서 제거'를 선택한다.

- **항목의 상단 고정**

  - 방법1 : 점프 목록에 표시된 항목 위로 마우스 포인터를 가져가면 표시되는 '이 목록에 고정(📌)' 아이콘을 클릭함
  - 방법2 : 점프 목록에 표시된 항목의 바로 가기 메뉴에서 '📌 이 목록에 고정'을 선택함

- **상단에 고정된 항목 해제**

  - 방법1 : 점프 목록 상단에 고정된 항목 위로 마우스 포인터를 가져가면 표시되는 '이 목록에서 제거(📍)' 아이콘을 클릭
  - 방법2 : 점프 목록 상단에 고정된 항목의 바로 가기 메뉴에서 '📍 이 목록에서 고정 해제'를 선택함

6500431 ▶

24.2, 23.4

잠깐만요 | **시작 메뉴의 '사용자 계정'**

- 시작 메뉴의 '사용자 계정' 항목에는 현재 사용중인 사용자 계정이 표시됩니다.
- 사용자 계정을 클릭하면 '계정 설정 변경', '잠금', '로그아웃' 메뉴, 다른 사용자의 계정이 표시됩니다.
- **사용자 전환** : 다른 사용자의 계정을 클릭하면 현재 로그인한 계정이 실행중인 앱을 종료하지 않고 선택한 다른 사용자의 계정으로 전환됨

기출체크 ☑

24.5, 22.1

4. 작업 표시줄의 점프 목록에서 항목을 제거하려면 프로그램의 점프 목록에서 항목을 가리킨 다음 Delete를 누른다. (○, ×)

24.2, 23.4

5. 하나의 컴퓨터에서 A 사용자가 여러 개의 프로그램을 실행시킨 상태에서 잠시 B 사용자가 사용할 수 있도록 하려면 (   )을 수행한다.

기출체크 정답

4. × 5. 사용자 전환

디스크 포맷

1 디스크의 개요

- 디스크는 파일이나 폴더를 저장해 두는 물리적 저장공간이다.
- 디스크 드라이브의 이름은 A부터 Z까지(A, B, C, D, …) 자유롭게 할당한다.

2 디스크 포맷※

23.3, 22.2, 19.상시, 19.1, 16.3, 12.1, 05.3

3600502 ▶

- 디스크 포맷은 디스크를 초기화(트랙과 섹터 형성)하여 사용 가능한 상태로 만들어 주는 작업을 말한다.
- 디스크를 사용하기 위해서는 먼저 초기화 작업인 포맷을 해야 한다.
- 사용하던 디스크를 포맷할 경우 기존 데이터는 모두 삭제된다.
- 포맷하려는 디스크의 데이터를 사용하는 중이라면 포맷할 수 없다.

형식과 옵션

용량	디스크의 용량을 표시한다.	
23.3, 22.2, 19.1, 16.3 **파일 시스템**	디스크에 설치할 파일 시스템(FAT32, NTFS)을 지정한다.	
할당 단위※ 크기	• 파일을 저장하는 데 할당할 수 있는 최소 디스크 공간인 할당 단위를 지정한다. • 포맷 시 할당 단위 크기를 지정하지 않으면 Windows는 볼륨※의 크기에 따라 적절한 크기를 자동으로 지정한다.	
23.3, 22.2, 19.1, 12.1 **볼륨 레이블**	• 포맷한 디스크에 레이블(이름)을 지정한다. • FAT32 볼륨은 최대 11문자, NTFS 볼륨은 최대 32문자까지 사용할 수 있다.	
23.3, 22.2, 19.상시, 19.1, … **포맷 옵션**	빠른 포맷	• 디스크의 불량 섹터는 검출하지 않고, 디스크의 모든 파일을 삭제한다. • 사용하던 디스크를 포맷할 때 사용한다.

기출체크 ☑

23.3, 22.2, 19.1, 12.1

1. 다음 중 하드디스크를 포맷하기 위한 '포맷' 대화상자에서 설정 가능한 항목이 아닌 것을 고르시오. (   )

ⓐ 볼륨 레이블 입력   ⓑ 파티션 제거
ⓒ 파일 시스템 선택   ⓓ 빠른 포맷 선택

SECTION 006 파일 탐색기의 폴더 옵션

1 파일 탐색기의 개요

600601

파일 탐색기는 컴퓨터에 설치된 디스크 드라이브, 앱 파일 및 폴더 등을 관리할 수 있는 곳으로, 파일이나 폴더, 디스크 드라이브에 관련된 모든 작업을 수행할 수 있다.

실행

- **방법 1** : [⊞(시작)] 단추의 바로 가기 메뉴에서 [파일 탐색기] 선택
- **방법 2** : [⊞(시작)] → [Windows 시스템] → [파일 탐색기] 선택
- **방법 3** : ⊞+E 누름

2 폴더 옵션

600604

23.5, 22.3, 21.7, 14.3, 12.1, 11.2, 10.3, 09.3, 09.2, 09.1, 08.3, 08.2, 06.4, 06.3, 06.2, 06.1, 05.3, 04.3, 02.2

'폴더 옵션' 대화상자에서는 파일이나 폴더의 보기 형식, 검색 방법 등에 대한 설정을 변경한다.

실행

- **방법 1** : 파일 탐색기에서 [파일] → [폴더 및 검색 옵션 변경] 또는 [파일] → [옵션]* 선택
- **방법 2** : 파일 탐색기에서 리본 메뉴의 [보기] → '▤(옵션)' 클릭
- **방법 3** : 파일 탐색기에서 리본 메뉴의 [보기] → [옵션] → [폴더 및 검색 옵션 변경] 선택

전문가의 조언

'폴더 옵션' 대화상자에서 설정할 수 있는 항목에 대한 문제가 출제되고 있습니다.

[기출 포인트]

- '폴더 옵션'에서는 숨긴 파일 및 폴더의 숨김 속성을 해제할 수 없다.
- '폴더 옵션'에서는 폴더 아이콘의 모양을 바꿀 수 없다.
- '폴더 옵션'에서는 네트워크 드라이브의 연결을 설정할 수 없다.
- '폴더 옵션'에서는 폴더에 암호를 설정할 수 없다.
- '폴더 옵션'에서는 파일 형식을 확인하거나 등록할 수 없다.

[파일] → [옵션] 메뉴

파일 탐색기의 폴더 창이 선택된 상태에서는 [파일] → [폴더 및 검색 옵션 변경] 메뉴가 표시되고 파일 창이 선택된 상태에서는 [파일] → [옵션] 메뉴가 표시됩니다.

'폴더 옵션' 대화상자의 탭별 기능

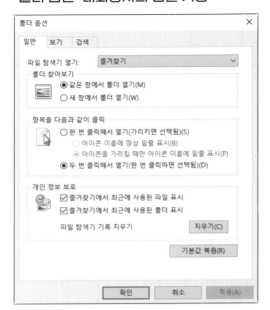

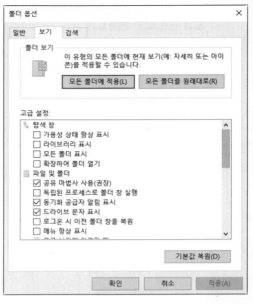

23.5, 22.3, 21.7, … **일반**	• 파일 탐색기가 열렸을 때의 기본 위치를 '즐겨찾기'나 '내 PC' 중에서 선택할 수 있다. • 새로 여는 폴더의 내용을 같은 창에서 열리거나 다른 창에 열리도록 지정할 수 있다. • 웹을 사용하는 것처럼 바탕 화면이나 파일 탐색기에서도 파일을 한 번 클릭하면 실행되도록 설정할 수 있다. • 즐겨찾기에 최근에 사용된 파일이나 폴더의 표시 여부를 지정한다. • 파일 탐색기의 즐겨찾기에 표시된 최근에 사용한 파일 목록을 지울 수 있다.
23.5, 22.3, 21.7, … **보기**	• 탐색 창에 모든 폴더의 표시 여부를 지정한다. • 메뉴 모음의 항상 표시 여부를 지정한다. • 숨김 파일이나 폴더의 표시 여부를 지정한다. • 알려진 파일 형식의 파일 확장명 표시 여부를 지정한다. • 보호된 운영체제 파일의 숨김 여부를 지정한다. • 폴더 팁에 파일 크기 정보 표시 여부를 지정한다.
22.3, 21.7, 14.3, … **검색**	• 폴더에서 시스템 파일을 검색할 때 색인의 사용 여부를 지정한다. • 색인되지 않은 위치 검색 시 포함할 항목※을 지정한다.

기출체크 ☑

23.5, 22.3, 21.7, 14.3, 11.2

1. '폴더 옵션' 대화상자에서 설정할 수 없는 작업을 모두 고르시오. (   )

ⓐ 한 번 클릭해서 창 열기를 하도록 설정할 수 있다.
ⓑ 숨긴 파일 및 폴더의 숨김 속성을 일괄 해제할 수 있다.
ⓒ 선택된 폴더에 암호를 설정할 수 있다.
ⓓ 색인된 위치에서는 파일 이름뿐만 아니라 내용도 검색하도록 설정할 수 있다.
ⓔ 파일 형식을 확인하거나 새로운 파일 형식을 등록할 수 있다.

색인되지 않은 위치 검색 시 포함할 항목

• 시스템 디렉터리
• 압축 파일
• 항상 파일 이름 및 내용 검색

기출체크 1번

ⓑ 숨김 폴더 및 파일의 숨김 속성을 해제하려면 숨김 폴더/파일의 속성 대화상자에서 '숨김'의 체크를 해제해야 합니다.

ⓒ '폴더 옵션' 대화상자에서 선택된 폴더에 암호를 설정하는 기능은 없습니다.

ⓔ '폴더 옵션' 대화상자에서는 파일 형식을 확인하거나 새로운 파일 형식을 등록할 수 없습니다.

기출체크 정답
1. ⓑ, ⓒ, ⓔ

파일과 폴더

'▣(새 폴더)' 아이콘

'▣(새 폴더)' 아이콘은 '빠른 실행 도구 모음 사용자 지정(▾)'의 '새 폴더'가 선택되어 있어야 표시됩니다.

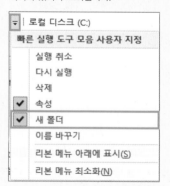

기출체크 1번

파일과 폴더의 이름으로 / ? ₩ : 〈 〉 " | 등의 특수 문자는 사용할 수 없지만 공백은 사용할 수 있습니다.

기출체크 정답
1. ×

600701 ▶

① 22.4, 21.4, 15.1, 08.4, 03.2
파일/폴더의 개요

파일(File)은 자료가 디스크에 저장되는 기본 단위이고, 폴더(Folder)는 파일을 모아 관리하기 위한 장소이다.

파일 만들기
• 방법 1 : 해당 앱에서 파일 작성 후 저장
• 방법 2 : 바로 가기 메뉴의 [새로 만들기]에서 원하는 종류를 선택한 후 작성

폴더 만들기
• 방법 1 : 파일 탐색기에서 [홈] → [새로 만들기] → [새 폴더] 클릭
• 방법 2 : 파일 탐색기의 빠른 실행 도구 모음에서 '▣(새 폴더)'※ 클릭
• 방법 3 : 바로 가기 메뉴에서 [새로 만들기] → [폴더] 선택

• 파일은 파일명과 확장자로 구성되며, 마침표(.)를 이용하여 파일명과 확장자를 구분한다(예 파일명.HWP, 워드필기.TXT).
• 파일의 효율적인 관리를 위해 서로 관련 있는 파일들을 한 폴더에 저장한다.
• 파일과 폴더는 작성, 변경, 삭제가 가능하며, 하위 폴더나 파일이 포함된 폴더도 삭제할 수 있다.
• 폴더는 [파일 탐색기]나 바로 가기 메뉴를 사용하여 만드는데, 바탕 화면, 드라이브, 폴더 등 파일이 저장될 수 있는 곳이면 어디든 만들 수 있다.
• 하나의 폴더 내에는 동일한 이름의 파일이나 폴더가 존재할 수 없다.
• 파일과 폴더의 이름은 255자 이내로 작성하며, 공백을 포함할 수 있다.
• * / ? ₩ : 〈 〉 " | 등은 파일과 폴더의 이름으로 사용할 수 없다.
• CON, PRN, AUX, NUL 등과 같은 단어는 시스템에 예약된 단어이기 때문에 파일명으로 사용할 수 없다.

기출체크 ☑
22.4, 21.4, 08.4
1. 파일과 폴더의 이름으로 * / ? ₩ : 〈 〉 " | 등의 특수 문자나 공백을 사용할 수 없다. (○, ×)

600702 ▶

② 파일/폴더 속성

파일/폴더의 속성을 이용하여 파일/폴더의 기본 정보를 확인하거나 특성 및 공유를 설정할 수 있다.

열기

- **방법 1**: 파일 탐색기에서 [홈] → [열기] → '☑(속성)' 클릭
- **방법 2**: 파일 탐색기의 빠른 실행 도구 모음에서 '☑(속성)'* 클릭
- **방법 3**: 파일/폴더를 선택한 후 바로 가기 메뉴*에서 [속성] 선택
- **방법 4**: 파일/폴더를 선택한 후 [Alt]+[Enter] 누름

파일/폴더 속성의 탭별 기능

구분	탭	내용
파일	일반	• 파일 이름 및 파일 형식, 연결 프로그램, 저장 위치, 크기, 디스크 할당 크기, 만든 날짜, 수정한 날짜, 액세스한 날짜 등이 표시된다. • 읽을 수만 있게 하는 '읽기 전용', 화면에서 숨기는 '숨김'과 같은 파일의 특성을 설정할 수 있다.
	보안	사용자별 사용 권한을 설정한다.
	자세히	파일에 제목, 주제, 태그, 만든 이 등의 속성을 확인하거나 제거할 수 있다.
	이전 버전	이전 버전은 Windows에서 복원 지점이나 백업으로 만들어진 파일 및 폴더의 복사본으로, 실수로 수정 또는 삭제되거나 손상된 파일 및 폴더를 복원할 수 있다.
폴더* 24.2, 22.1, 21.8, …	일반	폴더의 이름, 종류, 저장 위치, 크기, 디스크 할당 크기, 폴더 안에 들어 있는 파일/폴더 수, 만든 날짜가 표시되고, 특성(읽기 전용, 숨김)을 설정할 수 있다.
	공유	폴더 공유를 위한 공유 설정 및 옵션을 설정할 수 있다.
	사용자 지정	폴더의 유형*, 폴더에 표시할 사진*, 폴더의 아이콘 모양을 변경할 수 있다.

※ '폴더 속성'의 '보안'과 '이전 버전' 탭은 '파일 속성'의 탭과 동일합니다.

기출체크 ☑

22.1, 21.8, 21.5, 21.3
2. 폴더의 [속성] 창에서 폴더의 저장 위치를 변경할 수 있다. (○, ×)

전문가의 조언

중요해요! 폴더의 '속성' 창에서 확인 및 수행할 수 있는 작업에 대한 문제가 자주 출제됩니다.

[기출 포인트]
• 폴더 '속성' 창에서 폴더의 저장 위치를 변경할 수는 없다.
• 폴더 '속성' 창에서 폴더나 하위 폴더를 삭제할 수는 없다.

'☑(속성)' 아이콘

'☑(속성)' 아이콘은 '빠른 실행 도구 모음 사용자 지정(⊟)'의 '속성'이 선택되어 있어야 표시됩니다.

폴더의 바로 가기 메뉴

폴더의 유형(템플릿)

폴더에 들어 있는 파일에 따라 자주 사용하는 메뉴나 편리한 모양을 미리 유형에 따라 만들어 놓은 것으로, 종류에는 문서(모든 파일 형식), 사진(많은 그림 파일에 최적), 음악(오디오 파일 및 재생 목록에 적합) 등이 있습니다.

폴더 사진

사진이 들어 있는 폴더의 아이콘에는 해당 사진이 조그맣게 표시되는데, 이 사진은 사용자가 임의로 지정할 수 있습니다.

기출체크 2번

폴더의 [속성] 창에서는 폴더의 저장 위치를 변경할 수 없습니다.

기출체크 정답
2. ×

[기출 포인트]
• 파일/폴더 복사 시 Ctrl을 사용한다.
• 파일/폴더 이동 시 Shift를 사용한다.

③ 파일/폴더 복사

24.1, 23.4, 23.2, 22.3, 21.7, 21.2, 21.1, 20.상시, 20.2, 18.상시, 13.2, 12.2, 09.2, 09.1, 08.2, 04.4, 03.2, 01.2, 00.3

600703 ▶

	복사	이동
24.1, 23.4, 22.3, 21.7, … **같은 드라이브**	Ctrl을 누른 채 마우스로 드래그 앤 드롭	마우스로 드래그 앤 드롭
24.1, 23.4, 22.3, 21.7, … **다른 드라이브**	마우스로 드래그 앤 드롭	Shift를 누른 채 마우스로 드래그 앤 드롭

 전문가의 조언

클립보드의 개념과 특징, 클립보드 관련 바로 가기 키에 대한 문제가 출제되고 있습니다.

[기출 포인트]
• 클립보드의 내용을 붙여넣기 할 때는 Ctrl + V를 누른다.
• 클립보드에 저장된 내용은 시스템을 재시작하면 사용할 수 없다.

21.2, 21.1, 20.상시, 18.상시, 13.2, 09.2, 09.1, 08.2, 03.2, 01.2

잠깐만요 클립보드[Clipboard]

600731 ▶

• 클립보드는 데이터를 일시적으로 보관해 두는 임시 저장 공간으로, 서로 다른 앱 간에 데이터를 쉽게 전달할 수 있습니다.
• 클립보드의 내용은 한글 Windows 10에 설치된 모든 앱에서 여러 번 사용이 가능하지만, 가장 최근에 저장된 것 하나만 기억합니다.
• 클립보드에 있는 정보를 별도의 파일로 저장할 수 있습니다.
• 시스템을 재시작하면 클립보드에 저장된 데이터는 지워집니다.
• 복사하기(Ctrl + C), 잘라내기(Ctrl + X), 붙여넣기(Ctrl + V)할 때 사용됩니다.
• 화면 전체 내용을 클립보드에 복사하는 키는 Print Screen, 현재 사용중인 활성창만을 클립보드에 복사하는 키는 Alt + Print Screen 입니다.

 전문가의 조언

작업 표시줄의 '검색 상자'의 특징을 묻는 문제가 출제되고 있습니다.

[기출 포인트]
🪟 + S를 누르면 작업 표시줄의 '검색 상자'로 포커스가 옮겨진다.

23.2

잠깐만요 파일 탐색기와 작업 표시줄의 '검색 상자'의 차이점

3301403 ▶

	파일 탐색기의 '검색 상자'	23.2 작업 표시줄의 '검색 상자'
실행	F3 또는 Ctrl + F 누름	🪟 + S
검색 항목	파일, 폴더	모두, 앱, 문서, 웹, 동영상, 사람, 사진, 설정, 음악, 전자 메일, 폴더
검색 위치	지정 가능	컴퓨터 전체와 웹
검색 필터	사용 가능	사용 못함
검색 결과	검색어에 노란색 표시	범주별로 그룹화 되어 표시

기출체크 ☑

24.1, 22.3, 21.7, 21.2, 20.2
3. 폴더를 마우스로 선택한 후 Alt를 누른 채 같은 드라이브의 다른 폴더로 끌어서 놓으면 이동이 된다. (○, ×)

21.1, 13.2, 09.2, 09.1
4. 클립보드에 저장된 데이터는 시스템을 다시 시작하여도 재사용이 가능하다. (○, ×)

23.2
5. 🪟 + F를 누르면 작업 표시줄의 검색 상자로 포커스가 옮겨진다. (○, ×)

기출체크 3번

같은 드라이브에서 폴더를 이동하려면 아무것도 누르지 않은 채 드래그하면 됩니다.

기출체크 4번

클립보드에 저장된 데이터는 시스템을 다시 시작하면 모두 지워져 재사용할 수 없습니다.

기출체크 5번

🪟 + F를 누르면 피드백 허브 앱이 실행됩니다. 작업 표시줄의 '검색 상자'로 이동하는 바로 가기 키는 🪟 + S입니다.

기출체크 정답
3. × 4. × 5. ×

22.5, 21.4, 20.상시, 19.2, 18.상시, 14.2, 14.1, 12.2, 09.3, 09.2, 09.1, 07.3, 07.1, 03.1

600801 ▶

1 휴지통의 개요

휴지통은 삭제된 파일이나 폴더가 임시 보관되는 장소이다.

실행 바탕 화면에서 '휴지통' 더블클릭

- 바탕 화면에서 '휴지통' 아이콘을 더블클릭하면 파일 탐색기의 리본 메뉴에 [관리] → [휴지통 도구] 탭이 표시되며, 파일 창에 휴지통 내용이 표시된다.
- 휴지통의 실제 파일이 저장된 폴더의 위치는 일반적으로 C:\$Recycled.Bin* 이다.
- 휴지통은 하드디스크 드라이브마다 한 개씩 만들 수 있다.
- 휴지통의 기본적인 크기는 드라이브 용량의 5%~10% 범위 내에서 시스템이 자동으로 설정하지만 사용자가 원하는 크기를 MB 단위로 지정할 수 있다.
- 휴지통에 보관된 파일이나 폴더는 복원*이 가능하지만 복원하기 전에는 사용하거나 이름을 변경할 수 없다.
- 휴지통 안에 있는 항목을 더블클릭하면 해당 항목의 속성 창이 표시된다.
- 휴지통 안에 있는 모든 항목을 삭제하려면 [관리] → [휴지통 도구] → [관리] → [휴지통 비우기]*를 클릭한다.
- 휴지통은 아이콘을 통하여 휴지통이 비워진 경우(🗑)와 차 있는 경우(🗑)를 구분할 수 있다.
- 지정된 휴지통의 용량을 초과하면 가장 오래 전에 삭제된 파일부터 자동으로 지워지며, 휴지통에서 파일이 비워져야만 파일이 차지하던 공간을 사용할 수 있다.

기출체크 ☑

22.5, 21.4, 12.2
1. [휴지통 비우기]를 실행한 파일은 [휴지통]에서 다시 복구할 수 있다. (○, ×)

전문가의 조언

휴지통의 전반적인 특징을 알고 있어야 풀 수 있는 문제가 출제되고 있습니다.

[기출 포인트]
- [휴지통 비우기]를 실행하면 지워진 파일은 복구할 수 없다.
- 휴지통에 보관된 파일은 실행할 수 없다.
- 휴지통의 용량 초과 시 가장 오래된 파일부터 삭제된다.
- 휴지통은 하드디스크 드라이브마다 한 개씩 만들 수 있다.

'$Recycled.Bin' 폴더

'$Recycled.Bin' 폴더는 기본적으로 화면에 표시되지 않습니다. 화면에 표시되게 하려면 파일 탐색기에서 리본 메뉴 [보기] 탭의 '▦(옵션)'을 클릭한 후 '폴더 옵션' 대화상자의 '보기' 탭에서 '보호된 운영 체제 파일 숨기기(권장)' 항목의 체크 표시를 해제하고, 파일 탐색기의 [보기] → [표시/숨기기] → [숨긴 항목]을 체크하면 됩니다.

복원 방법
- **방법1** : [관리] → [휴지통 도구] → [복원] → [모든 항목 복원]/[선택한 항목 복원] 클릭
- **방법2** : 바로 가기 메뉴에서 [복원] 선택
- **방법3** : 원하는 위치로 드래그

휴지통 비우기

휴지통 비우기를 실행한 파일은 복원할 수 없습니다.

기출체크 1번

[휴지통 비우기]를 실행하면 [휴지통]에서 다시 복구할 수 없습니다.

기출체크 정답
1. ×

23.3, 21.2, 20.2, 14.3, 13.3, 11.3, 11.1, 09.3, 08.4, 07.2, 06.2, 05.2, 03.1

② 휴지통에 보관되지 않는 경우

일반적으로 삭제된 항목은 휴지통에 임시 보관되지만 다음과 같은 경우에는 휴지통을 거치지 않고 바로 삭제되므로 복원이 불가능하다.

• DOS 모드*, 네트워크 드라이브, USB 메모리에서 삭제된 항목
• Shift를 누른 채 삭제 명령을 실행한 경우
• 휴지통 속성에서 '파일을 휴지통에 버리지 않고 삭제할 때 바로 제거'를 선택한 경우
• 휴지통 속성에서 최대 크기를 0MB로 지정한 경우
• 같은 이름의 항목을 복사/이동 작업으로 덮어쓴 경우

기출체크 ☑

23.3, 21.2, 20.2, 14.3, 13.3, 11.3, 09.3, 08.4, 07.2, 06.2, 05.2

2. 다음 중 파일 삭제 시 [휴지통]에 임시 보관되어 복원이 가능한 경우를 고르시오. (   )

ⓐ 바탕 화면에 있는 파일을 휴지통으로 드래그 앤 드롭하여 삭제한 경우
ⓑ USB 메모리에 저장되어 있는 파일을 Delete로 삭제한 경우
ⓒ 네트워크 드라이브의 파일을 바로 가기 메뉴의 [삭제]를 클릭하여 삭제한 경우
ⓓ 휴지통의 크기를 0MB로 설정한 후 파일 탐색기 안의 파일을 삭제한 경우

Windows 보조프로그램

1 Windows 보조프로그램의 개요

Windows 보조프로그램은 Windows에 내장된 앱으로, 시스템 운영에 필수적이지는 않지만 컴퓨터 사용에 부가적인 도움을 주는 앱들로 구성되어 있다.

2 메모장

24.3, 23.5, 22.2, 21.6, 21.3, 21.1, 19.1, 14.3, 12.1, 09.2, 07.4, 07.2, 07.1, 05.1, 04.3, 04.2, 03.4, 02.2

'메모장'은 특별한 서식이 필요 없는 간단한 ASCII 형식의 텍스트 파일을 작성할 수 있는 문서 작성 앱이다.

> 실행 [⊞(시작)] → [Windows 보조프로그램] → [메모장] 선택

- 텍스트(.TXT) 형식의 문서만 열거나 저장할 수 있다.
- 문서 전체에 대해서만 글꼴의 종류, 속성, 크기를 변경할 수 있다.
- 그림, 차트 등의 OLE* 개체를 삽입할 수 없다.
- 문서의 첫 행 맨 왼쪽에 대문자로 **.LOG**라고 입력하면 메모장을 열 때마다 현재의 시간과 날짜를 문서의 끝에 표시한다.
- **커서 위치에 시간과 날짜 표시**
  - 방법 1 : [편집] → [시간/날짜] 선택
  - 방법 2 : F5 누름
- **메모장에서 제공하는 주요 기능** : 찾기, 바꾸기, 페이지 설정, 자동 줄 바꿈, 글꼴 등

> **기출체크** ☑
>
> 24.3, 22.2, 21.6, 21.3, 21.1, 19.1, 14.3, 09.2, 07.4
> 1. 메모장에 그림, 차트 등의 OLE 개체를 삽입할 수 있다. (ㅇ, ×)
>
> 23.5
> 2. 메모장에서 문단 정렬과 문단 여백을 설정할 수 있다. (ㅇ, ×)

전문가의 조언

중요해요! 메모장의 특징이나 시간과 날짜를 표시하는 방법에 대한 문제가 자주 출제됩니다.

[기출 포인트]
- 메모장에는 OLE 개체를 삽입할 수 없다.
- 메모장에서 시간과 날짜를 표시하려면 F5를 누른다.
- 메모장을 열 때마다 시간과 날짜를 표시하려면 문서의 첫 행 맨 왼쪽에 **.LOG**를 입력한다.
- 메모장에서는 문단 정렬 및 문단 여백을 설정할 수 없다.

OLE(Object Linking & Embedding)

다른 앱에서 작성한 그림이나 표 등의 개체(Object)를 연결(Linking)하거나 삽입(Embedding)하는 기능으로, 작성한 앱에서 내용을 수정하면 수정된 내용이 연결된 앱에 자동으로 반영됩니다.

기출체크 1번

메모장에는 그림, 차트 등의 OLE 개체를 삽입할 수 없습니다.

기출체크 2번

메모장에서는 문단 정렬 및 문단 여백을 설정할 수 없습니다.

기출체크 정답
1. × 2. ×

전문가의 조언

그림판에서 텍스트 파일의 편집 여부를 묻는 문제가 출제된 적이 있습니다.

[기출 포인트]

그림판에서는 텍스트 파일을 편집할 수 없습니다.

기출체크 2번

그림판에서는 텍스트 파일을 편집할 수 없습니다.

전문가의 조언

Windows Media Player의 기능을 묻는 문제가 출제된 적이 있습니다.

[기출 포인트]

Windows Media Player에서는 동영상을 편집할 수 없습니다.

오디오 파일

MIDI, WAV 등

동영상 파일

AVI, MPEG, MOV, MP4 등

기출체크 3번

Windows Media Player에서 비디오 파일을 편집할 수는 없습니다.

07.2, 05.1, 03.2

3 그림판

'그림판'은 간단한 그림을 작성하거나 수정하기 위한 보조 앱이다.

실행 [⊞(시작)] → [Windows 보조프로그램] → [그림판] 선택

- 기본 저장 형식은 PNG이며, BMP, TIF, JPG 등의 형식으로도 저장할 수 있다.
- 그림판에서 편집한 그림을 다른 문서에 붙여넣거나 Windows 바탕 화면의 배경으로 사용할 수 있다.
- Shift 를 누른 상태에서는 수평선, 수직선, 45°의 대각선, 정사각형, 정원을 그릴 수 있다.

기출체크 ☑

07.2, 05.1, 03.2

2. 그림판에서 확장자가 .txt인 텍스트 파일을 편집할 수 있다. (ㅇ, ×)

15.2, 14.1, 11.3

4 Windows Media Player

'Windows Media Player'는 음악 CD부터 MP3, 오디오 파일*이나 동영상 파일*에 이르기까지 거의 모든 종류의 멀티미디어 파일을 재생할 수 있는 앱이다.

실행 [⊞(시작)] → [Windows 보조프로그램] → [Windows Media Player] 선택

- 재생 관련 기능뿐만 아니라 자신만의 CD나 DVD를 만들 수 있지만 편집은 불가능하다.

기출체크 ☑

15.2, 11.3

3. Windows Media Player에서 자신의 비디오 파일을 편집할 수 있다. (ㅇ, ×)

기출체크 정답

2. × 3. ×

유니버설 앱

1 유니버설 앱의 개요

유니버설 앱*은 Windows 보조프로그램과 마찬가지로 Windows에 내장된 앱으로, 시스템 운영에 필수적이지는 않지만 컴퓨터 사용에 부가적인 도움을 주는 앱들로 구성되어 있다.

• 유니버설 앱은 [▦(시작)]을 클릭하여 나타나는 시작 메뉴에서 선택하여 실행할 수 있다.

2 계산기

'계산기'는 간단한 사칙연산부터, 삼각법, 진법 변환, 날짜 계산, 통화 환율 등을 계산할 때 사용하는 앱이다.

실행 [▦(시작)] → [계산기] 선택

• **계산기 종류**

표준	일반적인 사칙연산을 계산한다.
공학용	삼각법이나 함수 등을 최대 32자리까지 계산한다.
프로그래머	진법 변환* 등을 최대 64자리까지 계산한다.
그래프	삼각법, 부등식, 함수 등을 이용한 계산식을 그래프로 표시한다.
날짜 계산	두 날짜 간의 차이, 특정 날짜에 일수를 더하거나 뺀 날짜를 계산한다.

• **변환기** : 통화 환율, 부피, 길이, 무게 및 질량, 온도, 에너지, 면적, 속도, 시간, 일률, 데이터, 압력, 각도 등을 계산한다.

• 표시된 숫자를 저장할 때는 ⟨MS⟩ 단추를, 저장된 숫자를 불러와 입력할 때는 ⟨MR⟩ 단추를 누른다.

예상체크 ☑

출제예상

1. '계산기'의 종류 5가지는 (   ), (   ), (   ), (   ), (   )이다.

전문가의 조언

• Windows 보조프로그램과 마찬가지로 컴퓨터 사용에 부가적인 도움을 주는 앱입니다.

• 아직 출제된 적은 없지만 곧 출제될 것으로 예상되니 각 앱의 용도와 특징을 잘 정리해 두세요.

유니버설 앱과 Windows 보조프로그램의 다른 점

유니버설 앱은 윈도우 10, 윈도우 폰, Xbox One 등 마이크로소프트의 플랫폼 어디에서나 실행 가능한 앱인 반면 Windows 보조프로그램은 윈도우 10에서만 실행 가능한 앱입니다.

진법 변환

2진수, 8진수, 10진수, 16진수 등의 수 체계를 서로 변환하는 것을 의미합니다.

예상체크 정답
1. 표준, 공학용, 프로그래머, 그래프, 날짜 계산

3 스티커 메모

'스티커 메모'는 바탕 화면에 포스트잇 메모를 추가하여 간단한 내용을 입력하는 앱이다.

실행 [⊞(시작)] → [스티커 메모] 선택

• [⋯(메뉴)]를 이용하여 메모지의 색상을 변경할 수 있다.
• 굵게, 기울임꼴, 밑줄, 취소선, 글머리 기호 등의 서식을 지정*하거나 이미지를 삽입할 수 있다.
• 스티커 메모를 삭제하는 바로 가기 키는 Ctrl+D이다.

예상체크 ☑
출제예상
2. 생성된 스티커 메모의 바로 가기 메뉴를 이용하여 색을 변경하거나 텍스트 서식을 설정할 수 있다. (○, ×)

4 그림판 3D

Windows 보조프로그램의 '그림판'은 2D 작업만 할 수 있지만 '그림판 3D'는 3D까지 작업이 가능한 앱이다.

실행 [⊞(시작)] → [그림판 3D] 선택

• 작업한 파일은 이미지*, 비디오*, 3D 모델* 파일 형식이나 그림판 3D 프로젝트로 저장할 수 있다.

예상체크 ☑
출제예상
3. '그림판 3D'에서 저장할 수 있는 비디오 파일 형식은 (   )와 (   )이다.

5 캡처 및 스케치

'캡처 및 스케치'는 화면의 특정 부분 또는 전체를 캡처하여 JPG, PNG, GIF 파일로 저장하는 앱이다.

실행 [⊞(시작)] → [캡처 및 스케치] 선택

• 캡처 유형에는 사각형, 자유형, 창, 전체 화면 등이 있다.
• 바로 가기 키 : ⊞+Shift+S

예상체크 ☑
출제예상
4. '캡처 및 스케치' 앱을 시작하지 않고 화면에 있는 내용을 캡처하려면 ⊞+(   )+(   )를 누른다.

해설은 43쪽에 있습니다.

16년 2회, 11년 3회, 08년 4회, 07년 2회, 05년 4회, 04년 4회, 03년 3회

01 한글 Windows 10에서 하드웨어 장치를 추가할 때 운영체제가 이를 자동적으로 인식하여 설치 및 환경 설정을 용이하게 하는 기능 혹은 규약을 무엇이라 부르는가?

① 가상 디바이스 마법사
② 플러그인
③ 장치 관리자
④ 플러그 앤 플레이

24년 3회, 23년 3회, 22년 2회, 21년 6회, 2회

02 다음 중 Windows에서 Winkey(⊞)와 함께 사용하는 바로 가기 키에 대한 설명으로 틀린 것은?

① [Winkey(⊞)]+ⅠI : '설정' 창을 표시함
② [Winkey(⊞)]+ⅮD : 모든 창을 최소화함
③ [Winkey(⊞)]+ⅬL : 컴퓨터를 잠금
④ [Winkey(⊞)]+ⅮE : '실행' 창을 표시함

24년 4회, 23년 1회, 22년 4회, 18년 1회, 11년 1회, 10년 3회, 07년 2회, 03년 2회

03 다음 중 한글 Windows 10 바탕 화면에서 아래 그림과 같이 열려 있는 모든 창들을 미리 보기로 보면서 활성창을 전환할 수 있는 바로 가기 키는?

① Alt + Tab
② ⊞ + Tab
③ Ctrl + Esc
④ Alt + Esc

22년 5회, 21년 2회, 1회, 18년 2회, 15년 1회, 06년 1회

04 다음 중 한글 Windows 10에서 바로 가기 아이콘에 대한 설명으로 옳지 않은 것은?

① 원본 파일이 있는 위치와 관계없이 만들 수 있다.
② 하나의 원본 파일에 대하여 여러 개의 바로 가기 아이콘을 만들 수 없다.
③ 바로 가기 아이콘의 확장자는 LNK이다.
④ 원본 파일을 삭제하면 바로 가기 아이콘을 실행할 수 없다.

24년 2회, 22년 3회, 21년 7회, 1회, 17년 2회, 14년 1회

05 다음 중 한글 Windows 10에서 작업 표시줄의 바로 가기 메뉴에서 설정할 수 있는 항목으로 옳지 않은 것은?

① 계단식 창 배열
② 창 가로 정렬 보기
③ 모든 작업 표시줄 잠금
④ 아이콘 자동 정렬

22년 4회

06 다음 중 한글 Windows 10 [작업 표시줄]의 바로 가기 메뉴에 있는 [도구 모음]에서 선택할 수 없는 것은?

① 바탕 화면
② 링크
③ 새 도구 모음
④ 알림 영역

24년 5회, 22년 1회

07 다음 중 Windows 10 작업 표시줄의 점프 목록 사용에 대한 설명으로 옳지 않은 것은?

① 프로그램의 점프 목록을 보려면 작업 표시줄의 프로그램 아이콘을 마우스 오른쪽 단추로 클릭한다.
② 점프 목록에서 항목을 열려면 프로그램의 점프 목록에서 해당 항목을 클릭한다.
③ 점프 목록에 항목을 고정하려면 프로그램의 점프 목록에서 항목을 가리킨 다음 압정 아이콘을 클릭한다.
④ 점프 목록에서 항목을 제거하려면 프로그램의 점프 목록에서 항목을 가리킨 다음 Delete를 누른다.

23년 3회, 22년 2회, 19년 1회, 12년 1회

08 다음 중 한글 Windows 10에서 하드디스크를 포맷하기 위한 [포맷] 창에서 설정 가능한 항목으로 옳지 않은 것은?

① 볼륨 레이블 입력
② 파티션 제거
③ 파일 시스템 선택
④ 빠른 포맷 선택

▶ 정답 : 1. ④ 2. ④ 3. ① 4. ② 5. ④ 6. ④ 7. ④ 8. ②

해설은 43쪽에 있습니다.

22년 3회, 21년 7회, 14년 3회

09 다음 중 한글 Windows 10의 [폴더 옵션] 대화상자에서 설정할 수 있는 작업에 해당되지 않는 것은?

① 숨김 파일 및 폴더를 표시할 수 있다.

② 색인된 위치에서는 파일 이름뿐만 아니라 내용도 검색하도록 설정할 수 있다.

③ 숨긴 파일 및 폴더의 숨김 속성을 일괄 해제할 수 있다.

④ 파일이나 폴더를 한 번 클릭해서 열 것인지, 두 번 클릭해서 열 것인지를 설정할 수 있다.

24년 1회, 23년 4회, 22년 3회, 21년 7회, 2회, 20년 2회

10 다음 중 파일이나 폴더를 복사하거나 이동하는 방법으로 옳지 않은 것은?

① 폴더를 마우스로 선택한 후 동일한 드라이브의 다른 폴더로 끌어서 놓으면 이동된다.

② USB에 저장되어 있는 파일을 마우스로 선택한 후 바탕 화면으로 끌어서 놓으면 복사된다.

③ 파일을 마우스로 선택한 후 Ctrl을 누른 채 같은 드라이브의 다른 폴더로 끌어서 놓으면 복사된다.

④ 폴더를 마우스로 선택한 후 Alt를 누른 채 같은 드라이브의 다른 폴더로 끌어서 놓으면 이동된다.

22년 4회, 21년 4회, 15년 1회, 08년 4회

11 다음 중 파일 및 폴더에 대한 설명으로 옳은 것은?

① 파일과 폴더에 대한 바로 가기 아이콘을 바탕 화면에 만들 수 있다.

② 하나의 폴더 내에는 동일한 이름의 파일이나 폴더가 존재할 수 있다.

③ 하위 폴더가 있는 폴더는 삭제할 수 없다.

④ 파일과 폴더의 이름으로 * / ? ₩ : 〈 〉 " | 등의 특수 문자나 공백을 사용할 수 없다.

22년 1회, 21년 3회

12 다음 중 폴더의 [속성] 창에 대한 설명으로 옳지 않은 것은?

① 폴더의 저장 위치를 변경할 수 있다.

② 폴더가 포함하고 있는 하위 폴더 및 파일의 개수를 알 수 있다.

③ 폴더에 '읽기 전용' 속성을 설정하거나 해제할 수 있다.

④ 해당 폴더의 만든 날짜를 알 수 있다.

22년 5회, 21년 4회, 12년 2회, 07년 3회

13 한글 Windows 10의 [휴지통]에 관한 설명으로 옳지 않은 것은?

① [휴지통 비우기]를 실행한 파일은 [휴지통]에서 다시 복구할 수 있다.

② [휴지통]에 있는 파일의 아이콘을 정렬하여 표시할 수 있다.

③ [휴지통]에 있는 파일을 바탕 화면 또는 다른 폴더에 끌어놓기를 하여 파일을 복구할 수 있다.

④ [휴지통]에 있는 파일을 더블클릭하면 '속성' 창이 표시된다.

24년 3회, 22년 2회, 21년 6회, 2회, 1회, 19년 1회, 14년 3회, 09년 2회, 07년 4회

14 다음 중 한글 Windows 10의 [메모장]에 대한 설명으로 옳지 않은 것은?

① 작성한 문서를 저장할 때 확장자는 기본적으로 .txt가 부여된다.

② 그림, 차트 등의 OLE 개체를 삽입할 수 있다.

③ 현재 시간/날짜를 삽입하는 기능이 있다.

④ 특정한 문자열을 찾을 수 있는 찾기 기능이 있다.

24년 1회, 23년 4회

15 다음 중 한글 Windows 10의 작업 표시줄 설정에 대한 설명으로 옳지 않은 것은?

① 자주 사용하는 앱을 작업 표시줄에 표시할 수 있다.

② 데스크톱 모드에서 작업 표시줄 자동 숨기기를 설정할 수 있다.

③ 화면에서 작업 표시줄의 위치를 왼쪽, 위쪽, 오른쪽, 아래쪽 중에서 설정할 수 있다.

④ 작업 표시줄이 꽉 차면 같은 앱은 그룹으로 묶어서 하나의 단추로 표시되도록 할 수 있다.

24년 2회, 23년 4회

16 하나의 컴퓨터에서 A 사용자가 여러 개의 프로그램을 실행시킨 상태에서 잠시 B 사용자가 사용할 수 있도록 하는 방법으로 옳은 것은? (단, 해당 컴퓨터에 사용자 A와 사용자 B의 계정은 모두 등록되어 있다.)

① 로그오프를 수행한다.

② 사용자 전환을 수행한다.

③ 시스템을 다시 시작한다.

④ 전원을 종료한 후 재부팅한다.

▶ 정답: 9. ③ 10. ④ 11. ① 12. ① 13. ① 14. ② 15. ① 16. ②

[문제 01] Section 001

컴퓨터 시스템에 하드웨어를 설치했을 때, 해당 하드웨어를 사용하는 데 필요한 시스템 환경을 운영체제가 자동으로 구성해 주는 것을 플러그 앤 플레이(PnP)라고 한다.

[문제 02] Section 002

- ⊞+E는 파일 탐색기를 실행하는 바로 가기 키이다.
- '실행' 창을 표시하는 바로 가기 키는 ⊞+R이다.

[문제 03] Section 003

- ⊞+Tab : '작업 보기' 실행
- Ctrl+Esc : 시작 메뉴 표시
- Alt+Esc : 실행중인 앱 순서대로 전환

[문제 04] Section 003

하나의 원본 파일에 대하여 여러 개의 바로 가기 아이콘을 만들 수 있다.

[문제 05] Section 004

'아이콘 자동 정렬'은 작업 표시줄이 아닌 바탕 화면의 바로 가기 메뉴 중 [보기]의 하위 메뉴이다.

[문제 06] Section 004

작업 표시줄의 바로 가기 메뉴 중 [도구 모음]에는 '링크, 바탕 화면, 새 도구 모음'이 있다.

[문제 07] Section 004

점프 목록에서 항목을 제거하려면 프로그램의 점프 목록에서 항목의 바로 가기 메뉴 중 '📃 이 목록에서 제거'를 선택해야 한다.

[문제 08] Section 005

'포맷' 대화상자에서 설정할 수 있는 항목에는 '용량, 파일 시스템, 할당 단위 크기, 볼륨 레이블, 빠른 포맷'이 있다.

[문제 09] Section 006

- '폴더 옵션' 대화상자의 '숨김 파일, 폴더 및 드라이브 표시'는 숨김 속성이 지정된 폴더와 파일이 화면에 나타나도록 하는 것이지 숨김 속성을 해제하는 것은 아니다.
- 숨김 폴더/파일의 숨김 속성을 해제하려면 숨김 폴더/파일의 '속성' 대화상자에서 '숨김'의 체크를 해제해야 한다.

[문제 10] Section 007

- 폴더를 마우스로 선택한 후 Alt를 누른 채 같은 드라이브의 다른 폴더로 끌어서 놓으면 폴더의 바로 가기 아이콘이 생성된다.
- 같은 드라이브에서 폴더를 이동하려면 아무것도 누르지 않은 채 드래그하면 된다.

[문제 11] Section 007

② 하나의 폴더 내에는 동일한 이름의 파일이나 폴더가 존재할 수 없다.

③ 하위 폴더가 있는 폴더도 삭제할 수 있다.

④ 파일이나 폴더의 이름에 공백을 사용할 수 있다.

[문제 12] Section 007

폴더의 [속성] 창에서는 폴더의 저장 위치를 확인할 수는 있지만 변경할 수는 없다.

[문제 13] Section 008

[휴지통 비우기]를 실행한 파일은 다시 복구할 수 없다.

[문제 14] Section 009

메모장에는 그림, 차트 등의 OLE 개체를 삽입할 수 없다.

[문제 15] Section 004

- '작업 표시줄 설정'을 통해 자주 사용하는 앱을 작업 표시줄에 표시할 수 없다.
- 작업 표시줄에 앱을 추가하려면 앱을 드래그하여 작업 표시줄에 놓거나, [시작] 메뉴에 등록된 앱의 바로 가기 메뉴에서 [자세히] → [작업 표시줄에 고정]을 선택해야 한다.

[문제 16] Section 004

[시작] 메뉴에서 사용자 계정을 클릭한 후 등록된 다른 사용자를 선택하면 기존 사용자가 실행 중인 프로그램이 종료되지 않고 대기 상태에서 다른 사용자로 전환된다.

2장

한글 Windows 10의
고급 기능

[설정] → [시스템]

1 시스템의 개요

'시스템'은 디스플레이, 알림, 전원, 저장소 등 컴퓨터 시스템과 관련된 사항을 설정하거나 확인할 때 사용한다.

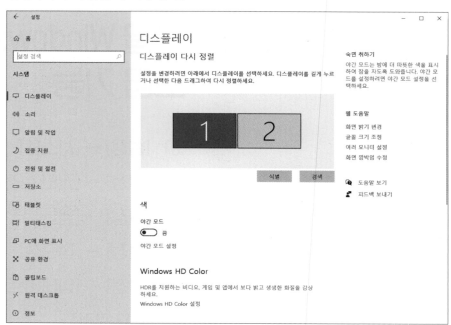

2 디스플레이

24.3, 23.2, 22.4, 21.8, 16.1, 14.3, 09.4, 09.3, 08.4, 08.1, 03.4, 01.1

601102

'디스플레이'는 화면에 표시되는 텍스트와 앱의 크기, 화면 해상도 등을 변경할 때 사용한다.

• 디스플레이 장치의 해상도*를 변경한다.
• 디스플레이 장치의 화면 방향*을 변경한다.
• 화면에 표시되는 텍스트나 앱, 아이콘 등의 크기를 변경한다.
• 눈의 피로를 적게 하는 야간 모드를 지정한다.
• 하나의 컴퓨터에 두 개 이상의 모니터를 연결하면, 다중 디스플레이 옵션이 활성화된다.

잠깐만요 다중 디스플레이

601131 ▶

하나의 컴퓨터에 두 개 이상의 모니터를 연결하는 것으로, 다음과 같은 특징이 있습니다.
- 각 모니터마다 해상도와 방향을 다르게 설정할 수 있고, 원하는 모니터를 주 모니터로 설정할 수 있습니다.
- 한 모니터에서는 웹 작업, 다른 모니터에서는 문서 작성 등 모니터마다 다른 작업을 수행할 수 있도록 지정할 수 있습니다.
- 복수 모니터를 개별 그래픽 어댑터 또는 복수 출력을 지원하는 단일 어댑터에 연결할 수 있습니다.

기출체크 ☑

24.3, 23.2, 22.4, 14.3

1. 두 대의 모니터가 연결된 경우 좌측 모니터가 주 모니터로 설정되므로 해상도가 높은 모니터를 반드시 좌측에 배치해야 한다. (ㅇ, ×)

601502 ▶
24.4, 23.4, 23.1

3 소리

'소리'는 소리와 관련된 입·출력 장치의 선택과 설정, 볼륨 조정, 마이크 테스트 등을 수행할 때 사용한다.

- **출력** : 소리를 출력할 장치를 선택한다.
- **마스터 볼륨** : 장치를 통해 출력되는 소리의 크기를 지정한다.
- **입력** : 소리를 입력할 장치를 선택한다.
- **마이크 테스트** : 마이크의 작동 여부를 확인한다.

기출체크 ☑

24.4, 23.4, 23.1

2. [⚙(설정)] → [시스템] → [소리]에서 내레이터를 설정할 수 있다. (ㅇ, ×)

601107 ▶
24.1, 23.5, 23.2, 21.4, 20.1

4 정보

'정보'는 시스템에 연결된 하드웨어 및 Windows 사양 등을 확인하거나 컴퓨터 이름을 변경할 때 사용한다.

- **장치 사양** : 장치 이름, 프로세서(CPU) 종류, 메모리(RAM) 크기, 장치 ID, 제품 ID, 시스템 종류, 펜 및 터치 등
- **Windows 사양** : 에디션, 버전, 설치 날짜, OS 빌드, 경험 등

기출체크 ☑

24.1, 23.5, 23.2, 21.4, 20.1

3. 다음 보기 중 [⚙(설정)] → [시스템] → [정보]에서 수행할 수 없는 것을 모두 고르시오. (   )

ⓐ 시스템 종류 확인	ⓑ Windows 사양 확인	ⓒ Windows 설치 날짜
ⓓ 알림 확인 및 설정	ⓔ 현재 로그인한 사용자 계정 확인	

전문가의 조언

다중 디스플레이의 특징에 대한 문제가 출제되고 있습니다.

[기출 포인트]
두 대의 모니터가 연결된 경우 원하는 모니터를 선택해 주 모니터로 설정할 수 있다.

기출체크 1번

주 모니터는 [⚙(설정)] → [시스템] → [디스플레이]에서 자유롭게 변경할 수 있으므로 모니터의 배치를 변경할 필요는 없습니다.

전문가의 조언

'소리'에서 설정할 수 있는 기능에 대한 문제가 출제되고 있습니다.

[기출 포인트]
'소리'에서는 내레이터를 설정할 수 없다.

기출체크 2번

[⚙(설정)] → [시스템] → [소리]에서는 내레이터를 설정할 수 없습니다. 내레이터는 [⚙(설정)] → [접근성] → [내레이터]에서 설정합니다.

전문가의 조언

'정보'에서 확인 및 변경할 수 있는 항목에 대한 문제가 출제됩니다:

[기출 포인트]
- '정보'에서는 시스템 종류를 확인할 수 있다.
- '정보'에서는 Windows 사양을 확인할 수 있다.
- '정보'에서는 PC의 이름을 바꿀 수 있다.

기출체크 3번

ⓓ 알림은 [시스템] → [알림 및 작업]에서 확인 및 설정할 수 있습니다.
ⓔ 현재 로그인한 사용자 계정은 [⚙(설정)] → [계정]에서 확인할 수 있습니다.

기출체크 정답
1. × 2. × 3. ⓓ, ⓔ

[설정] → [개인 설정]

1 개인 설정의 개요

'개인 설정'은 바탕 화면의 배경 그림, 창 색, 화면 보호기, 글꼴, 작업 표시줄 등을 변경할 때 사용한다.

배경 표시 방식

사진, 단색, 슬라이드 쇼

※ 바탕 화면의 배경을 '슬라이드 쇼'로 지정할 경우 사진 변경 시간을 1분, 10분, 30분, 1시간, 6시간, 1일 단위로 다양하게 지정할 수 있습니다.

맞춤 방식 종류

그림 크기를 모니터의 크기에 맞추는 방식으로, 종류에는 채우기, 맞춤, 확대, 바둑판식 배열, 가운데, 스팬이 있습니다.

기출체크 1번

모니터의 해상도 및 방향은 [⚙(설정)] → [시스템] → [디스플레이]에서 설정할 수 있습니다.

기출체크 정답
1. ×

2 배경

24.1, 23.5, 23.1, 22.5, 22.4, 21.8, 21.4, 18.상시, 14.1, 13.3, 13.1, 12.2, 12.1, 11.3, 10.3, 10.1, 09.4, 08.3, 07.4, …

601202

'배경'은 바탕 화면의 배경을 지정할 때 사용한다.

• 바탕 화면의 배경이 표시되는 방식*을 지정한다.

• Windows에서 제공하는 이미지나 GIF, BMP, JPEG, PNG 등의 확장자를 가진 사용자 이미지 중에서 원하는 그림 파일을 선택하여 지정한다.

• 바탕 화면에 놓일 배경 그림의 맞춤 방식*을 지정한다.

기출체크 ☑

24.3, 23.4, 22.4, 21.8
1. [⚙(설정)] → [개인 설정]에서 모니터의 해상도 및 방향을 설정할 수 있다. (○, ×)

3 잠금 화면

23.1, 22.4, 21.8, 21.4, 18.상시, 14.1, 13.3, 12.1, 11.3, 10.3, 10.1, 09.4, 08.3, 07.4, 07.2, 06.3, 06.2, 05.2, 05.1

'잠금 화면'은 잠금 화면에 표시할 앱이나 배경을 지정할 때 사용한다.

• 잠금 화면에 알림을 표시할 앱을 선택한다.

• **화면 보호기 설정**

  – 정해진 시간 동안 모니터에 전달되는 정보에 변화가 없을 때 화면 보호기가 작동되게 설정하는 '화면 보호기 설정' 창이 실행된다.

  – 화면 보호기는 마우스를 움직이거나 키보드에서 임의의 키를 누르면 해제된다.

  – 대기 시간과 다시 시작할 때 로그온 화면 표시 여부를 지정할 수 있다.

  – 전원 관리 : 에너지 절약을 위한 전원 관리를 효율적으로 설정할 수 있는 [제어판] → [전원 옵션] 창을 표시한다.

기출체크 ☑

23.1, 22.4, 21.8

2. [⚙(설정)] → [개인 설정]에서 시스템을 켜둔 채 정해진 시간 동안 마우스나 키보드를 사용하지 않으면 모니터를 보호하는 화면 보호기의 작동 여부를 설정할 수 있다. (○, ×)

---

4 테마

23.1, 22.5, 22.4, 21.4, 18.상시, 13.1, 11.3

'테마'는 컴퓨터의 배경 그림, 색, 소리, 마우스 커서 등 Windows를 구성하는 여러 요소를 하나의 그룹으로 묶어 놓은 것으로, 다른 테마로 변경할 수 있다.

기출체크 ☑

21.4

3. [⚙(설정)] → [개인 설정] → [테마]에서 '마우스 커서'를 설정할 수 있다. (○, ×)

---

5 글꼴

05.2, 05.1, 03.3, 02.3

'글꼴'은 시스템에 설치되어 있는 글꼴을 제거하거나 새로운 글꼴을 추가할 때 사용한다.

• 글꼴 폴더에는 OTF나 TTC, TTF, FON 등의 확장자를 갖는 글꼴 파일이 설치되어 있다.

• 글꼴이 설치되어 있는 폴더의 위치는 'C:\Windows\Fonts'이다.

• 설치된 글꼴은 대부분의 앱에서 사용할 수 있다.

• 네트워크를 통해 새로운 글꼴을 설치할 수 있다.

기출체크 ☑

05.2, 05.1, 02.3

4. [⚙(설정)] → [개인 설정] → [글꼴]에서 등록한 글꼴은 삭제가 불가능하다. (○, ×)

전문가의 조언

글꼴의 삭제 여부에 대한 문제가 출제된 적이 있습니다.

[기출 포인트]

'글꼴'에 등록된 글꼴은 삭제할 수 있다.

글꼴(Font)

명조, 궁서, 굴림 등과 같은 문자의 생김새를 말합니다.

기출체크 4번

등록한 글꼴은 언제든 삭제할 수 있습니다.

기출체크 정답

2. ○ 3. ○ 4. ×

[설정] → [앱]

[설정] → [앱]이나 [설정] → [앱] → [앱 및 기능]에서 설정할 수 있는 기능에 대한 문제가 출제되고 있습니다.

[기출 포인트]

- '앱'에서는 Windows 업데이트에 관한 설정을 할 수 없다.
- '앱 및 기능'에서는 앱을 제거할 수 있다.
- '앱 및 기능'에서는 선택적인 기능들을 설치할 수 있다.
- '앱 및 기능'에서는 하드디스크의 용량을 늘릴 수 없다.

시작 프로그램

로그인할 때 자동으로 실행될 앱을 설정합니다.

앱을 가져올 위치

- 컴퓨터를 보호하기 위해 Microsoft Store에서 받은 앱만을 설치하도록 권장하지만 제한은 없습니다.
- 설치할 앱에 따라 알림이나 경고 메시지가 표시되도록 설정할 수 있습니다.

선택적 기능

Windows에서 제공하는 기능만을 설치하거나 제거할 수 있는 곳으로, Windows에 포함되지 않은 앱은 설치할 수 없습니다.

기출체크 1번

Windows 10의 업데이트 현황은 [⚙(설정)] → [업데이트 및 보안]에서 확인 및 설정할 수 있습니다.

기출체크 정답
1. ✕

[1] 21.2, 18.1, 15.2

앱의 개요

'앱'은 컴퓨터에 설치된 앱의 수정, 제거, 또는 웹 브라우저나 메일 등의 작업에 사용할 기본 앱이나 시작 프로그램을 설정할 때 사용한다.

601302 ▶

[2] 23.3, 23.1, 21.8, 21.2, 18.1, 17.2, 16.1, 15.2, 14.1, 13.3, 12.2, 12.1, 10.3, 10.1, 09.3, 09.2, 08.4, 07.3, 06.1, 05.2, …

앱 및 기능

'앱 및 기능'은 컴퓨터에 설치된 앱을 수정하거나 제거할 때 사용한다.

- 설치할 앱을 가져올 위치를 지정한다.*
- 현재 설치된 앱의 설치 날짜나 크기를 확인할 수 있다.
- **선택적 기능*** : 언어 팩, 필기 인식 등 Windows에서 제공하는 기능을 선택하여 추가로 설치 및 제거할 수 있다.
- **앱 실행 별칭** : 동일한 이름으로 여러 개의 앱이 설치되어 있을 경우 '명령 프롬프트' 창에서 해당 앱을 실행하는데 사용할 이름을 선택한다.

기출체크 ☑
23.3, 23.1, 21.2, 18.1, 17.2, 15.2
1. [⚙(설정)] → [앱]에서 업데이트 현황을 확인하거나 설정할 수 있다. (○, ✕)

③ 기본 앱

24.2, 23.4, 22.1, 21.5, 21.3, 21.2, 13.3, 08.3, 04.3

'기본 앱'은 웹 브라우저나 메일, 비디오 플레이어 등의 작업에 사용할 기본 앱을 설정할 때 사용한다.

- 메일, 지도, 음악 플레이어, 사진 뷰어, 비디오 플레이어, 웹 브라우저 등의 작업에 사용할 기본 앱을 지정한다.
- 사용자가 지정한 기본 앱을 MS 사의 권장 앱으로 초기화 할 수 있다.
- 파일 형식별, 프로토콜별로 각각 연결되어 실행될 앱을 설정할 수 있다.
- 비슷한 유형의 파일 형식들을 동일한 앱에서 열리도록 설정할 수 있다.

  예 jpg, bmp, png 등의 그림 파일을 열 때 사용할 앱을 '사진'으로 설정함

24.2, 23.4, 22.1, 21.5, 21.3, 21.2, 13.3, 08.3, 04.3

> 잠깐만요 **연결 프로그램**
>
> - 특정 데이터 파일을 열 때 자동으로 실행되는 앱으로, 파일의 확장자에 의해 연결 프로그램이 결정됩니다.
> - 파일의 바로 가기 메뉴에서 [연결 프로그램]을 선택하여 연결 프로그램을 변경할 수 있습니다.
> - 현재 연결된 앱이 없는 파일의 경우 파일을 더블클릭하면 실행되는 창*에서 사용할 앱을 지정합니다.
> - 확장자가 다른 여러 개의 파일을 하나의 앱에 연결하여 사용할 수 있으며, 기본적으로 여러 가지 확장자를 사용할 수 있는 앱도 있습니다(예 그림 보기에 많이 사용하는 알씨).

기출체크 ☑

24.2, 23.4, 22.1, 21.5, 21.3, 21.2, 13.3, 08.3, 04.3

2. 서로 다른 확장자를 갖는 파일은 반드시 서로 다른 연결 프로그램이 지정되어야 한다. (○, ×)

연결된 앱이 없는 파일을 더블클릭할 경우 실행되는 창

> 이 파일을 열 때 사용할 앱을 선택하세요.
>
> **Windows 10의 주요 기능**
>
> 🖼 **사진**
> 사진이 간단히 보정 및 정리되며 편집 및 공유할 준비가 됩니다.
>
> **기타 옵션**
>
> 🖼 HyperSnap
>
> 🖼 Windows 사진 뷰어
>
> 🖼 그림판
>
> 🖼 그림판 3D
>
> ☑ 항상 이 앱을 사용하여 .tif 파일 열기
>
> 확인

기출체크 2번

확장자가 다른 파일을 같은 앱에 연결하여 사용할 수 있습니다.

기출체크 정답

2. ×

[설정] → [접근성]

24.4, 23.5, 20.2, 17.1, 14.2

1 접근성의 개요

'접근성'은 신체에 장애가 있거나 컴퓨터에 익숙하지 않은 사람들이 컴퓨터를 편리하고 쉽게 사용할 수 있도록 키보드, 소리, 마우스 등의 설정을 변경할 때 사용한다.

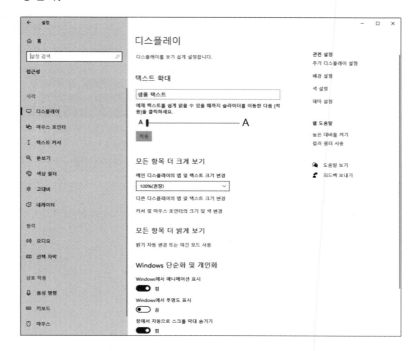

기출체크 ☑

24.4, 23.5, 20.2

1. [⚙(설정)] → [접근성]에서 다중 디스플레이를 설정하여 두 대의 모니터에 화면을 확장하여 표시할 수 있다. (○, ×)

601402 ▶

22.5, 22.4, 20.2, 16.2, 15.3, 15.2, 08.2, 07.3, 06.4, 05.2, 04.3, 03.1, 02.2

2 시각

'시각'은 시각에 불편한 사람을 위해 디스플레이, 커서 및 포인터 등을 설정할 때 사용한다.

❶ 마우스 포인터

마우스 포인터의 크기 및 색을 변경한다.

❷ 텍스트 커서

텍스트 커서 표시기*의 사용 여부를 지정하거나 텍스트 커서의 모양을 변경한다.

20.2, 16.2, 15.3
❸ 돋보기*

- 화면 전체 또는 원하는 영역을 확대할 수 있도록 지정한다.
- ⊞+＋/－를 이용하여 100%~1600%까지 확대 또는 축소*할 수 있다.
- 실행 ⊞+＋ 누름
- 종료 ⊞+Esc 누름
- 돋보기 화면 모드
  - 도킹됨 : 화면 위쪽에 마우스 포인터의 위치나 커서의 문자 입력 지점을 확대하여 보여준다.
  - 전체 화면 : 화면 전체를 확대하여 보여준다.
  - 렌즈 : 마우스 포인터 근처의 영역을 확대하여 보여준다.

16.2, 15.2, 08.2, 07.3, 06.4, 05.2, 03.1, 02.2
❹ 고대비

고유색을 사용하여 색상 대비를 강하게 함으로써 텍스트와 앱이 보다 뚜렷하게 표시되도록 지정한다.

22.5, 22.4, 20.2
❺ 내레이터*

내레이터가 화면에 나타나는 텍스트를 소리 내어 읽어주도록 지정한다.

> **기출체크** ☑
>
> 22.5, 22.4
> 2. [⚙(설정)] → [시스템] → [소리]에서 내레이터를 설정할 수 있다. (○, ×)

06.4, 05.2, 04.1, 03.1
③ 청각

'청각'은 청각이 불편한 사람을 위해 볼륨 크기, 시각적 알림, 자막 등을 설정할 때 사용한다.

06.4, 05.2, 04.1, 03.1
❶ 오디오

알림을 시각적으로 표시*하도록 지정한다.

❷ 선택 자막

자막의 색, 투명도, 스타일, 크기, 효과, 배경 등을 설정한다.

> **기출체크** ☑
>
> 06.4, 05.2, 03.1
> 3. [⚙(설정)] → [접근성]에서 알림에 대한 시각적 경고를 표시하도록 설정할 수 있다. (○, ×)

텍스트 커서 표시기

커서의 위쪽과 아래쪽에 나타나는 부채꼴 모양의 표식으로, 앱이나 폴더, 설정, 웹 브라우저 등에서 커서의 위치를 쉽게 찾을 수 있도록 도와줍니다.

확대/축소 다른 방법

Ctrl+Alt를 누른 채 마우스 휠을 돌리면 됩니다.

돋보기/내레이터

돋보기와 내레이터는 [⊞(시작)] → [Windows 접근성]에서도 실행할 수 있습니다.

기출체크 2번

내레이터는 [⚙(설정)] → [접근성] → [시각]에서 설정합니다.

[기출 포인트]

'오디오'에서는 알림을 시각적으로 표시하도록 설정할 수 있다.

시각적 표시 방법

- 시각적 경고 없음
- 활성 창의 제목 표시줄 깜박임
- 활성 창 깜박임
- 전체 화면 깜박임

기출체크 정답

2. × 3. ○

SECTION 015 [설정] → [업데이트 및 보안]

 **전문가의 조언**

'Windows 업데이트'는 **컴퓨터를 최신의 상태로 관리**하기 위한 것이고, 'Windows 보안'은 **컴퓨터를 안전하게 관리**하기 위한 것임을 염두에 두고 특징을 정리하세요.

601701 ▶

1 업데이트 및 보안의 개요

'업데이트 및 보안'은 Windows를 최신 상태로 업데이트하고, 컴퓨터 보호를 위한 방화벽 등을 설정할 때 사용한다.

601702 ▶

2 Windows 업데이트

'Windows 업데이트'는 Windows의 업데이트 현황을 확인하거나 직접 업데이트할 때 사용한다.

- 업데이트 표시가 있는 항목을 직접 업데이트*할 수 있다.
- 최대 35일 동안 자동 업데이트를 중지할 수 있다.
- 지정한 시간에는 자동 업데이트로 인한 시스템 재부팅이 없도록 지정할 수 있다.
- 기능, 품질, 드라이버, 정의, 기타 등으로 구분*하여 업데이트된 내용을 순서대로 확인할 수 있다.

업데이트

Windows는 자동으로 업데이트되므로 사용자가 직접 업데이트하지 않아도 됩니다.

업데이트 기록 구분

Windows의 업데이트에 따라 표시되는 항목이 다릅니다.

예상체크 1번

ⓒ 바이러스 및 위협 방지와 같이 보안과 관련된 것은 [Windows 보안]에서 설정할 수 있습니다.

예상체크 정답

1. ⓒ

예상체크 ☑

출제예상

1. 다음 보기 중 [⚙(설정)] → [업데이트 및 보안] → [Windows 업데이트]에서 설정할 수 있는 작업이 아닌 것을 고르시오. (　　)

ⓐ Windows 10은 기본적으로 자동 업데이트된다.
ⓑ 업데이트할 항목이 있는 경우 직접 다운로드하여 업데이트할 수 있다.
ⓒ 바이러스 및 위협 방지 설정을 확인하고 업데이트할 수 있다.
ⓓ 특정 기간 동안 자동 업데이트가 되지 않도록 설정할 수 있다.

601703 ▶

23.5, 23.3, 22.1, 21.3

③ Windows 보안

'Windows 보안'은 바이러스와 같은 위협 요소로부터 컴퓨터를 보호하기 위한 방화벽이나 백신 등을 설정할 때 사용한다.

❶ 바이러스 및 위협 방지

Windows Defender 바이러스 백신*의 사용 여부를 지정하거나 현재 위협 요소가 있는지 확인한다.

❷ 계정 보호

로그인 옵션을 설정하여 보안을 강화한다.

❸ 방화벽 및 네트워크 보호

- Windows Defender 방화벽*을 설정 및 해제하거나 네트워크 및 인터넷 연결에 발생하는 상황을 모니터링한다.
- 방화벽을 통해 통신이 허용 가능한 앱을 설정한다.
- 방화벽이 새 앱을 차단할 때 알림을 표시하도록 설정한다.

❹ 앱 및 브라우저 컨트롤

Windows Defender SmartScreen*을 설정 및 해제할 수 있다.

❺ 장치 보안

코어 격리*, 보안 프로세서* 등 기본적으로 제공하는 보안 옵션을 검토하여 악성 소프트웨어의 공격으로부터 장치를 보호한다.

❻ 장치 성능 및 상태

장치의 저장소, 앱 및 소프트웨어 등의 상태를 확인하거나 최신 버전의 Windows 10을 새로 설치할 수 있다.

❼ 가족 옵션

자녀를 보호하기 위해 유해 사이트를 차단하거나 게임 시간 등을 제한할 수 있다.

기출체크 ☑

23.5, 23.3, 22.1, 21.3
2. (   )은 외부로부터의 불법적인 해킹 등의 위협 요소로부터 컴퓨터를 보호하는 역할을 한다.

Windows Defender 방화벽의 개념을 묻는 문제가 출제되고 있습니다.

[기출 포인트]

Windows Defender 방화벽은 위협 요소로부터 컴퓨터를 보호하는 기능이다.

Windows Defender 바이러스 백신

앱, 전자 메일, 클라우드 등을 바이러스, 스파이웨어 같은 위협 요소로부터 실시간으로 보호하는 앱입니다.

Windows Defender 방화벽

사용자의 컴퓨터를 무단으로 접근하려는 위협 요소로부터 컴퓨터를 보호하는 방어막을 제공하는 앱입니다.

Windows Defender SmartScreen

사용자가 방문한 사이트나 웹에서 다운로드한 파일 등이 피싱 사이트나 악성 코드인지를 검사하여 안전하지 않으면 차단하거나 경고를 표시하는 앱입니다.

코어 격리

컴퓨터 프로세스를 운영체제 및 장치에서 분리하여 맬웨어 및 기타 공격으로부터 보호하는 기능입니다.

보안 프로세서

장치에 대한 추가 암호화를 제공하는 것으로, TPM(신뢰할 수 있는 플랫폼 모듈)이라고도 합니다.

기출체크 정답
2. Windows Defender 방화벽

2장 | 한글 Windows 10의 고급 기능   55

601801 ▶

24.1, 23.4, 19.상시, 15.3, 15.2, 11.2, 09.1, 06.3
① 장치 관리자

'장치 관리자'는 컴퓨터에 설치되어 있는 하드웨어의 종류와 작동 여부를 확인하고, 하드웨어의 제거나 사용 안 함, 업데이트 등의 속성을 변경할 때 사용한다.

• 아래 방향 화살표가 표시된 장치는 사용되지 않는 장치를 나타낸다.
• 물음표가 표시된 장치는 알 수 없는 장치*를 나타낸다.
• 느낌표가 표시된 장치는 정상적으로 동작하지 않는 장치를 나타낸다.
• 각 장치의 속성을 이용하여 장치의 드라이버 파일이나 IRQ*, DMA*, I/O 주소*, 메모리 주소 등을 확인하고 변경한다.

실행

• **방법 1** : [⊞(시작)] → [Windows 시스템] → [제어판] → [장치 관리자] 클릭
• **방법 2** : [⊞(시작)]의 바로 가기 메뉴에서 [장치 관리자] 선택

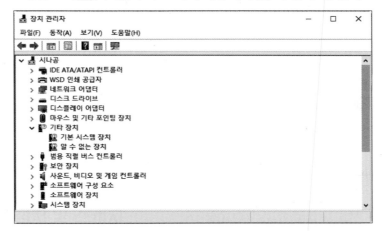

기출체크 ☑
24.1, 23.4, 15.3
1. 사용자 컴퓨터에 설치된 하드웨어의 종류 및 작동 여부를 확인하거나 하드웨어 제거를 수행할 수 있는 항목은 (   )이다.

프린터

23.2, 23.1, 22.5, 22.4, 22.2, 21.8, 21.6, 19.1, 18.상시, 14.1, 13.3, 13.2, 11.2, 11.1, 09.3, 08.3, 08.2, 07.4, 04.4, …

1 프린터 설치

Windows 10에서는 대부분의 프린터를 지원하므로 프린터를 컴퓨터에 연결하면 자동으로 설치된다.

- 여러 개의 프린터를 한 대의 컴퓨터에 설치할 수 있고, 한 개의 프린터를 네트워크로 공유하여 여러 대의 컴퓨터에 설치할 수 있다.
- 프린터마다 개별적으로 이름을 붙여 설치할 수 있고, 이미 설치한 프린터를 다른 이름으로 다시 설치할 수도 있다.
- 관리자 계정의 사용자만 프린터를 설치할 수 있다.
- 네트워크 프린터를 설치하면, 다른 컴퓨터에 연결된 프린터를 내 컴퓨터에 연결된 프린터처럼 사용할 수 있다.
- 네트워크 프린터를 사용할 때는 프린터의 공유 이름과 프린터가 연결되어 있는 컴퓨터의 이름을 알아야 한다.
- **로컬 프린터**※ : 내 컴퓨터에 연결되어 있는 프린터
- **네트워크 프린터**※ : 다른 컴퓨터에 연결되어 있는 프린터

프린터 설치 과정

- **방법 1** : [⊞(시작)] → [⚙(설정)] → [장치] → [프린터 및 스캐너]에서 '프린터 또는 스캐너 추가'를 클릭한 후 검색된 프린터 중 설치할 프린터를 선택하고 〈장치 추가〉를 클릭하면 자동 설치됨
- **방법 2** : [⊞(시작)] → [Windows 시스템] → [제어판] → [장치 및 프린터] → '장치 및 프린터'의 도구 모음에서 '프린터 추가' 클릭 → 검색된 프린터 중 설치할 프린터를 선택한 후 〈다음〉 클릭 → 테스트 인쇄 → 〈마침〉※ 클릭

기출체크 ☑

23.1, 22.5, 22.4, 22.2, 21.8, 21.6, 19.1
1. 프린터 설치 시 네트워크 프린터를 선택한 경우에는 연결할 프린터의 포트를 지정해야 한다. (○, ×)

23.2
2. 표준 사용자 계정으로는 네트워크 프린터를 설치할 수 없고 로컬 프린터만 설치할 수 있다. (○, ×)

2 기본 프린터

24.1, 23.4, 21.8, 21.7, 21.1, 18.상시, 16.3, 15.2, 13.3, 13.1, 11.2, 08.2, 07.1, 06.4, 03.3, 02.2, 00.3

'기본 프린터'는 인쇄 명령 수행 시 특정 프린터를 지정하지 않을 경우 자동으로 인쇄 작업이 전달되는 프린터이다.

• 기본 프린터는 하나만 지정할 수 있다.

• 현재 기본 프린터를 해제하려면 다른 프린터를 기본 프린터로 설정하면 된다.

• 프린터 이름 아래에 '기본값'이라고 표시되어 있다.

• 공유된 네트워크 프린터나 추가 설치된 프린터도 기본 프린터로 설정할 수 있다.

기본 프린터 설정

• **방법 1** : [⚙(설정)] → [장치] → [프린터 및 스캐너]에서 기본 프린터로 사용할 프린터를 선택하고 〈관리〉 클릭 → 디바이스 관리에서 〈기본값으로 설정〉 클릭

• **방법 2** : [⊞(시작)] → [Windows 시스템] → [제어판]의 '장치 및 프린터' 창에서 기본 프린터로 사용할 프린터를 클릭한 후 바로 가기 메뉴에서 [기본 프린터로 설정] 선택

기출체크 ☑

15.2, 11.2, 08.2, 07.1

2. 네트워크 프린터를 제외한 로컬 프린터만 기본 프린터로 지정할 수 있다. (○, ×)

SECTION 018 — 문서 인쇄

1 스풀 기능

24.1, 23.4, 22.3, 21.8, 21.7, 21.1, 16.3, 15.3, 15.1, 13.3, 13.1, 12.3, 11.1, 10.2, 08.4, 08.2, 07.2, 04.2

스풀(SPOOL; Simultaneous Peripheral Operation On-Line)이란 저속의 출력장치인 프린터를 고속의 중앙처리장치(CPU)와 병행처리할 때, 컴퓨터 전체의 처리 효율을 높이기 위해 사용하는 기능이다.

• 스풀링은 인쇄할 내용을 먼저 하드디스크에 저장하고 백그라운드 작업*으로 CPU의 여유 시간에 틈틈이 인쇄하기 때문에 프린터가 인쇄중이라도 다른 앱을 실행하는 포그라운드 작업*이 가능하다.

• 문서 전체 또는 일부를 스풀한 다음 인쇄를 시작하도록 설정할 수 있다.

• 스풀을 사용하면 사용하지 않았을 때보다 인쇄 속도는 느려진다.

• **스풀 설정**

❶ [⚙(설정)] → [장치] → [프린터 및 스캐너]에서 프린터를 선택하고 〈관리〉를 클릭한다.

❷ 디바이스 관리에서 [프린터 속성]을 클릭한 후 프린터 속성 대화상자의 '고급' 탭에서 설정한다.

24.1, 23.4, 21.8, 21.7, 21.1, 16.3, 15.3

잠깐만요 **프린터 속성 대화상자의 탭별 기능**

602031

24.1, 23.4, 22.3, … **일반**	용지 크기, 용지 방향, 용지 종류, 인쇄 품질(해상도) 등을 설정한다.
24.1, 23.4, 22.3, … **공유**	프린터의 공유 여부 설정 및 새로운 프린터 드라이버를 설치한다.
24.1, 23.4, 22.3, … **포트**	포트의 선택, 추가, 삭제, 구성 등을 설정한다.
15.3 **고급**	스풀 기능 사용 및 해제, 인쇄 작업 시 시간 제한 및 우선 순위, 인쇄된 문서 보관, 고급 인쇄 기능 사용, 기본값으로 인쇄 등을 설정한다.
색 관리	모니터, 프린터 등의 색을 표현하는 장치에서 색이 동일하게 표시되도록 설정한다.
보안	보안을 위한 사용 권한을 설정한다.

기출체크 ☑

11.1, 10.2

1. 기본 프린터에 스풀 기능이 설정되어 있을 경우 인쇄 속도가 빨라진다. (○, ×)

24.1, 23.4

2. 프린터 속성 창에서 공급 용지의 종류, 공유, 포트 등을 설정할 수 있다. (○, ×)

전문가의 조언

스풀 기능의 특징을 문제가 출제되고 있습니다.

[기출 포인트]

• 스풀을 설정하면 인쇄 속도가 느려진다.

• 문서 전체 또는 일부를 스풀한 후 인쇄할 수 있다.

• 스풀을 설정하면 출력 중에도 다른 앱을 실행할 수 있다.

• 프린터 속성 창에서 공급 용지의 종류, 공유, 포트 등을 설정할 수 있다.

포그라운드(Foreground) 작업과 백그라운드(Background) 작업

몇 개의 앱이 동시에 실행될 때 전면에서 실행되는 우선순위가 가장 높은 앱을 포그라운드 작업이라 하고, 같은 상황에서 우선순위가 낮아 화면에 보이지 않고 실행되는 앱을 백그라운드 작업이라고 합니다. 다시 말해 사용자가 현재 직접하고 있는 작업은 포그라운드 작업이고, 그와 동시에 백그라운드 작업이 이루어지고 있습니다.

전문가의 조언

프린터 속성 대화상자에서 설정할 수 있는 항목에 대한 문제가 출제되고 있습니다.

[기출 포인트]

• 프린터 속성 대화상자에서 용지 종류, 공유, 포트를 설정할 수 있다.

• 보안을 위한 사용 권한은 프린터 속성 대화상자의 '보안' 탭에서 설정한다.

기출체크 1번

스풀 기능을 설정하면 설정하지 않았을 때보다 인쇄 속도가 느려집니다.

기출체크 정답

1. × 2. ○

602002 ▶

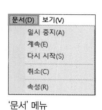

2 문서 인쇄

전문가의 조언

중요해요! 문서 인쇄 시 프린터 대화상자에서 수행할 수 있는 작업에 관한 문제가 자주 출제됩니다.

[기출 포인트]

• 인쇄 중인 작업도 취소할 수 있다.
• 인쇄 중인 문서는 다른 프린터로 전송할 수 없다.
• 인쇄 대기 중인 문서는 용지 방향, 인쇄 매수를 변경할 수 없다.
• 인쇄 대기 중인 문서는 편집할 수 없다.

인쇄 방법

- **방법 1** : 사용중인 앱에서 [파일] → [인쇄]를 선택한 다음 원하는 옵션을 지정하고 〈확인〉 클릭
- **방법 2** : 인쇄할 문서 파일을 선택한 후 바로 가기 메뉴에서 [인쇄] 선택
- **방법 3** : 인쇄할 문서 파일을 프린터 대화상자('인쇄 관리자' 창) 위로 드래그

- 문서를 인쇄하는 동안 작업 표시줄에 프린터 아이콘이 표시되며, 인쇄가 끝나면 없어진다.
- 인쇄 중일 때 [⚙(설정)] → [장치] → [프린터 및 스캐너]에서 인쇄되는 프린터를 선택한 후 〈대기열 열기〉를 클릭하거나 작업 표시줄의 프린터 아이콘을 더블클릭하면 다음 그림과 같은 프린터 대화상자('인쇄 관리자' 창)가 열린다.

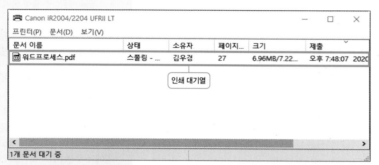

프린터 대화상자('인쇄 관리자' 창)

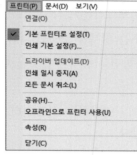

'프린터' 메뉴

'문서' 메뉴

- 인쇄 작업이 시작된 문서도 중간에 강제로 종료시키거나, 잠시 중지시켰다가 다시 인쇄할 수 있다.
- 인쇄 대기중인 문서의 문서 이름, 인쇄 상태, 페이지 수, 크기 등을 확인할 수 있다.
- 인쇄 대기중인 문서를 삭제하거나 순서를 임의*로 조정할 수 있다.
- [프린터] → [모든 문서 취소]를 선택하면 스풀러에 저장된 모든 인쇄 작업이 삭제되며, [문서] → [취소]를 선택하면 선택되어 있던 인쇄 작업이 삭제된다.
- 인쇄 대기열에 대기중인 문서는 다른 프린터로 보낼 수 있지만 인쇄 중에 있거나 인쇄 중 오류가 발생한 인쇄 작업은 다른 프린터로 보낼 수 없다.
- 인쇄 작업 중 오류가 발생하면 해당 문서가 인쇄 대기열에서 없어질 때까지 이후의 모든 인쇄 작업이 보류된다.
- 현재 사용중인 프린터를 기본 프린터로 설정하거나 공유를 설정할 수 있다.

출력 대기 순서 조정

인쇄 대기열에서 순서를 조정할 문서를 선택하고 [문서] → [속성]을 선택한 후 속성 대화상자의 '일반' 탭에서 '우선순위'의 '높음/낮음'을 이용하여 출력 순서를 조정할 수 있습니다.

기출체크 ☑

2. 인쇄 중인 작업은 취소할 수는 없으나 잠시 중단시킬 수 있다. (○, ×)

기출체크 2번

인쇄 중인 문서도 일시 중지시키거나 취소할 수 있습니다.

기출체크 정답
2. ×

SECTION 019 — Windows 관리 도구

602101 ▶

1 드라이브 조각 모음 및 최적화

24.5, 23.5, 21.4, 20.1, 19.2, 18.상시, 18.1, 16.1, 15.3, 15.1, 13.3, 11.3, 04.3, 00.2

'드라이브 조각 모음 및 최적화'는 드라이브의 접근 속도를 향상시키기 위해 드라이브를 최적화하는 기능이다.

실행

- **방법 1** : [⊞(시작)] → [Windows 관리 도구] → [드라이브 조각 모음 및 최적화] 선택
- **방법 2** : 파일 탐색기에서 드라이브를 선택한 후 리본 메뉴의 [관리] → [드라이브 도구] → [관리] → [최적화] 클릭
- **방법 3** : 파일 탐색기에서 드라이브의 바로 가기 메뉴 중 [속성] 선택 → '도구' 탭에서 '드라이브 최적화 및 조각 모음'의 〈최적화〉 클릭

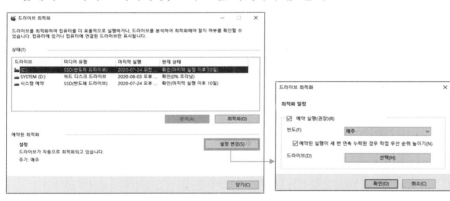

- 드라이브 미디어 유형이 HDD(Hard Disk Drive)인 경우 단편화(Fragmentation)※로 인해 여기저기 분산되어 저장된 파일들을 연속된 공간으로 최적화시킨다.
- 드라이브 미디어 유형이 SSD(Solid State Drive)인 경우 트림(Trim)※ 기능을 이용하여 최적화시킨다.
- 드라이브에 대한 접근 속도를 향상시키기 위한 것으로, 드라이브의 용량 증가와는 관계가 없다.
- '드라이브 조각 모음 및 최적화'를 수행하면 드라이브 공간의 최적화가 이루어져 접근 속도와 안정성이 향상된다.
- '드라이브 최적화' 대화상자에서 〈설정 변경〉을 클릭하여 정해진 날(매일, 매주, 매월)에 '드라이브 조각 모음 및 최적화'를 자동으로 수행하도록 예약할 수 있다.

전문가의 조언

'드라이브 조각 모음 및 최적화'의 개념과 특징에 대한 문제가 출제되고 있습니다.

[기출 포인트]

- '드라이브 조각 모음 및 최적화'는 단편화를 제거하여 시스템의 속도를 향상시키는 기능이다.
- '드라이브 조각 모음 및 최적화'는 드라이브 여유 공간 증가와는 관계없다.

설정 변경 / 켜기

예약이 설정되어 있는 경우 〈설정 변경〉으로 표시되고, 예약이 해제되어 있는 경우 〈켜기〉로 표시됩니다.

단편화(Fragmentation)

하나의 파일이 연속된 공간에 저장되지 않고, 여기저기 분산되어 저장되는 것을 말합니다.

트림(Trim)

운영체제에서 데이터를 삭제하면 운영체제 상에서는 삭제된 것처럼 보이지만 실제로는 저장장치에 데이터가 남아 있는데, 이것을 삭제하는 기능이 트림입니다.

- **드라이브 조각 모음 및 최적화가 불가능한 경우**
  - NTFS, FAT, FAT32 이외의 파일 시스템으로 포맷된 경우
  - CD/DVD-ROM 드라이브
  - 네트워크 드라이브
  - Windows가 지원하지 않는 형식으로 압축된 드라이브

기출체크 ☑

23.5, 21.4, 19.2, 11.3

1. '드라이브 조각 모음 및 최적화'를 수행한 후에는 디스크 공간의 최적화가 이루어져 디스크의 용량이 증가한다. (○, ×)

기출체크 1번

'드라이브 조각 모음 및 최적화'는 디스크의 용량 증가와는 관계가 없습니다.

전문가의 조언

디스크 정리의 개념이나 디스크 정리 포함 대상에 대한 문제가 출제된 적이 있습니다.

[기출 포인트]
- '디스크 정리'는 파일을 삭제하여 디스크 공간을 확보하는 기능이다.
- 임시 인터넷 파일, 휴지통 파일, 다운로드 파일은 '디스크 정리' 대상이다.

602102 ▶

19.상시, 19.1, 15.1, 14.3, 12.1, 11.1, 10.3, 10.2, 10.1, 09.3, 08.4, 01.2

② 디스크 정리

'디스크 정리'는 디스크의 여유 공간을 확보하기 위해 필요 없는 파일을 삭제하는 기능이다.

실행

- **방법 1** : [⊞(시작)] → [Windows 관리 도구] → [디스크 정리] 선택
- **방법 2** : 파일 탐색기에서 드라이브를 선택한 후 리본 메뉴의 [관리] → [드라이브 도구] → [관리] → 〈정리〉 클릭
- **방법 3** : 파일 탐색기에서 드라이브의 바로 가기 메뉴 중 [속성] 선택 → '일반' 탭에서 〈디스크 정리〉 클릭

- **디스크 정리 대상**
  - 다운로드된 프로그램 파일*
  - 사용자 다운로드* 파일
  - 임시 인터넷 파일
  - Windows 오류 보고서 및 피드백 진단
  - DirectX 셰이더 캐시
  - 전송 최적화 파일
  - 휴지통
  - 임시 파일
  - 미리 보기 사진 등

- 〈시스템 파일 정리〉를 클릭하여 '기타 옵션' 탭을 추가하면 사용하지 않는 앱과 시스템 복원 지점을 제거*하여 여유 공간을 확보할 수 있다.

다운로드된 프로그램 파일

인터넷에서 웹 페이지를 열어 볼 때마다 자동으로 다운로드된 ActiveX 컨트롤 및 Java 애플릿 파일로, 파일이 저장되어 있는 실제 위치는 'C:\Windows\Downloaded Program Files'입니다.

사용자 다운로드 파일

인터넷에서 사용자가 직접 다운로드한 파일로, 파일이 저장되어 있는 실제 위치는 'C:\사용자\사용자명\다운로드'입니다.

시스템 복원 지점 제거

'디스크 정리' 대화상자의 '기타 옵션' 탭에서 '시스템 복원 및 섀도 복사본'의 〈정리〉를 클릭하면 가장 최근에 지정한 복원 지점을 제외한 나머지 복원 지점이 제거됩니다.

기출체크 ☑

19.1, 15.1, 12.1, 09.3

2. 다음 보기 중 [디스크 정리]의 정리 대상 파일을 모두 고르시오. (   )

ⓐ 임시 인터넷 파일	ⓑ 사용하지 않은 폰트(*.TTF) 파일
ⓒ 휴지통에 있는 파일	ⓓ 사용하지 않은 응용 프로그램 파일
ⓔ 다운로드한 프로그램 파일	

기출체크 정답

1. × 2. ⓐ, ⓒ, ⓔ

602201 ▶

22.3, 21.7, 19.1, 13.2, 09.1

1 **작업 관리자**

'작업 관리자'는 컴퓨터에서 현재 실행 중인 앱과 프로세스에 대한 정보를 제공하고 응답하지 않는 앱을 종료할 때 사용한다.

실행

- **방법 1** : [⊞(시작)] → [Windows 시스템] → [작업 관리자] 선택
- **방법 2** : [⊞(시작)]의 바로 가기 메뉴*에서 [작업 관리자] 선택
- **방법 3** : 작업 표시줄의 바로 가기 메뉴에서 [작업 관리자] 선택
- **방법 4** : Ctrl + Shift + Esc 누름

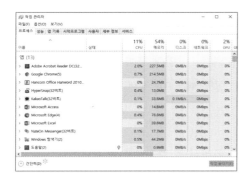

- [옵션] 메뉴를 이용하면 항상 위에 표시, 전환할 때 최소화, 최소화할 때 숨기기 등을 지정할 수 있다.

'작업 관리자' 대화상자의 탭별 기능

프로세스	현재 실행 중인 앱과 프로세스의 상태를 확인하고, 응답하지 않는 앱이나 프로세스를 종료할 수 있다.
성능	CPU, 메모리, 디스크, 이더넷(네트워크), GPU의 자원 사용 현황을 그래프로 표시한다.
앱 기록	특정 날짜 이후의 앱별 리소스* 사용량을 표시한다.
시작프로그램	Windows가 시작될 때 자동으로 실행되는 앱의 사용 여부를 지정한다.
사용자	• 현재 컴퓨터에 로그인되어 있는 모든 사용자를 보여준다. • 특정 사용자에게 메시지를 보내거나 강제로 로그아웃* 시킬 수 있다.

 전문가의 조언

'작업 관리자' 대화상자에서 확인 및 설정 가능한 정보를 묻는 문제가 출제되고 있습니다.

[기출 포인트]

- 실행 중인 앱을 종료할 수 있다.
- 현재 실행 중인 프로세스를 확인할 수 있다.
- 실행 중인 앱의 순서를 변경할 수 없다.
- 사용자 계정을 추가할 수 없다.

[⊞(시작)]의 바로 가기 메뉴

[⊞(시작)]의 바로 가기 메뉴를 표시하는 바로 가기 키는 ⊞+X입니다.

'작업 관리자'의 〈간단히〉

'작업 관리자' 대화상자에서 〈간단히〉를 클릭하면 아래 그림과 같이 대화상자의 크기가 줄어들면서 현재 실행중인 앱만 표시되며, 〈간단히〉가 〈자세히〉로 변경됩니다.

리소스(Resource)

컴퓨터에서 사용하고 있거나 사용할 수 있는 각각의 하드웨어 및 소프트웨어 요소를 의미하며, 자원이라고도 합니다.

강제 로그아웃

계정 유형이 '관리자'인 경우에만 특정 사용자에게 메시지를 보내거나 강제로 로그아웃 시킬 수 있습니다.

세부 정보	• 현재 실행 중인 프로세스에 대해 CPU 및 메모리 사용에 대한 자세한 정보를 표시한다. • 현재 실행 중인 프로세스를 선택하여 종료할 수 있다.
서비스	시스템의 서비스 항목을 확인하고 실행 여부를 지정한다.

기출체크 ☑

22.3, 21.7
1. '작업 관리자'에서 컴퓨터 사용자의 계정을 추가하거나 삭제할 수 있다. (O, ×)

기출체크 1번

사용자 계정의 추가나 삭제는 [⚙(설정)] → [계정]에서 수행할 수 있습니다.

전문가의 조언

명령 프롬프트의 실행 및 종료 방법 등이 다양하게 출제되고 있습니다.

[기출 포인트]
• **실행** : cmd
• **종료** : exit

602202 ▶

22.1, 21.5, 21.3, 08.4, 05.1, 01.1
2 명령 프롬프트

바탕 화면에 표시되는 창으로, MS-DOS 운영체제용 앱을 사용할 수 있다.

• **제목 표시줄의 바로 가기 메뉴**

 – 속성 : 커서 크기, 글꼴, 글꼴 크기 및 색, 창 크기 및 위치, 배경색 등을 변경할 수 있다.
 – 편집 : 명령 프롬프트에 표시되는 텍스트를 복사하여 붙여 넣을 수 있다.

실행

• **방법 1** : [⊞(시작)] → [Windows 시스템] → [명령 프롬프트] 선택
• **방법 2** : 작업 표시줄의 검색 상자나 '실행(⊞+R)' 창에 **cmd**를 입력한 후 Enter 를 누름

종료

• **방법 1** : 명령 프롬프트 상에서 **Exit**를 입력한 후 Enter 를 누름
• **방법 2** : 제목 표시줄 오른쪽의 '닫기(✕)' 단추 클릭

기출체크 ☑

22.1, 21.5, 21.3
2. '명령 프롬프트' 창을 표시하려면 '실행' 창에 (　　　)를 입력해야 한다.

기출체크 정답
1. ×　2. cmd

602403 ▶

 1 24.3, 22.4, 20.2, 18.상시, 18.2, 14.1, 13.2, 12.2, 10.3, 09.2, 09.1, 07.4, 04.4, 01.3

네트워크 관련 DOS 명령어

22.4, 18.상시, 18.2, 14.1, 13.2, 09.2, 09.1, 07.4, 01.3

❶ Ping

- 원격 컴퓨터가 현재 네트워크에 연결되어 정상적으로 작동하고 있는지 알아보는 서비스이다.
- 원격 컴퓨터(Host)의 이름, 전송 신호의 손실률과 응답 시간 등을 확인할 수 있다.
- 명령 프롬프트*에 **ping 211.11.14.177**이나 **ping www.sinagong.co.kr** 형식으로 입력한다.
- 자신의 네트워크 카드가 정상적으로 작동하는지 확인하려면 **ping 127.0.0.1**을 입력한다.

04.4

❷ Ipconfig

명령 프롬프트에 **ipconfig**를 입력하면 현재 컴퓨터의 IP 주소, 서브넷 마스크, 게이트웨이, 물리적 주소(MAC Adderss) 등을 표시해 준다.

24.3, 20.2, 12.2, 10.3

잠깐만요 TCP/IP의 구성 요소

602031 ▶

TCP/IP 구성 요소 중에서 수동으로 IP를 설정할 경우 인터넷 접속을 위해 반드시 지정해야 하는 구성 요소는 다음과 같습니다.
- IPv4 : IPv4 주소, 서브넷 마스크, 기본 게이트웨이, DNS 서버 주소
- IPv6 : IPv6 주소, 서브넷 접두사 길이, 기본 게이트웨이, DNS 서버 주소

기출체크 ☑

22.4, 18.상시, 18.2, 14.1, 09.1, 07.4, 01.3

1. [명령 프롬프트] 창에서 인터넷이 정상적으로 연결되었는지 확인하는 서비스는 (   )이다.

24.3, 20.2, 12.2, 10.3

2. 다음 중 인터넷을 수동으로 연결하기 위하여 지정해야 할 TCP/IP 구성 요소가 아닌 것을 모두 고르시오. (   )

ⓐ IP 주소	ⓑ 서브넷 마스크
ⓒ 어댑터 주소	ⓓ DNS 서버 주소
ⓔ 기본 게이트웨이	ⓕ 홈페이지 주소

21년 8회, 16년 1회

01 다음 중 한글 Windows 10에서 [설정] → [시스템] → [디스플레이]에서 설정할 수 없는 것은?

① 테마 기능을 이용하여 바탕 화면의 배경, 창 색, 소리 및 화면 보호기 등을 한 번에 변경할 수 있다.

② 연결되어 있는 모니터의 개수를 감지하고 모니터의 방향과 화면 해상도를 설정할 수 있다.

③ 화면에 표시되는 텍스트를 읽기 쉽도록 크기를 변경할 수 있다.

④ 눈의 피로를 적게 하기 위한 야간 모드를 지정할 수 있다.

24년 3회, 23년 2회, 22년 4회, 14년 3회

02 다음 중 한글 Windows 10의 [설정] → [시스템] → [디스플레이]에서 해상도 조정 설정에 대한 설명으로 옳지 않은 것은?

① 높은 화면 해상도에서는 텍스트와 이미지가 더 선명하지만 크기는 더 작게 표시된다.

② 해상도를 변경하면 해당 컴퓨터에 로그인한 모든 사용자에게 변경 내용이 적용된다.

③ 여러 디스플레이 옵션은 Windows에서 둘 이상의 모니터가 PC에 연결되어 있음을 인식할 때만 나타난다.

④ 두 대의 모니터가 연결된 경우 좌측 모니터가 주 모니터로 설정되므로 해상도가 높은 모니터를 반드시 좌측에 배치해야 한다.

22년 5회, 21년 4회, 15년 2회

03 다음 중 한글 Windows 10의 [설정] → [개인 설정]에서 설정할 수 있는 기능으로 옳지 않은 것은?

① 자녀 보호 ② 작업 표시줄
③ 테마   ④ 배경화면 배경

24년 3회, 23년 4회, 21년 8회, 13년 3회

04 다음은 [설정] → [개인 설정]에 관한 설명이다. 다음 중 옳지 않은 것은?

① 바탕 화면의 배경을 사용자가 임의로 바꿀 수 있게 지원한다.

② 시스템을 켜둔 채 정해진 시간 동안 마우스나 키보드를 사용하지 않으면 모니터를 보호하기 위해 화면 보호기를 작동할지 여부를 설정한다.

③ 창의 색상과 구성 요소의 색상을 설정한다.

④ 모니터의 해상도 및 방향을 설정한다.

23년 3회, 1회, 21년 2회, 18년 1회, 17년 2회, 15년 2회

05 다음 중 한글 Windows 10의 [설정] → [앱]에서 설정할 수 없는 기능은?

① 선택적 기능을 설치하거나 제거할 수 있다.

② 시작 프로그램을 확인할 수 있다.

③ 업데이트 현황을 확인하거나 설정할 수 있다.

④ 설치된 앱을 변경하거나 제거할 수 있다.

24년 2회, 23년 4회, 22년 1회, 21년 5회, 3회, 2회, 13년 3회, 08년 3회, 04년 3회

06 다음 중 한글 Windows 10의 연결 프로그램에 대한 설명으로 옳지 않은 것은?

① 서로 다른 확장자를 갖는 파일은 반드시 서로 다른 연결 프로그램이 지정되어야 한다.

② 연결 프로그램이 지정되어 있지 않은 확장자를 갖는 파일을 열기 위해서는 연결 프로그램을 설정할 수 있는 대화상자에서 실행할 연결 프로그램을 선택하면 된다.

③ 동일한 확장자를 가진 다른 파일을 열 때 항상 같은 앱을 사용하도록 연결 프로그램을 설정할 수 있다.

④ 연결 프로그램이란 파일 탐색기에서 특정한 파일을 더블클릭했을 때 실행될 앱을 설정하는 것이다.

24년 4회, 23년 4회, 1회, 22년 5회, 4회

07 다음 중 한글 Windows 10의 [설정] → [시스템] → [소리]에서 수행할 수 있는 작업이 아닌 것은?

① 출력 장치를 선택할 수 있다.

② 입력 장치를 선택할 수 있다.

③ 마스터 볼륨을 조절할 수 있다.

④ 내레이터를 설정할 수 있다.

23년 5회, 3회, 22년 1회, 21년 3회

08 다음 중 한글 Windows 10에서 외부로부터의 불법적인 해킹 등의 위협 요소로부터 컴퓨터를 보호하는 역할을 하는 것은 무엇인가?

① Windows Update

② Windows Defender 방화벽

③ BitLocker

④ Malware

23년 1회, 22년 5회, 4회, 2회, 21년 8회, 6회, 19년 1회

09 다음 중 한글 Windows 10에서 프린터 설치에 관한 설명으로 옳지 않은 것은?

① [설정] → [장치] → [프린터 및 스캐너]에서 '프린터 또는 스캐너 추가'를 클릭하여 프린터를 추가한다.

② 설치할 프린터 유형은 로컬 프린터와 Bluetooth, 무선 또는 네트워크 검색 가능 프린터 등에서 하나를 선택할 수 있다.

③ 네트워크 프린터를 선택한 경우에는 연결할 프린터의 포트를 지정한다.

④ 컴퓨터에 설치된 여러 대의 프린터 중에 현재 설치 중인 프린터를 기본 프린터로 설정할 것인지 선택한다.

24년 1회, 23년 4회, 22년 3회, 21년 8회, 7회, 1회, 19년 상시, 16년 3회

10 다음 중 한글 Windows 10의 인쇄 기능에 대한 설명으로 옳지 않은 것은?

① 기본 프린터란 인쇄 시 특정 프린터를 지정하지 않아도 자동으로 인쇄되는 프린터를 말한다.

② 프린터 속성 창에서 공급 용지의 종류, 공유, 포트 등을 설정할 수 있다.

③ 인쇄 대기 중인 작업은 취소시킬 수 있다.

④ 인쇄 중인 작업은 취소할 수는 없으나 잠시 중단시킬 수 있다.

23년 5회, 21년 4회, 19년 2회, 11년 3회

11 다음 중 한글 Windows 10의 [드라이브 조각 모음 및 최적화] 기능에 관한 설명으로 옳지 않은 것은?

① 하드디스크에 단편화되어 조각난 파일들을 모아준다.

② USB 플래시 드라이브와 같은 이동식 저장장치도 드라이브 조각 모음을 수행할 수 있다.

③ 수행 후에는 디스크 공간의 최적화가 이루어져 디스크의 용량이 증가한다.

④ 일정을 구성하여 드라이브 조각 모음 및 최적화를 예약 실행할 수 있다.

22년 3회, 21년 7회

12 다음 중 한글 Windows 10의 '작업 관리자' 대화상자에서 수행할 수 있는 작업으로 옳지 않은 것은?

① 컴퓨터를 이용하는 사용자 계정의 추가와 삭제를 수행할 수 있다.

② 현재 실행 중인 앱을 강제로 종료시킬 수 있다.

③ 시스템의 CPU 사용 내용이나 할당된 메모리의 크기를 파악할 수 있다.

④ 현재 네트워크 상태를 보고 네트워크 처리량을 확인할 수 있다.

24년 1회, 23년 4회

13 다음 중 한글 Windows 10에서 사용자 컴퓨터에 설치된 하드웨어의 종류 및 작동 여부를 확인하거나 하드웨어 제거를 수행할 수 있는 항목은?

① 시스템　　　　　　② 관리 도구

③ 프로그램 및 기능　　④ 장치 관리자

22년 4회, 18년 2회, 14년 1회, 09년 1회, 07년 4회, 01년 3회

14 다음 중 한글 Windows 10의 [명령 프롬프트] 창에서 사용하는 PING 서비스에 대한 설명으로 옳은 것은?

① 원격으로 다른 컴퓨터를 사용할 수 있는 서비스이다.

② 인터넷이 정상적으로 연결되었는지 확인하는 서비스이다.

③ 인터넷 서버까지의 경로를 추적하는 서비스이다.

④ 특정 시스템을 사용하고 있는 사용자 정보를 알아보는 서비스이다.

24년 4회, 23년 5회

15 다음 중 한글 Windows 10의 [설정] → [접근성]에서 설정할 수 없는 기능은?

① 다중 디스플레이를 설정하여 두 대의 모니터에 화면을 확장하여 표시할 수 있다.

② 돋보기를 사용하여 화면에서 원하는 영역을 확대하여 크게 표시할 수 있다.

③ 내레이터를 사용하여 화면의 모든 텍스트를 소리 내어 읽어 주도록 설정할 수 있다.

④ 키보드가 없어도 입력 가능한 화상 키보드를 표시할 수 있다.

24년 3회, 20년 2회, 12년 2회, 10년 3회

16 다음 중 인터넷을 수동으로 연결하기 위하여 지정해야 할 TCP/IP 구성 요소로 옳지 않은 것은?

① IP 주소　　　　　　② 서브넷 마스크

③ 어댑터 주소　　　　④ DNS 서버 주소

▶ 정답 : 1. ① 2. ④ 3. ① 4. ④ 5. ③ 6. ① 7. ④ 8. ② 9. ③ 10. ④ 11. ③ 12. ① 13. ④ 14. ② 15. ① 16. ③

[문제 01] Section 011

테마는 [⚙(설정)] → [개인 설정] → [테마]에서 설정할 수 있다.

[문제 02] Section 011

주 모니터는 [⚙(설정)] → [시스템] → [디스플레이]에서 자유롭게 변경할 수 있으므로 주 모니터 설정 때문에 모니터의 배치를 신경 쓸 필요는 없다.

[문제 03] Section 012

'자녀 보호'는 [⚙(설정)] → [업데이트 및 보안] → [Windows 보안] → [가족 옵션]을 클릭하여 설정할 수 있다.

[문제 04] Section 012

모니터의 해상도와 방향은 [⚙(설정)] → [시스템] → [디스플레이]에서 설정할 수 있다.

[문제 05] Section 013

Windows 10의 업데이트 현황은 [⚙(설정)] → [업데이트 및 보안]에서 확인 및 설정할 수 있다.

[문제 06] Section 013

확장자가 다른 파일을 같은 앱에 연결하여 사용할 수도 있고, 여러 가지 확장자를 사용할 수 있는 앱도 있다(예 그림 보기에 많이 사용하는 알씨).

[문제 07] Section 014

내레이터는 [⚙(설정)] → [접근성] → [내레이터]에서 설정할 수 있다.

[문제 08] Section 015

Windows Defender 방화벽은 해킹 등의 위협 요소로부터 컴퓨터 보호하는 기능이다.

[문제 09] Section 017

네트워크 프린터를 선택한 경우에는 연결할 프린터의 포트가 자동으로 지정된다.

[문제 10] Section 018

인쇄 대기중인 문서뿐만 아니라 인쇄 중인 문서도 잠시 중단하거나 취소할 수 있다.

[문제 11] Section 019

'드라이브 조각 모음 및 최적화'는 디스크의 접근 속도를 향상시키기 위한 것으로, 디스크의 용량 증가와는 관계가 없다.

[문제 12] Section 020

사용자 계정의 추가와 삭제는 [⚙(설정)] → [계정]에서 수행할 수 있다.

[문제 13] Section 016

장치 관리자는 컴퓨터에 설치되어 있는 하드웨어의 종류 및 작동 여부를 확인하고, 하드웨어의 제거나 사용 여부, 업데이트 등의 속성을 변경할 때 사용한다.

[문제 14] Section 021

Ping은 원격 컴퓨터의 네트워크 연결 상태 및 작동 여부를 확인할 때 사용하는 명령어이다.

[문제 15] Section 011

다중 디스플레이는 [⚙(설정)] → [시스템] → [디스플레이]에서 설정할 수 있다.

[문제 16] Seciton 021

• 어댑터 주소는 수동으로 연결하기 위해 지정해야 할 TCP/IP 구성 요소가 아니다.
• TCP/IP의 구성 요소에는 IP 주소, 서브넷 접두사 길이, 서브넷 마스크, 게이트웨이, DNS 서버 주소 등이 있다.

3장

컴퓨터 시스템의 개요

컴퓨터의 개념과 분류

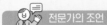

24.5, 22.5, 20.1, 10.1, 03.3, 00.1

1 컴퓨터의 정의

컴퓨터(EDPS; Electronic Data Processing System)는 입력된 자료(Data)를 프로그램이라는 명령 순서에 따라 처리하여 그 결과를 사람이 알아볼 수 있도록 출력하는 전자(Electronic) 자료 처리(Processing) 시스템(System)이다.

- 컴퓨터의 5대 특징은 정확성, 신속성, 대용량성, 범용성, 호환성*이다.
- 컴퓨터는 처리 능력에 따른 분류, 취급하는 데이터의 형태에 따른 분류, 그리고 사용하는 목적에 따른 분류로 3가지 형태로 나눌 수 있다.

24.5, 22.5, 20.1, 10.1, 00.1

잠깐만요 정보 / 자료 / 정보화

602531 ▶

- **자료(Data)** : 관찰이나 측정을 통해 수집한 단순한 사실이나 결과값을 말합니다.
- **정보(Information)** : 의사결정에 도움을 줄 수 있는 유용한 형태로, 자료를 가공 처리한 것을 말합니다.
- **정보화(informatization)** : 경제와 사회의 중심이 물질이나 에너지로부터 정보로 이동하여 정보가 사회의 전 분야에 널리 확산되는 것을 말합니다.

기출체크 ☑

24.5, 22.5, 20.1, 10.1

1. (ⓐ)는 생활에서 관찰이나 측정을 통해 얻을 수 있는 문자나 그림, 숫자 등의 값을 의미한다. 이러한 요소들을 모아서 의미 있는 이용 가능한 형태로 바꾸면 (ⓑ)가 된다. (ⓒ)란 정보통신기술의 혁신을 바탕으로 경제와 사회의 중심이 물질이나 에너지로부터 정보로 이동하여 정보가 사회의 전 분야에 널리 확산되는 것을 말한다.

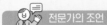
602601 ▶

24.5, 23.5, 21.2, 20.2, 17.1, 15.3, 15.1, 12.3, 07.2, 06.3

2 처리 능력에 따른 분류

15.1, 12.3, 07.2, 06.3

❶ 슈퍼 컴퓨터(Super Computer, 초대형 컴퓨터)

- 높은 정밀도를 가지고 있어 정확한 계산을 수행할 수 있다.
- 인공위성 제어, 일기예보, 시뮬레이션* 처리, 초정밀 과학기술 연구, 지형 분석, 우주 항공 산업 등의 특수 분야에 사용된다.

15.1, 07.2

❷ 메인 프레임(Main frame, 대형 컴퓨터)

- 대규모 시스템으로, 수백 명의 사용자가 동시에 사용할 수 있다.
- 은행, 병원, 정부기관 등에서 사용한다.

❸ 미니 컴퓨터(Mini Computer, 중형 컴퓨터)

06.3

중규모 시스템으로, 학교 · 연구소 등의 업무 처리나 과학기술 계산에 사용된다.

07.2, 06.3

❹ 마이크로 컴퓨터(Micro Computer, 소형 컴퓨터)

- '마이크로프로세서(MPU)'를 CPU로 사용하는 컴퓨터이며, 네트워크에서 주로 클라이언트(Client) 역할을 한다.
- 마이크로 컴퓨터의 종류에는 워크스테이션, 데스크톱 컴퓨터*, 휴대용 컴퓨터 등이 있다.

24.5, 23.5, 20.2, 17.1, 15.3

잠깐만요 **웨어러블 컴퓨터 / 팜톱 컴퓨터**

602631 ▶

웨어러블 컴퓨터(Wearable Computer)
- 의류, 시계, 안경 등의 형태로 사람이 몸에 착용하고 다닐 수 있는 컴퓨터입니다.
- 소형화 및 경량화, 음성과 동작 인식 등 다양한 기술이 적용되어 장소에 구애받지 않고 컴퓨터를 활용할 수 있습니다.

팜톱(Palmtop)
손바닥 위에 놓고 사용할 수 있는 크기의 컴퓨터로, 스마트폰을 컴퓨터로 분류한다면 여기에 속합니다.

기출체크 ☑

24.5, 23.5, 20.2, 17.1

2. 소형화, 경량화를 비롯해 음성과 동작 인식 등 다양한 기술이 적용되어 장소에 구애받지 않고 컴퓨터를 활용할 수 있도록 몸에 착용하는 컴퓨터는 (   )이다.

602602 ▶

21.2, 18.상시, 15.3, 08.3, 08.2, 06.2, 05.4, 02.1

③ 데이터 취급에 따른 분류

18.상시, 15.3, 08.3, 08.2, 06.2, 05.4, 02.1

❶ 디지털 컴퓨터(Digital Computer, 범용 컴퓨터)

문자나 숫자화된 이산적*인 데이터를 처리하는 컴퓨터로, 사회 각 분야에서 일반적으로 사용한다.

18.상시, 15.3, 08.3, 08.2, 06.2, 05.4, 02.1

❷ 아날로그 컴퓨터(Analog Computer, 전용 컴퓨터)

온도, 전류, 속도 등과 같이 연속적으로 변하는 데이터를 처리하기 위한 특수 목적용 컴퓨터이다.

18.상시, 15.3, 08.3, 08.2, 06.2, 05.4, 02.1

❸ 하이브리드 컴퓨터(Hybrid Computer)

디지털 컴퓨터와 아날로그 컴퓨터의 장점을 혼합하여 만든 컴퓨터이다.

데스크톱 컴퓨터(Desktop Computer)

책상에 놓고 사용할 수 있는 일반적인 개인용 컴퓨터(Personal Computer)를 말합니다.

전문가의 조언

웨어러블과 팜톱 컴퓨터의 개념을 묻는 문제가 출제되고 있습니다.

[기출 포인트]
- 웨어러블 컴퓨터는 몸에 착용하는 컴퓨터이다.
- 스마트폰은 팜톱 컴퓨터에 해당한다.

전문가의 조언

데이터 취급에 따른 컴퓨터의 종류를 묻는 문제가 출제되고 있습니다.

[기출 포인트]
컴퓨터를 데이터 취급 형태에 따라 분류하면 디지털, 아날로그, 하이브리드 컴퓨터가 있다.

이산적
'비연속적인, 구분된'을 의미합니다.

기출체크 정답
2. 웨어러블 컴퓨터

기출체크 ☑

18.상시, 15.3, 08.3, 08.2, 06.2, 05.4, 02.1

3. 다음 보기 중 처리하는 데이터 형태에 따른 컴퓨터의 분류에 해당하지 않는 것을 고르시오. (   )

| ⓐ 하이브리드 컴퓨터 | ⓑ 디지털 컴퓨터 | ⓒ 슈퍼 컴퓨터 | ⓓ 아날로그 컴퓨터 |

602603 ▶

24.4, 23.3, 22.4, 22.1, 21.5, 21.3, 18.2, 17.1, 14.2, 14.1, 12.2, 10.3, 10.1, 07.3

4 디지털 컴퓨터와 아날로그 컴퓨터의 비교

항목	디지털 컴퓨터	아날로그 컴퓨터
24.4, 23.3, 22.4, 22.1, 21.5, 21.3, ··· **입력 형태**	숫자, 문자	전류, 전압, 온도
14.2 **출력 형태**	숫자, 문자	곡선, 그래프
24.4, 23.3, 22.4, 22.1, 21.5, 21.3, ··· **연산 형식**	산술 · 논리 연산	미 · 적분 연산
14.1, 10.3, 10.1, 07.3 **연산 속도**	느림	빠름
24.4, 23.3, 22.4, 22.1, 21.5, 21.3, ··· **구성 회로**	논리 회로	증폭 회로
18.2, 14.2 **프로그래밍**	필요함	필요하지 않음
10.3 **정밀도**	필요한 한도까지	제한적임
18.2 **기억 기능**	있음	없음
24.4, 23.3, 22.4, 22.1, 21.5, 21.3, ··· **적용성**	범용	특수 목적용

기출체크 ☑

24.4, 23.3, 22.4, 22.1, 21.5, 21.3, 17.1

4. (   ) 컴퓨터는 미분이나 적분 연산을 주로 하며, (   ) 컴퓨터는 산술이나 논리 연산을 주로 한다.

컴퓨터 사용의 주요 단위

24.5, 24.2, 23.2, 23.1, 22.4, 21.8, 21.1, 19.2, 19.1, 16.3, 16.2, 13.1, 12.3, 12.2, 12.1, 10.3, 08.2, 06.2, 04.3, 01.3

1 자료 구성 단위

자료의 구성 단위는 컴퓨터 내부에서 사용하는 물리적 단위인 비트, 니블, 바이트, 워드와 사람이 인식하여 사용할 수 있는 논리적 단위인 필드, 레코드, 파일, 데이터베이스가 있다.

24.5, 21.1, 19.2, 16.3, 12.1, 10.3, 08.2, ⋯ **비트(Bit)**	• 자료 표현의 최소 단위이다. • 두 가지 상태, 즉 0과 1을 표시하는 2진수 1자리이다.
24.5, 23.2, 21.1, 19.2, 16.2, 12.3, 12.1, ⋯ **니블(Nibble)**	• 4개의 비트(Bit)가 모여 1개의 니블(Nibble)을 구성한다. • 16진수 1자리를 표현하기에 적합하다.
24.2, 23.1, 22.4, 21.8, 19.1, 12.2, 12.1, ⋯ **바이트(Byte)**	• 문자를 표현하는 최소 단위이다. • 8개의 비트(Bit)가 모여 1바이트(Byte)를 구성한다. • 1Byte는 256(2^8)가지의 정보를 표현할 수 있다. • 주소 지정의 단위로 사용된다. • 일반적으로 영문자나 숫자는 1Byte로, 한글과 한자는 2Byte로 한 글자를 표현한다.

24.5, 23.2, 21.1, 19.2, 16.3, 13.1, 12.2, ⋯
 워드(Word)
	• CPU가 한 번에 처리할 수 있는 명령 단위이다.
	 • 종류
	    – 반워드(Half Word) : 2Byte
	    – 전워드(Full Word) : 4Byte
	    – 더블워드(Double Word) : 8Byte

23.2, 16.3, 12.2, 06.2, 04.3 **필드(Field)**	• 파일 구성의 최소 단위이다. • 의미 있는 정보를 표현하는 최소 단위이다.
12.2, 06.2, 08.2, 04.3 **레코드(Record)**	• 하나 이상의 관련된 필드(Field)가 모여서 구성된다. • 컴퓨터 내부의 자료 처리 단위이다.
04.3 **파일(File)**	프로그램 구성의 기본 단위로, 여러 레코드(Record)가 모여서 구성된다.
24.5, 23.2, 21.1, 19.2, 16.3 **데이터베이스(Database)**	여러 개의 관련된 파일(File)의 집합이다.

기출체크 ☑

24.2, 23.2, 23.1, 22.4, 21.8, 19.1
1. (　　　)는 컴퓨터에서 각종 명령을 처리하는 기본 단위이다.

24.5, 21.1, 19.2
2. 비트(Bit)는 정보의 최소 단위이며, (　　　)비트가 모여 1바이트(Byte)가 된다.

전문가의 조언

자료 구성 단위들의 개별적인 크기나 특징을 묻는 문제가 출제되고 있습니다.

[기출 포인트]
• 워드는 명령을 처리하는 기본 단위이다.
• 4비트가 모여 1니블이 된다.
• 8비트가 모여 1바이트가 된다.

Bit

Bit는 Binary Digit의 합성어입니다. Binary는 2를 의미하고, Digit는 아라비아 숫자를 뜻하는 것으로, 2진수를 말합니다.

필드(Field)

다른 말로 아이템(Item), 항목이라고도 합니다.

기출체크 정답
1. 워드 2. 8

602702 ▶

24.5, 24.4, 24.2, 24.1, 23.4, 23.1, 22.4, 22.3, 21.7, 21.2, 21.1, 20.상시, 19.상시, 18.상시, 18.2, 18.1, 16.1, 15.2, 15.1, …

2 기억장치 관련 단위

24.4, 23.1, 21.1, 20.상시, 19.상시, 18.1, 16.1, 14.2, 13.2, 05.2, 03.1, 02.3, 01.1

❶ 처리 속도 단위

단위	ms	μs	ns	ps	fs	as
속도	10^{-3}	10^{-6}	10^{-9}	10^{-12}	10^{-15}	10^{-18}

←———————————————————————————→
느림   빠름

24.5, 24.1, 23.4, 22.3, 21.7, 18.상시, 18.2, 15.1, 13.3, 06.3, 03.4, 03.3, 02.1, 01.2

❷ 기억 용량 단위

단위	Byte	KB	MB	GB	TB	PB	EB
용량	8Bit	1,024Byte	1,024KB	1,024MB	1,024GB	1,024TB	1,024PB

←———————————————————————————→
작음   큼

24.2, 22.4, 21.2, 15.2, 10.2, 08.1, 07.2, 03.3

❸ 접근 속도 비교

CUP	주기억장치			보조기억장치				
레지스터	캐시 (SRAM)	램 (DRAM)	롬 (ROM)	SSD	하드디스크 (HDD)	CD-ROM (ODD)	플로피 디스크	자기 테이프

←———————————————————————————→
빠름   느림

기출체크 ☑

24.2, 22.4, 21.2, 15.2, 10.2

3. 컴퓨터에서 사용하는 각 기억장치를 접근 속도가 빠른 것에서 느린 순서로 옳게 나열하시오. (   ) → (   ) → (   ) → (   )

ⓐ 주기억장치	ⓑ 레지스터	ⓒ 캐시 메모리	ⓓ 보조기억장치

24.5

4. 기억 용량 단위 중 (   )는 1024 × 1024 × 1024 Bytes와 동일한 크기이다.

문자 표현 코드 / 에러 검출 코드

602801 ▶

1 문자 표현 코드

❶ BCD 코드(2진화 10진)

- 하나의 문자를 2개의 Zone 비트와 4개의 Digit 비트로 표현한다.
- 2^6 = 64가지의 문자를 표현할 수 있다.
- 영문 소문자를 표현하지 못한다.

24.5, 22.2, 21.6, 21.1, 19.1, 18.상시, 18.1, 17.2, 15.2, 15.1, 14.3, 11.2, 11.1, 09.3, 07.4

❷ ASCII 코드(미국 표준)

- 하나의 문자를 3개의 Zone 비트와 4개의 Digit 비트로 표현한다.
- 2^7 = 128가지의 문자를 표현할 수 있다.
- 데이터 통신 및 개인용 컴퓨터(PC)에서 사용된다.
- 7비트 코드지만 실제로는 패리티 비트를 포함하여 8비트로 사용된다.
- 확장 ASCII 코드는 8비트를 사용하므로 2^8 = 256가지의 문자를 표현한다.

22.2, 21.6, 21.1, 19.1, 18.상시, 18.1

❸ EBCDIC 코드(확장 2진화 10진)

- BCD 코드를 확장한 것으로, 하나의 문자를 4개의 Zone 비트와 4개의 Digit 비트로 표현한다.
- 2^8 = 256가지의 문자를 표현할 수 있다.
- 대형 컴퓨터에서 사용한다.

24.3, 22.2, 22.1, 21.6, 21.5, 21.4, 21.3, 19.2, 18.상시, 06.4, 05.1, 02.2

❹ 유니코드(Unicode)

- 전 세계의 모든 문자를 2바이트로 표현할 수 있는 국제 표준 코드이다.
- 데이터의 교환을 원활하게 하기 위하여 문자 1개에 부여되는 값을 16Bit(2Byte)로 통일한다.
- 최대 65,536자의 글자를 코드화할 수 있다.

기출체크 ☑

24.3, 23.5, 23.3, 22.2, 19.1
1. 다음 중 컴퓨터에서 문자 데이터를 표현하는 방법이 아닌 것을 모두 고르시오. (   )

| ⓐ EBCDIC | ⓑ Unicode | ⓒ ASCII | ⓓ Hamming Code | ⓔ Parity Bit |

24.3, 22.1, 21.5, 21.4
2. 유니코드는 데이터의 처리나 교환을 위하여 1개 문자를 (   )비트로 표현한다.

🅑 전문가의 조언

중요해요! 단순히 문자 표현 코드가 아닌 것을 찾거나 ASCII와 유니코드의 특징에 대한 문제가 자주 출제됩니다.

[기출 포인트]

- Hamming Code는 문자 표현 코드가 아니다.
- ASCII는 7비트로 128개의 문자를 표현한다.
- 확장 ASCII는 8Bit로 256가지의 문자를 표현한다.
- ASCII는 데이터 통신에 사용한다.
- 유니코드는 문자를 16Bit(2Byte)로 표현한다.

기출체크 1번

Parity Bit, Hamming Code는 데이터 전송 시 에러 검출 및 교정을 위해 사용하는 코드로, 문자 데이터를 표현하기 위해 사용하는 코드가 아닙니다.

기출체크 정답

1. ⓓ, ⓔ 2. 16

2 에러 검출 코드

22.2, 21.6, 19.1, 11.3, 09.4, 00.1

602802 ▶

19.1, 11.3

❶ 패리티 체크 비트(Parity Check Bit)

• 에러 검출을 목적으로 원래의 데이터에 추가되는 1비트이다.

• **짝수(우수) 패리티** : 1의 개수가 짝수가 되도록 만든다.

• **홀수(기수) 패리티** : 1의 개수가 홀수가 되도록 만든다.

22.2, 21.6, 09.4, 00.1

❷ 해밍 코드(Hamming Code)

에러 검출 및 교정이 가능한 코드로, 2비트의 에러 검출 및 1비트의 에러 교정이 가능하다.

❸ 순환 중복 검사(CRC)

순환 중복 검사를 위해 미리 정해진 다항식을 적용하여 오류를 검출하는 방식이다.

❹ 블록합 검사(BSC)

• 패리티 검사의 단점을 보완한 방식이다.

• 프레임내의 모든 문자의 같은 위치의 비트들에 대한 패리티를 추가로 계산하여 블록의 맨 마지막에 추가하는 방식이다.

기출체크 ☑

11.3

3. 패리티 비트(Parity Bit)는 에러가 발생한 비트를 의미한다. (○, ×)

해설은 78쪽에 있습니다.

22년 5회, 20년 1회, 10년 1회

01 컴퓨터에서 말하는 자료와 정보의 특징으로 옳지 않은 것은?

① 정보를 가공해 자료를 생성한다.

② 자료를 관찰하거나 측정한 것을 값 또는 결과라고 한다.

③ 시간에 따라 자료와 정보의 가치가 변한다.

④ 자료는 의사 결정의 근거가 된다.

24년 4회, 23년 3회, 22년 4회, 1회, 21년 5회, 3회, 17년 1회

02 다음 중 디지털 컴퓨터와 아날로그 컴퓨터의 차이점에 관한 설명으로 옳은 것은?

① 디지털 컴퓨터는 전류, 전압, 온도 등 다양한 입력 값을 처리하며, 아날로그 컴퓨터는 숫자 데이터만을 처리한다.

② 디지털 컴퓨터는 증폭 회로로 구성되며, 아날로그 컴퓨터는 논리 회로로 구성된다.

③ 아날로그 컴퓨터는 미분이나 적분 연산을 주로 하며, 디지털 컴퓨터는 산술이나 논리 연산을 주로 한다.

④ 아날로그 컴퓨터는 범용이며, 디지털 컴퓨터는 특수 목적용으로 많이 사용된다.

24년 2회, 23년 1회, 22년 4회, 21년 8회, 19년 1회

03 다음 중 컴퓨터에서 사용되는 바이트(Byte)에 대한 설명으로 옳지 않은 것은?

① 1바이트는 8비트로 구성된다.

② 일반적으로 영문자나 숫자는 1Byte로 한 글자를 표현하고, 한글 및 한자는 2Byte로 한 글자를 표현한다.

③ 1바이트는 컴퓨터에서 각종 명령을 처리하는 기본 단위이다.

④ 1바이트로는 256가지의 정보를 표현할 수 있다.

24년 4회, 23년 1회, 21년 1회, 20년 상시, 19년 상시, 18년 1회, 16년 1회, 14년 2회

04 다음 중 컴퓨터의 연산 속도 단위로 가장 빠른 것은?

① 1ms
② 1μs
③ 1ns
④ 1ps

24년 1회, 23년 4회, 22년 3회, 21년 7회, 18년 상시

05 다음 중 기억장치의 기억 용량 단위로 가장 큰 것은?

① 1TB
② 1KB
③ 1GB
④ 1MB

24년 2회, 22년 4회, 21년 2회, 15년 2회, 10년 2회, 07년 2회

06 다음 중 컴퓨터에서 사용하는 각 기억장치의 접근 속도가 빠른 것에서 느린 순서로 옳게 나열된 것은?

① CPU의 레지스터 → 캐시 메모리 → 주기억장치 → HDD → ODD

② 캐시 메모리 → CPU의 레지스터 → 주기억장치 → HDD → ODD

③ CPU의 레지스터 → 캐시 메모리 → HDD → ODD → 주기억장치

④ 캐시 메모리 → CPU의 레지스터 → HDD → ODD → 주기억장치

24년 3회, 23년 5회, 3회, 22년 2회, 21년 6회, 19년 1회

07 다음 중 컴퓨터에서 문자 데이터를 표현하는 방법으로 옳지 않은 것은?

① EBCDIC
② Unicode
③ ASCII
④ Hamming Code

24년 3회, 22년 1회, 21년 5회, 4회, 3회, 19년 2회

08 다음 중 컴퓨터에서 사용하는 유니코드(Unicode)에 관한 설명으로 옳은 것은?

① 표현 가능한 문자수는 최대 256자이다.

② 에러 검출이나 교정이 가능한 코드이다.

③ 연산을 빠르게 수행하기 위하여 Zone 비트와 Digit 비트로 구성한다.

④ 데이터의 처리나 교환을 위하여 1개 문자를 16비트로 표현한다.

24년 5회, 23년 5회

09 다음 중 소형화, 경량화를 비롯해 음성과 동작 인식 등 다양한 기술이 적용되어 장소에 구애받지 않고 컴퓨터를 활용할 수 있도록 몸에 착용하는 컴퓨터를 의미하는 것은?

① 웨어러블 컴퓨터
② 마이크로 컴퓨터
③ 인공지능 컴퓨터
④ 서버 컴퓨터

▶ 정답 : 1. ① 2. ③ 3. ③ 4. ④ 5. ① 6. ① 7. ④ 8. ④ 9. ①

[문제 01] Section 022

자료를 가공 처리한 것이 정보이다.

- 자료(Data) : 관찰이나 측정을 통해 수집한 단순한 사실이나 결과값
- 정보(Information) : 의사 결정에 도움을 줄 수 있는 유용한 형태로, 자료를 가공 처리한 것

[문제 02] Section 022

① 디지털 컴퓨터는 숫자, 문자 데이터를 처리하고, 아날로그 컴퓨터는 전류, 전압, 온도 등 다양한 입력값을 처리한다.

② 디지털 컴퓨터는 논리 회로로 구성되고, 아날로그 컴퓨터는 증폭 회로로 구성된다.

④ 아날로그 컴퓨터는 특수 목적용으로 사용되고, 디지털 컴퓨터는 범용으로 사용된다.

[문제 03] Section 023

- 바이트(Byte)는 문자를 표현하는 최소 단위이다.
- 컴퓨터에서 각종 명령을 처리하는 기본 단위는 워드(Word)이다.

[문제 04] Section 023

연산 속도 단위를 빠른 것부터 나열하면 '1ps → 1ns → 1μs → 1ms'이다.

[문제 05] Section 023

기억 용량 단위를 큰 것부터 나열하면 '1TB → 1GB → 1MB → 1KB'이다.

[문제 06] Section 023

기억장치의 접근 속도(빠른 것 〉 느린 것)

레지스터(Register) 〉 캐시(SRAM) 〉 램(DRAM) 〉 롬(ROM) 〉 하드디스크(HDD) 〉 CD-ROM(ODD) 〉 플로피디스크(FDD) 〉 자기 테이프

[문제 07] Section 024

해밍 코드(Hamming Code)는 에러 검출 및 교정에 사용하는 코드이다.

[문제 08] Section 024

유니코드(Unicode)는 데이터의 원활한 교환을 위하여 문자 1개에 부여되는 값을 16Bit(2Byte)로 통일한 국제 표준 코드이다.

[문제 09] Section 022

- 컴퓨터를 활용할 수 있도록 몸에 착용하는 컴퓨터는 웨어러블 컴퓨터이다.
- 마이크로 컴퓨터(Micro Computer) : '마이크로프로세서(MPU)'를 CPU로 사용하는 컴퓨터이며, 네트워크에서 주로 클라이언트(Client) 역할을 함

4장

컴퓨터 하드웨어

중앙처리장치

1 중앙처리장치의 개요

22.5, 19.상시, 18.1, 13.1, 05.3, 05.2, 03.2

중앙처리장치(CPU; Central Processing Unit)는 사람의 두뇌와 같이 컴퓨터 시스템에 부착된 모든 장치의 동작을 제어하고, 명령을 실행하는 장치이다.

- 중앙처리장치는 제어장치(CU; Control Unit), 연산장치(ALU; Arithmetic Logic Unit), 레지스터(Register)로 구성된다.
- 중앙처리장치의 성능*에 영향을 미치는 요인에는 클럭 주파수, 캐시 메모리, 명령어의 크기, FSB(시스템버스) 등이 있다.

기출체크 ☑

22.5, 18.1, 05.3, 05.2, 03.2
1. 중앙처리장치는 (   ), (   ), (   )로 구성된다.

전문가의 조언

단순히 중앙처리장치의 구성 요소가 아닌 것을 찾는 문제가 출제되고 있습니다.

[기출 포인트]

중앙처리장치의 구성 요소는 제어장치(ALU), 연산장치(CU), 레지스터이다.

중앙처리장치의 성능을 나타내는 단위

- MIPS : 1초당 명령 실행 수/1백만
- FLOPS : 1초당 부동 소수점 연산 횟수
- 클럭 속도(Hz) : CPU 동작 클럭 주파수

---

2 제어장치(Control Unit)

24.5, 21.4, 18.2, 18.1, 16.3, 15.3, 15.1, 12.1, 11.1, 10.3, 09.4, 09.2, 08.3, 08.2, 04.4, 04.3

제어장치는 컴퓨터에 있는 모든 장치들의 동작을 지시하고 제어하는 장치이다.

구성 요소	기능
24.5, 21.4, 18.2, 18.1, 16.3, 11.1, 09.4, … **프로그램 카운터** (PC; Program Counter)	다음에 실행할 명령어의 번지를 기억하는 레지스터이다.
18.1, 09.4, 08.3 **명령 레지스터** (IR; Instruction Register)	현재 실행중인 명령의 내용을 기억하는 레지스터이다.
09.4 **명령 해독기(Decoder)**	명령 레지스터에 있는 명령어를 해독하는 회로이다.
부호기(Encoder)	해독된 명령에 따라 각 장치로 보낼 제어 신호를 생성하는 회로이다.
메모리 주소 레지스터(MAR; Memory Address Register)*	기억장치를 출입하는 데이터의 번지를 기억하는 레지스터이다.
메모리 버퍼 레지스터(MBR; Memory Buffer Register)*	기억장치를 출입하는 데이터가 잠시 기억되는 레지스터이다.

기출체크 ☑

24.5, 21.4, 18.2, 18.1, 16.3, 11.1, 09.4, 09.2, 04.3
2. (   )는 제어장치에서 사용되는 레지스터로, 다음번에 실행할 명령어의 번지를 기억한다.

전문가의 조언

제어장치의 개념이나 제어장치에서 사용되는 레지스터의 종류 및 기능에 대한 문제가 출제되고 있습니다.

[기출 포인트]

- 제어장치는 모든 장치를 지시 및 감독하는 기능을 수행한다.
- 부호기, 명령 해독기, 프로그램 카운터는 제어장치의 구성 요소이다.
- 프로그램 카운터는 다음번에 실행할 명령의 번지를 기억한다.

MAR과 MBR의 기능

- 데이터를 읽을 경우 : 읽을 데이터의 주소를 MAR에 기억시킴. 제어장치가 주기억장치에게 읽기(Read) 신호를 보내면 MAR에 있는 주소를 읽어서 찾은 데이터를 MBR에 기억시킴
- 데이터를 저장할 경우 : 저장할 데이터를 MBR에, 저장될 주소를 MAR에 기억시킴. 제어장치가 주기억장치에게 쓰기(Write) 신호를 보내면 MBR의 내용이 MAR에 저장된 주기억장치의 주소에 기록됨

기출체크 정답
1. 제어장치, 연산장치, 레지스터 2. 프로그램 카운터(PC)

③ 연산장치(ALU; Arithmetic & Logic Unit)

24.2, 23.2, 21.1, 20.상시, 18.상시, 16.3, 16.2, 15.3, 15.2, 14.1, 12.3, 11.3, 11.1, 09.2, 09.1, 08.1, 06.3, 05.3, 04.3, …

연산장치는 제어장치의 명령에 따라 실제로 연산을 수행*하는 장치이다.

구성 요소	기능
가산기(Adder)	2진수의 덧셈을 수행하는 회로이다.
11.1, 09.2, 09.1, 04.3 보수기(Complementor)	뺄셈을 위해 입력된 값을 보수*로 변환하는 회로이다.
24.2, 23.2, 21.1, 20.상시, 18.상시, 16.2, 14.1, … 누산기(AC; Accumulator)	연산 결과를 일시적으로 저장하는 레지스터이다.
데이터 레지스터(Data Register)	연산에 사용될 데이터를 기억하는 레지스터이다.
11.1, 09.2, 04.3 상태 레지스터(Status Register)	연산중에 발생하는 여러 가지 상태값을 기억하는 레지스터이다.
인덱스 레지스터(Index Register)	주소 변경을 위해 사용되는 레지스터이다.

기출체크 ☑

24.2, 23.2, 21.1, 20.상시, 18.상시, 16.2, 14.1, 12.3
3. (   )는 연산 결과를 일시적으로 기억하는 장치이다.

④ 레지스터(Register)

24.5, 21.4, 19.상시, 18.1, 17.1, 16.3, 13.3, 11.3, 08.1

레지스터는 CPU 내부에서 처리할 명령어나 연산의 중간 값 등을 일시적으로 저장하는 기억장치이다.

- 레지스터는 플립플롭(Flip-Flop)*이나 래치(Latch)* 등을 연결하여 구성한다.
- 메모리 중에서 액세스 속도가 가장 빠르다.
- 계산 결과의 임시 저장, 주소 색인 등 여러 가지 목적으로 사용되는 레지스터를 범용 레지스터라고 한다.

기출체크 ☑

24.5, 21.4, 16.3, 11.3, 08.1
4. 레지스터는 주기억장치보다 저장 용량이 적고 속도가 느리다. (○, ×)

 전문가의 조언

연산장치의 개념이나 연산장치에서 사용되는 레지스터의 종류 및 기능에 대한 문제가 출제되고 있습니다.

[기출 포인트]
- 연산장치는 산술 및 논리연산을 수행한다.
- 상태 레지스터, 누산기, 보수기는 연산장치의 구성 요소이다.
- 누산기는 연산 결과를 일시적으로 저장한다.

연산장치가 수행하는 연산

산술 연산, 논리 연산, 관계 연산, 이동(Shift) 등

보수(Complement)

컴퓨터에서 뺄셈을 하기 위해 음수를 표시하는 방법입니다.

 전문가의 조언

레지스터의 특징을 묻는 문제가 출제되고 있습니다.

[기출 포인트]
- 레지스터는 연산의 중간 결과를 일시적으로 저장한다.
- 레지스터는 메모리 중에서 속도가 가장 빠르다.

플립플롭(Flip-Flop)

기억장치를 구성하는 전자 회로로, 1비트의 정보를 기억할 수 있는 능력이 있습니다.

래치(Latch)

1비트 이상의 입력된 값을 다음 입력이 있기 전까지 그대로 유지하는 전자 회로입니다.

기출체크 4번

레지스터는 주기억장치보다 속도가 빠릅니다.

기출체크 정답
3. 누산기 4. ×

주기억장치

기출체크 1번

대용량의 데이터와 프로그램을 영구적으로 보관하는데 사용되는 것은 보조기억장치입니다.

비휘발성 메모리

전원이 차단되더라도 기억된 내용이 지워지지 않는 메모리를 비휘발성 메모리라고 합니다. 휘발성 메모리는 그 반대겠죠? ROM과 보조기억장치는 비휘발성 메모리이고 나머지, 즉 RAM, 레지스터, 캐시 메모리 등은 모두 휘발성 메모리입니다.

24.4, 23.5, 23.3

① **주기억장치의 개요**

주기억장치는 CPU가 직접 접근하여 데이터를 처리할 수 있는 기억장치(Memory)로, 현재 수행되는 프로그램과 데이터를 저장하고 있다.

• 종류에는 롬(ROM)과 램(RAM)이 있다.

> **기출체크** ☑
>
> 24.4, 23.5, 23.3
> **1.** 주기억장치는 대용량의 데이터와 프로그램을 영구적으로 보관하는 데 사용된다. (○, ×)

603002 ▶

16.1, 09.1, 08.4, 06.3, 06.2

② **롬(ROM; Read Only Memory)**

롬(ROM)은 기억된 내용을 읽을 수만 있는 기억장치로서 일반적으로 쓰기는 불가능하다.

• 전원이 꺼져도 기억된 내용이 지워지지 않는 비휘발성 메모리*이다.

• 주로 펌웨어(Firmware)를 저장한다.

• 롬에는 주로 기본 입·출력 시스템(BIOS), 글자 폰트, 자가진단 프로그램(POST) 등이 저장되어 있다.

ROM

• 롬은 기억된 내용의 수정 가능 여부 및 데이터 기록 방법에 따라 다음과 같이 분류된다.

Mask ROM	제조 과정에서 미리 내용을 기억시켰으며, 사용자가 임의로 수정할 수 없다.
PROM (Programmable ROM)	특수 프로그램을 이용하여 한 번만 기록할 수 있으며, 이후엔 읽기만 가능하다.
16.1, 09.1 EPROM (Erasable PROM)	자외선을 이용하여 기록된 내용을 여러 번 수정하거나 새로운 내용을 기록할 수 있다.
08.4 EEPROM (Electrically EPROM)	전기적인 방법을 이용하여 기록된 내용을 여러 번 수정하거나 새로운 내용을 기록할 수 있다.

> **기출체크** ☑
>
> 16.1
> **2.** (   )은 자외선을 이용하여 기록된 내용을 여러 번 수정할 수 있다.

기출체크 정답
1. × 2. EPROM

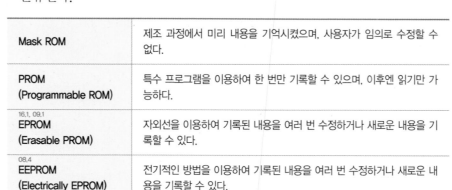

3 17.2, 11.2, 09.4, 05.2, 03.3, 02.3

램(RAM: Random Access Memory)

램(RAM)은 자유롭게 읽고 쓸 수 있는 기억
장치로, 주로 사용중인 프로그램이나 데이
터를 저장한다.

RAM

- 전원이 꺼지면 기억된 내용이 모두 사라지는 휘발성 메모리이다.
- 일반적으로 '주기억장치'라고 하면 '램(RAM)'을 의미한다.
- 램은 재충전 여부에 따라 DRAM(Dynamic RAM, 동적 램)과 SRAM(Static RAM, 정적 램)으로 분류된다.

구분	DRAM(동적 램)	SRAM(정적 램)
구성 소자	콘덴서*	플립플롭*
09.4, 05.2 특징	전원이 공급되어도 일정 시간이 지나면 전하가 방전되므로 주기적인 재충전(Refresh)이 필요함	전원이 공급되는 동안에는 기억 내용이 유지됨
전력 소모	적음	많음
접근 속도	느림	빠름
09.4, 05.2 집적도	높음	낮음
09.4, 05.2 가격	저가	고가
용도	일반적인 주기억장치	캐시 메모리

기출체크 ☑

17.2
3. ( )에는 현재 사용 중인 응용 프로그램이나 데이터가 저장된다.

4 24.1, 23.4, 23.2, 23.1, 22.5, 22.3, 22.2, 22.1, 21.8, 21.7, 21.6, 21.5, 21.3, 21.1, 20.상시, 20.2, 20.1, 19.상시, 19.2, …

603004 ▶

기타 메모리

24.1, 23.4, 23.2, 22.3, 21.7, 21.1, 20.2, 18.상시, 14.2, 10.3, 06.4, 06.1, 05.4, 04.3, 01.3
❶ 캐시 메모리(Cache Memory)

- CPU(중앙처리장치)와 주기억장치 사이에서 컴퓨터의 처리 속도를 향상시키는 역할을 한다.
- 캐시 메모리로는 접근 속도가 빠른 정적 램(SRAM)을 사용하며, 용량은 주기억장치보다 작게 구성된다.
- 캐시 메모리의 적중률(Hit Ratio)*이 높을수록 시스템의 전체적인 속도가 향상된다.

🧑‍🏫 전문가의 조언

RAM과 DRAM의 특징에 대한 문제가 출제된 적이 있습니다.

[기출 포인트]
- RAM에는 현재 사용 중인 응용 프로그램이 저장된다.
- RAM은 전원이 끊어지면 기억된 내용이 지워진다.
- DRAM은 주기적으로 재충전해야 한다.

콘덴서

전기를 저장할 수 있는 일종의 축전지입니다.

플립플롭(Flip-Flop)

1비트의 정보를 기억할 수 있는 기억 소자로, 기억장치를 구성하는 전자 회로입니다.

🧑‍🏫 전문가의 조언

중요해요! 각 메모리의 특징과 용도를 묻는 문제가 자주 출제됩니다.

[기출 포인트]
- 캐시 메모리는 CPU와 주기억장치 사이에서 컴퓨터의 처리 속도를 향상 시킨다.
- 가상 메모리는 보조기억장치를 주기억장치처럼 사용하는 메모리 기법이다.
- 가상 메모리는 주기억장치보다 큰 프로그램을 실행시킬 때 사용된다.
- 플래시 메모리는 데이터를 블록 단위로 저장한다.

캐시 적중률

- 명령어나 자료를 찾기 위하여 캐시 메모리에 접근하는 경우, 원하는 정보가 캐시 메모리에 기억되어 있을 때 적중(Hit)되었다고 하고, 기억되어 있지 않을 때 실패했다고 합니다.
- 적중률 = 적중횟수/총 접근횟수

기출체크 정답
3. RAM

24.1, 23.4, 23.2, 22.5, 22.2, 22.1, 21.6, 21.5, 21.3, 20.1, 19.1, 15.2, 10.1, 07.2, 06.4, 03.4, 03.2, 01.3

❷ 가상 메모리(Virtual Memory)

- 보조기억장치의 일부를 주기억장치처럼 사용하는 메모리 기법이다.
- 주기억장치보다 큰 프로그램을 불러와 실행해야 할 때 유용하게 사용된다.

24.1, 23.4, 23.2, 23.1, 22.1, 21.8, 21.5, 20.상시, 19.상시, 19.2, 17.2, 16.2, 16.1, 14.1, 13.3, 10.1, 03.4

플래시 메모리 저장 단위
플래시 메모리는 데이터를 블록 단위로 저장합니다.

❸ 플래시 메모리(Flash Memory)※

- EEPROM의 일종으로, 비휘발성 메모리이다.
- 전력 소모가 적고, 데이터 전송 속도가 빠르다.
- 디지털 카메라, 개인용 정보 단말기, 스마트폰 등에 사용한다.

24.1, 23.4, 23.2, 20.2, 16.1, 06.4, 05.1, 04.3

❹ 연관 메모리(Associative Memory)

- 기억장치에 저장된 정보에 접근할 때 주소 대신 기억된 내용의 일부를 이용하여 접근하는 장치로, 정보 검색이 신속하다.
- 캐시 메모리나 가상 메모리의 매핑 테이블에 사용된다.

07.2

❺ 버퍼 메모리(Buffer Memory)

- 두 장치 간에 데이터를 주고받을 때 속도 차이를 해결하기 위한 임시 저장 공간이다.
- 캐시 메모리도 일종의 버퍼 메모리이다.

잠깐만요 캐시 메모리, 왜 필요할까!

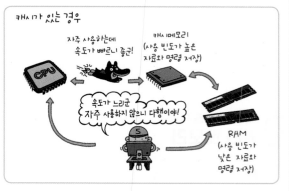

기출체크 ☑

22.2, 22.1, 21.6, 21.5, 21.3, 19.1, 15.2
3. (   )는 프로그램이 실행될 때 발생하는 메인 메모리 부족 문제를 보완하기 위해 하드디스크의 일부를 메인 메모리처럼 사용하게 하는 메모리 관리 기법이다.

24.1, 23.4, 23.2, 22.3, 21.7, 21.1, 20.2, 18.상시, 10.3, 05.4
4. (   )는 중앙처리장치(CPU)와 주기억장치 사이에 위치하여 컴퓨터 처리 속도를 향상시키는 메모리이다.

기출체크 정답
3. 가상 메모리   4. 캐시 메모리

보조기억장치

1 보조기억장치의 개요

보조기억장치는 주기억장치의 단점*을 보완하기 위한 장치이다.

- 주기억장치에 비해 속도는 느리다.
- 전원이 차단되어도 내용이 그대로 유지된다.
- 저장 용량이 크다.

2 하드디스크(Hard Disk)

하드디스크는 자성 물질을 입힌 금속 원판을 여러 장 겹쳐서 만든 기억매체이다.

- 개인용 컴퓨터에서 보조기억장치로 널리 사용된다.
- 저장 용량이 크고, 데이터 접근 속도가 빠르나 충격에 약해 본체 내부에 고정시켜 사용한다.

하드디스크

24.3, 23.1, 22.2, 21.8, 21.6, 20.상시, 19.상시, 19.1, 18.2, 16.2, 14.1, 13.1
3 SSD(Solid State Drive)

SSD는 하드디스크 드라이브(HDD)와 비슷하게 동작하면서 HDD와는 달리 기계적 장치가 없는 반도체를 이용하여 정보를 저장한다.

- 고속으로 데이터를 입·출력할 수 있다.
- 반도체 메모리에 데이터를 기록하므로 배드 섹터가 발생하지 않는다.
- 발열, 소음, 전력 소모가 적다.
- 소형화, 경량화 할 수 있다.
- 하드디스크에 비해 외부 충격에 강하나 저장 용량당 가격이 비싸다.

SSD

기출체크 ☑

24.3, 23.1, 22.2, 21.8, 21.6, 19.상시, 19.1, 16.2, 14.1, 13.1
1. 컴퓨터에서 사용하는 일반 하드디스크에 비하여 속도가 빠르고 기계적 지연이나 에러의 확률 및 발열·소음이 적으며, 소형화, 경량화할 수 있는 하드디스크 대체 저장장치는 (   )이다.

[기출 포인트]

- SSD는 반도체에 데이터를 저장하므로 속도가 빠르다.
- SSD는 소형화, 경량화할 수 있다.
- SSD는 배드 섹터가 발생하지 않는다.

기출체크 정답
1. SSD

4 Blu-ray

17.1. 14.3

603106 ▶

Blu-ray는 고선명(HD) 비디오를 위한 디지털 데이터를 저장할 수 있도록 만든 광 기록방식의 저장매체이다.

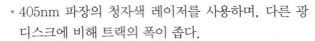

Blu-ray

- 405nm 파장의 청자색 레이저를 사용하며, 다른 광 디스크에 비해 트랙의 폭이 좁다.
- DVD에 비해 약 10배 이상의 데이터, 즉 단층은 25GB, 복층은 50GB를 저장할 수 있다.

기출체크 ☑

17.1. 14.3
2. (   )는 HD급 고화질 비디오를 저장할 수 있는 차세대 광학 장치로, 디스크 한 장에 25GB 이상을 저장할 수 있다.

5 자기 디스크 관련 용어

13.3. 09.3. 04.4

603107 ▶

04.4 **트랙(Track)**	회전축을 중심으로 데이터가 기록되는 동심원
섹터(Sector)	트랙을 일정하게 나눈 구간으로 정보 저장의 기본 단위
실린더(Cylinder)	여러 장의 디스크 판에서 같은 위치에 있는 트랙의 모임
클러스터(Cluster)	여러 개의 섹터를 모은 것으로, 운영체제가 관리하는 파일 저장의 기본 단위
13.3. 09.3 **Seek Time(탐색 시간)**	읽기/쓰기 헤드가 지정된 트랙에 도달하는 데 걸리는 시간
Search Time(=Latency Time, 회전 지연 시간)	디스크가 회전하여 원하는 섹터가 헤드 아래쪽에 올 때까지 걸리는 시간
Transmission Time (전송 시간)	읽은 데이터를 주기억장치로 보내는 데 걸리는 시간
Access Time(접근 시간)※	데이터를 읽고 쓰는 데 걸리는 시간의 합 (Seek Time + Search Time + Transmission Time)

기출체크 ☑

13.3
3. (   )은 자기 디스크에서 헤드가 지정된 트랙에 도착하는 트랙 이동 시간을 의미한다.

출력장치

20.1, 13.3, 13.2, 07.1, 06.2, 04.1, 03.1, 01.3, 00.1

1 모니터※ 관련 용어

06.2, 03.1, 01.3
❶ 모니터의 크기※

모니터의 화면 크기는 대각선의 길이를 센티미터(cm) 단위로 표시한다.

06.2, 04.1, 01.3, 00.1
❷ 픽셀(Pixel, 화소)※

• 모니터 화면을 구성하는 가장 작은 단위이다.

• 픽셀 수가 많을수록 해상도가 높아진다.

20.1, 13.3, 13.2, 07.1, 06.2, 04.1, 01.3, 00.1
❸ 해상도(Resolution)

• 모니터 등의 출력장치가 내용을 얼마나 선명하게 표현할 수 있느냐를 나타내는 단위이다.

• 해상도는 픽셀(Pixel)의 수에 따라 결정되며, 픽셀의 수가 많을수록 화면은 선명해진다.

04.1
❹ 재생률(Refresh Rate)

• 픽셀들이 밝게 빛나는 것을 유지하도록 하기 위한 1초당 재충전되는 횟수이다.

• 재생률이 높을수록 모니터의 깜박임이 줄어든다.

04.1
❺ 점 간격(Dot Pitch)

픽셀들 사이의 공간을 나타내는 것으로, 간격이 가까울수록 해상도가 높다.

기출체크 ☑

20.1, 13.3, 07.1
1. (   )는 모니터 화면의 이미지를 얼마나 세밀하게 표시할 수 있는가를 나타내는 정보로, 픽셀수에 따라 결정된다.

전문가의 조언

모니터 관련 용어에 대한 문제가 출제된 적이 있으며, 주로 해상도에 대한 문제가 출제됩니다.

[기출 포인트]

• 해상도는 픽셀 수에 따라 결정된다.

• 픽셀의 수가 많을수록 화면은 선명해진다.

• 픽셀은 모니터 영상을 표현하는 최소 단위이다.

모니터 분류

모니터는 표현 방식에 따라 CRT, LCD, PDP, LED, OLED 등으로 분류됩니다.

모니터의 크기

픽셀

픽셀

기출체크 정답
1. 해상도

충격식/비충격식 프린터

도트 매트릭스와 활자식 프린터는 충격식 프린터이고, 잉크젯 프린터와 레이저 프린터는 비충격식 프린터입니다.

라인 프린터 분류

라인 프린터는 인쇄 방식에 따라 드럼식, 체인식, 밴드식 등으로 분류됩니다.

노즐(Nozzle)

액체나 기체가 분사되는 작은 구멍을 의미합니다.

603202 ▶

24.4, 22.4, 21.4, 21.2, 20.2

2 프린터

❶ 도트 매트릭스 프린터

• 프린터 헤드의 핀으로 잉크 리본에 충격을 가하여 인쇄하는 방식이다.
• 인쇄 소음이 크고, 인쇄 품질이 떨어진다.

❷ 활자식 프린터

• 미리 만들어진 활자를 잉크 리본에 두드려 인쇄하는 방식이다.
• 인쇄 소음이 크지만 인쇄 품질은 좋다.
• 시리얼 프린터와 라인 프린터*가 있다.

❸ 잉크젯 프린터

• 프린터 헤드의 가는 구멍(노즐*)을 통해 잉크를 분사하여 인쇄하는 방식이다.
• 인쇄 소음이 적고 컬러 인쇄가 가능하지만 노즐이 막히거나 잉크가 번질 수 있다.

24.4, 22.4, 21.4, 20.2

❹ 레이저 프린터

• 회전하는 둥근 막대(드럼)에 레이저 빛을 이용해 인쇄할 문자나 그림 모양으로 토너(Toner) 가루를 묻힌 뒤 종이에 인쇄하는 방식이다.
• 복사기와 같은 원리를 사용한다.
• 인쇄 소음이 적고, 인쇄 속도가 빠르다.

21.2

잠깐만요 **프린터 관련 단위**

603231 ▶

• CPS(Character Per Second) : 1초에 출력되는 글자 수, 도트 매트릭스 및 시리얼 프린터의 속도 단위
• LPM(Line Per Minute) : 1분에 출력되는 줄(Line) 수, 라인 프린터의 속도 단위
• PPM(Page Per Minute) : 1분에 출력되는 페이지 수, 잉크젯 및 레이저 프린터의 속도 단위
• DPI(Dot Per Inch) : 1인치에 출력되는 점(Dot)의 수, 출력물의 인쇄 품질(해상도)을 나타내는 단위
• IPM(Image Per Minute) : 1분에 출력되는 이미지 수, 국제표준화기구(ISO)가 정한 프린터의 속도 단위

기출체크 ☑

24.4, 22.4, 21.4, 20.2

2. 레이저 프린터의 인쇄 방식에는 드럼식, 체인식, 밴드식 등이 있다. (○, ×)

기출체크 2번

드럼식, 체인식, 밴드식은 라인 프린터의 인쇄 방식입니다.

기출체크 정답

2. ×

603302 ▶

23.4, 23.1, 22.3, 21.7, 02.2, 01.3, 01.1

1 채널(Channel)

채널은 주변장치에 대한 제어 권한을 중앙처리장치(CPU)로부터 넘겨받아 중앙처리장치(CPU) 대신 입·출력을 관리한다.

- 채널은 중앙처리장치와 입·출력장치 사이의 속도 차이로 인한 문제점을 해결하기 위해 사용된다.
- 채널은 입·출력 작업이 끝나면 중앙처리장치(CPU)에게 인터럽트 신호를 보낸다.

- **채널의 종류**

셀렉터(Selector) 채널	고속의 입·출력장치를 제어하는 채널이다.
멀티플렉서(Multiplexer) 채널	저속의 입·출력장치를 제어하는 채널이다.
블록 멀티플렉서(Block Multiplexer) 채널	셀렉터와 멀티플렉서 채널의 기능이 혼합된 채널이다.

기출체크 ☑

23.4, 23.1, 22.3, 21.7

1. 채널은 CPU와 주기억장치의 속도 차이를 해결하기 위하여 사용된다. (○, ×)

전문가의 조언

채널의 개념이나 특징에 대한 문제가 출제되고 있습니다.

[기출 포인트]

채널은 CPU와 입·출력장치 사이의 속도 차이 문제를 해결한다.

기출체크 1번

채널은 CPU와 입·출력장치 사이의 속도 차이를 해결하기 위해 사용됩니다.

기출체크 정답

1. ×

메인보드

1 메인보드의 개요

메인보드(Main Board)는 컴퓨터를 구성하는 모든 장치들이 장착되고 연결되는 컴퓨터의 기본 부품으로, 마더보드(Mother Board)라고도 한다.

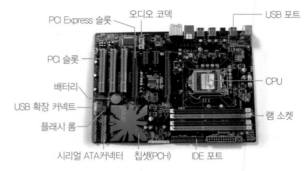

메인보드의 구성

전문가의 조언

최근에는 USB의 특징이나 블루투스, HDMI, SATA의 개념을 묻는 문제가 자주 출제되고 있습니다.

[기출 포인트]

• USB는 직렬 포트로, 한 번에 1비트씩 데이터를 전송한다.

• USB 3.0은 파란색, 2.0은 검정색 또는 흰색을 사용한다.

• 블루투스는 근거리 무선 통신을 가능하게 해주는 통신 방식이다.

• HDMI는 영상과 음향 신호를 압축하지 않고 전송하는 멀티미디어 인터페이스이다.

• SATA는 직렬 인터페이스 방식이다.

직렬, 병렬, PS/2 포트

• **직렬 포트** : 한 번에 한 비트씩 전송하는 방식

• **병렬 포트** : 한 번에 8비트씩 전송하는 방식

• **PS/2 포트** : PS/2용 마우스와 키보드 연결에 사용되며 6핀으로 구성됨

핫 플러그인(Hot Plug In)

PC의 전원이 켜져 있는 상태에서도 장치의 설치/제거가 가능한 것으로, 핫 스왑(Hot Swap)이라고도 합니다.

2 포트

24.5, 24.4, 23.3, 22.5, 22.2, 22.1, 21.6, 21.5, 21.4, 21.2, 20.2, 20.1, 19.2, 16.3, 15.1, 12.1, 04.1

포트(Port)는 메인보드에 주변장치를 연결하기 위한 접속 부분으로, 대표적으로 USB, 블루투스, HDMI, DP 등이 있다.

24.5, 23.3, 22.2, 21.6, 21.4, 20.1, 16.3, 15.1, 12.1, 04.1

❶ USB(Universal Serial Bus; 범용 직렬 버스)

• 기존의 직렬*, 병렬*, PS/2 포트*를 통합한 직렬 포트의 일종이다.

• 마우스, 키보드, 모니터, PC 카메라, 프린터, 디지털 카메라와 같은 주변장치를 최대 127개까지 연결한다.

• USB를 지원하는 일부 주변기기는 별도의 전원이 필요하다.

• 핫 플러그인(Hot Plug In)*과 플러그 앤 플레이(Plug & Play)를 지원한다.

• 연결 단자 색상

버전	색상
USB 2.0 이하	검정색 또는 흰색
USB 3.0	파란색
USB 3.1	하늘색 또는 빨간색

❷ 블루투스(Bluetooth)

- 근거리 무선 통신을 가능하게 해주는 통신 방식으로, IEEE 802.15.1 규격을 사용하는 PANs(Personal Area Networks)의 산업 표준이다.
- 핸드폰, PDA, 노트북과 같은 휴대 가능한 장치들 간의 양방향 정보 전송이 가능하다.

❸ HDMI(High Definition Multimedia Interface)

- 영상과 음향 신호를 압축하지 않고 통합하여 전송하는 고선명 멀티미디어 인터페이스이다.
- S-비디오, 컴포지트 등의 아날로그 케이블보다 고품질의 음향 및 영상을 제공한다.

❹ DP(Display Port)

- VESA(비디오전자표준위원회)에서 제정한 디지털 디스플레이 인터페이스이다.
- 대역폭이 넓고 확장성이 뛰어나 여러 기기에 고품질의 영상 및 음향 신호를 동시 전송할 수 있어 HDMI를 대체할 인터페이스로 각광받고 있다.

❺ SATA(Serial ATA)

- 주로 보조기억장치와 연결되어 데이터를 전송하기 위해 사용하는 직렬(Serial) 인터페이스이다.
- 데이터 전송 속도가 빠르며, 데이터 선이 얇아 내부의 통풍이 잘된다.

기출체크 ☑

24.5, 23.3, 22.2, 21.6, 21.4, 12.1
1. 다음 보기 중 USB에 대한 설명으로 옳지 않은 것을 모두 고르시오. (   )

ⓐ 범용 병렬 장치를 연결할 수 있게 해주는 컴퓨터 인터페이스이다.
ⓑ 컴퓨터의 전원이 켜진 상태에서도 장치를 연결하거나 제거할 수 있다.
ⓒ 한 번에 8비트의 데이터가 동시에 전송되는 방식을 사용한다.
ⓓ 주변장치를 127개까지 연결할 수 있다.
ⓔ 직렬 포트보다 USB 포트의 데이터 전송 속도가 더 빠르다.
ⓕ 플러그 앤 플레이(Plug & Play)를 지원한다.
ⓖ USB 커넥터를 색상으로 구분하는 경우 USB 3.0은 빨간색, USB 2.0은 파란색을 사용한다.

기출체크 1번

ⓐ USB는 범용 직렬 포트입니다.
ⓒ USB 포트는 한 번에 1비트씩 데이터를 전송합니다.
ⓖ USB 3.0은 파란색, USB 2.0 이하는 검정색 또는 흰색을 사용합니다.

기출체크 정답
1. ⓐ, ⓒ, ⓖ

펌웨어

펌웨어의 개념이나 특징을 묻는 문제가
출제되고 있습니다.

[기출 포인트]

• 펌웨어는 롬(ROM)에 저장되며, 하드웨
어를 제어한다.

• 펌웨어에 저장된 내용은 변경 · 추
가 · 삭제할 수 있다.

603502 ▶

24.1, 23.4, 22.3, 21.7, 16.2, 11.2

1 펌웨어(Firmware)

펌웨어는 하드웨어의 동작을 지시하는 소프트웨어이지만 하드웨어적으로 구성
되어 하드웨어의 일부분으로도 볼 수 있는 제품이다.

• 펌웨어는 하드웨어 교체없이 소프트웨어 업그레이드만으로 시스템의 성능을
높이기 위해 사용되며, 하드웨어와 소프트웨어의 중간적인 성격을 가진다.

• 주로 ROM에 반영구적으로 저장되어 하드웨어를 제어 · 관리하는 역할을 수
행한다.

• 펌웨어는 기계어 처리, 데이터 전송, 부동 소수점 연산, 채널 제어 등의 처리
루틴을 가지고 있다.

• 읽기/쓰기가 가능한 플래시 롬(Flash ROM)에 저장되기 때문에 내용을 쉽게
변경하거나 추가 · 삭제할 수 있다.

• 펌웨어로 만들어져 있는 프로그램을 마이크로프로그램이라고 한다.

기출체크 ☑

24.1, 23.4, 22.3, 21.7, 16.2

1. (   )는 컴퓨터의 롬(ROM)에 기록되어 하드웨어를 제어하며, 하드웨어의 성능 향상
을 위해 업그레이드할 수 있는 마이크로프로그램의 집합을 의미한다.

PC 관리

24.2, 23.2, 22.1, 21.5, 21.3, 17.1, 16.2, 11.3, 05.1, 04.1, 03.1, 01.2

① 시스템 관리

- 컴퓨터를 켤 때는 주변기기를 먼저 켜고 본체를 나중에 켜지만, 끌 때는 본체를 먼저 끈다.
- 컴퓨터를 이동하거나 부품을 교체할 때는 반드시 전원을 끄고 작업한다.
- 컴퓨터 전원은 사용중인 프로그램을 모두 종료한 후 끈다.
- 컴퓨터의 설치는 직사광선과 습기가 많은 장소, 그리고 자성이 강한 물체가 있는 곳은 피한다.
- 컴퓨터를 너무 자주 켜고 끄는 재부팅은 시스템에 충격을 가해 부품의 수명을 단축시키는 행위이므로 삼가한다.
- 시스템에 이상이 발생하면 부팅 디스크를 사용하여 재부팅하고, [⊞(시작)] → [⚙(설정)] → [업데이트 및 보안] → [복구]를 이용해 시스템을 복구한다.
- 정기적으로 최신 백신 프로그램을 사용하여 바이러스 감염을 방지한다.
- 중요한 데이터는 정기적으로 백업하며, 가급적 불필요한 프로그램은 설치하지 않는다.
- 프로그램을 제거할 때는 정상적인 제거를 위해 [⚙(설정)] → [앱]을 이용한다.
- 정기적으로 시스템 최적화 프로그램을 사용하여 PC를 점검한다.
- 모니터의 번인(Burn-in) 현상※을 방지하기 위해 화면 보호기를 사용한다.
- 전원 관리 장치는 정전, 전압의 불안정 등에 대비하여 사용하는 장치로, 종류는 다음과 같다.

종류	기능
11.3, 04.1, 03.1 **무정전 전원 공급장치(UPS)**※	정전되었을 때, 시스템에 일정 시간 동안 전원을 공급해 주는 장치이다.
자동 전압 조절기(AVR)※	입력 전압의 변동에 관계없이 항상 일정한 출력 전압을 유지시켜 주는 장치이다.
정전압 정주파장치(CVCF)※	전압과 주파수를 항상 일정하게 유지시켜 주는 장치이다.
서지 보호기(Surge Protector)※	전압이나 전류의 갑작스런 증가에 의한 손상을 보호하는 장치이다.

기출체크 ☑

24.2, 23.2, 22.1, 21.5, 21.3
1. 시스템에 문제가 발생하면 시스템을 재부팅하고 하드디스크의 모든 파티션을 제거한다. (○, ×)

시스템 관리에 대한 전반적인 내용을 알고 있어야 풀 수 있는 문제들이 출제되고 있습니다.

[기출 포인트]
- 시스템에 이상이 발생하면 [설정] → [업데이트 및 보안] → [복구]를 이용해 복구한다.
- 바이러스 감염 방지를 위해 백신 프로그램을 사용한다.
- 바이러스 감염에 대비하여 중요한 데이터는 정기적으로 백업한다.
- UPS는 전원 공급 장치이다.

번인(Burn-in) 현상

모니터는 동일한 화면이 장시간 비춰질 경우 그 영상이 모니터 유리면에 인쇄된 것처럼 남게 되는데, 이 현상을 '모니터가 탔다'하여 번인(Burning) 현상이라고 합니다.

AVR   UPS

CVCF   서지 보호기

기출체크 1번

파티션을 제거하면 하드디스크에 저장된 내용도 모두 삭제되므로 [⊞(시작)] → [⚙(설정)] → [업데이트 및 보안] → [복구]를 통해 문제를 해결하는 것이 좋습니다.

기출체크 정답
1. ×

전문가의 조언

저장 매체 관리 방법에 대한 문제가 출제
되고 있습니다.

[기출 포인트]

오랜 기간 동안 저장되고 사용되지 않는
데이터는 백업한 후 삭제한다.

백업 위치

백업은 외장 하드디스크 등의 백업 전용
저장 매체를 이용하는 것이 좋습니다.

기출체크 2번

오랜 기간 동안 저장되고 사용되지 않
는 데이터는 백업한 후 삭제하는 것이
효율적인 저장 매체 관리 방법입니다.

24.5, 21.7, 17.2

② 저장 매체 관리

- 컴퓨터의 성능 향상 및 최적화를 위해 주기적으로 디스크 정리, 드라이브 오류 검사, 드라이브 조각 모음 및 최적화를 수행한다.
- 오랜 기간 동안 저장되고 사용되지 않는 데이터는 백업*한 후 삭제한다.
- 강한 자성 물질을 하드디스크, 자기 테이프 등의 자기 저장 매체 주위에 놓지 않는다.

기출체크 ☑

24.5, 21.7, 17.2

2. 컴퓨터의 저장 매체 관리 방법 중 하나로 오랜 기간 동안 저장된 데이터는 재 저장한다. (○, ×)

기출체크 정답

2. ×

파티션

 22.3, 22.2, 21.7, 21.6, 12.2, 11.3, 11.1, 08.1, 07.4, 05.1, 04.2

파티션(Partition)

파티션은 하나의 물리적인 하드디스크를 여러 개의 논리적인 영역으로 나누는 작업으로, 기본 파티션과 확장 파티션이 있다.

- 파티션의 목적은 특정 데이터만 별도로 보관할 드라이브를 확보하거나 하나의 하드디스크에 서로 다른 운영체제를 설치하기 위해서다.
- 운영체제에서는 파티션이 하나의 드라이브로 인식된다.
- 하나의 파티션에는 한 종류의 파일 시스템만 사용할 수 있다.
- 파티션을 설정한 후에는 반드시 포맷을 해야 사용할 수 있다.

파티션 설정

- **방법 1** : [▦(시작)] → [Windows 관리 도구] → [컴퓨터 관리] → [저장소] → [디스크 관리] 이용
- **방법 2** : [▦(시작)] 단추의 바로 가기 메뉴에서 [디스크 관리] 선택

기출체크 ☑

22.3, 22.2, 21.7, 21.6, 12.2

1. 하나의 하드디스크 내의 모든 파티션에는 동일한 운영체제만 설치할 수 있다. (○, ×)

전문가의 조언

파티션의 개념이나 특징에 대한 문제가 출제되고 있습니다.

[기출 포인트]

- 파티션은 하나의 하드디스크를 여러 개의 영역으로 나누는 것이다.
- 각각의 파티션에는 서로 다른 운영체제를 설치할 수 있다.
- 하나의 파티션에는 하나의 파일 시스템만 사용할 수 있다.
- 파티션은 [시작]의 바로 가기 메뉴에서 [디스크 관리]를 선택하여 설정할 수 있다.

기출체크 1번

하나의 하드디스크라도 파티션을 설정하면 파티션 별로 각기 다른 운영체제를 설치할 수 있습니다.

기출체크 정답

1. ×

문제 해결

1 메모리 용량 문제 해결

18.2

- 불필요한 프로그램을 종료한다.
- '시작프로그램' 폴더* 안의 불필요한 프로그램을 삭제한다.
- [⊞(시작)] → [⚙(설정)] → [앱] → [시작 프로그램]이나 '작업 관리자' 대화상자*의 '시작프로그램' 탭에서 불필요한 프로그램의 실행을 해제한다.
- 작업량에 비해 메모리가 작을 경우는 시스템에 메모리(RAM)를 추가한다.
- [⊞(시작)] → [Windows 시스템] → [제어판] → [시스템] → [고급 시스템 설정] 클릭 → '시스템 속성' 대화상자의 '고급' 탭에서 가상 메모리의 크기를 적절히 설정한다.

기출체크 ☑

18.2
1. Windows 10 사용 시 메모리(RAM) 용량이 부족한 경우 휴지통에 있는 파일을 삭제한다. (○, ×)

2 하드디스크 용량 문제 해결

24.4, 22.3, 21.7, 18.상시, 12.2, 10.2, 08.1, 07.3, 05.4, 03.3, 02.1

- 불필요한 파일은 백업한 다음 하드디스크에서 삭제한다.
- 사용하지 않는 응용 프로그램을 삭제한다.
- 사용하지 않는 Windows 기능을 제거한다.
- 휴지통에 있는 파일을 삭제한다.
- [디스크 정리]를 수행하여 불필요한 파일들을 삭제한다.
- 웹 브라우저에서 사용한 캐시 폴더의 내용을 삭제한다.
- 확장명이 .bak(백업 파일) 또는 .tmp(임시 파일)인 파일을 삭제한다.

기출체크 ☑

24.4, 22.3, 21.7
2. 하드디스크 용량이 부족할 경우 USB 파일을 정리한다. (○, ×)

전문가의 조언

문제 해결에 관해서는 주로 하드디스크 용량의 문제 해결에 대한 문제가 출제되고 있습니다.

[기출 포인트]
휴지통 파일 삭제는 메모리 용량과 관계 없다.

'시작프로그램' 폴더의 실제 위치
'C:\사용자\사용자 계정\AppData\Roaming\Microsoft\Windows\시작 메뉴\프로그램\시작프로그램'입니다.

'작업 관리자' 대화상자
'작업 관리자' 대화상자를 표시하는 바로 가기 키는 Ctrl+Shift+Esc입니다.

기출체크 1번
휴지통에 있는 파일을 삭제하는 것은 하드디스크의 용량이 부족할 경우의 해결 방법입니다.

[기출 포인트]
- 하드디스크 용량이 부족한 경우 파일을 백업한 다음 하드디스크에서 삭제한다.
- '드라이브 오류 검사'는 하드디스크 용량과 관계없다.
- '드라이브 조각 모음 및 최적화'는 하드디스크 용량과 관계없다.

기출체크 2번
- USB 파일을 정리한다고 해서 하드디스크의 용량이 증가하지는 않습니다.
- 하드디스크의 파일을 USB나 다른 하드디스크로 백업한 후 하드디스크에서 삭제해야 하드디스크의 용량이 증가됩니다.

기출체크 정답
1. × 2. ×

3 인쇄 문제 해결

18.상시, 16.1, 15.3, 09.2

603803 ▶

- **인쇄가 안될 경우** : 프린터 케이블 연결 상태, 프린터 기종, [속성]의 정보가 맞게 설정되었는지 확인한 후 이상이 없으면 프린터 문제 해결사를 통해 문제를 진단하고 해결한다.
- **프린터의 스풀 에러가 발생한 경우** : 스풀 공간이 부족한 것이므로 하드디스크의 공간을 확보한다.
- **글자가 이상하게 인쇄될 경우** : 시스템을 재부팅한 후 인쇄해도 같은 결과일 경우 프린터 드라이버를 다시 설치한다.
- **인쇄물의 상태가 안 좋은 경우** : 헤드를 청소하거나 카트리지를 교체한다.

기출체크 ☑

18.상시, 16.1, 15.3, 09.2

3. 프린터 인쇄 시 프린터의 스풀 에러가 발생한 경우 프린트 스풀러 서비스를 중지하고 수동으로 다시 인쇄한다. (○, ×)

[기출 포인트]

스풀 에러가 발생하면 하드디스크의 공간을 확보한다.

기출체크 3번

스풀 에러가 발생한 경우 스풀 기능을 사용하지 않고 인쇄되도록 설정한 후 인쇄하거나 스풀 공간이 부족하지 않도록 하드디스크의 공간을 확보해 주면 됩니다.

기출체크 정답
3. ×

24년 5회, 21년 4회, 16년 3회, 11년 3회, 08년 1회

01 다음 중 컴퓨터의 CPU에 있는 레지스터(Register)에 관한 설명으로 옳지 않은 것은?

① 프로그램 카운터는 다음에 수행할 명령어의 주소를 저장하는 레지스터이다.

② CPU 내에서 자료를 일시적으로 저장하는 저장장치이다.

③ 주기억장치보다 저장 용량이 적고 속도가 느리다.

④ 계산 결과의 임시 저장, 주소 색인 등 여러 가지 목적으로 사용될 수 있는 레지스터들을 범용 레지스터라고 한다.

22년 5회, 2회, 1회, 21년 6회, 5회, 3회, 19년 1회, 15년 2회

02 다음 중 프로그램이 실행될 때 발생하는 메인 메모리 부족 문제를 보완하기 위해 하드디스크의 일부를 메인 메모리처럼 사용하게 하는 메모리 관리 기법을 의미하는 것은?

① 캐시 메모리　　② 디스크 캐시

③ 연관 메모리　　④ 가상 메모리

23년 1회, 22년 1회, 21년 8회, 5회, 3회, 20년 상시, 19년 2회, 17년 2회, 16년 2회, 14년 1회, 10년 1회

03 다음 중 플래시 메모리(Flash Memory)에 관한 설명으로 옳지 않은 것은?

① 정보의 입출력이 자유롭고, 전송 속도가 빠르다.

② 비휘발성 기억장치이다.

③ 트랙 단위로 저장된다.

④ 전력 소모가 적다.

22년 3회, 21년 7회, 1회, 20년 2회, 18년 상시, 10년 3회, 05년 4회

04 다음 중 컴퓨터에서 사용하는 캐시 메모리에 관한 설명으로 옳은 것은?

① 보조기억장치의 일부를 주기억장치처럼 사용하는 메모리이다.

② 기억된 정보의 내용 일부를 이용하여 주기억장치에 접근하는 장치이다.

③ EEPROM의 일종으로 비휘발성 메모리이다.

④ 중앙처리장치(CPU)와 주기억장치 사이에 위치하여 컴퓨터 처리 속도를 향상시키는 메모리이다.

24년 3회, 23년 1회, 22년 2회, 21년 8회, 6회, 19년 상시, 19년 1회, 16년 2회, 14년 1회, 13년 1회

05 다음 중 컴퓨터에서 사용하는 일반 하드디스크에 비해 속도가 빠르고 기계적 지연이나 에러의 확률 및 발열·소음이 적으며, 소형화, 경량화할 수 있는 하드디스크 대체 저장장치로 옳은 것은?

① DVD　　　　② HDD

③ SSD　　　　④ ZIP

24년 4회, 21년 4회, 20년 2회

06 다음 중 컴퓨터에서 사용하는 레이저 프린터에 관한 설명으로 옳지 않은 것은?

① 회전하는 드럼에 토너를 묻혀서 인쇄하는 방식이다.

② 비충격식이라 비교적 인쇄 소음이 적고 인쇄 속도가 빠르다.

③ 인쇄 방식에는 드럼식, 체인식, 밴드식 등이 있다.

④ 인쇄 해상도가 높으며 복사기와 같은 원리를 사용한다.

22년 3회, 21년 7회

07 다음 중 컴퓨터 시스템에서 사용하는 채널(Channel)에 관한 설명으로 옳지 않은 것은?

① 주변장치에 대한 제어 권한을 CPU로부터 넘겨받아 CPU 대신 입출력을 관리한다.

② 입출력 작업이 끝나면 CPU에게 인터럽트 신호를 보낸다.

③ CPU와 주기억장치의 속도 차이를 해결하기 위하여 사용된다.

④ 채널에는 셀렉터(Selector), 멀티플렉서(Multiplexer), 블록 멀티플렉서(Block Multiplexer) 등이 있다.

23년 3회, 22년 2회, 21년 6회, 4회, 12년 1회

08 다음 중 컴퓨터에서 사용하는 USB 장치에 관한 설명으로 옳지 않은 것은?

① 주변장치를 127개까지 연결할 수 있다.

② 컴퓨터의 전원이 켜진 상태에서도 장치를 연결하거나 제거할 수 있다.

③ 기존의 직렬, 병렬, PS/2 포트 등을 하나의 포트로 대체하기 위한 범용 직렬 버스이다.

④ 한 번에 8비트의 데이터가 동시에 전송되는 방식을 사용한다.

해설은 100쪽에 있습니다.

24년 5회, 22년 5회, 19년 2회

09 다음 중 컴퓨터 하드디스크의 연결 방식인 SATA (Serial ATA)에 관한 설명으로 옳지 않은 것은?

① 병렬 인터페이스 방식이다.

② 핫 플러그인 기능을 지원한다.

③ CMOS에서 지정하면 자동으로 Master와 Slave 가 지정된다.

④ 데이터 전송 속도가 빠르다.

22년 1회, 21년 5회

10 핸드폰, PDA, 노트북과 같은 휴대 가능한 장치들 간의 근거리 무선 통신을 가능하게 해주는 통신 방식은?

① WiFi　　　　　② BlueTooth

③ LAN　　　　　④ VAN

24년 4회, 21년 2회, 20년 2회

11 다음 중 영상 신호와 음향 신호를 압축하지 않고 통합하여 전송하는 고선명 멀티미디어 인터페이스로, S-비디오, 컴포지트 등의 아날로그 케이블보다 고품질의 음향 및 영상을 감상할 수 있는 것은?

① HDMI　　　　　② DVI

③ USB　　　　　④ IEEE-1394

24년 1회, 23년 4회, 22년 3회, 21년 7회, 16년 2회

12 다음 중 컴퓨터의 롬(ROM)에 기록되어 하드웨어를 제어하며, 하드웨어의 성능 향상을 위해 업그레이드할 수 있는 마이크로프로그램의 집합을 의미하는 것은?

① 프리웨어(Freeware)

② 셰어웨어(Shareware)

③ 미들웨어(Middleware)

④ 펌웨어(Firmware)

24년 2회, 23년 2회, 22년 1회, 21년 5회, 3회

13 다음 중 컴퓨터를 관리하는 효율적인 방법으로 옳지 않은 것은?

① 컴퓨터를 이동하거나 부품을 교체할 경우에는 전원을 끄고 작업하는 것이 바람직하다.

② 시스템에 문제가 발생하면 시스템을 재부팅하고 하드디스크의 모든 파티션을 제거한다.

③ 정기적으로 최신 바이러스 백신 프로그램을 사용하여 바이러스 감염을 방지하며, 중요한 데이터는 백업하여 둔다.

④ 가급적 불필요한 프로그램은 설치하지 않도록 하며, 정기적으로 시스템을 점검한다.

22년 3회, 2회, 21년 7회, 6회, 12년 2회

14 다음 중 컴퓨터에서 사용하는 하드디스크의 파티션에 대한 설명으로 옳지 않은 것은?

① 하나의 물리적인 하드디스크를 여러 개의 파티션으로 나눌 수 있다.

② 파티션을 나눈 후에 하드디스크를 사용하기 위해서는 포맷을 해야 한다.

③ 하나의 하드디스크 내의 모든 파티션에는 동일한 운영체제만 설치할 수 있다.

④ 하나의 파티션에는 한 가지 파일 시스템만을 설치할 수 있다.

24년 4회, 22년 3회, 21년 7회

15 다음 중 하드디스크 용량이 부족할 경우의 해결 방법으로 옳지 않은 것은?

① USB 파일 정리　　② 휴지통 파일 정리

③ 디스크 정리 수행　　④ Windows 기능 제거

▶ 정답 : 1. ③　2. ④　3. ③　4. ④　5. ③　6. ③　7. ②　8. ④　9. ①　10. ②　11. ①　12. ④　13. ②　14. ③　15. ①

[문제 01] Section 025

레지스터는 주기억장치보다 저장 용량은 적지만 속도는 빠르다.

[문제 02] Section 026

- 캐시 메모리(Cache Memory) : CPU(중앙처리장치)와 주기억장치 사이에서 컴퓨터의 처리 속도를 향상시키는 역할을 함
- 연관 메모리(Associative Memory) : 기억장치에 저장된 정보에 접근할 때 주소 대신 기억된 내용의 일부를 이용하여 접근하는 장치로, 정보 검색이 신속함

[문제 03] Section 026

플래시 메모리는 트랙 단위가 아닌 블록 단위로 데이터를 저장한다.

[문제 04] Section 026

①번은 가상 메모리, ②번은 연관 메모리, ③번은 플래시 메모리에 대한 설명이다.

[문제 05] Section 027

하드디스크보다 모든 면에서 뛰어난 하드디스크의 대체 저장장치는 SSD(Solid State Drive)이다.

[문제 06] Section 028

드럼식, 체인식, 밴드식은 라인 프린터의 인쇄 방식이다.

[문제 07] Section 029

- 채널은 CPU와 입 · 출력장치 사이의 속도 차이를 해결하기 위해 사용된다.
- CPU와 주기억장치의 속도 차이를 해결하기 위해 사용되는 것은 캐시 메모리이다.

[문제 08] Section 030

- USB 포트는 직렬 포트로, 한 번에 1비트씩 데이터를 전송한다.
- 한 번에 8비트의 데이터를 동시에 전송하는 것은 병렬 포트이다.

[문제 09] Section 030

SATA는 직렬(Serial) 인터페이스 방식을 사용한다.

[문제 10] Section 030

- WiFi : 고성능 무선 통신을 가능하게 하는 무선랜 기술로 유선을 사용하지 않고 전파나 빛 등을 이용하여 네트워크를 구축하는 방식
- LAN : 자원 공유를 목적으로 전송 거리가 짧은 학교, 연구소, 병원 등의 구내에서 사용하는 통신망
- VAN : 기간 통신망 사업자로부터 통신 회선을 빌려 기존의 정보에 새로운 가치를 더해 다수의 이용자에게 판매하는 통신망

[문제 11] Section 030

- DVI : Intel 사가 개발한 동영상 압축 기술
- USB : 기존의 직렬, 병렬, PS/2 포트를 통합한 직렬 포트의 일종
- IEEE-1394 : 애플 사에서 매킨토시용으로 개발한 것으로, 디지털 비디오/오디오 편집 장치 같은 고속 직렬 장치에 대한 표준

[문제 12] Section 031

- 프리웨어(Freeware) : 무료로 사용 또는 배포가 가능한 소프트웨어
- 셰어웨어(Shareware) : 기능 혹은 사용 기간에 제한을 두어 배포하는 소프트웨어
- 미들웨어(Middleware) : 운영체제와 해당 운영체제에 의해 실행되는 응용 프로그램 사이에서 운영체제가 제공하는 서비스 이외에 추가적인 서비스를 제공하는 소프트웨어

[문제 13] Section 032

하드디스크의 모든 파티션을 제거하면 하드디스크에 저장된 내용도 모두 삭제되므로 [⊞(시작)] → [⚙(설정)] → [업데이트 및 보안] → [복구]를 통해 문제를 해결하는 것이 좋다.

[문제 14] Section 033

파티션 별로 서로 다른 운영체제를 설치할 수 있다.

[문제 15] Section 034

- USB 메모리는 데이터를 저장하는 휴대용 외부 보조기억장치로, USB 파일을 정리한다고 해서 하드디스크의 용량이 증가하지는 않는다.
- 하드디스크의 용량을 증가시키려면 하드디스크의 파일을 USB 같은 외부 저장 매체에 백업한 후 하드디스크에서 삭제해야 한다.

5장

컴퓨터 소프트웨어

소프트웨어의 개요

MS 오피스의 프로그램 종류

엑셀, 액세스, 파워포인트 등

한컴 오피스의 프로그램 종류

흔글, 흔셀, 흔워드 등

데이터베이스 관리 시스템(DBMS)

많은 양의 데이터를 체계적으로 관리하고 효과적으로 이용할 수 있도록 저장, 갱신, 조직, 검색할 수 있는 프로그램입니다.

기출체크 정답

1. 제어, 처리

603901 ▶

18.1, 16.3, 15.3, 14.3

1 소프트웨어의 개요

소프트웨어(Software)는 컴퓨터 전체를 작동시키거나 사용자가 컴퓨터를 이용하여 특정 업무를 처리할 수 있게 개발된 프로그램으로, 시스템 소프트웨어와 응용 소프트웨어로 구분한다.

• **시스템(System) 소프트웨어**

– 컴퓨터 전체를 작동시키는 프로그램으로, 기능에 따라 제어 프로그램과 처리 프로그램으로 구분한다.

– 종류 : 운영체제(OS), 언어 번역 프로그램, 펌웨어, 라이브러리 프로그램, 부트 로더, 장치 드라이버 등

• **응용(Application) 소프트웨어**

– 사용자가 컴퓨터를 이용하여 특정 업무를 처리할 수 있게 개발된 프로그램을 말한다.

– 종류 : MS 오피스*, 한컴 오피스*, 포토샵, 데이터베이스 관리 시스템(DBMS)*, 웹 브라우저 등

기출체크 ☑

16.3

1. 시스템 소프트웨어는 기능에 따라 (   ) 프로그램과 (   ) 프로그램으로 구분된다.

603902 ▶

24.4, 24.3, 23.5, 23.2, 23.1, 22.5, 22.4, 21.8, 21.4, 21.3, 21.2, 21.1, 20.상시, 20.2, 20.1, 19.상시, 18.상시, 18.2, ···

2 사용권에 따른 소프트웨어 분류

23.5, 22.5, 18상시, 18.2, 15.3 **상용 소프트웨어**	• 정식으로 대가를 지불하고 사용해야 하는 소프트웨어이다. • 해당 소프트웨어의 모든 기능을 정상적으로 사용할 수 있다.
24.4, 24.3, 23.5, 23.1, 22.5, 22.4, ··· **셰어웨어(Shareware)**	• 기능 혹은 사용 기간에 제한을 두어 배포하는 소프트웨어이다. • 무료로 사용할 수 있으며, 일정 기간 사용해 보고 정식 프로그램을 구입할 수 있다.
24.3, 23.2, 21.2, 16.1 **트라이얼(Trial) 버전**	• 셰어웨어와 마찬가지로 제품을 구매하기 전에 해당 프로그램을 미리 사용해볼 수 있도록 제작한 소프트웨어이다. • 셰어웨어는 일부 기능을 제외한 대부분의 기능을 사용할 수 있지만 트라이얼 버전은 일부 기능만 사용할 수 있다는 점이 다르다.

23.5, 22.5, 18상시, 18.2, 15.3 **프리웨어(Freeware)**	• 무료로 사용 또는 배포가 가능한 소프트웨어이다. • 배포는 주로 인터넷을 통해 이루어진다.
공개 소프트웨어 (Open Software)	• 개발자가 소스를 공개한 소프트웨어로, 누구나 자유롭게 사용하고 수정 및 재배포할 수 있다. • 대표적인 공개 소프트웨어로 LINUX가 있다.
24.2, 23.2, 21.4, 21.2, 21.1, 16.1, 14.3 **데모(Demo) 버전**	정식 프로그램의 기능을 홍보하기 위해 사용 기간이나 기능을 제한하여 배 포하는 소프트웨어이다.
09.1 **알파(Alpha) 버전**	베타테스트를 하기 전, 제작 회사 내에서 테스트할 목적으로 제작하는 소 프트웨어이다.
24.2, 23.2, 21.4, 21.2, 17.2, 16.1, … **베타(Beta) 버전**	정식 프로그램을 발표하기 전, 프로그램의 문제 발견이나 기능 향상을 위 해 일반인에게 무료로 배포하는 소프트웨어이다.
24.2, 23.2, 21.4, 21.2, 21.1, 20.2, … **패치(Patch) 버전**	이미 제작하여 배포된 프로그램의 오류 수정이나 성능 향상을 위해 프로그 램의 일부 파일을 변경해 주는 소프트웨어이다.
15.2 **벤치마크 테스트**	하드웨어나 소프트웨어의 성능을 검사하기 위해 실제로 사용되는 조건에 서 처리 능력을 테스트하는 것이다.
24.2, 23.2, 21.2, 21.1, 16.1, 14.3 **번들(Bundle)**	특정 하드웨어나 소프트웨어를 구입하였을 때 무료로 끼워주는 소프트웨 어이다.

기출체크 ☑

24.4, 24.3, 23.5, 23.1, 22.5, 22.4, 21.8, 21.3, 20.1, 16.3
2. (   )는 특정 기능 또는 기간을 제한하여 공개하고, 사용한 후에 사용자의 구매를
유도하는 소프트웨어이다.

운영체제

604001 ▶

24.4, 24.1, 23.3, 21.7, 21.5, 20.1, 19.상시, 19.2, 18.2, 17.1, 16.3, 16.2, 12.2

1 운영체제(OS; Operating System)

사용자의 편의를 도모하는 동시에 시스템의 생산성을 높이기 위한 프로그램의
모임으로, 사용자와 컴퓨터 사이에서 중계자 역할을 한다(Man-Machine
Interface).

• 운영체제는 가장 대표적인 시스템 소프트웨어*이다.

• 운영체제는 컴퓨터를 사용하기 위해 기본적으로 필요한 소프트웨어로 반드시
설치해야 한다.

• 운영체제는 컴퓨터가 동작하는 동안 주기억장치에 위치한다.

• 운영체제의 종류에는 Windows, UNIX, LINUX, MS-DOS 등이 있다.

• 운영체제의 목적은 처리 능력(Throughput)* 향상, 신뢰도(Reliability)* 향
상, 사용 가능도(Availability)* 향상, 응답 시간(Turnaround Time)* 단축에
있다.

• **주요 기능**

– 프로세서, 기억장치, 주변장치, 파일 및 정보 등의 자원을 관리한다.

– 자원을 효율적으로 관리하기 위해 자원의 스케줄링 기능을 제공한다.

– 사용자와 시스템 간의 편리한 인터페이스를 제공한다.

– 데이터를 관리하고, 데이터 및 자원의 공유 기능을 제공한다.

• 운영체제는 크게 제어 프로그램과 처리 프로그램으로 나뉜다.

– **제어 프로그램** : 감시 프로그램, 작업 관리 프로그램, 데이터 관리 프로그램

– **처리 프로그램** : 언어 번역 프로그램, 서비스 프로그램

24.1, 23.2, 22.3, 22.1, 21.7, 21.5, 19.2, 16.2

잠깐만요 **유틸리티 프로그램**

604031 ▶

• 컴퓨터 동작에 필수적이지는 않지만, 컴퓨터 시스템에 있는 기존 프로그램을 지원하거나 기능을 향
상 또는 확장하기 위해 사용하는 소프트웨어를 의미합니다.

• 유틸리티 프로그램은 서비스 프로그램, 유틸리티 루틴이라고도 합니다.

• 컴퓨터 하드웨어, 운영체제, 응용 소프트웨어를 관리하는 데 도움을 주도록 설계되었습니다.

• Windows에서 제공하는 유틸리티 프로그램에는 메모장, 그림판, 계산기 등이 있습니다.

기출체크 ☑

24.4, 19.2

1. (　　　　　　)는 컴퓨터와 같은 정보기기를 사용하기 위해서 반드시 설치되어야 하는 프로
그램으로, 가장 대표적인 시스템 소프트웨어이다.

운영체제의 운영 방식

604101 ▶

운영체제 운영 방식의 특징에 대한 문제가 출제되고 있습니다.

[기출 포인트]

- 실시간 처리 시스템은 데이터 발생 즉시 처리하는 시스템이다.
- 일괄 처리 시스템은 데이터를 일정량 모아서 한꺼번에 처리하는 시스템이다.
- 다중 처리 시스템은 두 개 이상의 CPU로 동시에 작업을 처리하는 시스템이다.
- 분산 처리 시스템은 지역적으로 분산된 여러 대의 컴퓨터에 작업을 나누어 처리하는 시스템이다.

24.3, 22.5, 22.3, 21.7, 19.2, 18.상시, 17.1, 13.1, 11.1, 09.4, 09.3, 09.1, 07.3, 07.1, 05.4

① **운영체제 운영 방식**

22.3, 21.7, 18.상시, 13.1, 09.4

❶ 일괄 처리 시스템(Batch Processing System)

- 처리할 데이터를 일정량 또는 일정 기간 모았다가 한꺼번에 처리하는 방식이다.
- 온라인 일괄 처리 시스템과 오프라인 일괄 처리 시스템이 있다.
- 급여 계산, 공공요금 계산 등에 사용된다.

24.3, 22.3, 21.7, 18.상시, 09.4

❷ 실시간 처리 시스템(Real Time Processing System)

- 처리할 데이터가 생겨날 때마다 바로 처리하는 방식으로, 일반적으로 온라인 실시간 시스템을 의미한다.
- 항공기나 열차의 좌석 예약, 은행 업무 등에 사용된다.

22.3, 21.7

❸ 시분할 시스템(Time Sharing System)

- 한 대의 시스템을 여러 사용자가 동시에 사용하는 방식이다.
- 일정 시간 단위로 CPU 사용권을 신속하게 전환함으로써, 모든 사용자들은 자신만 혼자 컴퓨터를 사용하고 있는 것처럼 느낀다.

22.3, 21.7, 18.상시, 09.3, 05.4

❹ 분산 처리 시스템(Distributed Processing System)

지역적으로 분산된 여러 대의 컴퓨터를 연결하여 작업을 분담하여 처리하는 방식이다.

❺ 다중 프로그래밍 시스템(Multi Programming System)

한 개의 CPU로 여러 개의 프로그램을 동시에 처리하는 방식이다.

❻ 다중 처리 시스템(Multi-Processing System)

처리 속도를 향상시킬 목적으로 하나의 컴퓨터에 여러 개의 CPU를 설치하여 프로그램을 처리하는 방식이다.

❼ 임베디드 시스템(Embedded System)

- 마이크로프로세서에 특정 기능을 수행하는 응용 프로그램을 탑재하여 컴퓨터의 기능을 수행하는 것으로, 컴퓨터의 하드웨어와 소프트웨어가 하나로 조합된 전자 제어 시스템이다.
- **임베디드 운영체제** : 디지털 TV, 전기밥솥, 냉장고, PDA 등 해당 제품의 특정 기능에 맞게 특화되어서 제품 자체에 포함된 운영체제로, Windows CE가 여기에 속한다.

07.1

❽ 듀얼 시스템(Dual System)

두 대의 컴퓨터가 같은 업무를 동시에 처리하므로 한쪽 컴퓨터가 고장나면 다른 컴퓨터가 계속해서 업무를 처리하여 업무가 중단되는 것을 방지하는 시스템이다.

❾ 듀플렉스 시스템(Duplex System)

두 대의 컴퓨터를 설치하여 한쪽의 컴퓨터가 가동중일 때는 다른 한 컴퓨터는 대기하고 있다가 가동중인 컴퓨터가 고장이 나면 즉시 대기중인 컴퓨터가 가동되어 시스템이 안전하게 작동되도록 운영하는 시스템이다.

22.5, 18.상시, 17.1, 09.1, 07.3

잠깐만요	운영체제 운영 방식의 발달 과정

일괄 처리 시스템 → 다중 프로그래밍 시스템 / 다중 처리 시스템 / 시분할 시스템 / 실시간 처리 시스템 → 분산 처리 시스템

기출체크 ☑

24.3, 22.3, 21.7
1. (　　　　　　) 시스템은 데이터 발생 즉시 처리되어 결과를 바로 확인할 수 있는 시스템으로, 은행이나 여행사의 좌석 예약 조회 서비스 등에 이용된다.

전문가의 조언

운영체제 운영 방식의 발달 과정을 순서대로 나열하는 문제가 출제되고 있습니다.

기출체크 정답
1. 실시간 처리

604201 ▶

24.2, 23.2, 21.4, 21.1, 19.1, 17.2
① **프로그래밍 기법**

❶ **구조적 프로그래밍**

- 입력과 출력이 각각 하나씩 이루어진 구조로, GOTO문을 사용하지 않으며, 순서, 선택, 반복의 3가지 논리 구조를 사용하는 기법이다.
- **대표적인 종류** : PASCAL

❷ **절차적 프로그래밍**

- 지정된 문법 규칙에 따라 일련의 처리 절차를 순서대로 기술해 나가는 프로그래밍 기법이다.
- **대표적인 종류** : C, COBOL, FORTRAN, BASIC 등

21.4, 21.1, 19.1, 17.2
❸ **객체 지향 프로그래밍**

- 객체를 중심으로 한 프로그래밍 기법이다.
- 절차적 프로그래밍의 문제점*을 해결하기 위해 개발된 프로그래밍 기법으로, 코드의 재사용과 유지 보수가 용이하여 프로그램의 개발 시간을 단축할 수 있다.
- 추상화, 캡슐화, 상속성, 다형성 등의 특징을 갖고 있다.
- **대표적인 종류** : Smalltalk, C++, JAVA 등

❹ **비주얼 프로그래밍**

- 기존 문자 방식의 명령어 전달 방식을 기호화된 아이콘의 형태로 바꿔 사용자가 대화형으로 좀 더 쉽게 프로그래밍할 수 있는 기법이다.
- **대표적인 종류** : Visual BASIC, Visual C++, Delphi, Power Builder 등

기출체크 ☑

24.2, 23.2, 21.4, 21.1, 19.1, 17.2
1. 추상화, 캡슐화, 상속성, 다형성 등의 특징을 지니고 있으며, 크고 복잡한 프로그램 구축이 어려운 절차형 언어의 문제점을 해결하기 위해 개발된 프로그래밍 기법은 (   )이다.

전문가의 조언

프로그래밍 기법에서는 객체 지향 프로그래밍 기법에 대한 문제가 주로 출제되고 있습니다.

[기출 포인트]
객체 지향 프로그래밍은 추상화, 캡슐화, 상속성, 다형성의 특징을 갖고 있다.

절차적 프로그래밍의 문제점

절차적 프로그래밍은 프로그램을 분석하기 어렵고, 유지 보수나 코드의 수정이 어렵습니다.

기출체크 정답
1. 객체 지향 프로그래밍

② 언어 번역 프로그램

언어 번역 프로그램은 사용자가 작성한 원시 프로그램(Source Program)을 기계어* 형태의 목적 프로그램(Object Program)으로 변환시키는 것으로, 컴파일러, 어셈블러, 인터프리터 등이 있다.

13.3, 11.3, 10.2, 07.3, … **컴파일러** **(Compiler)**	FORTRAN, COBOL, C, ALGOL 등의 고급 언어로 작성된 원시 프로그램을 기계어로 번역하는 프로그램이다.
13.3, 11.3, 10.2, 07.3, … **어셈블러** **(Assembler)**	저급 언어*인 어셈블리어로 작성된 원시 프로그램을 기계어로 번역하는 프로그램이다.
13.3, 11.3, 10.2, 07.3, … **인터프리터** **(Interpreter)**	BASIC, LISP 등의 고급 언어로 작성된 원시 프로그램을 기계어로 변환하지 않고 줄 단위로 번역하여 바로 실행해 주는 프로그램으로, 대화식 처리가 가능하다.

21.2, 18.1, 08.3

잠깐만요 **컴파일러와 인터프리터 비교**

구분	컴파일러	인터프리터
21.2, 18.1, 08.3 **번역 단위**	전체	행
21.2, 18.1 **목적 프로그램**	생성됨	없음
21.2, 18.1 **실행 속도**	빠름	느림
21.2, 18.1 **번역 속도**	느림	빠름
관련 언어	FORTRAN, COBOL, C, ALGOL 등	BASIC, LISP, APL, SNOBOL 등

기출체크 ☑

21.2, 18.1
2. 언어 번역 프로그램 중 (   )는 번역 속도가 빠르고, (   )는 번역 속도가 느리다.

전문가의 조언

단순히 언어 번역 프로그램이 아닌 것을 고르거나 언어 번역 프로그램의 특징에 대한 문제가 출제된 적이 있습니다.

[기출 포인트]

• 언어 번역기에는 컴파일러, 어셈블러, 인터프리터가 있다.

• 컴파일러는 원시 프로그램을 번역해 기계어를 생성한다.

• 인터프리터는 원시 프로그램을 번역한 후 기계어를 생성하지 않고 바로 실행한다.

기계어

컴퓨터가 이해할 수 있는 언어로, 2진수(1 또는 0)로 되어 있습니다.

저급 언어

기계 중심의 언어로, 기계어와 1:1로 대응되는 기호나 문자로 표현합니다(어셈블리어).

전문가의 조언

• 컴파일러와 인터프리터의 차이점을 묻는 문제가 출제되고 있습니다.

• 객관식 시험의 특성상 외울 게 많을 때는 둘 중 하나의 특징만 정확히 외워도 충분한 도움이 됩니다.

[기출 포인트]

• 인터프리터는 번역 속도가 빠르다.

• 인터프리터는 행 단위로 번역한다.

기출체크 정답
2. 인터프리터, 컴파일러

웹 프로그래밍 언어

604301 ▶

1 24.4, 23.3, 23.2, 22.4, 22.2, 21.8, 21.6, 20.2, 16.2, 16.1, 08.4, 08.1, 07.3, 04.4, 04.2

웹 프로그래밍 언어

웹 프로그래밍 언어는 웹 문서를 제작할 때 사용하는 언어이다.

❶ HTML(Hyper Text Markup Language)

• 인터넷의 표준 문서인 하이퍼텍스트 문서를 만들기 위해 사용하는 언어이다.

• 특별한 데이터 타입이 없는 단순한 텍스트이므로 호환성이 좋고 사용이 편리하다.

23.3, 22.2, 16.2
❷ DHTML(Dynamic HTML)

HTML에 비해 애니메이션이 강화되고 사용자와의 상호작용에 좀 더 민감한 동적인 웹 페이지를 만들 수 있는 언어이다.

23.2, 20.2, 16.1
❸ HTML5(Hyper Text Markup Language 5)

• 웹 표준 기관인 W3C에서 제안한 HTML의 최신 규격으로, HTML에 비디오, 오디오 등 다양한 부가 기능을 포함시켰다.

• ActiveX 없이 최신 멀티미디어 콘텐츠를 웹 브라우저에서 감상할 수 있다.

23.3, 08.1, 04.4
❹ XML(eXtensible Markup Language)

• 확장성 생성 언어라는 뜻으로, 기존 HTML의 단점을 보완하여 웹에서 구조화된 폭넓고 다양한 문서들을 상호 교환할 수 있도록 설계된 언어이다.

• HTML에 사용자가 새로운 태그(Tag)※를 정의할 수 있는 기능이 추가되었다.

• 클라이언트 시스템의 복잡한 데이터 처리를 쉽게 하는 기능을 갖고 있다.

08.4, 04.2
❺ VRML(Virtual Reality Modeling Language)

가상 현실 모델링 언어라는 뜻으로, 웹에서 3차원 가상 공간을 표현하고 조작할 수 있는 언어이다.

전문가의 조언

단순히 웹 프로그래밍 언어가 아닌 것을 찾거나 웹 프로그래밍 언어들의 개별적인 용도를 묻는 문제가 출제되고 있습니다.

[기출 포인트]

• 웹 프로그래밍 언어에는 PHP, JAVA, JSP, ASP, DHTML 등이 있다.

• HTML5은 차세대 웹 표준으로, ActiveX 없이도 멀티미디어 콘텐츠를 제공할 수 있게 해준다.

• DHTML은 HTML의 단점을 보완한 것으로 동적인 웹페이지 제작이 가능하다.

• VRML은 웹에서 3차원 가상 세계를 표현할 수 있다.

• XML은 사용자가 태그를 정의할 수 있는 마크업 언어이다.

태그(Tag)

홈페이지를 만들 때 특정한 기능이나 모양 등을 정의하기 위한 '꼬리표'를 의미합니다.

23.3, 22.4, 22.2, 21.8, 21.6, 08.4

❻ ASP(Active Server Page)

- 서버 측에서 동적으로 수행되는 페이지를 만들기 위한 언어이다.
- 마이크로소프트 사에서 개발하였고, Windows 계열에서만 사용할 수 있다.

22.4, 21.8, 07.3

❼ JSP(Java Server Page)

- 자바(JAVA)로 만들어진 서버 스크립트 언어이다.
- 서버 측에서 동적으로 수행되며, Linux, Unix, Windows 등의 다양한 운영체제에서 사용할 수 있다.

22.4, 21.8, 08.4

❽ PHP(Professional Hypertext Preprocessor)

- 초기에는 아주 간단한 유틸리티들로만 구성되어 개인용 홈페이지 제작 도구로 사용되었으나, PHP 4.0 버전 이후 각광받는 웹 스크립트 언어이다.
- 서버 측에서 동적으로 수행되며, Linux, Unix, Windows 등의 다양한 운영체제에서 사용할 수 있다.

22.2, 21.6, 07.3

❾ 자바(JAVA)

C++ 언어를 기반으로 개발된 것으로, 웹(Web) 상에서 멀티미디어 데이터를 효율적으로 처리할 수 있는 객체 지향 언어*이다.

객체 지향 언어(Object Oriented Language)
동작보다는 객체, 논리보다는 자료를 바탕으로 구성된 객체 지향 프로그래밍 언어를 말합니다.

기출체크 ☑

24.4, 22.4, 22.2, 21.8, 21.6, 08.4

1. 다음 중 웹 프로그래밍 언어에 속하는 것을 모두 고르시오. (   )

ⓐ LISP	ⓑ JSP	ⓒ PHP	ⓓ ASP
ⓔ DHTML	ⓕ JAVA	ⓖ AIDA	

기출체크 정답
1. ⓑ, ⓒ, ⓓ, ⓔ, ⓕ

해설은 112쪽에 있습니다.

24년 3회, 1회, 22년 4회, 21년 8회, 3회, 20년 상시, 20년 1회, 18년 상시, 16년 3회

01 다음 중 컴퓨터 소프트웨어 배포와 관련하여 셰어웨어 (Shareware)에 관한 설명으로 옳은 것은?

① 특정 기능 또는 기간을 제한하여 공개하고, 사용한 후에 사용자의 구매를 유도하는 소프트웨어이다.

② 개발 회사의 1차 테스트 버전으로, 제작 회사 내에서 테스트할 목적으로 배포하는 소프트웨어이다.

③ 정식 버전이 나오기 전에 프로그램에 대해 일반인에게 테스트할 목적으로 공개하는 소프트웨어이다.

④ 사용 기간 및 기능에 제한 없이 무료로 사용할 수 있는 공개용 소프트웨어이다.

24년 3회, 23년 2회, 21년 4회, 2회, 1회, 16년 1회, 14년 3회

02 다음 중 버전에 따른 소프트웨어에 대한 설명으로 옳지 않은 것은?

① 트라이얼 버전(Trial Version)은 특정한 하드웨어나 소프트웨어를 구매하였을 때 무료로 주는 프로그램이다.

② 베타 버전(Beta Version)은 소프트웨어의 정식 발표 전 테스트를 위하여 사용자들에게 무료로 배포하는 시험용 프로그램이다.

③ 데모 버전(Demo Version)은 정식 프로그램을 홍보하기 위해 사용 기간이나 기능을 제한하여 배포하는 프로그램이다.

④ 패치 버전(Patch Version)은 이미 제작하여 배포된 프로그램의 오류 수정이나 성능 향상을 위해 프로그램의 일부 파일을 변경해 주는 프로그램이다.

24년 1회, 23년 2회, 22년 3회, 1회, 21년 7회, 5회, 19년 2회, 16년 2회

03 다음 중 유틸리티 프로그램에 대한 설명으로 적절하지 않은 것은?

① 다수의 작업이나 목적에 대하여 적용되는 편리한 서비스 프로그램이나 루틴을 말한다.

② 컴퓨터의 동작에 필수적이고, 컴퓨터를 이용하는 주목적에 대한 일부 특정 작업을 수행하는 소프트웨어들을 가리킨다.

③ 컴퓨터 하드웨어, 운영체제, 응용 소프트웨어를 관리하는 데 도움을 주도록 설계된 프로그램을 의미한다.

④ Windows에서 제공하는 유틸리티 프로그램으로는 메모장, 그림판, 계산기 등을 예로 들 수 있다.

24년 3회, 22년 3회, 21년 7회, 13년 1회

04 다음 중 운영체제의 운용 방식으로 옳지 않은 것은?

① 일괄 처리는 컴퓨터에 입력하는 데이터를 일정량 모았다가 한꺼번에 처리하는 시스템으로, 오프라인으로만 사용한다.

② 시분할 시스템은 한 대의 시스템을 여러 사용자가 동시에 사용하는 시스템이다.

③ 실시간 처리 시스템은 처리할 데이터가 생겨날 때마다 바로 처리하는 시스템이다.

④ 분산 처리 시스템은 지역적으로 분산된 여러 대의 컴퓨터를 연결하여 작업을 분담하여 처리하는 시스템이다.

22년 5회, 18년 상시, 17년 1회, 09년 1회

05 다음 중 컴퓨터를 이용한 자료 처리 방식을 발달 과정 순서대로 옳게 나열한 것은?

① 실시간 처리 시스템 → 일괄 처리 시스템 → 분산 처리 시스템

② 일괄 처리 시스템 → 실시간 처리 시스템 → 분산 처리 시스템

③ 분산 처리 시스템 → 실시간 처리 시스템 → 일괄 처리 시스템

④ 실시간 처리 시스템 → 분산 처리 시스템 → 일괄 처리 시스템

24년 2회, 23년 2회, 21년 4회, 1회, 19년 1회, 17년 2회

06 다음 중 추상화, 캡슐화, 상속성, 다형성 등의 특징을 지니고 있으며, 크고 복잡한 프로그램 구축이 어려운 절차형 언어의 문제점을 해결하기 위해 개발된 프로그래밍 기법은?

① 구조적 프로그래밍

② 객체 지향 프로그래밍

③ 하향식 프로그래밍

④ 비주얼 프로그래밍

24년 4회, 22년 2회, 21년 6회, 08년 4회

07 다음 중 인터넷 홈페이지 제작 언어로 옳지 않은 것은?

① DHTML   ② ASP

③ JAVA   ④ AIDA

▶ 정답 : 1. ①   2. ①   3. ②   4. ①   5. ②   6. ②   7. ④

[문제 01] Section 035

②번은 알파(Alpha) 버전, ③번은 베타(Beta) 버전,
④번은 프리웨어(Freeware)에 대한 설명이다.

[문제 02] Section 035

- 트라이얼 버전(Trial Version)은 셰어웨어와 마찬
가지로 제품을 구매하기 전에 해당 프로그램을 미
리 사용해 볼 수 있도록 배포하는 프로그램이다.
- ①번은 번들(Bundle)에 대한 설명이다.

[문제 03] Section 036

유틸리티 프로그램이 있으면 좋지만, 컴퓨터 동작에
반드시 있어야 할 필수적인 것은 아니다.

[문제 04] Section 037

일괄 처리 시스템(Batch Processing System)은 오
프라인뿐만 아니라 온라인에서도 흔히 사용된다.

[문제 05] Section 037

컴퓨터를 이용한 자료 처리 방식은 '일괄 처리 시스
템 → 실시간 처리 시스템 → 분산 처리 시스템' 순으
로 발달하였다.

[문제 06] Section 038

- 구조적 프로그래밍 : 입력과 출력이 각각 하나씩 이루
어진 구조로, GOTO문을 사용하지 않으며, 순서,
선택, 반복의 3가지 논리 구조를 사용하는 기법
- 비주얼 프로그래밍 : 기존 문자 방식의 명령어 전달
방식을 기호화된 아이콘의 형태로 바꿔 사용자가
대화형으로 좀 더 쉽게 프로그래밍할 수 있는 기법

[문제 07] Section 039

AIDA는 CPU, 메인보드, 램, 그래픽 카드, 사운드
카드 등 PC에 설치되어 있는 모든 하드웨어 정보를
확인할 때 사용하는 유틸리티 프로그램이다.

6장

인터넷 활용

네트워크 운영 방식과 통신망의 종류

포인트 투 포인트(Ponit-To-Ponit) 방식

중앙 컴퓨터와 단말기를 1:1 독립적으로 연결하여 언제든지 데이터 전송이 가능한 방식입니다.

메인 프레임

대규모 시스템으로, 수백 명의 사용자가 동시에 사용할 수 있습니다.

분산 처리

지역적으로 분산된 여러 대의 컴퓨터를 연결하여 작업을 분담하여 처리하는 방식을 의미합니다.

22.2, 21.6, 16.1, 09.2, 07.4, 04.1, 03.1, 01.3, 01.1

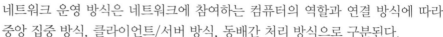

① 네트워크 운영 방식

네트워크 운영 방식은 네트워크에 참여하는 컴퓨터의 역할과 연결 방식에 따라 중앙 집중 방식, 클라이언트/서버 방식, 동배간 처리 방식으로 구분된다.

❶ 중앙 집중(Host-Terminal) 방식

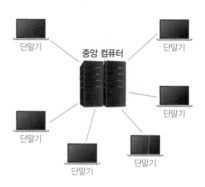

단말기 / 중앙 컴퓨터 / 단말기 / 단말기 / 단말기 / 단말기

• 작업에 필요한 모든 처리를 담당하는 중앙 컴퓨터와 데이터의 입·출력 기능을 담당하는 단말기(Terminal)로 구성되어 있다.
• 포인트 투 포인트 방식*으로 되어 있어 유지 보수가 쉽다.
• 메인 프레임(Main Frame)*에서 많이 사용하던 방식으로 최근에는 잘 사용하지 않는다.

16.1, 07.4, 04.1, 03.1, 01.1

❷ 클라이언트/서버(Client/Server) 방식

서버(메인 프레임) / 클라이언트 A / 클라이언트 B / 클라이언트 C / 파일서버 (워크스테이션) / 클라이언트 D

• 정보를 제공하는 서버(Server)와 정보를 요구하는 클라이언트(Client)로 구성되어 있다.
• 서버와 클라이언트가 모두 처리 능력을 가지고 있어 분산 처리* 환경에 적합하다.

22.2, 21.6, 09.2, 01.3

❸ 동배간 처리 방식(Peer-To-Peer)

• 모든 컴퓨터를 동등하게 연결하는 방식으로, 고속 LAN을 기반으로 한다.
• 시스템에 소속된 컴퓨터들은 어느 것이든 서버가 될 수 있으며, 동시에 클라이언트도 될 수 있다.
• 워크스테이션 혹은 개인용 컴퓨터(PC)를 단말기로 사용하는 작은 규모의 네트워크 구성에 많이 사용된다.
• 유지 보수 및 데이터의 보안 유지가 어렵다.

기출체크 ☑

22.2, 21.6, 09.2, 01.3

1. 시스템에 소속된 컴퓨터들은 누구든지 서버가 될 수 있으며, 클라이언트도 될 수 있는 분산 시스템 모델은 (   )이다.

604502 ▶

23.5, 21.4, 21.2, 17.2, 17.1, 15.2, 14.3, 14.2, 14.1, 10.3, 07.1, 06.3, 06.2, 05.3, 02.2, 02.1

2 통신망의 종류

통신망의 종류는 연결된 거리나 전송되는 데이터의 형식 등에 따라 다음과 같이 다양하게 구분된다.

23.5, 21.4, 17.2, 15.2, 14.3, 14.2, 07.1, 06.2, 02.1

❶ LAN(Local Area Network, 근거리 통신망)

- 자원 공유를 목적으로 전송 거리가 짧은 학교, 연구소, 병원 등의 구내에서 사용하는 통신망이다.
- 고속 전송이 가능하며 에러 발생률이 낮다.
- 프린터 등의 주변장치를 쉽게 공유할 수 있으며, 전이중 방식을 사용한다.

14.3, 07.1, 06.3, 02.2, 02.1

❷ MAN(Metropolitan Area Network, 도시권 통신망)

- LAN과 WAN의 중간 형태로, LAN의 기능을 충분히 수용하면서 도시 전역 또는 도시와 도시 등 넓은 지역을 연결하는 통신망이다.
- LAN과 마찬가지로 높은 데이터 전송률을 가지고 있다.

15.2, 14.3, 14.2, 07.1

❸ WAN(Wide Area Network, 광대역 통신망)

- MAN보다 넓은 범위인 국가와 국가 혹은 대륙과 대륙을 하나로 연결하는 통신망이다.
- 넓은 지역을 연결하기 때문에 비교적 에러 발생률이 높다.

21.2, 17.1

❹ WLAN(Wireless Local Area Network, 무선 근거리 통신망)

- 무선접속장치(Access Point)가 설치된 곳을 중심으로 일정 거리 안에서 초고속 인터넷을 사용할 수 있는 근거리 통신망(LAN)이다.
- **무선 LAN 시스템의 주요 구성 요소** : 무선 랜카드, AP(Access Point, 무선접속장치), 안테나 등

🗣 전문가의 조언

통신망의 종류, 특징, 구성 요소 등 통신망과 관련된 다양한 문제가 출제되고 있습니다.

[기출 포인트]
- LAN은 전이중 방식의 통신을 한다.
- WLAN 시스템의 구성 요소에는 무선 랜카드, AP, 안테나 등이 있다.
- 통신망의 종류에는 LAN, MAN, WAN 등이 있다.
- B-ISDN은 초고속으로 대용량 데이터를 전송하는 디지털 방식의 통신망이다.

기출체크 정답
1. 동배간 처리 방식

15.2, 14.2
❺ VAN(Value Added Network, 부가가치 통신망)

기간 통신망 사업자로부터 통신 회선을 빌려 기존의 정보에 새로운 가치를 더해 다수의 이용자에게 판매하는 통신망이다.

02.1
❻ ISDN(Integrated Services Digital Network, 종합정보통신망)

문자, 음성, 동영상 등 다양한 데이터를 통합하여 디지털화된 하나의 통신 회선으로 전송하는 통신망이다.

15.2, 14.2
❼ B-ISDN(Broadband ISDN, 광대역 종합정보통신망)

- 광대역 네트워크에서 데이터, 음성, 고해상도의 동영상 등 다양한 서비스를 디지털 통신망을 이용해 제공하는 고속 통신망이다.
- 비동기식 전달 방식(ATM)*을 사용하여 150~600Mbps*의 전송 속도로 디지털 데이터를 전송한다.

기출체크 ☑

23.5, 21.4, 17.2
2. 근거리 통신망(LAN)은 반이중 방식의 통신을 한다. (○, ×)

ATM(Asynchronous Transfer Mode)

음성, 동화상, 텍스트와 같은 여러 형식의 정보를 일정한 크기로 작게 쪼개 빠르게 전송하는 B-ISDN의 핵심 기술입니다.

BPS

BPS는 'Bit Per Second'의 약자로 초당 전송되는 비트 수를 의미합니다.

기출체크 2번

근거리 통신망(LAN)은 전이중 방식의 통신을 합니다.

기출체크 정답
2. ×

네트워크 장비

① **네트워크 장비**

24.5, 24.2, 24.1, 23.5, 23.4, 23.3, 23.2, 23.1, 22.5, 22.4, 22.3, 22.2, 21.8, 21.7, 21.6, 21.4, 21.1, 20.상시, 20.2, …

604601 ▶

❶ **네트워크 인터페이스 카드(NIC)**

• 컴퓨터와 컴퓨터 또는 컴퓨터와 네트워크를 연결하는 장치이다.

• 정보 전송 시 정보가 케이블을 통해 전송될 수 있도록 정보 형태를 변경한다.

• 이더넷 카드(LAN 카드) 혹은 네트워크 어댑터라고 한다.

• OSI 7 계층※ 중 데이터 링크 계층(Data Link Layer)의 장비이다.

23.5, 23.3, 21.1, 19.상시, 18.2, 16.2, 13.2, 11.3, 11.1, 09.1, 06.3, 06.1, 05.4, 031, 02.3, 02.1

❷ **허브(Hub)**

• 네트워크를 구성할 때 한꺼번에 여러 대의 컴퓨터를 연결하는 장치로, 각 회선을 통합적으로 관리한다.

• **더미 허브** : 네트워크에 흐르는 모든 데이터를 단순히 연결하는 기능만을 제공하며, LAN이 보유한 대역폭을 컴퓨터 수 만큼 나누어 제공한다.

• **스위치 허브**

 – 네트워크상에 흐르는 데이터의 유무 및 흐름을 제어하여 각각의 노드가 허브의 최대 대역폭을 사용할 수 있는 지능형 허브이다.

 – 더미 허브보다 안정적이고 속도가 빠르다.

• OSI 7 계층 중 물리 계층(Physical Layer)의 장비이다.

24.5, 24.1, 23.4, 23.1, 21.8, 17.2, 13.3, 12.3, 11.3, 11.1, 06.3, 05.4, 03.1, 01.3, 01.1

❸ **리피터(Repeater)**

• 거리가 증가할수록 감쇠하는 디지털 신호의 장거리 전송을 위해서 수신한 신호를 재생시키거나 출력 전압을 높이는 방법 등을 통해 주어진 신호를 증폭시켜 전송하는 장치이다.

• OSI 7 계층 중 물리 계층(Physical Layer)의 장비이다.

24.5, 24.2, 23.5, 23.3, 23.2, 22.5, 22.4, 21.1, 19.상시, 18.2, 16.2, 11.3, 09.1, 05.3, 03.1, 02.3, 02.1, 01.3, 01.1

❹ **브리지(Bridge)**

• 단순 신호 증폭뿐만 아니라 네트워크 분할을 통해 트래픽을 감소시키며, 물리적으로 다른 네트워크(LAN)를 연결할 때 사용한다.

• 데이터를 양쪽 방향으로 전송만 해줄 뿐 프로토콜 변환 등 복잡한 처리는 불가능하다.

전문가의 조언

중요해요! 네트워크 구축에 필요한 장비나 OSI 7 계층의 개념을 묻는 문제가 자주 출제됩니다.

[기출 포인트]

• 리피터는 수신한 신호를 증폭시켜 전송하는 장치이다.

• 브리지는 물리적으로 다른 네트워크를 연결할 때 사용하는 장치이다.

• 라우터는 정보 전송을 위한 최적의 경로를 찾아주는 장치이다.

• 게이트웨이는 서로 다른 네트워크 간에 데이터를 주고받기 위한 장치이다.

• OSI 7 계층은 이기종 단말 간 원활한 통신을 위해 네트워크 구조를 여러 계층으로 나누어 정의한 통신 규약이다.

OSI 7 계층

기종이 서로 다른 컴퓨터 간의 정보 교환을 원활히 하기 위해 국제표준화기구(ISO)에서 제정한 통신 규약으로, 네트워크를 이루고 있는 구성 요소들을 계층적 구조로 나누고 각 계층의 표준을 정했습니다.

- 네트워크 프로토콜과는 독립적으로 작용하므로 네트워크에 연결된 여러 단말들의 통신 프로토콜을 바꾸지 않고도 네트워크를 확장할 수 있다.
- OSI 7 계층 중 데이터 링크 계층(Data Link Layer)의 장비이다.

24.5, 23.5, 23.3, 22.3, 22.2, 21.7, 21.6, 21.1, 20.상시, 20.2, 19.상시, 18.2, 16.2, 11.3, 11.2, 11.1, 10.2, 09.1, 06.3, 06.1, 05.4, …

❺ 라우터(Router)

- 인터넷 환경에서 네트워크와 네트워크 간을 연결할 때 반드시 필요한 장비로, 데이터 전송 시 최적의 경로를 설정하여 전송한다.
- 데이터들이 효율적인 속도로 전송될 수 있도록 데이터의 흐름을 제어한다.
- OSI 7 계층 중 네트워크 계층(Network Layer)의 장비이다.

24.5, 23.5, 23.3, 21.4, 21.1, 19.상시, 18.2, 16.2, 16.1, 11.1, 10.1, 06.1, 05.4, 02.1

❻ 게이트웨이(Gateway)

- 주로 LAN에서 다른 네트워크에 데이터를 보내거나 다른 네트워크로부터 데이터를 받아들이는 출입구 역할을 한다.
- OSI 7 계층 중 전송 계층(Transport Layer)의 장비이다.

기출체크 ☑

24.5, 24.1, 23.4, 23.1, 21.8, 17.2, 12.3, 11.1, 06.3, 05.4
1. 디지털 방식의 통신 선로에서 전송 신호를 증폭하거나 재생하여 전달하는 중계 장치는 (   )이다.

24.5, 23.5, 23.3, 22.3, 22.2, 21.7, 21.6, 20.2, 10.2
2. 네트워크 구성 시 반드시 필요한 장비로, 정보 전송을 위한 최적의 경로를 찾아 통신망에 연결하는 장치는 (   )이다.

인터넷의 개요

24.1, 20.1, 18.1, 16.2, 13.3, 10.3, 06.4, 06.1, 03.3, 02.3, 02.2, 02.1, 01.1

1 인터넷의 개요

인터넷(Internet)이란 TCP/IP 프로토콜을 기반으로 하여 전 세계 수많은 컴퓨터와 네트워크들이 연결된 광범위한 컴퓨터 통신망이다.

- 인터넷은 TCP/IP 프로토콜을 사용하여 상호 접속하며, 유닉스 운영체제를 기반으로 하고 있다.
- 통신망과 컴퓨터가 있는 곳이라면 시간과 장소에 구애받지 않고 정보를 교환할 수 있으며, 인터넷에 연결된 모든 컴퓨터는 고유한 IP 주소를 갖는다.
- 인터넷은 미국 국방성의 ARPANET에서 시작되었다.
- 인터넷 기술을 이용하여 기업에서 인트라넷과 엑스트라넷을 통해 편리하게 업무를 수행할 수 있다.

20.1, 16.2, 10.3, 03.3, 02.2, 02.1, 01.1 **인트라넷(Intranet)**	인터넷의 기술을 기업 내 정보 시스템에 적용한 것으로, 전자 우편 시스템, 전자결재 시스템 등을 인터넷 환경으로 통합하여 사용하는 것을 의미한다.
03.3 **엑스트라넷(Extranet)**	기업과 기업 간에 인트라넷을 서로 연결한 것으로, 납품업체나 고객업체 등 자기 회사와 관련 있는 기업체와의 원활한 통신을 위해 인트라넷의 이용 범위를 확대한 것이다.

기출체크 ☑

20.1, 16.2

1. (　　　　　)은 인터넷 기술과 통신 규약을 기업 내의 전자우편, 전자 결재 등과 같은 정보시스템에 적용한 것이다.

24.3, 23.2, 21.8, 19.2, 16.1, 15.2, 11.2, 10.1, 09.3, 07.4, 05.3, 04.4, 03.2, 00.3

2 인터넷 관련 용어

16.1, 15.2, 03.2

❶ VoIP(Voice over Internet Protocol)*

- '인터넷 프로토콜을 통한 음성'의 약어로, 보컬텍(VocalTec) 사의 인터넷폰으로 처음 소개되었다.
- 음성 신호를 압축하여 IP를 사용하는 인터넷을 통해 전송하는 방법이다.
- 이 방식으로 전화를 사용하면 기존 전화망(PSTN)의 시내전화 요금 수준으로 시외 및 국제전화 서비스를 받을 수 있다.

전문가의 조언

인터넷의 특징이나 인트라넷의 개념에 대한 문제가 출제된 적이 있습니다.

[기출 포인트]
- 인터넷은 중앙통제기구가 없다.
- 인트라넷은 인터넷 기술을 기업 내 정보 시스템에 적용한 것이다.

전문가의 조언

VoIP의 특징이나 m-VoIP, 모뎀, 코덱의 개념을 묻는 문제가 출제되고 있습니다.

[기출 포인트]
- VoIP는 인터넷 전화 관련 기술이다.
- m-VoIP는 무선 통신망을 통해 음성을 전송하는 인터넷 전화 방식이다.
- IPTV는 기본 텔레비전 기능에 인터넷 검색이 가능하게 한 서비스이다.

m-VoIP

유선으로 음성 신호를 전송하는 VoIP를 무선(Mobile) 영역으로 확대한 것으로, Wi-Fi나 LTE 등의 무선 통신망을 통해 음성 신호를 전송하는 방식을 의미합니다.

기출체크 정답
1. 인트라넷

11.2, 10.1, 09.3, 05.3, 00.3
❷ 모뎀(MODEM, MOdulator DEModulator)

디지털 신호를 아날로그 신호로 변환하는 변조(Modulation) 과정과 아날로그 신호를 디지털 신호로 변환하는 복조(Demodulation) 과정을 수행하는 신호 변환장치이다.

21.8, 07.4, 04.4
❸ 코덱(Codec)

음성이나 비디오 등의 아날로그 신호를 디지털 신호로 변환하고, 그 역의 작업을 수행하는 장치로, 모뎀과 반대의 역할을 한다.

24.3, 23.2, 19.2
❹ IPTV(Internet Protocol TeleVision)

- 초고속 광대역 네트워크를 통해 디지털 채널 방송과 양방향 서비스를 제공한다.
- 시간에 구애받지 않고 동영상 콘텐츠를 이용할 수 있다.
- 인터넷 검색을 통해 다양한 정보를 찾아볼 수 있다.

기출체크 ☑

24.3, 23.2
2. (   )는 초고속 인터넷을 이용하여 동영상 콘텐츠, 정보 서비스 등 기본 텔레비전 기능에 인터넷 검색이 가능하게 한 서비스이다.

기출체크 정답
2. IPTV

인터넷의 주소 체계

1 IP 주소

22.1, 21.5, 21.3, 21.2, 15.3

IP 주소(Internet Protocol Address)는 인터넷에 연결된 모든 컴퓨터의 자원을 구분하기 위한 인터넷 주소이다.

- 숫자로 8비트씩 4부분, 총 32비트로 구성되어 있다.
- 인터넷에 연결된 전 세계의 모든 IT 기기는 IP 주소가 중복되지 않아야 한다.
- IP 주소는 네트워크 부분의 길이에 따라 A 클래스에서 E 클래스까지 총 5단계로 구성되어 있다.

21.5, 21.3, 15.3

잠깐만요 ICANN(Internet Corporation for Assigned Names and Numbers)

> 전 세계의 IP 주소와 도메인 네임(Domain Name) 등을 관리하는 국제 인터넷 주소 관리 기구로, 우리나라에서는 KISA(한국인터넷진흥원)에서 관리하고 있습니다.

기출체크 ☑

22.1, 21.5, 21.3, 15.3

1. 인터넷 연결을 위해서는 IP 주소 또는 도메인 네임 중 하나를 배정받아야 하며, 인터넷에 연결된 컴퓨터의 고유 주소는 도메인 네임으로 이는 IP 주소와 동일하다. (O, ×)

2 IPv6

23.2, 23.1, 22.5, 22.2, 21.8, 21.6, 21.5, 21.3, 21.1, 20.상시, 19.1, 18.상시, 17.1, 16.3, 15.3, 14.2, 11.3, 11.1, 10.1, 09.4, …

IPv6(Internet Protocol version 6)은 현재 사용하고 있는 IP 주소 체계인 IPv4의 주소 부족 문제를 해결하기 위해 개발되었다.

- 16비트씩 8부분, 총 128비트로 구성되어 있다.
- 주소의 각 부분은 4자리의 16진수를 콜론(:)으로 구분하여 표현한다.
- 주소의 각 부분이 0으로 연속된 경우 0을 생략하여 '::'와 같이 표시*하고, 주소의 한 부분이 0으로 연속된 경우 0을 생략하고 ':'만 표시*할 수 있다.
- 인증성, 기밀성, 데이터 무결성의 지원으로 보안 문제를 해결할 수 있다.
- IPv4와의 호환성이 뛰어나다.
- 주소의 확장성, 융통성, 연동성이 뛰어나다.
- IPv4에 비하여 자료 전송 속도가 빠르다.
- 실시간 흐름 제어로 향상된 멀티미디어 기능을 지원한다.

전문가의 조언

IP 주소의 특징에 대한 문제가 출제되고 있습니다.

[기출 포인트]
- 전 세계의 모든 IP 주소는 중복되지 않는다.
- IP 주소는 숫자로 되어 있다.

기출체크 1번

인터넷 연결을 위해서는 IP 주소를 배정 받아야 하며, IP 주소는 인터넷에 연결된 컴퓨터의 고유 주소입니다.

전문가의 조언

중요해요! IPv6 주소의 특징에 대한 문제가 자주 출제됩니다.

[기출 포인트]
- IPv6는 클래스로 나누어 사용하지 않는다.
- IPv6는 IPv4와의 호환성이 뛰어나다.
- IPv6 주소의 한 부분이 0으로 연속되는 경우 0을 생략하고 ' : '으로 표시할 수 있다.

0이 연속된 경우 '::'으로 표시

 2001:0DB8:0000:0000:0000:
0000:1428:57ab
→ 2001:0DB8::1428:57ab

한 부분이 0으로 연속된 경우 ':'으로 표시

예 2001:0DB7:0000:2941:3752:
64cb:1428:57ab
→ 2001:0DB7::2941:3752:
64cb:1428:57ab

기출체크 정답

1. ×

- 유니캐스트(Unicast), 멀티캐스트(Multicast), 애니캐스트(Anycast) 등의 3가지로 주소 체계가 분류되기 때문에 주소의 낭비 요인을 줄이고 간단하게 주소를 결정할 수 있다.

604803 ▶

23.2, 21.2, 17.2, 15.3, 15.1, 12.2, 12.1, 09.2, 09.1, 08.3, 08.2, 08.1, 06.3, 06.2, 05.2, 04.4, 04.3, 02.3, 00.1

3 도메인 네임

23.2, 21.2, 17.2, 15.1, 12.1, 08.3, 08.2, 06.3, 06.2, 05.2, 04.4, 04.3, 02.3

❶ 도메인 네임(Domain Name)

- 숫자로 된 IP 주소를 사람이 이해하기 쉬운 문자 형태로 표현한 것이다.
- 호스트 컴퓨터 이름*, 소속 기관 이름*, 소속 기관의 종류*, 소속 국가명* 순으로 구성되며, 왼쪽에서 오른쪽으로 갈수록 상위 도메인을 의미한다.
- 도메인 네임은 전 세계에서 중복없이 유일하다.

17.2

잠깐만요 **퀵돔(QuickDomain)이란?**

604832 ▶

- 2단계 영문 kr 도메인의 브랜드로, gilbut.kr과 같은 짧은 형태의 도메인을 의미합니다.
- 퀵돔은 영어의 'Quick'과 'Domain'이 결합된 합성어로, 편리한 인터넷 이용 환경을 제공하는 것을 목적으로 하며, 입력하기 쉽고 외우기 쉽습니다.

gilbut.co.kr
1단계 2단계 3단계
3단계 영문 kr 도메인 형태

gilbut.kr
1단계 2단계
2단계 영문 kr 도메인 형태

15.3, 12.2, 09.2, 09.1, 08.1, 06.3, 00.1

❷ DNS(Domain Name System)

- 문자로 된 도메인 네임을 숫자로 된 IP 주소로 바꿔주는 시스템이다.
- 인터넷의 모든 도메인과 호스트 이름이 DNS 서버에 등록되어 있어야 하며, 등록된 모든 호스트들은 메인별로 계층화하여 관리된다.

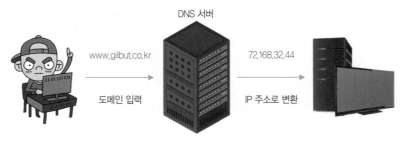

DNS 서버

www.gilbut.co.kr   72.168.32.44

도메인 입력   IP 주소로 변환

604804 ▶

4 URL(Uniform Resource Locater)

URL은 인터넷 상에 존재하는 각종 자원이 있는 위치를 나타내는 표준 주소 체계이다.

• **형식** : 프로토콜://서버 주소[:포트 번호][/파일 경로]

　– **프로토콜** : 인터넷 서비스의 종류로, http(WWW), ftp(FTP), telnet (Telnet), news(Usenet), mailto(E-Mail) 등이 있다.

　– **서버 주소** : 검색할 정보가 위치한 서버의 호스트 주소이다.

　– **포트 번호** : TCP 접속에 사용되는 포트 번호이다.

　– **파일 경로** : 서비스에 접속한 후 실제 정보가 있는 경로이다.

• 다음은 다양한 URL 주소의 사용 예이다.

주소	의미
http://www.gilbut.co.kr/with/soon.html	하이퍼텍스트 서비스 주소
ftp://211.194.54.210/pub/picture.zip※	파일 전송 서비스 주소
telnet://211.194.54.210	텔넷 서비스 주소
mailto:admin@gilbut.co.kr	전자우편 서비스 주소

기출체크 ☑

21.4, 20.1

4. 다음 보기의 URL 구성 요소를 순서대로 나열하시오. (　　,　　,　　,　　)

ⓐ 프로토콜	ⓑ 서버 주소
ⓒ 포트 번호	ⓓ 파일 경로

전문가의 조언

URL의 개념이나 형식에 대한 문제가 출제되고 있습니다.

[기출 포인트]

• URL은 인터넷에 존재하는 각종 자원의 위치를 나타내는 표준 주소 체계이다.

• URL 형식은 '프로토콜, 서버 주소, 포트 번호, 파일 경로'이다.

계정이 있는 ftp의 URL

ftp 계정이 있을 때는 'ftp://user:password@서버이름:포트번호'로 URL을 작성합니다. 여기서 패스워드는 생략이 가능합니다.

기출체크 정답
4. ⓐ, ⓑ, ⓒ, ⓓ

인터넷 서비스

스팸 메일

통신이나 인터넷을 통해 불특정 다수에게 원하지도, 요청하지도 않은 메일을 대량으로 보내는 광고성 메일로, 정크 메일(Junk Mail) 또는 벌크 메일(Bulk Mail)이라고도 합니다.

604901 ▶

24.4, 24.2, 23.5, 23.4, 23.1, 22.5, 22.4, 21.8, 21.4, 21.2, 21.1, 20.상시, 20.1, 19.상시, 19.1, 18.상시, 17.2, 17.1, 15.1, …

1 **전자우편(E-mail)**

전자우편은 인터넷을 통해 다른 사람과 편지뿐만 아니라 그림, 동영상 등 다양한 형식의 데이터를 주고받을 수 있도록 해주는 서비스이다.

• 전자우편은 보내는 즉시 수신자에게 도착하므로 빠른 의견 교환이 가능하다.

• 한 사람이 동시에 여러 사람에게 동일한 전자우편을 보낼 수 있다.

• 전자우편을 보내거나 받기 위해서는 메일 서버에 사용자 계정이 있어야 한다.

• 기본적으로 7Bit의 ASCII 코드를 사용하여 메시지를 주고 받는다.

• **형식 : 사용자ID@메일서버_주소(도메인 이름)**

• **전자우편에 사용되는 프로토콜**

24.2, 23.4, 23.1, … **SMTP**	사용자의 컴퓨터에서 작성된 메일을 다른 사람의 계정이 있는 곳으로 전송하는 프로토콜이다.
24.4, 24.2, 23.5, … **POP3**	메일 서버에 도착한 메일을 사용자 컴퓨터로 가져오는 프로토콜이다.
24.2, 23.4, 23.1, … **MIME**	웹 브라우저가 지원하지 않는 각종 멀티미디어 파일의 내용을 확인하고, 실행하는 프로토콜이다.
08.4, 07.3, … **IMAP**	로컬 서버에서 프로그램을 이용하여 메일을 액세스하기 위한 표준 프로토콜이다.

• **전자우편의 주요 기능**

보내기(Send)	작성한 메일을 다른 사람에게 보내는 기능이다.
받기(Receive)	다른 사람이 보낸 메일을 받는 기능이다.
회신(Reply)	받은 메일에 대하여 답장을 작성하여, 발송자에게 다시 전송하는 기능이다.
전체 회신(Reply All)	받은 메일에 대하여 답장을 하되, 발송자는 물론 참조인들에게도 전송하는 기능이다.
22.5, 19.1, 03.4 **전달(Forward)**	받은 메일을 다른 사람에게 그대로 다시 보내는 기능이다.
첨부(Attach)	전자우편에 그림, 텍스트 파일 등을 같이 보내는 기능이다.

기출체크 ☑

24.4, 24.2, 23.5, 23.4, 23.1, 22.4, 21.8, 21.2, 13.1, 10.3, 02.3

1. 일반적으로 전자우편을 받을 때는 (   ) 서버를 이용하고, 편지를 보낼 때는 (   ) 서버를 이용한다.

기출체크 정답
1. POP3, SMTP

2 FTP(File Transfer Protocol, 파일 전송 프로토콜)

20.상시, 18.1, 15.3, 15.2, 13.3, 08.4, 08.2, 05.3, 03.1, 01.2

FTP는 컴퓨터와 컴퓨터 또는 컴퓨터와 인터넷 사이에서 파일을 주고받을 수 있도록 하는 원격 파일 전송 프로토콜이다.

- FTP를 이용하여 파일의 전송(Upload)과 수신(Download), 삭제, 이름 변경 등의 작업을 할 수 있다.
- 파일의 업로드나 다운로드 서비스를 제공하는 컴퓨터를 FTP 서버, 파일을 제공받는 컴퓨터를 FTP 클라이언트라고 한다.
- FTP 서버에 있는 프로그램은 다운로드 후에만 실행이 가능하다.
- FTP의 기본적인 포트 번호는 21번이지만 다른 번호로 변경할 수 있다.
- 그림 파일, 동영상 파일, 압축된 형태의 파일을 전송할 때는 Binary 모드를, 텍스트 파일을 전송할 때는 ASCII 모드를 사용한다.
- Anonymous FTP(익명 FTP)
  - 'Anonymous'란 '이름이 없다'는 뜻으로, 계정(Account)*이 없는 사용자도 접근하여 사용할 수 있는 FTP 서비스이다.
  - Anonymous FTP 서버에 접속할 때는 비밀번호 없이 접속할 FTP 서버의 주소만 입력하면 된다.

기출체크 ☑

18.1, 15.3

2. FTP 서버에 있는 응용 프로그램들은 실행할 수 있다. (○, ×)

3 기타 인터넷 서비스

24.3, 23.3, 22.2, 22.1, 21.6, 21.5, 20.2, 19.1, 16.2, 12.2, 03.4

22.2, 22.1, 21.6, 21.5, 20.2, ... **WWW** **(World Wide Web)**	• 텍스트, 그림, 동영상 등 인터넷에 존재하는 다양한 멀티미디어 형식의 정보를 거미줄처럼 연결해 놓은 종합 정보 서비스이다. • HTTP* 프로토콜을 사용하는 하이퍼텍스트 기반으로 되어 있다. • 송 · 수신 에러의 제어를 위해 HTTP 프로토콜을 사용한다. • WWW를 검색하는 프로그램을 웹 브라우저라고 한다.
12.2, 03.4 **Tracert**	• 인터넷 서버까지의 경로를 추적하는 명령어로, IP 주소, 목적지까지 거치는 경로의 수, 각 구간 사이의 데이터 왕복 속도를 확인할 수 있다. • 특정 사이트가 열리지 않을 때 해당 서버가 문제인지 인터넷 망이 문제인지를 확인할 수 있다. • 인터넷 속도가 느릴 때 어느 구간에서 정체를 일으키는지를 확인할 수 있다. 예 Tracert 211.31.119.151(명령 프롬프트* 창에 입력)

기출체크 ☑

24.3, 23.3, 22.2, 22.1, 21.6, 20.2, 19.1, 16.2

3. 인터넷에서 웹 서버와 사용자의 인터넷 브라우저 사이에 하이퍼텍스트 문서를 전송하기 위해 사용되는 통신 규약은 (   )이다.

계정(Account)

호스트 컴퓨터나 서버 컴퓨터에 접속해서 사용할 권리를 부여하기 위해 주어지는 식별 번호(ID)로, 사용자는 아이디(ID)와 패스워드(Password)를 입력하고, 컴퓨터의 자원을 사용합니다.

기출체크 2번

FTP 서버에 있는 프로그램은 서버에서 바로 실행시킬 수는 없고, 다운로드 후에만 실행할 수 있습니다.

HTTP(Hyper Text Transfer Protocol)

웹 페이지와 웹 브라우저 사이에서 하이퍼텍스트 문서를 전송하기 위해 사용하는 프로토콜입니다.

명령 프롬프트

- MS-DOS 운영체제용 프로그램이나 명령어를 사용할 수 있는 창입니다.
- [⊞](시작) → [Windows 시스템] → [명령 프롬프트]를 선택한 후 키보드로 명령어를 입력하여 실행합니다.

기출체크 정답
2. × 3. HTTP

웹 브라우저

기출체크 1번

웹 브라우저는 멀티미디어 편집 기능을 지원하지 않습니다.

기출체크 정답

1. ×

605001 ▶

[1] 24.1, 23.4, 23.2, 22.3, 19.2, 14.3, 11.1

웹 브라우저

웹 프라우저(Web Browser)는 웹 서버와 HTTP 프로토콜로 통신하여 사용자가 요구한 홈페이지에 접근하여 웹 문서를 사용자에게 보여주는 프로그램이다.

• 플러그 인 프로그램을 설치하여 동영상이나 소리 등의 다양한 멀티미디어 데이터를 처리할 수 있다.

• 웹 브라우저를 이용하여 웹 페이지를 사용자 컴퓨터에 저장하거나 인쇄할 수 있다.

• 웹 브라우저를 이용하여 자주 방문하는 웹 사이트 주소를 관리할 수 있다.

• 웹 브라우저를 이용하여 전자우편을 보내거나 FTP 서버에 접속할 수 있다.

• 웹 브라우저의 종류에는 크롬, 마이크로소프트 엣지, 사파리, 파이어폭스, 오페라 등이 있다.

기출체크 ☑

24.1, 23.4, 22.3, 19.2

1. 웹 브라우저를 이용하여 멀티미디어를 편집할 수 있다. (○, ×)

605002 ▶

[2] 24.4, 23.3, 22.2, 21.8, 21.7, 21.6, 19.상시, 18.상시, 18.1, 16.2, 16.1, 15.3, 15.1, 14.3, 13.2, 12.3, 12.2, 11.1, 10.3, 10.1, …

웹 브라우저 관련 용어

21.8, 21.7, 19.상시, 18.상시, 11.1 **플러그인(Plug-IN)**	웹 브라우저의 기능을 확장하기 위해 설치하는 프로그램으로, 인터넷에서 오디오, 비디오, 애니메이션 등을 실행할 수 있게하는 기능이다.
21.8, 21.7, 12.2, 11.1 **히스토리(History)**	웹 브라우저를 처음 실행시킨 후부터 종료할 때까지 사용자가 방문했던 웹 사이트 주소들을 순서대로 보관하는 기능이다.
21.8, 21.7, 11.1 **북마크(Bookmark, 즐겨찾기)**	자주 방문하는 웹 사이트를 쉽게 찾아갈 수 있도록 해당 웹 사이트 주소를 목록 형태로 저장해 둔 것이다.
24.4, 23.3, 22.2, 21.8, 21.7, 21.6, … **쿠키(Cookie)**	• 인터넷 사용자에 대한 특정 웹 사이트의 접속 정보를 저장하고 있는 작은 파일이다. • 쿠키를 이용하면 인터넷 접속 시 매번 아이디와 비밀번호를 넣지 않고 자동으로 접속할 수 있다.
04.4 **캐싱(Caching)**	자주 사용하는 사이트의 자료를 따로 저장하고 있다가, 사용자가 다시 그 자료에 접근하면 인터넷에 접속하지 않고 저장된 자료를 활용해서 빠르게 보여주는 기능이다.

18.1, 15.1 **포털 사이트** (Portal Site)	• 사용자들이 웹에 접속할 때 제일 먼저 방문하거나 가장 많이 머무르는 사이트이다. • 전자우편, 뉴스, 쇼핑, 게시판 등 다양한 서비스를 통합하여 제공한다.
16.2, 13.2, 12.3, 10.1 **미러 사이트** (Mirror Site)	인터넷상에서 특정 사이트로 동시에 많은 이용자들이 접속하는 것을 방지하기 위하여 같은 내용을 복사해 놓은 사이트이다.

기출체크 ☑

22.2, 21.6, 16.1, 15.3, 14.3, 10.3, 05.2, 04.2, 03.3, 03.1
2. 사용자의 기본 설정을 사이트가 인식하도록 하거나, 사용자가 웹 사이트로 이동할 때마다 로그인해야 하는 번거로움을 생략할 수 있도록 사용자 환경을 향상시키는 것은 (   )이다.

기출체크 정답
2. 쿠키

정보통신기술 활용

605101 ▶

24.3, 24.2, 24.1, 23.4, 22.5, 22.3, 22.1, 21.7, 21.5, 21.3, 20.상시, 20.1, 18.2, 18.1, 13.1, 09.3

1 ICT* 신기술

ICT(Information Communication Technology)는 정보기술과 통신기술을 합한 말로, 정보기기의 운영 및 관리에 필요한 소프트웨어 기술과 이들 기술을 이용하여 정보를 수집, 생산, 가공, 활용하는 모든 방법을 통틀어 일컫는 말이다.

❶ 클라우드* 컴퓨팅(Cloud Computing)

• 하드웨어 · 소프트웨어 등의 컴퓨팅 자원을 자신이 필요한 만큼 빌려 쓰고 사용요금을 지불하는 방식의 컴퓨팅 서비스이다.

• 서로 다른 물리적인 위치에 존재하는 컴퓨팅 자원을 가상화 기술로 통합하고 인터넷상의 서버를 통하여 네트워크, 데이터 저장, 콘텐츠 사용 등의 서비스를 한 번에 사용할 수 있다.

24.2, 23.4, 22.5, 22.3, 22.1, 21.7, 21.5, 21.3, 20.상시, 20.1, 18.1

❷ 사물 인터넷(IoT; Internet of Things)

• 세상에 존재하는 모든 사물을 네트워크로 연결해 인간과 사물, 사물과 사물 간 언제 어디서나 서로 소통할 수 있게 하는 새로운 정보 통신 환경으로, 개인 맞춤형 스마트 서비스를 지향한다.

• 스마트 센싱 기술과 무선 통신 기술을 융합하여 실시간으로 데이터를 주고받는다.

• 인터넷을 기반으로 하므로 추가 통신 비용이 발생할 수 있다.

• 기존의 정보 보안 기술을 적용하기 어려워 해킹 등의 외부 위협에 대한 보안이 취약하다.

❸ 위치 기반 서비스(LBS; Location Based Service)

• 통신 기술과 GPS, 그리고 컴퓨터에 저장된 데이터베이스를 이용하여 주변의 위치와 부가 서비스를 제공하는 기술이다.

• 현재 위치 정보, 실시간 교통 정보 등 다양한 서비스를 제공한다.

❹ 유비쿼터스* 컴퓨팅(Ubiquitous Computing)

- 언제 어디서나 어떤 기기를 통해서도 컴퓨팅이 가능한 환경이다.
- 초소형 칩을 모든 사물에 내장시켜 네트워크로 연결하므로 사물끼리 통신이 가능한 환경이다.
- **관련 기술**

24.3, 24.1, 23.4, ··· **RFID**	사물에 전자 태그를 부착하고 무선 통신을 이용하여 사물의 정보 및 주변 정보를 감지하는 센서 기술이다.
USN	• 모든 사물에 부착된 RFID 태그 또는 센서를 통해 탐지된 사물의 인식 정보는 물론 주변의 온도, 습도, 위치정보, 압력, 오염 및 균열 정도 등과 같은 환경 정보를 네트워크와 연결하여 실시간으로 수집하고 관리하는 네트워크 시스템이다. • 텔레매틱스, 동물관리, 교통관리, 공해감시, 유통분야, 물류분야, 홈 네트워크 등 거의 모든 분야에 응용할 수 있다.

유비쿼터스(Ubiquitous)
'언제, 어디서나 있는'을 의미하는 라틴어로, 사용자가 컴퓨터나 네트워크를 의식하지 않고 장소에 상관없이 자유롭게 네트워크에 접속할 수 있는 환경을 의미합니다.

❺ 텔레매틱스(Telematics)

통신(Telecommunication)과 정보과학(Informatics)의 합성어로, 자동차에 정보 통신 기술과 정보 처리 기술을 융합하여 운전자에게 다양한 멀티미디어 서비스를 제공하는 것이다.

❻ 지그비(Zigbee)

저전력, 저비용, 저속도와 2.4GHz를 기반으로 하는 홈 자동화 및 데이터 전송을 위한 무선 네트워크 규격으로, 전력 소모를 최소화 하는 대신 반경 30m 내에서만 데이터 전송이 가능하다.

❼ 스마트 그리드(Smart Grid)

전기의 생산부터 소비까지의 전 과정에 정보통신기술을 접목하여 에너지 효율성을 높이는 지능형 전력망 시스템이다.

기출체크 ☑

24.2, 22.5, 22.3, 21.7, 20.상시, 18.1
1. (   )은 모든 사물을 네트워크로 연결하여 인간과 사물, 사물과 사물간에 언제 어디서나 서로 소통할 수 있게 하는 새로운 정보통신 환경을 의미한다.

24.3, 24.1, 23.4, 18.2, 13.1, 09.3
2. (   )는 사물에 전자 태그를 부착하고 무선 통신을 이용하여 사물의 정보 및 주변 상황 정보를 감지하는 센서 기술이다.

기출체크 정답
1. IoT(사물 인터넷) 2. RFID

22년 2회, 21년 6회, 09년 2회, 01년 3회

01 다음의 특성들을 갖는 분산 시스템 모델은 어느 것인가?

- 시스템에 소속된 컴퓨터들은 누구든지 서버가 될 수 있으며, 클라이언트도 될 수 있다.
- 워크스테이션 혹은 개인용 컴퓨터를 단말기로 사용한다.
- 고속 LAN을 기반으로 한다.

① 주/종속 시스템(Master/Slave System)
② 동배간 처리 시스템(Peer To Peer System)
③ 호스트 기반(Host Based) 시스템
④ 클라이언트/서버 시스템(Client/Server System)

23년 5회, 21년 4회, 17년 2회

02 다음 중 근거리 통신망(LAN)에 관한 설명으로 옳지 않은 것은?

① 비교적 전송 거리가 짧아 에러 발생률이 낮다.
② 반이중 방식의 통신을 한다.
③ 자원 공유를 목적으로 컴퓨터들을 상호 연결한다.
④ 프린터, 보조기억장치 등 주변장치들을 쉽게 공유할 수 있다.

22년 3회, 2회, 21년 7회, 6회, 20년 상시, 2회, 19년 상시, 10년 2회

03 네트워크 구성 시 반드시 필요한 장비로, 정보 전송을 위한 최적의 경로를 찾아 통신망에 연결하는 장치는?

① 리피터
② 게이트웨이
③ 라우터
④ 브리지

24년 2회, 23년 5회, 3회, 2회, 22년 5회, 4회, 21년 1회, 18년 2회, 16년 2회

04 다음 중 네트워크 장비인 브리지(Bridge)에 대한 설명으로 옳은 것은?

① 서로 독립적으로 동작하면서 같은 프로토콜을 사용하는 두 LAN을 연결하는 네트워크 장치이다.
② 인터넷에 접속할 때 반드시 필요한 장비로, 가장 최적의 경로를 설정하여 전송하는 장치이다.
③ 주로 LAN에서 다른 네트워크에 데이터를 보내거나 다른 네트워크로부터 데이터를 받아들이는 출입구 역할을 하는 장치이다.
④ 네트워크를 구성할 때 한꺼번에 여러 대의 컴퓨터를 연결하는 장치이다.

24년 5회, 1회, 23년 5회, 4회, 3회, 1회

05 다음 중 정보통신에서 네트워크 관련 장비에 대한 설명으로 옳지 않은 것은?

① 라우터(Router) : 네트워크를 구성하기 위해 반드시 필요한 장비로 정보 전송을 위한 최적의 경로를 찾아 통신망에 연결하는 장치
② 리피터(Repeater) : 네트워크를 구성할 때 한꺼번에 여러 대의 컴퓨터를 연결하는 장치로, 각 회선을 통합적으로 관리하는 장치
③ 브리지(Bridge) : 서로 독립적으로 동작하면서 같은 프로토콜을 사용하는 두 LAN(Local Area Network)을 연결하는 네트워크 장치
④ 게이트웨이(Gateway) : 한 네트워크에서 다른 네트워크로 들어가는 입구 역할을 하는 장치로 근거리 통신망(LAN)과 같은 하나의 네트워크를 다른 네트워크와 연결할 때 사용되는 장치

22년 1회, 21년 5회, 3회, 15년 3회

06 다음 중 인터넷 주소 체계에 대한 설명으로 옳지 않은 것은?

① 인터넷 연결을 위해서는 IP 주소 또는 도메인 네임 중 하나를 배정받아야 하며, 인터넷에 연결된 컴퓨터의 고유 주소는 도메인 네임으로, 이는 IP 주소와 동일하다.
② 국제 인터넷 주소 관리기구는 ICANN이며, 한국에서는 한국인터넷진흥원(KISA)에서 관리하고 있다.
③ 현재는 인터넷 주소 체계인 IPv4 주소와 IPv6 주소가 함께 사용되고 있으며, IPv6 주소가 점차 확대되고 있다.
④ IPv6는 IPv4와의 호환성이 뛰어나고, 128비트의 주소를 사용하여 주소 부족 문제 및 보안 문제를 해결할 수 있다.

24년 3회, 23년 2회, 19년 2회

07 다음 중 초고속 인터넷을 이용하여 동영상 콘텐츠, 정보 서비스 등 기본 텔레비전 기능에 인터넷 검색이 가능하게 한 서비스는?

① VoIP
② IPTV
③ IPv6
④ TCP/IP

22년 5회, 2회, 21년 1회, 19년 1회, 14년 2회

08 다음 중 IP의 특징으로 옳지 않은 것은?

① DHCP를 통해 IP를 동적으로 사용할 수 있다.

② IPv6은 네트워크 부분의 길이에 따라 5개의 클래스로 나뉜다.

③ IPv4는 32비트를 가진다.

④ IPv6은 128비트를 가진다.

22년 5회, 19년 1회

09 다음 중 인터넷을 이용한 전자우편(E-mail)에 관한 설명으로 옳지 않은 것은?

① 전자우편에서는 SMTP, MIME, POP3 프로토콜 등이 사용된다.

② 전자우편 주소는 "아이디@도메인 네임"으로 구성된다.

③ 한 사람이 동시에 여러 사람에게 동일한 전자우편을 보낼 수 있다.

④ 받은 메일에 대해 작성한 답장만 발송자에게 전송하는 기능을 전달(Forward)이라 한다.

24년 4회, 2회, 23년 5회, 4회, 1회

10 다음 중 인터넷을 이용한 전자우편에 관한 설명으로 옳지 않은 것은?

① 인터넷에 접속하여 사용자들끼리 서로 편지를 주고받을 수 있는 서비스를 말한다.

② 전자우편 주소는 '사용자ID@호스트' 주소의 형식으로 이루어진다.

③ 일반적으로 SMTP는 메일을 수신하는 용도로, MIME는 송신하는 용도로 사용되는 프로토콜이다.

④ POP3를 이용하면 전자메일 클라이언트를 통해 전자메일을 받아볼 수 있다.

24년 3회, 23년 3회, 22년 2회, 21년 6회, 20년 2회, 19년 1회, 16년 2회

11 다음 중 인터넷에서 웹 서버와 사용자의 인터넷 브라우저 사이에 하이퍼텍스트 문서를 전송하기 위해 사용되는 통신 규약은?

① TCP   ② HTTP
③ FTP   ④ SMTP

23년 2회, 22년 3회, 19년 2회

12 다음 중 웹 브라우저의 기능에 관한 설명으로 옳지 않은 것은?

① '설정'에서 멀티미디어 편집기를 선택할 수 있다.

② 전자우편을 보내거나 FTP 서버에 접속할 수 있다.

③ 웹 페이지를 사용자 컴퓨터에 저장하거나 인쇄할 수 있다.

④ 자주 방문하는 웹 사이트 주소를 관리할 수 있다.

24년 4회, 23년 3회, 22년 2회, 21년 6회, 16년 1회, 15년 3회, 14년 3회, 10년 3회, 05년 2회, 04년 2회 …

13 다음 중 사용자의 기본 설정을 사이트가 인식하도록 하거나, 사용자가 웹 사이트로 이동할 때마다 로그인해야 하는 번거로움을 생략할 수 있도록 사용자 환경을 향상시키는 것은?

① 쿠키(Cookie)

② 즐겨찾기(Favorites)

③ 웹 서비스(Web Service)

④ 히스토리(History)

23년 4회, 22년 5회, 3회, 21년 7회, 20년 상시, 18년 1회

14 다음 중 모든 사물을 네트워크로 연결하여 인간과 사물, 사물과 사물 간에 언제 어디서나 서로 소통할 수 있게 하는 새로운 정보통신 환경을 의미하는 것은?

① 클라우드 컴퓨팅(Cloud Computing)

② RSS(Rich Site Summary)

③ IoT(Internet of Things)

④ 빅 데이터(Big Data)

24년 2회, 21년 5회, 3회, 20년 1회

15 다음 중 사물 인터넷(IoT)에 대한 설명으로 옳지 않은 것은?

① IoT 구성품 가운데 디바이스는 빅 데이터를 수집하며, 클라우드와 AI는 수집된 빅 데이터를 저장하고 분석한다.

② IoT는 인터넷 기반으로 다양한 사물, 사람, 공간을 긴밀하게 연결하고 상황을 분석, 예측, 판단해서 지능화된 서비스를 자율 제공하는 제반 인프라 및 융복합 기술이다.

③ 현재는 사물을 단순히 연결시켜 주는 단계에서 수집된 데이터를 분석해 스스로 사물에 의사결정을 내리는 단계로 발전하고 있다.

④ IoT 네트워크를 이용할 경우 통신 비용이 절감되는 효과가 있으며, 정보 보안 기술의 적용이 용이해진다.

▶ 정답 : 1. ②   2. ②   3. ③   4. ①   5. ②   6. ①   7. ②   8. ②   9. ④   10. ③   11. ②   12. ①   13. ①   14. ③   15. ④

[문제 01] Section 040

동배간 처리(Peer-To-Peer) 방식은 모든 컴퓨터를 동등하게 연결하는 방식으로, 시스템에 소속된 컴퓨터들은 어느 것이든 서버가 될 수 있으며 동시에 클라이언트도 될 수 있다.

[문제 02] Section 040

근거리 통신망(LAN)은 전이중 방식의 통신을 한다.

[문제 03] Section 041

• 리피터(Repeater) : 거리가 증가할수록 감쇠하는 디지털 신호의 장거리 전송을 위해서 수신한 신호를 재생시키거나 출력 전압을 높이는 방법 등을 통해 주어진 신호를 증폭시켜 전송하는 장치

• 게이트웨이(Gateway) : 주로 LAN에서 다른 네트워크에 데이터를 보내거나 다른 네트워크로부터 데이터를 받아들이는 출입구 역할을 함

• 브리지(Bridge) : 단순 신호 증폭뿐만 아니라 네트워크 분할을 통해 트래픽을 감소시키며, 물리적으로 다른 네트워크(LAN)를 연결할 때 사용함

[문제 04] Section 041

②번은 라우터(Router), ③번은 게이트웨이(Gateway), ④번은 허브(Hub)에 대한 설명이다.

[문제 05] Section 041

• 리피터(Repeater)는 거리가 증가할수록 감쇠하는 디지털 신호의 장거리 전송을 위해서 수신한 신호를 재생시키거나 출력 전압을 높이는 방법 등을 통해 주어진 신호를 증폭시켜 전송하는 장치이다.

• ②번은 허브(Hub)에 대한 설명이다.

[문제 06] Section 043

• 인터넷 연결을 위해서는 IP 주소를 배정받아야 하며, IP 주소는 인터넷에 연결된 컴퓨터들의 고유 주소이다.

• 도메인 네임(Domain Name)은 숫자로 된 IP 주소를 사람이 이해하기 쉬운 문자로 표현한 것이다.

[문제 07] Section 042

• VoIP : 음성 데이터를 인터넷 프로토콜(IP) 데이터 패킷으로 변환하여 인터넷을 통해 음성 통화를 가능하게 하는 기술

• IPv6 : 현재 사용하고 있는 IP 주소 체계 IPv4의 주소 부족 문제를 해결하기 위해 개발된 것으로, 16비트씩 8부분, 총 128비트로 구성되어 있음

• TCP/IP : 인터넷에 연결된 서로 다른 기종의 컴퓨터끼리 데이터를 주고받을 수 있도록 하는 인터넷 표준 프로토콜

[문제 08] Section 043

• IPv6은 유니캐스트, 애니캐스트, 멀티캐스트 3종류의 형태로 구분된다.

• ②번은 IPv4에 대한 설명이다.

[문제 09] Section 044

• 받은 메일에 대해 작성한 답장만 발송자에게 전송하는 기능은 회신(Reply)이다.

• 전달(Forward)은 받은 메일을 다른 사람에게 그대로 보내는 기능이다.

[문제 10] Section 044

• 메일을 보낼 때(송신) 사용하는 프로토콜은 SMTP이고, 메일을 받을 때(수신) 사용되는 프로토콜은 POP3이다.

• MIME는 웹 브라우저가 지원하지 않는 각종 멀티미디어 파일의 내용을 확인하고 실행시켜 주는 프로토콜이다.

[문제 11] Section 044

HTTP는 웹 서버와 웹 브라우저 사이에서 하이퍼텍스트 문서를 전송하는 데 사용된다.

[문제 12] Section 045

웹 브라우저의 '설정'에 멀티미디어 편집기를 선택할 수 있는 메뉴는 없다.

[문제 13] Section 045

쿠키(Cookie)는 인터넷 사용자에 대한 특정 웹 사이트의 접속 정보를 저장하고 있는 작은 파일이다.

[문제 14] Section 046

IoT(사물 인터넷)는 사물(Thing) 간에 언제 어디서나 서로 소통할 수 있게 하는 인터넷(Internet) 환경을 의미한다.

[문제 15] Section 046

- IoT(사물 인터넷)는 인터넷을 기반으로 하기 때문에 IoT 네트워크를 이용할 경우 추가 통신 비용이 발생할 수 있다.
- IoT(사물 인터넷)는 정보 보안 기술의 적용에 어려움이 있어 보안에 취약하다.

7장

멀티미디어 활용

멀티미디어

전문가의 조언

멀티미디어에 대한 설명으로 틀린 것을 찾는 문제가 출제되고 있습니다.

[기출 포인트]

• 멀티미디어는 텍스트, 이미지, 동영상 등 다양한 데이터를 디지털로 통합하여 전달한다.

• 멀티미디어 데이터는 용량이 크다.

미디어(Media, 매체)

지식이나 의사, 감정 등과 같은 데이터를 표현하기 위한 수단으로, 텍스트 · 그래픽 · 사운드 · 오디오 등이 있습니다.

1 23.5, 23.3, 22.5, 22.2, 18.상시, 18.1, 16.3, 15.2, 14.2, 08.1, 07.1
멀티미디어의 개요

멀티미디어(Multimedia)는 Multi(다중)와 Media(매체)*의 합성어로, 다중 매체를 의미한다.

• 멀티미디어는 텍스트, 그래픽, 사운드, 동영상, 애니메이션 등의 매체(Media)를 디지털 데이터로 통합하여 전달한다.

• 대량의 멀티미디어 데이터를 저장하기 위하여 하드디스크, DVD, Blu-Ray 등의 저장장치를 사용한다.

• 멀티미디어 데이터는 용량이 크기 때문에 압축하여 저장한다.

• 멀티미디어 데이터는 다양한 하드웨어와 소프트웨어 환경에서 생성, 처리, 전송, 이용되므로 표준이 필요하다.

• 가상현실, 전자출판, 화상회의, 방송, 교육, 의료 등 사회 전 분야에서 활용된다.

기출체크 ☑

22.2, 18.상시, 18.1, 16.3
1. 멀티미디어는 텍스트, 이미지, 사운드, 애니메이션, 동영상 등의 데이터를 (   )화시킨 복합 구성 매체이다.

전문가의 조언

멀티미디어의 특징에 대한 문제가 출제되고 있습니다.

[기출 포인트]

멀티미디어 특징에는 **디**지털화, **상**호 작용성(쌍방향성), **비**선형성, **정**보의 통합성이 있다.

2 22.2, 21.6, 20.1, 15.3, 14.1, 12.2, 12.1, 11.2, 11.1, 10.1, 09.4, 08.2, 05.3
멀티미디어의 특징

22.2, 21.6, 20.1, 14.1, 12.2, 12.1, … **디지털화(Digitalization)**	다양한 아날로그 데이터를 디지털 데이터로 변환하여 통합 처리한다.
22.2, 21.6, 20.1, 15.3, 14.1, 12.2, 12.1, … **상호 작용성(Interaction, 쌍방향성)**	정보 제공자의 선택에 의해 일방적으로 데이터가 전달되는 것이 아니라 정보 제공자와 사용자 간의 상호 작용을 통해 데이터가 전달된다.
15.3, 14.1, 12.2, 12.1, … **비선형성(Non-Linear)**	데이터가 일정한 방향으로 순차적으로 처리되는 것이 아니라 사용자의 선택에 따라 다양한 방향으로 처리된다.
22.2, 21.6, 20.1, 14.1, 12.2, 12.1, … **정보의 통합성(Integration)**	텍스트, 그래픽, 사운드, 동영상, 애니메이션 등의 여러 미디어를 통합하여 처리한다.

기출체크 ☑

14.1, 12.2, 12.1, 05.3
2. 다음 보기 중 멀티미디어의 특징이 아닌 것을 고르시오. (   )

ⓐ 디지털화	ⓑ 쌍방향성	ⓒ 선형성	ⓓ 통합성

기출체크 2번

멀티미디어의 특징 중 하나는 선형성이 아니라 비선형성입니다.

기출체크 정답
1. 디지털 2. ⓒ

3 하이퍼텍스트/하이퍼미디어

- **하이퍼텍스트(Hypertext)** : 문서와 문서가 연결되어 있는 것으로, 문서 내의 특정 문자를 선택하면 그와 연결된 문서로 이동하는 문서 형식이다.
- **하이퍼미디어(Hypermedia)** : 하이퍼텍스트와 멀티미디어를 합한 개념으로, 문자뿐만 아니라 그래픽, 사운드, 동영상의 정보를 연결해 놓은 미디어 형식이다.
- **특징**
  - 사용자의 의도에 따라 문서를 읽는 순서가 결정되는 비선형 구조를 가지고 있다.
  - 하나의 데이터를 여러 명의 사용자들이 서로 다른 경로를 통해 검색할 수 있다.
  - 사용자가 하이퍼링크(Hyperlink)를 클릭함으로써 원하는 데이터를 찾을 수 있다.

13.1

[잠깐만요] **하이퍼텍스트와 하이퍼미디어 관련 용어**

- **노드(Node)** : 하이퍼텍스트/하이퍼미디어를 구성하는 각 문서에 연결된 페이지
- **앵커(Anchor)** : 하나의 노드에서 다른 노드로 넘어가게 해주는 키워드
- **하이퍼링크(Hyperlink)** : 노드와 노드의 연결점

기출체크 ☑

24.3, 23.1, 21.8, 05.4, 05.2

3. 정보를 효과적으로 나타내기 위해 문서와 문서를 연결하여 관련된 정보를 쉽게 찾아볼 수 있도록 한다. 이렇게 만든 텍스트를 (   )라고 한다.

605203 ▶

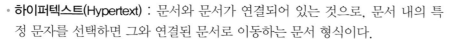

[전문가의 조언]

하이퍼텍스트의 개념이나 특징, 하이퍼링크의 개념을 묻는 문제가 출제되고 있습니다.

[기출 포인트]

- 하이퍼링크는 문서와 문서를 연결하여 관련 정보를 쉽게 찾아볼 수 있도록 하는 기능이다.
- 하이퍼링크 기능을 사용하여 만든 텍스트 문서를 하이퍼텍스트라고 한다.
- 하이퍼링크 기능을 사용하여 만든 멀티미디어를 하이퍼미디어라고 한다.

기출체크 정답
3. 하이퍼텍스트

멀티미디어 소프트웨어

1 멀티미디어 소프트웨어의 개요

멀티미디어 소프트웨어란 멀티미디어 데이터를 생성, 저장, 가공, 재생할 수 있는 소프트웨어를 말한다.

• 대부분의 멀티미디어 소프트웨어는 용량이 큰 멀티미디어 데이터의 저장을 위해 압축 기능을 제공한다.

605302

2 스트리밍(Streaming)

21.3, 12.3, 11.3, 10.3, 09.1, 03.4, 03.1, 01.3

스트리밍은 웹에서 오디오, 비디오 등의 멀티미디어 데이터를 다운로드하면서 동시에 재생해 주는 기술을 말한다.

• 데이터 수신 속도가 느린 경우 데이터의 표현이 매끄럽지 않다.

• 수신한 데이터는 일반적으로 컴퓨터에 저장할 수 없다.

• 주로 인터넷 방송이나 원격 교육 등에 사용된다.

• **스트리밍 전송이 가능한 파일 형식** : ASF, WMV, RAM 등

기출체크 ☑

21.3, 11.3, 10.3, 03.1, 01.3

1. (　　　　　)은 멀티미디어 파일을 다운 받을 때 지연시간을 줄이기 위해 데이터를 다운로드 받으면서 재생하는 기술이다.

605303

3 압축 프로그램

15.2, 14.1, 13.2, 11.1, 10.2, 06.3, 06.2, 06.1, 04.1

압축 프로그램은 중복되는 데이터를 이용하여 파일의 크기를 줄이는 것으로, 다음과 같은 특징이 있다.

• 압축 프로그램을 이용하면 디스크 공간을 효율적으로 사용할 수 있다.

• 여러 개의 파일을 하나의 파일로 압축하면 파일 관리가 용이하다.

• 압축 프로그램을 이용하면 파일 전송 시 시간 및 비용의 절감 효과를 얻을 수 있다.

- 압축 대상에 따라 파일 압축, 디스크 압축*, 실행 파일로 압축* 등이 있다.
- 압축 프로그램을 이용하여 이미 압축한 파일을 재압축해도 파일 크기는 변화가 없다.
- 압축 프로그램으로 압축된 파일이나 '보관 속성' 또는 '저장 속성'을 가진 파일을 아카이브 파일이라고 한다.
- 종류 : WINZIP, WINARJ, WINRAR, 알집, 반디집 등

24.4, 24.3, 24.2, 23.5, 22.5, 22.4, 22.3, 22.1, 21.5, 21.3, 20.2, 19.2, 18.상시, 18.1, 16.3, 16.1, 15.3, 09.4, 03.3

605304 ▶

4 그래픽 기법

기법	의미
24.2, 19.2, 16.1 디더링(Dithering)	제한된 색상을 조합하여 복잡한 색이나 새로운 색을 만드는 작업이다.
24.2, 23.5, 20.2, 19.2, 18.상시, 16.1, 03.3 렌더링(Rendering)	3차원 애니메이션을 만드는 과정 중의 하나로, 물체의 모형에 명암과 색상을 입혀 사실감을 더하는 작업이다.
24.2, 19.2, 16.1 모델링(Modeling)	렌더링 전에 수행되는 작업으로, 표현될 물체의 3차원 그래픽 형상을 정하는 작업이다.
24.3, 24.2, 22.5, 22.1, 21.5, 21.3, 19.2, 16.3, … 모핑(Morphing)*	2개의 이미지를 부드럽게 연결하여 변환·통합하는 것으로, 컴퓨터 그래픽, 영화 등에서 많이 응용하고 있다.
필터링(Filtering)	이미 작성된 그림을 필터 기능을 이용하여 여러 가지 형태의 새로운 이미지로 바꿔주는 작업이다.
24.4, 24.2, 22.4, 22.3, 21.7, 21.1, 19.2, … 안티앨리어싱(Anti-Aliasing)	이미지의 가장자리가 톱니 모양으로 표현되는 계단 현상(Aliasing)을 없애기 위하여 경계선을 부드럽게 해주는 필터링 기술이다.
리터칭(Retouching)	기존의 이미지를 다른 형태로 새롭게 변형·수정하는 작업이다.
인터레이싱(Interlacing)	그림 파일을 표시하는 데 있어서 이미지의 대략적인 모습을 먼저 보여준 다음 점차 자세한 모습을 보여주는 기법이다.
메조틴트(Mezzotint)*	무수히 많은 점과 선으로 이미지를 만드는 기법이다.
솔러리제이션(Solarization)*	필름을 일시적으로 빛에 노출시켜 반전된 것처럼 표현하는 기법이다.

디스크 드라이브 압축

드라이브를 압축하려면 해당 드라이브의 바로 가기 메뉴에서 [속성]을 선택한 후 속성 대화상자의 '일반' 탭에서 '이 드라이브를 압축하여 디스크 공간 절약'을 선택하면 됩니다.

실행 파일로 압축

파일을 실행하면 자동으로 압축이 해제되도록 확장자가 EXE로 된 실행 파일 형식의 압축 파일을 의미합니다.

기출체크 2번

압축 파일을 재압축해도 파일 크기는 더이상 줄지 않습니다.

🗨 전문가의 조언

중요해요! 그래픽 기법에 대한 문제가 자주 출제됩니다.

[기출 포인트]
- 모핑은 두 개의 이미지를 부드럽게 연결하여 변환하는 기법이다.
- 렌더링은 물체 모형에 명암과 색상을 입혀 사실감을 더하는 기법이다.
- 모델링은 어떠한 방법으로 렌더링할 것인지를 정하는 작업이다.
- 안티앨리어싱은 계단 현상을 최소화하는 기법이다.

모핑(Morphing)

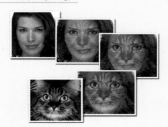

메조틴트(Mezzotint)

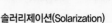

솔러리제이션(Solarization)

멀티미디어 그래픽 데이터

605401 ▶

① 그래픽 데이터의 표현 방식

24.5, 24.1, 24.4, 21.1, 20.상시, 19.1, 18.2, 14.3, 11.2, 10.3, 10.2, 09.3, 03.2, 02.2

24.5, 21.1, 20.상시, 19.1, 14.3, 10.3, 10.2, 03.2, 02.2
❶ 비트맵(Bitmap)

• 점(Pixel, 화소)으로 이미지를 표현하는 방식으로, 래스터(Raster) 이미지
라고도 한다.

• 화면 표시 속도는 빠르지만 이미지를 확대하면 테두리가 거칠게 표현되는
계단 현상(Aliasing)이 발생하기 때문에 이를 제거하는 안티앨리어싱
(Anti-Aliasing) 처리를 해야 한다.

• 다양한 색상을 사용하므로 사진과 같은 사실적인 이미지를 표현할 수 있다.

• 화면 표시 속도가 빠르지만 이미지 저장 시 벡터 방식에 비해 많은 용량을
차지한다.

• **파일 형식** : BMP, TIF, GIF, JPEG, PNG 등

• **프로그램** : 그림판, 포토샵, 페인트샵 등

24.1, 23.4, 18.2, 11.2, 09.3
❷ 벡터(Vector)

• 점과 점을 연결하는 직선이나 곡선을 이용하여 이미지를 표현하는 방식
이다.

• 이미지를 확대해도 테두리가 거칠어지지 않고, 매끄럽게 표현된다.

• 단순한 도형과 같은 개체를 표현하기에 적합하다.

• **파일 형식** : AI, WMF 등

• **프로그램** : 일러스트레이터, 코렐드로우, 플래시 등

기출체크 ☑

24.5, 24.1, 23.4, 21.1, 20.상시, 19.1, 14.3, 10.2
1. 다음 중 비트맵(Bitmap) 방식에 관한 설명으로 옳지 않은 것을 모두 고르시오. (   )

ⓐ 이미지를 확대하면 테두리가 거칠어진다.
ⓑ 점과 점을 연결하는 직선이나 곡선을 이용하여 이미지를 표현한다.
ⓒ WMF는 Windows에서 기본으로 사용되는 래스터 파일 형식이다.
ⓓ 다양한 색상을 사용하여 사실적 이미지를 표현할 수 있다.

② 그래픽 파일 형식

24.2, 23.1, 22.4, 22.3, 21.7, 21.1, 20.2, 16.2, 16.1, 15.1, 14.1, 12.1, 10.2, 10.1, 09.3, 09.2, 06.4, 04.2, 04.1, 01.2, 00.2

22.4, 22.3, 21.7, … **BMP**※	• Windows의 표준 비트맵 파일 형식이다. • 고해상도의 이미지를 표현할 수 있지만 압축을 하지 않으므로 파일의 크기가 크다.
24.2, 22.3, 21.7, … **JPEG**※	• 사진과 같은 선명한 정지 영상을 표현하기 위한 국제 표준 압축 방식이다. • 파일 크기가 작아 전송 시간을 단축할 수 있으므로 주로 인터넷에서 그림 전송에 사용한다. • 24비트 컬러 사용으로 16,777,216(2^{24})가지의 색을 표현할 수 있다. • 손실 압축※ 기법과 무손실 압축※ 기법을 사용한다. • 평균 25:1의 압축률을 가지며, 사용자가 임의로 압축률을 지정할 수 있다. • 문자, 선, 격자 등 고주파 성분이 많은 이미지 변환 시 GIF, PNG에 비해 품질이 떨어진다.
22.4, 22.3, 21.7, … **GIF**※	• 인터넷 표준 그래픽 형식이다. • 8비트 컬러를 사용하여 256(2^8)가지로 색의 표현이 제한된다. • 애니메이션 표현이 가능하다. • 무손실 압축 기법을 사용하여 선명한 화질을 제공한다.
22.4, 22.3, 21.7, … **PNG**※	• 웹에서 고화질 이미지를 표현하기 위해 제정한 그래픽 형식이다. • GIF를 대체하여 인터넷에서 사용할 수 있는 형식이지만 애니메이션은 표현할 수 없다. • 8비트 알파 채널을 이용하여 부드러운 투명층을 표현할 수 있다.
22.4 **WMF**※	Windows에서 기본적으로 사용하는 벡터 파일 형식이다.
21.1, 15.1 **TIF**※	호환성이 좋아 응용 프로그램 간 데이터 교환용으로 사용된다.

기출체크 ☑

22.3, 21.7, 21.1

2. BMP는 Windows 운영체제의 표준 비트맵 파일 형식으로 압축하여 저장하므로 파일의 크기가 작은 편이다. (○, ×)

24.2, 20.2, 16.2

3. JPEG는 문자, 선, 세밀한 격자 등 고주파 성분이 많은 이미지의 변환에서는 GIF나 PNG에 비해 품질이 매우 우수하다. (○, ×)

😊💬 전문가의 조언

단순히 그래픽 파일 형식이 아닌 것을 찾거나 그래픽 파일 형식의 특징을 묻는 문제가 출제되고 있습니다.

[기출 포인트]

• BMP, GIF, TIFF는 그래픽 파일 형식이다.
• BMP는 압축하지 않으므로 파일 크기가 크다.
• PNG로 애니메이션을 표현할 수 없다.
• JPG는 GIF, PNG에 비해 품질이 떨어진다.

비트맵/벡터 방식

BMP, JPEG, PNG, GIF, TIF는 비트맵 방식, WMF는 벡터 방식으로 이미지를 표현합니다.

손실 압축

복원한 데이터가 압축 전의 데이터와 완전히 일치하지 않는 것으로, 데이터에서 중복되는 내용을 제거하여 압축률을 높이는 것을 말합니다.

무손실 압축

복원한 데이터가 압축 전의 데이터와 완전히 일치하는 것을 말합니다.

기출체크 2번

BMP 파일 형식은 압축을 하지 않으므로 파일 크기가 큽니다.

기출체크 3번

JPEG는 문자, 선, 세밀한 격자 등 고주파 성분이 많은 이미지의 변환에서는 GIF나 PNG에 비해 품질이 나쁩니다.

기출체크 정답

2. × 3. ×

SECTION 050 멀티미디어 오디오/비디오 데이터

605501 ▶

1 오디오 데이터

24.4, 23.1, 22.1, 21.8, 21.5, 21.3, 20.1, 19.상시, 17.1, 14.3, 12.2, 08.1, 07.2, 07.1, 06.1, 04.3, 03.2, 02.2, 02.1, …

오디오 데이터는 사운드 카드에 의해 재생될 수 있는 소리를 담고 있는 데이터 파일을 말한다.

21.8, 21.5, 21.3, 20.1, 19.상시, 17.1, 14.3, 12.2, 07.1, 03.2, 02.2, 00.3
❶ WAVE

- 아날로그 형태의 소리를 디지털 형태로 변형하는 샘플링* 과정을 통해 작성된 데이터로, MS 사와 IBM 사에서 개발하였다.
- 낮은 레벨의 모노부터 CD 수준의 스테레오까지 다양한 수준으로 소리를 저장할 수 있다.
- 실제 소리가 저장되어 있으므로 재생은 쉽지만, 용량이 크다.

21.5, 21.3, 17.1, 08.1, 07.1, 06.1, 02.2, 02.1, 01.1, 00.3
❷ MIDI(Musical Instrument Digital Interface)

- 전자악기 간의 디지털 신호에 의한 통신이나 컴퓨터와 전자악기 간의 통신 규약으로, 시퀀셜 서킷 사에서 개발하였다.
- 음의 높이와 길이, 음의 강약, 빠르기 등과 같은 연주 방법에 대한 명령어가 저장되어 있다.
- 음성이나 효과음의 저장이 불가능하고, 연주 정보만 저장되어 있으므로 크기가 작다.
- 시퀀싱* 작업을 통해 작성되며, 16개 이상의 악기를 동시에 연주할 수 있다.

07.2, 04.3
❸ MP3(MPEG Audio Player-3)

- 고음질 오디오 압축의 표준 형식으로, 프라운호퍼 사에서 개발하였다.
- MPEG-1의 압축 기술을 이용하여 음반 CD 수준의 음질을 유지하면서 용량을 1/12까지 압축할 수 있다.
- 인터넷 P2P* 음악 서비스에서 주로 사용되는 파일 형식이다.

22.1, 21.5, 21.3, 17.1

> **잠깐만요** PCM(Pulse Code Modulation)
>
> - 아날로그 데이터를 디지털 데이터로 변경하는 것을 디지털화라고 하며, 가장 대표적인 디지털화 방법이 PCM입니다.
> - 아날로그 파형을 작은 시간 폭으로 연속적으로 나누어 각기 직사각형 형태의 크기로 표시한 후 이의 높이를 숫자화하는 방식입니다.

 전문가의 조언

오디오 데이터들의 개별적인 특징이나 관련 용어가 아닌 것을 찾는 문제가 출제되고 있습니다.

[기출 포인트]
- 오디오 데이터의 관련 용어에는 시퀀싱, PCM, 샘플링 등이 있다.
- MIDI에는 음의 높이, 음의 길이, 음의 세기 등이 정의되어 있다.
- MIDI는 음성이나 효과음을 저장할 수 없다.
- MP3로 압축하면 음반 CD에 가까운 음질을 유지할 수 있다.

샘플링(Sampling)

음성, 영상 등의 아날로그 신호를 일정 시간 간격으로 검출하는 단계로, 아날로그 신호를 디지털 신호로 변환하는 과정 중 한 단계입니다.

시퀀싱(Sequencing)

- 컴퓨터를 이용하여 음악을 제작, 녹음, 편집하는 것을 말합니다.
- 시퀀싱 작업에 필요한 소프트웨어를 시퀀서라고 하며, 이를 통해 해당 음에 대한 악기를 지정하고, 음표 등을 입력할 수 있습니다.

P2P

Peer To Peer의 약자로, 네트워크에서 개인 대 개인이 PC를 이용하여 서로 데이터를 공유하는 기술을 의미합니다.

23.1, 22.1, 21.5, 21.3, 17.1

1. 다음 중 오디오 데이터와 관련된 용어가 아닌 것을 고르시오. (   )

@ 시퀀싱(Sequencing)
ⓑ 인터레이싱(Interlacing)
ⓒ PCM(Pulse Code Modulation)
ⓓ 샘플링(Sampling)

기출체크 1번

인터레이싱(Interlacing)은 이미지의 대략적인 모습을 먼저 보여준 다음 점차 자세한 모습을 보여주는 그래픽 기법입니다.

24.5, 23.3, 22.2, 21.6, 21.3, 21.2, 19.1, 16.2, 13.2, 12.3, 11.3, 11.1, 10.2, 09.2, 09.1, 08.3, 07.3, 06.3, 06.2, 05.2, …

 비디오 데이터

비디오 데이터는 아날로그 데이터를 디지털화하여 영상으로 표현하는 데이터로, 용량이 커 대부분 압축하여 기록한다.

전문가의 조언

비디오 데이터의 각 형식의 특징에 대한 문제가 출제되고 있습니다.

[기출 포인트]
• MPEG는 동영상 전문가 그룹에서 제정했다.
• AVI는 Windows의 표준 동영상 파일 형식이다.
• 스트리밍은 다운로드하면서 동시에 재생해 주는 기술이다.

22.2, 21.6, 21.2, 19.1, 16.2, 12.3, 11.1, 10.2, 09.1, 08.3, 07.3, 06.3, 06.2, 05.2, 03.4, 03.3, 03.1, 02.3

❶ MPEG(Moving Picture Experts Group)

• 동영상 전문가 그룹에서 제정한 동영상 압축 기술에 대한 국제 표준 규격이다.
• 동영상뿐만 아니라 오디오도 압축할 수 있다.
• 프레임 간의 연관성을 고려하여 중복 데이터를 제거함으로써 압축률을 높이는 손실 압축 기법을 사용한다.
• MPEG-Video, MPEG-Audio, MPEG-System으로 구성된다.

13.2, 09.2, 07.3, 06.3, 05.2, 05.1, 04.3, 03.4, 03.3, 03.1, 02.3

❷ AVI(Audio Visual Interleaved)

• 마이크로소프트(MS) 사가 개발한 Windows의 표준 동영상 파일 형식이다.
• Windows에서 기본적으로 지원하므로 별도의 하드웨어 장치 없이 재생할 수 있다.

24.5, 21.3, 12.3, 11.3, 10.3, 09.1, 01.3

❸ 스트리밍(Streaming) 기술

• 웹에서 오디오, 비디오 등의 멀티미디어 데이터를 다운로드하면서 동시에 실시간적으로 재생해 주는 기술이다.
• **스트리밍 전송이 가능한 파일 형식** : ASF, WMV, RAM 등

23.3, 22.2, 21.6, 21.2, 19.1, 10.2, 08.3

2. (   )는 멀티미디어와 관련하여 동영상 전문가 그룹에 의해서 제안된 비디오 또는 오디오 압축에 관한 일련의 표준이다.

24.3, 24.1, 23.5, 22.2, 21.4, 19.상시, 18.2, 17.2

3 멀티미디어 관련 용어

18.2, 15.2, 14.2, 08.3

❶ VOD(Video On Demand, 주문형 비디오)

- 다양한 정보의 데이터베이스를 구축하여 사용자가 요구하는 정보를 원하는 시간에 볼 수 있도록 전송하는 멀티미디어 서비스이다.
- 정보 제공자의 선택에 의해 정보를 서비스하는 것이 아니라 사용자의 선택에 의해 정보를 서비스해 준다.

19.상시, 18.2

❷ VCS(Video Conference System, 화상회의 시스템)

초고속 정보통신망을 이용하여 먼 거리에 있는 사람들과 비디오와 오디오를 통해 회의할 수 있도록 하는 시스템이다.

24.3, 24.1 23.5, 23.3, 22.2, 18.2, 17.2

❸ 가상현실(VR; Virtual Reality)

다양한 장치를 통해 컴퓨터가 만들어낸 가상 세계에서 여러 다른 경험을 체험할 수 있도록 한 모든 기술을 말한다.

24.3, 23.5

❹ 증강현실(AR; Augmented Reality)

실제 촬영한 화면에 가상의 정보를 부가하여 보여주는 기술이다.

24.3, 23.5

❺ 혼합현실(MR; Mixed Reality)

가상현실과 현실 세계를 합쳐, 현실의 물리적인 객체와 가상의 객체가 상호 작용할 수 있는 환경을 구현하는 기술이다.

21.4, 13.3

❻ 교육(CAI; Computer Aided Instruction)

컴퓨터를 수업 매체로 활용하여 학습자에게 필요한 지식, 정보, 기술, 태도 등을 가르치는 것을 말한다.

23.5

❼ 홀로그램(Hologram)

기록 매체에 레이저와 같이 간섭성이 있는 광원을 이용하여 간섭 패턴을 기록한 결과물로, 광원을 이용하여 재생하면 3차원 영상으로 표현된다.

23.5

❽ 메타버스(Metaverse)

- 가공(Meta)과 현실 세계(Universe)의 합성어로, 현실 세계와 같은 사회 · 경제 · 문화 활동이 이뤄지는 3차원 가상 세계를 가리킨다.
- 1992년 미국 SF 작가 닐 스티븐슨의 소설 '스노 크래시'에 처음 등장하였다.

· 24.3, 24.1, 23.5, 23.3, 22.2, 21.6, 17.2
3. (   )은 고도의 컴퓨터 그래픽 기술과 3차원 기법을 통하여 현실의 세계처럼 구현하는 기술을 의미한다.

24.3, 23.5
4. (   )는 일상 생활이나 경제적 활동이 가능한 가상 세계를 의미하며, 사용자를 대신하는 캐릭터에서 가상 세계에서의 사회적 책임과 의무를 요구하고 있다.

기출체크 정답
3. 가상현실 4. 메타버스

23년 5회, 22년 2회, 21년 6회, 20년 1회

01 다음 중 멀티미디어의 특징에 대한 설명으로 옳지 않은 것은?

① 다양한 아날로그 데이터를 디지털 데이터로 변환하여 통합 처리한다.

② 정보 제공자와 사용자 간의 상호 작용에 의해 데이터가 전달된다.

③ 미디어별 파일 형식이 획일화되어 멀티미디어의 제작이 용이해진다.

④ 텍스트, 그래픽, 사운드, 동영상 등의 여러 미디어를 통합 처리한다.

24년 3회, 22년 5회, 1회, 21년 5회, 3회, 16년 3회

02 다음 중 애니메이션에서의 모핑(Morphing) 기법에 대한 설명으로 옳은 것은?

① 종이에 그린 그림을 셀룰로이드에 그대로 옮긴 뒤 채색하고 촬영하는 기법이다.

② 2개의 이미지나 3차원 모델 간을 부드럽게 연결하여 서서히 변하는 모습을 보여주는 기법이다.

③ 키 프레임을 이용하여 애니메이션을 만드는 기법이다.

④ 점토를 사용하여 애니메이션을 만드는 기법이다.

22년 4회, 3회, 21년 7회

03 다음 중 그래픽 데이터 형식에 관한 설명으로 옳지 않은 것은?

① BMP : Windows 운영체제의 표준 비트맵 파일 형식으로, 압축하여 저장하므로 파일의 크기가 작은 편이다.

② GIF : 인터넷 표준 그래픽 형식으로, 8비트 컬러를 사용하여 최대 256 색상까지만 표현할 수 있으며, 애니메이션 표현이 가능하다.

③ JPEG : 사진과 같은 선명한 정지 영상 압축 기술에 대한 국제 표준으로, 주로 인터넷에서 그림 전송에 사용된다.

④ PNG : 트루 컬러의 지원과 투명색 지정이 가능하다.

24년 4회, 22년 1회, 21년 5회, 3회, 17년 1회

04 다음 중 오디오 데이터와 관련된 용어에 해당하지 않는 것은?

① 시퀀싱(Sequencing)

② 인터레이싱(Interlacing)

③ PCM(Pulse Code Modulation)

④ 샘플링(Sampling)

23년 3회, 22년 2회, 21년 6회, 2회, 19년 1회, 13년 2회, 10년 2회, 08년 3회

05 다음 중 멀티미디어와 관련하여 동영상 전문가 그룹에 의해서 제안된 비디오 또는 오디오 압축에 관한 일련의 표준으로 옳은 것은?

① XML

② SVG

③ JPEG

④ MPEG

22년 2회, 21년 6회, 17년 2회

06 다음 중 컴퓨터를 이용한 가상현실(Virtual Reality)에 관한 설명으로 옳은 것은?

① 고화질 영상을 제작하여 텔레비전에 나타내는 기술이다.

② 고도의 컴퓨터 그래픽 기술과 3차원 기법을 통하여 현실의 세계처럼 구현하는 기술이다.

③ 여러 영상을 통합하여 2차원 그래픽으로 표현하는 기술이다.

④ 복잡한 데이터를 단순화시켜 컴퓨터 화면에 나타내는 기술이다.

24년 4회, 2회, 22년 3회, 21년 7회, 20년 2회, 19년 2회, 18년 상시, 16년 1회, 15년 3회

07 다음 중 멀티미디어 기법에 대한 설명으로 옳지 않은 것은?

① 안티앨리어싱(Anti-Aliasing)은 2차원 그래픽에서 개체 색상과 배경 색상을 혼합하여 경계면 픽셀을 표현함으로써 경계면을 부드럽게 보이도록 하는 기법이다.

② 모델링(Modeling)은 컴퓨터 그래픽에서 명암, 색상, 농도의 변화 등과 같은 3차원 질감을 넣음으로써 사실감을 더하는 기법을 말한다.

③ 디더링(Dithering)은 제한된 색을 조합하여 음영이나 색을 나타내는 것으로 여러 컬러의 색을 최대한 나타내는 기법을 말한다.

④ 모핑(Morphing)은 한 이미지가 다른 이미지로 서서히 변화하는 과정을 나타내는 기법이다.

24년 3회, 23년 5회

08 다음 중 실감미디어에 대한 설명으로 옳지 않은 것은?

① 홀로그램 – 기록 매체에 레이저와 같이 간섭성이 있는 광원을 이용하여 간섭 패턴을 기록한 결과물로, 광원을 이용하여 재생하면 3차원 영상으로 표현된다.

② 증강현실 – 가상 세계에서 일상 생활이나 경제적 활동이 가능하며, 사용자를 대신하는 캐릭터에서 가상 세계에서의 사회적 책임과 의무를 요구하고 있다.

③ 가상현실 – 다양한 장치를 통해 컴퓨터가 만들어 낸 가상 세계에서 여러 다른 경험을 체험할 수 있도록 한 모든 기술을 말한다.

④ 혼합현실 – 가상현실과 현실 세계를 합쳐, 현실의 물리적인 객체와 가상의 객체가 상호 작용할 수 있는 환경을 구현하는 기술이다.

▶ 정답 : 1. ③ 2. ② 3. ① 4. ② 5. ④ 6. ② 7. ② 8. ②

[문제 01] Section 047

멀티미디어는 그래픽, 비디오, 오디오 등 미디어별로 고유의 파일 형식이 있어 용도에 맞는 멀티미디어의 제작이 복잡하다.

[문제 02] Section 048

①번은 셀 애니메이션, ③번은 키 프레임 애니메이션, ④번은 클레이메이션에 대한 설명이다.

[문제 03] Section 049

BMP 파일 형식은 압축을 하지 않으므로 파일의 크기가 크다.

[문제 04] Section 050

인터레이싱(Interlacing)은 이미지의 대략적인 모습을 먼저 보여준 다음 점차 자세한 모습을 보여주는 그래픽 기법이다.

[문제 05] Section 050

동영상 압축 기술의 국제 표준은 MPEG, 이미지 압축 기술의 국제 표준은 JPEG이다.

[문제 06] Section 050

가상현실(Virtual Reality)은 컴퓨터를 이용하여 현실 세계처럼 만든 가상 세계를 의미한다.

[문제 07] Section 048

- 모델링(Modeling)은 렌더링을 하기 전에 수행되는 작업으로 어떠한 방법으로 렌더링 할 것인지를 정하는 것이다.
- ②번의 내용은 렌더링(Rendering)에 대한 설명이다.

[문제 08] Section 050

- 증강현실은 실제 촬영한 화면에 가상의 정보를 부가하여 보여주는 기술을 의미한다.
- ②번은 메타버스(Metaverse)에 대한 설명이다.

8장

컴퓨터 시스템 보호

정보 사회의 문제점과 컴퓨터 범죄

3605101 ▶

1 정보 사회의 개요

22.4, 19.2, 05.4, 99.1

정보 사회란 정보가 정치, 경제, 문화 등 모든 분야를 이끌어가는 원동력이 되는 사회로 정보가 사회의 중심이 된다. 정보의 생산, 처리, 유통 과정은 컴퓨터 및 통신 기술을 통해 이루어진다.

- 정보의 축적과 활용이 확대되고 처리하고자 하는 정보의 종류와 양이 증가하였다.
- 정보의 생산 및 처리 기술이 발달하여 사회 전반의 능률과 생산성이 증대되었다.
- 사회의 변화 속도가 빨라졌다.
- 정보 사회는 서로간의 상호 작용이 가능한 쌍방향성이 실현되면서 유연성이 있는 구조적인 시스템으로 변화하였다.
- 사이버 공간*상의 새로운 인간 관계와 문화가 형성되었다.
- 정보 사회에서는 대중화 현상이 약화되고, 개성과 자유를 중요시하게 되었다.
- 정보 사회에서는 통신기술의 발달로 시간과 공간의 제약에서 벗어나게 되었다.

기출체크 ☑

22.4, 19.2

1. 정보 사회에서는 컴퓨터를 통한 정보 처리 기술의 발달로 인해 정보의 양이 감소한다. (○, ×)

605701 ▶

2 정보 사회의 문제점

24.1, 20.1, 18.1, 16.3, 10.1, 05.3, 04.2, 01.1

정보 사회는 정보가 정치, 경제, 문화 등 모든 분야를 이끌어가는 원동력이 되는 사회로, 다음과 같은 문제점이 있다.

- 중앙 컴퓨터 시스템의 장애나 오류로 사회적 · 경제적 혼란을 초래할 수 있다.
- 정보의 과다로 인한 혼란과 정보의 편중에 의한 계층 간의 정보 차이가 생긴다.
- 정보 기술을 이용한 컴퓨터 범죄가 증가한다.
- VDT 증후군*, 테크노스트레스*와 같은 직업병이 생긴다.
- 인간관계에서의 유대감이 약화되고, 인간의 고유 판단 능력이 상실된다.

기출체크 ☑

24.1, 20.1, 18.1, 16.3

2. 정보 사회에서는 정보의 편중으로 계층 간의 정보 차이를 줄일 수 있다. (○, ×)

③ 컴퓨터 범죄의 개념 및 유형

23.1, 22.1, 21.8, 21.5, 21.3, 18.1, 13.3, 12.2, 08.3

컴퓨터 범죄는 컴퓨터 및 통신 기술을 이용하여 저지르는 불법적·비윤리적 범죄를 총칭하는 것으로, 다음과 같은 유형이 있다.

- 저작권이 있는 소프트웨어, 웹 콘텐츠, 전자문서의 도난 및 불법 복사
- 다른 사람의 하드웨어나 기억 매체에 기록된 자료를 소거하거나 교란시키는 행위
- 컴퓨터를 이용한 금품 횡령 또는 사기 판매
- 컴퓨터 시스템 해킹으로 인한 중요 정보의 위·변조, 삭제, 유출
- 다른 사람의 ID나 비밀번호의 불법적인 사용이나 유출
- 전산망을 이용한 개인 신용 정보 유출
- 음란물의 유통 및 사이트 운영
- 컴퓨터 바이러스 제작·유포

기출체크 ☑

23.1, 22.1, 21.8, 21.5, 21.3, 08.3

3. 다음 중 컴퓨터 범죄와 거리가 먼 것을 모두 고르시오. (   )

ⓐ 컴퓨터 바이러스 백신의 제작과 유포 ⓑ 해킹에 의한 정보의 위/변조 및 유출
ⓒ 전산망을 이용한 개인 정보 유출 ⓓ 인터넷 쇼핑몰 상품 가격 비교표 작성
ⓔ 전자문서의 불법 복사

④ 컴퓨터 범죄의 예방 및 대책

22.5, 22.3, 22.2, 21.7, 21.6, 21.2, 19.1, 17.2, 14.1, 13.2, 10.3, 06.4, 04.4, 99.1

- 해킹 방지를 위한 보안 관련 프로그램을 보급하고, 보안 교육을 정기적으로 실시한다.
- 정보 누출이나 해킹 방지를 위해 방화벽 체제를 정비한다.
- 패스워드를 시스템에 도입하고, 패스워드를 정기적으로 변경한다.
- 패스워드는 가급적이면 알파벳과 숫자, 특수문자 등을 섞어서 만든다.
- 지속적인 해킹 감시 및 접근 통제 도구를 개발한다.
- 백신 프로그램을 설치하고, 자동 업데이트 기능을 설정한다.
- 인터넷을 통해 다운로드한 프로그램은 백신으로 검사한 후 사용한다.
- 의심이 가는 메일이나 호기심을 자극하는 표현이 담긴 메일은 열어보지 않고 바로 삭제하거나 바이러스 검사를 수행한 후 열어본다.

기출체크 ☑

22.5, 22.3, 22.2, 21.7, 21.6, 19.1, 17.2, 10.3, 06.4

4. 다음 중 컴퓨터 범죄 예방과 대책에 관한 설명으로 옳지 않은 것을 모두 고르시오.
(   )

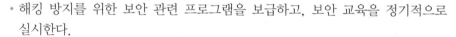

ⓐ 해킹 여부를 정기적으로 검사한다.
ⓑ 해킹 방지를 위해 패스워드는 가급적 변경하지 않는다.
ⓒ 의심이 가는 이메일은 열어서 내용을 확인하고 삭제한다.
ⓓ 암호는 가급적이면 알파벳과 숫자, 특수문자 등을 섞어서 만든다.

전문가의 조언

컴퓨터 범죄 유형에 대한 문제가 출제되고 있습니다.

[기출 포인트]

- 인터넷 쇼핑몰 상품의 가격 비교표 작성은 컴퓨터 범죄가 아니다.
- 컴퓨터 바이러스 백신의 제작과 유포는 컴퓨터 범죄가 아니다.

전문가의 조언

컴퓨터 범죄 예방과 대책에 대한 문제가 출제되고 있습니다.

[기출 포인트]

- 의심이 가는 이메일은 열어보지 않고 삭제한다.
- 패스워드는 정기적으로 변경한다.
- 다운로드한 프로그램은 백신으로 검사한 후 사용한다.

기출체크 4번

ⓑ 패스워드는 해킹 방지를 위해 정기적으로 변경하는 것이 좋습니다.
ⓒ 의심이 가는 이메일은 열어보지 않고 삭제해야 합니다.

기출체크 정답
3. ⓐ, ⓓ 4. ⓑ, ⓒ

바이러스(Virus)

605801 ▶

1 바이러스의 개요

17.1, 11.3, 11.1, 09.1, 07.1, 06.1, 04.4, 04.2

바이러스는 컴퓨터의 정상적인 작동을 방해하기 위해 운영체제나 저장된 데이터에 손상을 입히는 프로그램이다.

• 바이러스는 디스크의 부트 영역이나 프로그램 영역에 숨어 있다.

• 바이러스는 복제 · 은폐 · 파괴 기능을 갖고 있다.

• 바이러스는 주로 인터넷과 같은 통신 매체를 통해 다운로드한 파일이나 외부에서 복사해 온 파일 등을 통해 감염된다.

• 바이러스는 소프트웨어뿐만 아니라 하드웨어의 성능에도 영향을 미칠 수 있다.

기출체크 ☑

11.3, 11.1, 09.1, 07.1, 06.1, 04.4, 04.2
1. 다음 중 컴퓨터 바이러스나 웜(Worm)이 가지고 있는 특징이 아닌 것을 고르시오. (   )

| ⓐ 복제 기능 | ⓑ 치료 기능 | ⓒ 은폐 기능 | ⓓ 파괴 기능 |

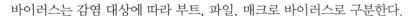
605802 ▶

2 바이러스의 분류

21.2, 16.2

바이러스는 감염 대상에 따라 부트, 파일, 매크로 바이러스로 구분한다.

파일 바이러스	• 실행 파일을 감염시키는 바이러스이다. • 종류 : 예루살렘, CIH, Sunday 등
부트 바이러스	• 부트 섹터(Boot Sector)를 손상시키는 바이러스이다. • 종류 : 브레인, 미켈란젤로, Monkey 등
부트/파일 바이러스	• 파일 바이러스와 부트 바이러스의 특징을 모두 가진 바이러스이다. • 종류 : Invader, 에볼라 등
21.2, 16.2 매크로 바이러스	• 주로 MS–Office에서 사용하는 매크로 기능을 이용하여 다른 파일을 감염시키는 바이러스이다. • 종류 : 멜리사, Laroux 등

기출체크 ☑

21.2
2. 멜리사 바이러스는 (   ) 바이러스에 속한다.

3 바이러스의 감염 경로와 예방법

605803 ▶

- 통신망을 통해 다운로드한 파일이나 복사해 온 파일은 반드시 바이러스 검사를 수행한다.
- 네트워크를 통해 감염될 수 있으므로 공유 폴더의 속성은 '읽기 전용'으로 지정한다.
- 발신자가 불분명한 전자우편은 열어보지 않고 바로 삭제하거나 바이러스 검사를 수행한 후 열어본다.
- 외부의 불법적인 침입을 막을 수 있는 방화벽을 설정하여 사용한다.
- 중요한 자료는 정기적으로 백업한다.
- 백신 프로그램*의 시스템 감시 및 인터넷 감시 기능을 이용해서 바이러스를 예방한다.
- 가장 최신 버전의 백신 프로그램을 사용하여 주기적으로 바이러스 검사를 수행하고 치료한다.

기출체크 ☑

23.5, 23.2, 22.2, 21.6, 20.2, 15.2, 10.2
3. 바이러스 예방을 위해 전자우편에 첨부된 파일은 열어서 확인한 후 사용한다. (○, ×)

24.4, 23.5, 23.2, 22.2, 20.2, 10.2
4. 바이러스 예방을 위해 네트워크에 공유된 폴더는 쓰기 전용으로 설정한다. (○, ×)

전문가의 조언

바이러스의 예방법에 대한 문제가 출제되고 있습니다.

[기출 포인트]
- 의심가는 메일이나 첨부 파일은 바이러스 검사를 수행한 후 사용한다.
- 네트워크 공유 폴더에 있는 파일은 '읽기 전용'으로 지정한다.

백신 프로그램

바이러스에 감염된 컴퓨터를 치료하기 위한 프로그램으로, 종류에는 V3 365, 알약, 바이로봇, Norton Anti Virus 등이 있습니다.

기출체크 3번

전자우편에 첨부된 파일은 바이러스 검사를 수행한 후 저장하여 사용해야 합니다.

기출체크 4번

네트워크에 공유된 폴더는 폴더 내용을 임의로 수정할 수 없도록 읽기 전용으로 설정해야 합니다.

기출체크 정답
3. × 4. ×

전문가의 조언

가로채기와 변조(수정)의 의미를 묻는 문제가 출제되고 있습니다.

[기출 포인트]

- 가로채기는 전송되는 데이터를 전송 도중에 몰래 보는 행위이다.
- 가로채기는 기밀성을 저해한다.
- 변조(수정)는 전송된 데이터를 다른 내용으로 바꾸는 행위이다.

 전문가의 조언

공개키 암호화 기법의 암호화·복호화 키에 대한 문제가 출제된 적이 있습니다.

[기출 포인트]

공개키 암호화 기법은 암호화 키는 공개하고, 복호화 키는 비공개한다.

① 보안의 정의

보안이란 컴퓨터 시스템 및 컴퓨터에 저장된 정보들을 외부의 불법적인 침입으로부터 보호하는 것을 의미한다.

② 보안 위협의 유형

24.3, 23.5, 22.4, 20.2, 20.1, 16.1, 15.3, 07.2, 05.4, 05.2, 04.3, 00.3

 605902 ▶

유형	의미	위협 보안 요건
가로막기(Interruption, 흐름차단)	데이터의 정상적인 전달을 가로막아서 흐름을 방해하는 행위이다.	가용성 저해
22.4, 20.2, 16.1, 15.3, 05.4, 04.3 가로채기(Interception)	송신된 데이터가 수신지까지 가는 도중에 몰래 보거나 도청하여 정보를 유출하는 행위이다.	기밀성 저해
20.1 수정(Modification, 변조)	전송된 데이터를 원래의 데이터가 아닌 다른 내용으로 바꾸는 행위이다.	무결성 저해
위조(Fabrication)	마치 다른 송신자로부터 데이터가 송신된 것처럼 꾸미는 행위이다.	무결성 저해

07.2, 05.2, 00.3

잠깐만요 **암호화(Encryption)**

 605931 ▶

암호화는 데이터를 보낼 때 송신자가 지정한 수신자 이외에는 그 내용을 알 수 없도록 평문을 암호문으로 변환하는 정보 보안 기법 중 하나입니다.

비밀키 암호화 기법	• 동일한 키로 데이터를 암호화하고 복호화합니다. • 대칭 암호화 기법이라고도 하며, 대표적으로 DES가 있습니다. • 복호화 키를 아는 사람은 누구든지 암호문을 복호화할 수 있으므로 복호화 키의 비밀성을 유지하는 것이 중요합니다. • 장점 : 암호화/복호화 속도가 빠르며, 알고리즘이 단순하고 크기가 작습니다. • 단점 : 사용자의 증가에 따라 관리해야 할 키의 수가 상대적으로 많아집니다.
공개키 암호화 기법	• 서로 다른 키로 데이터를 암호화하고 복호화합니다. • 비대칭 암호화 기법이라고도 하며, 대표적으로 RSA가 있습니다. • 데이터를 암호화할 때 사용하는 키(공개키)는 공개하고, 복호화할 때의 키(비밀키)는 비밀로 합니다. • 장점 : 키의 분배가 용이하고 관리해야 할 키의 개수가 적습니다. • 단점 : 암호화/복호화 속도가 느리며, 알고리즘이 복잡하고 파일 크기가 큽니다.

23.5, 22.4, 20.2, 16.1, 15.3, 05.4, 04.3

1. 전송되는 데이터를 전송 도중에 도청 및 몰래 보는 행위를 (　　　　)라고 한다.

605903 ▶

24.3, 24.2, 24.1, 23.4, 23.3, 23.2, 23.1, 22.5, 22.1, 21.8, 21.5, 21.3, 21.1, 20.상시, 18.상시, 18.2, 17.2, 17.1, 16.3, …

③ 보안 위협의 형태

형태	의미
22.5, 21.1, 17.1, 09.4 **분산 서비스 거부 공격** (DDoS; Distributed Denial of Service)	여러 대의 장비를 이용하여 대량의 데이터를 특정 서버에 집중적으로 전송하여 특정 서버가 정상적으로 작동하지 못하게 하는 공격이다.
24.3, 23.1, 22.1, 21.8, 21.5, 21.3, … **스니핑(Sniffing)**	네트워크 주변을 지나다니는 패킷을 엿보면서 계정과 패스워드 등의 정보를 가로채는 행위로, 이때 사용하는 프로그램을 스니퍼(Sniffer)라고 한다.
23.1, 21.8, 17.2 **스푸핑(Spoofing)**	눈속임에서 파생된 것으로, 검증된 사람이 네트워크를 통해 데이터를 보낸 것처럼 데이터를 변조하여 접속을 시도하는 침입 형태이다.
23.1, 21.8, 20.상시, 18.상시, 18.2, … **피싱(Phishing)**	거짓 메일을 발송하여 특정 금융기관 등의 가짜 웹 사이트로 유인한 후 관련 금융기관과 관련된 ID, 암호, 계좌번호 등의 정보를 빼내는 기법이다.
23.1, 21.8, 17.2 **키로거(Key Logger)**	키보드상의 키 입력 캐치 프로그램을 이용하여 ID나 암호와 같은 개인 정보를 빼내어 악용하는 기법이다.
백도어(Back Door, Trap Door)	인가받은 서비스 기술자나 유지보수 프로그래머들의 액세스 편의를 위해 보안을 제거하여 만든 비밀통로를 이르는 말로, 시스템에 무단 접근하기 위한 일종의 비상구로 사용된다.
24.2, 24.1, 23.4, 16.2, 12.3, 12.1, … **웜(Worm)**	• 네트워크를 통해 연속적으로 자신을 복제하여 시스템의 부하를 높여 결국 시스템을 다운시키는 바이러스의 일종이다. • 종류 : 분산 서비스 거부 공격, 버퍼 오버플로 공격, 슬래머 등
12.3, 08.2 **트로이 목마 (Trojan Horse)**	정상적인 기능을 하는 프로그램으로 가장하여 프로그램 내에 숨어 있다가 해당 프로그램이 동작할 때 활성화되어 부작용을 일으키는 것으로, 자기복제 능력은 없다.
23.3 **랜섬웨어 (Ransomware)**	인터넷 사용자의 컴퓨터에 잠입해 내부 문서나 파일 등을 암호화해 확장자를 변경시킨 후 사용자가 열지 못하게 하는 프로그램으로, 암호 해독용 프로그램의 전달을 조건으로 사용자에게 돈을 요구하기도 한다.
24.1, 23.2 **허니팟(Honeypot)**	• 비정상적인 접근을 탐지하기 위해 설치해 둔 시스템이다. • 침입자를 속여 실제 공격을 당하는 것처럼 보여줌으로써 추적 및 공격기법에 대한 정보를 수집한다.

24.3, 23.1, 22.1, 21.5, 21.3, 16.1, 05.1

2. 네트워크 주변을 지나다니는 패킷을 엿보면서 계정(ID)과 비밀번호를 알아내는 보안 위협 행위는 (　　　)이다.

전문가의 조언

중요해요! 보안 위협 형태들의 개별적인 의미를 묻는 문제들이 자주 출제됩니다.

[기출 포인트]

• 분산 서비스 공격은 특정 서버에 대량의 데이터를 집중적으로 전송하는 행위이다.

• 스니핑은 네트워크의 패킷을 엿보면서 계정과 패스워드를 알아내는 행위이다.

• 피싱은 가짜 웹 사이트로 유인하여 개인의 금융정보를 빼내는 범죄 행위이다.

• 키로거는 키 입력 캐치 프로그램을 사용하여 개인 정보를 빼내는 행위이다.

• 허니팟은 공격 경로와 공격 수법에 대한 정보를 수집한다.

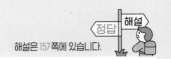
24년 1회, 20년 1회, 18년 2회, 16년 3회

01 다음 중 정보 사회에서 발생할 수 있는 문제점으로 적절하지 않은 것은?

① 정보의 편중으로 계층 간의 정보 차이를 줄일 수 있다.

② 중앙 컴퓨터 또는 서버의 장애나 오류로 사회적, 경제적으로 혼란을 초래할 수 있다.

③ 정보기술을 이용한 새로운 범죄가 증가할 수 있다.

④ VDT 증후군이나 테크노스트레스 같은 직업병이 발생할 수 있다.

23년 1회, 22년 1회, 21년 8회, 5회, 3회, 13년 3회, 08년 3회

02 다음 중 컴퓨터 범죄와 거리가 먼 것은?

① 전자문서의 불법 복사

② 전산망을 이용한 개인 정보 유출

③ 컴퓨터 시스템 해킹을 통한 중요 정보의 위조 또는 변조

④ 인터넷 쇼핑몰 상품 가격 비교표 작성

22년 3회, 2회, 21년 7회, 6회, 20년 2회, 19년 1회, 17년 2회, 15년 2회, 10년 2회

03 다음 중 컴퓨터 범죄 예방과 대책에 관한 설명으로 옳지 않은 것은?

① 해킹 여부를 정기적으로 검사한다.

② 의심이 가는 이메일은 열어서 내용을 확인하고 삭제한다.

③ 백신 프로그램을 설치하고 자동 업데이트 기능을 설정한다.

④ 회원 가입한 사이트의 패스워드를 주기적으로 변경한다.

24년 4회, 23년 5회, 2회, 22년 2회, 20년 2회, 10년 1회

04 다음 중 컴퓨터 바이러스의 예방법으로 가장 거리가 먼 것은?

① 최신 버전의 백신 프로그램을 사용한다.

② 전자우편에 첨부된 파일은 바이러스 검사를 수행한 후 저장하여 사용한다.

③ 네트워크에 공유된 폴더는 쓰기 전용으로 설정한다.

④ 다운로드 받은 파일은 작업에 사용하기 전에 바이러스 검사 후 사용한다.

24년 3회, 23년 5회, 22년 4회, 20년 2회, 16년 1회, 15년 3회, 05년 4회, 04년 3회

05 다음 중 정보 보안을 위협하는 유형에 대한 설명으로 옳지 않은 것은?

① 가로막기는 데이터의 정상적인 전달을 막아 흐름을 방해하는 행위이다.

② 수정은 전송된 데이터가 원래의 데이터가 아닌 다른 내용으로 바꾸는 행위이다.

③ 가로채기는 송신된 데이터가 수신지까지 가는 회선을 절단하는 행위이다.

④ 위조는 다른 송신자로부터 데이터가 송신된 것처럼 꾸미는 행위이다.

22년 5회, 21년 1회, 17년 1회, 09년 4회

06 다음 중 여러 대의 컴퓨터를 일제히 동작시켜 대량의 데이터를 한 곳의 서버 컴퓨터에 집중적으로 전송시킴으로써 특정 서버가 정상적으로 동작하지 못하게 하는 공격 방식은?

① 스니핑(Sniffing)

② 분산 서비스 거부(DDoS)

③ 백도어(Back Door)

④ 해킹(Hacking)

22년 2회, 21년 6회, 10년 3회, 06년 4회

07 다음 중 컴퓨터 범죄 예방에 대한 설명으로 옳지 않은 것은?

① 해킹 방지를 위해 패스워드는 가급적 변경하지 않는다.

② 정보 누출이나 해킹 방지를 위해 방화벽 체제를 정비한다.

③ 암호는 가급적이면 알파벳과 숫자, 특수문자 등을 섞어서 만든다.

④ 지속적인 해킹 감시 및 접근 통제 도구를 개발한다.

24년 1회, 23년 2회

08 해커를 유인하기 위해 의도적으로 취약한 서버를 만들어 이를 모니터링하는 시스템으로 공격자의 공격 경로와 공격 수법을 알아내기 위한 목적으로 사용하는 것은?

① VPN(Virtual Private Network)

② 허니팟(Honeypot)

③ 침입 탐지 시스템(IDS)

④ 방화벽(Firewall)

▶ 정답 : 1. ① 2. ④ 3. ② 4. ③ 5. ③ 6. ② 7. ① 8. ②

[문제 01] Section 051

정보 사회에서는 정보의 과다로 인한 혼란과 정보의 편중으로 인해 계층 간의 정보 차이가 증가할 수 있다.

[문제 02] Section 051

컴퓨터 범죄는 컴퓨터 및 통신 기술을 이용하여 저지르는 불법적·비윤리적인 범죄로, ①, ②, ③번이 컴퓨터 범죄에 해당한다.

[문제 03] Section 051

의심이 가는 이메일은 열어보지 않고 바로 삭제하거나 바이러스 검사를 수행한 후 열어본다.

[문제 04] Section 052

네트워크에 공유된 폴더는 폴더 내용을 임의로 수정할 수 없도록 읽기 전용으로 설정해야 한다.

[문제 05] Section 053

가로채기(Interception)는 송신된 데이터가 수신지까지 가는 도중에 몰래 보거나 도청하여 정보를 유출하는 행위이다.

[문제 06] Section 053

- 스니핑(Sniffing) : 네트워크 주변을 지나다니는 패킷을 엿보면서 계정과 패스워드 등의 정보를 가로채는 행위
- 백도어(Back Door, Trap Door) : 인가받은 서비스 기술자나 유지보수 프로그래머들의 액세스 편의를 위해 보안을 제거하여 만든 비밀통로

[문제 07] Section 051

패스워드는 해킹 방지를 위해 정기적으로 변경하는 것이 좋다.

[문제 08] Section 053

- VPN(Virtual Private Network) : 인터넷망(공중망)을 사용하여 사설망을 구축하게 해주는 통신망
- 침입 탐지 시스템(IDS) : 컴퓨터 시스템의 비정상적인 사용, 오용, 남용 등을 실시간으로 탐지하는 시스템
- 방화벽(Firewall) : 보안이 필요한 네트워크의 통로를 단일화하여 관리함으로써 외부의 불법 침입으로부터 내부의 정보 자산을 보호하기 위한 시스템

2 과목

스프레드시트 일반

1장

입력 및 편집

606101 ▶

24.4, 23.4, 23.1, 22.5, 22.2, 22.1, 21.6, 21.5, 21.3, 21.1, 20.상시, 20.1, 19.2, 17.2, 17.1, 12.3, 12.1, 11.3, 10.3, …

① 데이터 입력의 기초

• 데이터를 입력할 셀로 셀 포인터를 이동한 다음 데이터를 입력하고 Enter를 누른다.*

• 셀 안에서 줄을 바꿔 계속 입력하려면 Alt + Enter를 누른다.

• 여러 셀에 동일한 내용을 입력하려면 해당 셀들을 범위로 지정한 후 데이터를 입력하고 Ctrl + Enter를 누른다.

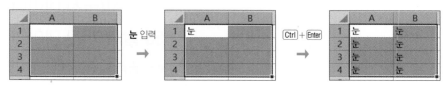

• 범위를 지정하고 Enter를 누르면 지정한 범위 안에서만 셀 포인터가 이동한다.

• 데이터를 입력하고 Enter를 누르면 바로 아래 셀로 이동하고, Shift + Enter를 누르면 바로 위 셀로 이동한다.

• 셀을 선택하고 Alt + ↓를 누르면 같은 열에 입력된 문자열 목록이 표시된다.

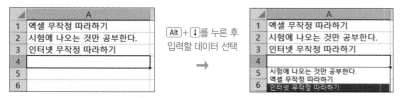

• **셀 내용 자동 완성**

  – 데이터 입력 중 처음 몇 자가 같은 열에 이미 입력된 내용과 동일하면 자동으로 나머지 내용이 채워진다.

  – 문자 데이터에만 적용되고, 숫자, 날짜, 시간 형식의 데이터에는 적용되지 않는다.

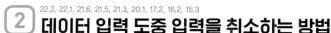

'시' 자가 동일하므로 **시** 자를 입력하면 나머지가 자동으로 입력된다.

	A
1	엑셀 무작정 따라하기
2	시험에 나오는 것만 공부한다.
3	인터넷 무작정 따라하기
4	인터넷 무작정 따라하기
5	시험에 나오는 것만 공부한다.

기출체크 ☑

22.2, 22.1, 21.3, 21.1, 19.2, 17.2, 17.1, 08.3, 05.2, 04.2, 02.1
1. 여러 셀에 동일한 데이터를 입력하려면 해당 셀을 범위로 지정하여 데이터를 입력하고 (   )를 누른다.

23.4, 23.1, 22.2, 22.1, 21.3, 21.1, 20.상시, 17.2, 17.1, 12.3, 10.3, 08.1
2. 한 셀에 두 줄 이상의 데이터를 입력하려면 (   )를 누른다.

22.5, 22.2, 22.1, 21.3, 17.2
3. 텍스트, 텍스트/숫자 조합, 날짜, 시간 데이터는 셀에 입력하는 처음 몇 자가 해당 열의 기존 내용과 일치하면 자동으로 입력된다. (○, ×)

606102 ▶

22.2, 22.1, 21.6, 21.5, 21.3, 20.1, 17.2, 16.2, 15.3
② 데이터 입력 도중 입력을 취소하는 방법

- **방법 1 :** Esc 를 누른다.
- **방법 2 :** 수식 입력줄의 취소(✕) 버튼을 클릭한다.
- **방법 3 :** 빠른 실행 도구 모음의 실행 취소(↺)* 버튼을 클릭한다.
- **방법 4 :** Ctrl + Z 를 누른다.

기출체크 ☑

22.2, 22.1, 21.5, 21.3, 20.1, 17.2, 16.2
4. 데이터를 입력하는 도중에 입력을 취소하려면 (   ) 키를 누른다.

기출체크 3번

텍스트와 텍스트/숫자 조합 데이터는 셀에 입력하는 처음 몇 자가 해당 열의 기존 내용과 일치하면 자동으로 입력되지만 숫자, 날짜, 시간 데이터는 자동으로 입력되지 않습니다.

🧑 **전문가의 조언**

데이터 입력 중 취소 방법에 대한 내용이 출제되고 있습니다.

[기출 포인트]

데이터 입력을 취소하려면 Esc 를 누른다.

실행 취소 횟수

실행 취소는 최대 100번까지 할 수 있습니다.

기출체크 정답
1. Ctrl + Enter 2. Alt + Enter 3. × 4. Esc

SECTION

SECTION 055 문자/수치 데이터

606201 ▶

전문가의 조언

문자 데이터로 인식되지 않는 경우와 문자 데이터의 특징을 묻는 문제가 출제된 적이 있습니다.

[기출 포인트]

· 지수와 시간은 영문이 있어도 수치 데이터이다.

예 2.54E+04, 01:02AM

· 문자 데이터는 셀의 왼쪽으로 정렬된다.

· 숫자를 문자로 입력하려면 숫자 앞에 작은따옴표(')를 붙여야 한다.

1 문자 데이터

20.상시, 20.2, 12.1, 10.3, 10.1, 09.4, 09.1, 08.3, 07.1, 05.4, 05.2, 04.2, 04.1, 03.3, 02.3, 01.2, 01.1

문자 데이터는 한글, 영문, 특수문자, 문자와 숫자가 혼합된 데이터이다.

· 기본적으로 셀의 왼쪽으로 정렬된다.

· 숫자 데이터 앞에 문자 접두어(')를 입력하면 문자 데이터로 인식된다.

· **입력 데이터가 셀의 너비보다 긴 경우** : 오른쪽 셀이 비어 있으면 연속해서 표시하고 오른쪽 셀에 데이터가 있으면 셀의 너비만큼만 표시한다.

A6	▼ : × ✓ fx	12월 25일 크리스마스

▲	A	B	C	D	E
1	시나공				
2	gilbut				
3	5				
4	엑셀2021				
5	12월 25일 크리스마스				
6	12월 25일 화이트				
7					

숫자 데이터를 문자 데이터로 입력하려면 숫자 데이터 앞에 작은따옴표(')를 입력한다.

오른쪽 셀(B5)이 비어 있으면 오른쪽 셀에 연속해서 표시된다.

오른쪽 셀(B6)에 데이터가 있으면 셀의 너비만큼만 데이터가 표시된다.

기출체크 ☑

20.상시, 08.3

1. 셀에 문자를 입력하면 (   )으로 자동 정렬된다.

606202 ▶

전문가의 조언

수치 데이터의 입력 방법에 대한 내용이 출제된 적이 있습니다.

[기출 포인트]

· 수치 데이터는 셀의 오른쪽으로 정렬된다.

· 분수는 0 1/4 처럼 입력한다.

분수 입력

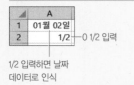

▲	A
1	01월 02일
2	1/2

1/2 입력하면 날짜 데이터로 인식

0 1/2 입력

기출체크 정답
1. 왼쪽

2 수치 데이터

20.2, 13.2, 12.2, 09.1, 08.4, 07.3, 05.1, 04.2, 04.1, 03.4, 99.2

수치 데이터는 0~9까지의 숫자, +, −, 소수점(.), 쉼표(,), 통화(₩, $), 백분율(%), 지수(e) 등을 사용하여 입력한 데이터이다.

· 기본적으로 셀의 오른쪽으로 정렬된다.

· 데이터 중간에 공백이나 특수 문자가 있으면 문자로 인식된다.

· 숫자를 큰따옴표(" ")로 묶어 수식에 입력하면 텍스트로 인식되지만, 연산을 하면 수치 데이터로 계산된다(**예** "1" + "3" = 4).

· **음수 표현** : 숫자 앞에 − 기호를 붙이거나, 괄호로 묶는다(**예** −5, (5)).

· **분수** : 0 입력 후 한 칸 띄고 입력한다(**예** 0 1/2)*.

· 셀의 너비보다 긴 경우 지수 형식으로 표시된다.

· 표시 형식을 지정한 수치 데이터나 지수 형식의 데이터가 셀의 너비보다 긴 경우 셀의 너비만큼 '#'이 표시되지만 셀의 너비를 넓히면 정상적으로 표시된다.

▲	A
1	125
2	12,520
3	54.52%
4	-250
5	4.5E+09
6	########

음수 데이터

입력한 수치 데이터가 셀의 너비보다 긴 경우 지수 형식으로 표시

표시 형식을 지정한 수치 데이터나 지수 형식의 수치 데이터가 셀의 너비보다 긴 경우 '#'으로 표시

20.2, 09.1, 08.4, 99.2

2. 분수값 5/7를 입력할 때는 5/7를 입력한다. (○, ×)

기출체크 2번

분수를 입력할 때는 **0**을 입력하고, 한 칸 띄운 다음에 **5/7**를 입력하면 분수 **5/7**로 입력됩니다.

일련번호

날짜 형식으로 데이터를 입력하면 실제로는 일련번호로 저장됩니다.

소수

시간 형식으로 데이터를 입력하면 실제로는 소수로 저장됩니다.

606301

24.4, 24.2, 23.5, 22.5, 22.4, 22.3, 21.8, 21.7, 21.1, 19.1, 17.2, 17.1, 10.1, 05.2, 04.2, 03.4, 01.3, 00.2, 00.1

① 날짜/시간 데이터

• 날짜와 시간을 한 셀에 입력할 경우 날짜와 시간을 공백으로 구분한다.

• 날짜와 시간 데이터는 대·소문자의 구분이 없으며, 엑셀이 자동으로 조절한다.

• 날짜 및 시간 데이터는 수치 데이터이므로 셀의 오른쪽을 기준으로 정렬된다.

• 날짜는 일련번호*로 저장되고, 시간은 하루에 대한 비율로 계산되어 소수*로 저장된다.

• **날짜 데이터**

– 하이픈(–)이나 슬래시(/)를 이용하여 연, 월, 일을 구분한다.

– 날짜 데이터는 1900–01–01을 일련 번호 1로 시작한다.

– 날짜의 연도를 입력할 때 00~29 사이의 숫자를 입력하면 2000~2029년, 30~99 사이의 숫자를 입력하면 1930~1999년 사이의 연도가 된다.

– 오늘 날짜 입력 : Ctrl + ;

• **시간 데이터**

– 콜론(:)을 이용하여 시, 분, 초를 구분한다.

– 시간은 기본적으로 24시간제로 표시되며, 12시간제로 표시할 때는 시간 뒤에 한 칸 띄우고 **A** 또는 **AM**이나 **P** 또는 **PM**을 입력한다.

– 시간 데이터는 밤 12시(자정)를 0.0으로 시작하여 6시는 0.25, 12시(정오)는 0.5로 저장된다.

– 현재 시간 입력 : Ctrl + Shift + ;

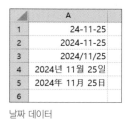

날짜 데이터   시간 데이터

12시각제
24시각제
날짜와 시간
한 칸의 공백을 준다.

기출체크 ☑

24.4, 24.2, 22.5, 22.4, 22.3, 21.7, 21.1, 19.1, 10.1, 04.2, 03.4, 01.3, 00.1.

1. 현재 시스템의 날짜를 입력하려면 (   )을 눌러야 한다.

24.4, 24.2, 22.5, 22.4, 22.3, 21.7, 21.1, 19.1, 10.1, 03.4

2. 현재 시간을 입력하려면 (   )을 눌러야 한다.

기출체크 정답

1. Ctrl + ; 2. Ctrl + Shift + ;

한자/특수문자

1 한자

- 한자로 변환할 한글을 입력한 후 한자를 눌러 해당 셀 바로 아래에 한자 목록 상자가 나타나면 한글 음에 해당하는 한자를 마우스로 선택하여 입력한다.

- 두 글자 이상의 단어를 한자로 변환할 때는 단어를 입력하고, 커서를 단어 앞이나 뒤에 놓은 다음 한자를 눌러 나타나는 '한글/한자 변환' 대화상자를 이용하면 편리하다.

 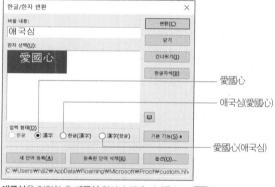

한을 입력하고 한자를 누른다.　　애국심을 입력한 후 **애국심** 앞이나 뒤에 커서를 놓고 한자를 누른다.

기출체크 ☑

23.5, 22.2
1. 한자는 한자로 변환할 한글을 입력한 후 한자를 눌러 입력한다. (○, ×)

2 특수문자

한글 입력 상태에서 한글 자음(ㄱ, ㄴ, ㄷ, …)을 입력하고, 한자를 눌러 해당 셀 바로 아래에 특수문자 목록 상자가 나타나면 원하는 특수문자를 마우스로 선택하여 입력한다.

가장 많이 사용하는 특수문자표로, ㅁ을 입력하고 한자를 누른다.

기출체크 ☑

23.5, 22.2
2. 특수문자는 한글 입력 상태에서 한글 (　　　　)을 입력한 후 한자를 눌러 입력한다.

기출체크 정답
1. ○　2. 자음

채우기 핸들을 이용한 연속 데이터 입력

606501 ▶

1 ²⁰·¹ 채우기 핸들

채우기 핸들은 선택한 셀의 오른쪽 아래 모서리 부분에 있는 작은 사각형으로, 마우스 포인터를 채우기 핸들 위에 놓으면 마우스 포인터 모양이 십자(+) 모양으로 바뀐다.

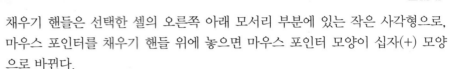

— 채우기 핸들 위에 놓은 마우스 포인터

• 마우스로 채우기 핸들을 드래그하면 자동으로 데이터가 입력된다.

• 채우기 핸들을 드래그하여 데이터를 입력하면 채워진 선택 영역 바로 아래에 '자동 채우기 옵션(▤)' 단추가 나타난다.

  – '자동 채우기 옵션' 단추를 클릭하면 텍스트나 데이터를 채우는 방법을 지정할 수 있는 목록이 표시된다.

  – 사용할 수 있는 옵션은 입력한 내용, 입력한 내용이 있는 원본 프로그램, 입력한 데이터의 서식에 따라 달라진다.

	A	B	C	D	E	F	G	H
1	2023-01-25	2023-01-25	2023-01-25	2023-01-25	2023-01-25	2023-01-25	2023-01-25	2023-01-25
2	2023-01-25	2023-01-26		44952	2023-01-26	2023-01-26	2023-02-25	2024-01-25
3	2023-01-25	2023-01-27		44953	2023-01-27	2023-01-27	2023-03-25	2025-01-25
4	2023-01-25	2023-01-28		44954	2023-01-28	2023-01-30	2023-04-25	2026-01-25

   ❶   ❷   ❸   ❹   ❺   ❻   ❼   ❽

기출체크 ☑

20.1

1. 날짜 데이터의 자동 채우기 옵션(▤) 단추를 이용하여 평일, 주, 월, 연 단위로 증가되는 날짜를 채울 수 있다. (○, ×)

② 숫자 데이터

- **한 셀** : 숫자 데이터를 입력하고 채우기 핸들을 드래그하면 동일한 데이터가 입력되고, Ctrl을 누르고 드래그하면 값이 1씩 증가하며 입력된다.

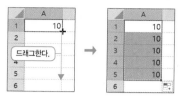 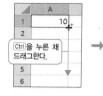

- **두 셀** : 숫자가 입력된 두 셀을 범위로 지정하고 채우기 핸들을 드래그하면 첫 셀과 두 번째 셀의 차이만큼 증가/감소하고, Ctrl을 누른 채 드래그하면 두 개의 값이 반복*하여 복사된다.

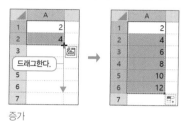 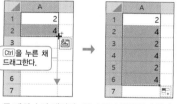

증가   두 개의 숫자 데이터 : 두 숫자가 반복하여 입력

기출체크 ☑

24.4, 22.3, 22.1, 21.7, 21.5, 21.3, 21.2, 21.1, 19.2, 19.1, 16.2, 15.1, 11.1, 00.2

2. (   )을 누른 채 하나의 숫자 셀의 채우기 핸들을 끌면 1씩 증가되면서 숫자가 입력된다.

16.3, 14.2

③ 문자 데이터

- **한 셀** : 문자 데이터를 입력하고 채우기 핸들을 드래그하면 동일한 데이터가 입력된다.

- **두 셀** : 문자 데이터가 입력된 두 셀을 범위로 지정하고 채우기 핸들을 드래그 하면 두 개의 문자가 반복하여 입력된다.

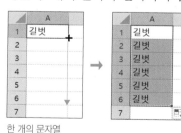  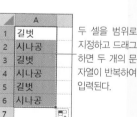

두 셀을 범위로 지정하고 드래그 하면 두 개의 문 자열이 반복하여 입력된다.

한 개의 문자열   두 개의 문자열

기출체크 ☑

14.2

3. 다음 워크시트에서 채우기 핸들을 [A3] 셀로 끌었을 때 [A3] 셀에 입력되는 값은? (   )

	A	B
1	A	
2	B	
3		
4		

전문가의 조언

중요해요! 채우기 핸들을 이용한 숫자 입력 방법에 대한 문제가 자주 출제됩니다.

[기출 포인트]

- 숫자 데이터의 채우기 핸들을 드래그 하면 복사된다.

- Ctrl을 누르고 채우기 핸들을 드래그 하면 1씩 증가한다.

두 개의 숫자 반복

숫자 데이터뿐만 아니라 날짜, 시간, 문자 데이터의 경우에도 두 셀에 입력된 값이 반복하여 입력됩니다.

[기출 포인트]

문자 데이터의 채우기 핸들을 드래그하 면 복사된다.

기출체크 3번

문자가 입력된 하나의 셀을 드래그하면 그대로 복사됩니다.

기출체크 정답

2. Ctrl 3. B

606504 ▶

4 혼합 데이터(문자 + 숫자)

• **한 셀** : 문자와 숫자가 혼합하여 입력된 셀의 채우기 핸들을 드래그하면 가장 오른쪽에 있는 숫자는 1씩 증가하고, 나머지는 그대로 입력된다.

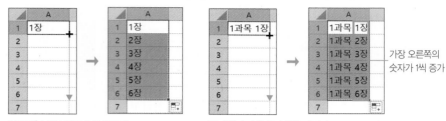

한 개의 숫자와 문자 혼합 데이터   두 개의 숫자와 문자 혼합 데이터

• **두 셀** : 문자와 숫자가 혼합하여 입력된 두 셀을 범위로 지정하고 채우기 핸들을 드래그하면 숫자 데이터는 차이만큼 증가/감소하고, 문자는 그대로 입력된다.

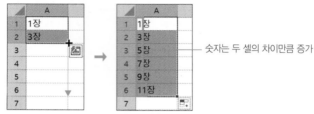

두 셀에 한 개의 숫자와 문자 혼합 데이터

• Ctrl을 누른 채 드래그하면 복사된다.

기출체크 ☑

22.1, 21.3, 21.2, 19.1

4. 문자와 숫자가 혼합된 셀의 채우기 핸들을 ( )을 누른 채 드래그하면 동일한 내용으로 복사된다.

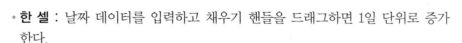
606505 ▶

24.4, 21.1, 19.2, 17.2, 17.1, 16.2, 09.4

5 날짜 데이터

• **한 셀** : 날짜 데이터를 입력하고 채우기 핸들을 드래그하면 1일 단위로 증가한다.

• **두 셀** : 날짜 데이터가 입력된 두 셀을 범위로 지정하고 채우기 핸들을 드래그하면 두 셀의 차이만큼 연, 월, 일 단위로 증가한다.

한 개의 날짜 데이터 : 1일 단위로 증가   두 개의 날짜 데이터 : 1개월 단위로 증가

• Ctrl을 누른 채 드래그하면 복사된다.

5. 날짜가 입력된 셀의 채우기 핸들을 아래쪽으로 끌면 기본적으로 (　　) 단위로 증가하여 입력된다.

22.1, 21.5, 21.3, 21.2, 19.1, 16.1, 15.2, 08.3, 00.2

6 사용자 지정 목록

- 사용자 지정 목록에 등록된 데이터 중 하나를 입력하고 드래그하면 사용자 지정 목록에 등록된 순서대로 반복되어 입력된다.

사용자 지정 목록에 등록된 내용이
반복되어 입력된다.

사용자 지정 목록 사용 예

- [파일] → [옵션]을 클릭한 후 'Excel 옵션' 대화상자의 '고급' 탭에서 '일반' 항목의 〈사용자 지정 목록 편집〉을 클릭하여 사용자 지정 목록을 추가/삭제할 수 있다.

기출체크 ☑

22.1, 21.5, 21.3, 21.2, 19.1

6. 사용자 지정 목록에 정의된 목록 데이터의 첫 번째 항목을 입력하고 [Ctrl]을 누른 채 채우기 핸들을 드래그하면 목록 데이터가 입력된다. (○, ×)

1306902 ▶

7 '연속 데이터' 대화상자

실행 [홈] → [편집] → [채우기] → [계열] 선택

예제 1 A1 셀의 값을 4씩 증가하여 20까지 입력하시오.

	A	B	C	D	E
1	4				

→

	A	B	C	D	E
1	4	8	12	16	20

① [A1] 셀에 4를 입력한 후 [Enter]를 누른다.

② [A1] 셀을 선택한 후 [홈] → [편집] → [채우기] → [계열]을 선택한다.

③ '연속 데이터' 대화상자에서 방향은 '행', 유형은 '선형'을 선택하고, 단계 값은 **4**, 종료 값은 **20**을 입력한 후 〈확인〉을 클릭한다.

[기출 포인트]

- 사용자 지정 목록의 채우기 핸들을 드래그하면 등록된 목록이 입력된다.
- 사용자 지정 목록의 채우기 핸들을 [Ctrl]을 누르고 드래그하면 복사된다.

기출체크 6번

사용자 지정 목록에 등록된 데이터의 첫 번째 항목을 입력하고 [Ctrl]을 누른 채 채우기 핸들을 드래그하면 입력한 내용이 복사됩니다. 목록 데이터를 입력하려면 아무것도 누르지 않은 채 채우기 핸들을 드래그해야 합니다.

[기출 포인트]

유형이 '급수'면 단계 값만큼 값이 곱해지며 입력된다.

기출체크 정답
5. 1일 **6.** ×

① 방향		자동 채우기를 실행할 방향을 지정한다(행 : 가로, 열 : 세로).
23.3, 14.3, 14.2, 11.1 **② 유형**		자동 채우기를 실행할 데이터의 종류를 지정한다. • **선형** : 단계 값만큼 더하여 입력한다. • **급수** : 단계 값만큼 곱하여 입력한다. • **날짜** : 날짜 단위에서 지정한 값만큼 증가하여 입력한다. • **자동 채우기**＊ : 채우기 핸들로 자동 채우기를 수행한 것과 같은 결과를 표시한다.
③ 추세＊		범위의 첫 번째와 두 번째 셀의 차이만큼 선형 추세 또는 급수 추세로 입력한다.
④ 단계 값		연속 데이터의 증가 또는 감소할 값을 지정한다.
⑤ 종료 값		연속 데이터가 끝나는 값을 지정한다.

23.3
7. [A1] 셀에서 '연속 데이터' 대화상자의 설정 값을 다음과 같이 지정했을 때 [C1] 셀에 입력되는 값은? (　　　)

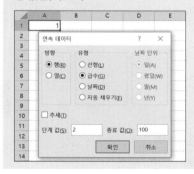

자동 채우기

자동 채우기를 적용하려면 적용될 범위를 지정한 후 수행해야 합니다.

추세

추세를 적용하려면 적용될 범위를 지정한 후 수행해야 합니다.

기출체크 7번

• 방향이 '행'이므로 오른쪽으로 값이 입력됩니다.
• 유형이 '급수'이므로 '단계 값'만큼 값이 곱해지며 입력됩니다.
• '단계 값'이 2이므로 2씩 곱해지며 입력됩니다.
• 종료 값이 100이므로 채워지는 값은 100을 넘을 수 없습니다.

▲	A	B	C	D	E	F	G
1	1	2	4	8	16	32	64

기출체크 정답
7. 4

SECTION 059 데이터 수정 / 삭제

1 전체 수정

- 데이터가 입력된 셀에 새로운 데이터를 입력하고 Enter 를 누른다.
- **여러 데이터 동시 수정** : 수정할 여러 개의 셀을 선택하고, 새로운 내용을 입력한 후 Ctrl + Enter 를 누른다.

▲	A	B	C	D
1	이름	워드	컴활	상거래
2	보라미	100	78	100
3	김은혜	90	100	90
4	박한솔	60	90	80

98 입력 후
Ctrl + Enter 누름
→

▲	A	B	C	D
1	이름	워드	컴활	상거래
2	보라미	98	78	98
3	김은혜	90	98	90
4	박한솔	60	90	80

2 부분 수정
11.2

- **방법 1** : 데이터가 입력된 셀을 마우스로 더블클릭한 후 수정한다.
- **방법 2** : 데이터가 입력된 셀에 셀 포인터를 놓고, F2 를 누른 다음 수정한다.
- **방법 3** : 데이터가 입력된 셀에 셀 포인터를 놓고, 수식 입력줄을 클릭하여 수정한다.

> **기출체크 ☑**
>
> 11.2
> 1. 셀에 입력된 내용을 편집하기 위해 셀을 편집 모드로 전환하려면 셀을 클릭하고 (   ) 키를 누르면 된다.

3 삭제
22.3, 21.7, 21.4, 21.1, 20.2, 20.1, 18.2, 16.2, 15.3, 14.2, 13.3, 10.2, 07.2, 04.1, 00.3, 00.1, 99.2, 99.1

- **방법 1** : 삭제할 셀을 선택한 후 Delete 를 누른다.
- **방법 2** : 삭제할 셀의 바로 가기 메뉴에서 [내용 지우기]를 선택한다.
- ※ Delete 를 누르거나 [내용 지우기]를 선택하면 셀에 입력된 데이터만 삭제되고 셀에 설정된 서식이나 메모 등은 삭제되지 않는다.
- **방법 3** : [홈] → [편집] → [지우기]에서 [모두 지우기], [서식 지우기], [내용 지우기], [설명 및 메모 지우기] 중 선택한다.

> **기출체크 ☑**
>
> 22.3, 21.1, 15.3, 10.2, 04.1
> 2. 데이터가 입력된 셀에서 Delete 를 누르면 셀에 설정된 내용이나 서식이 모두 지워진다. (○, ×)

전문가의 조언

선택된 영역의 내용을 모두 삭제하는 방법이나 메모 삭제 방법에 대한 문제가 출제되고 있습니다.

[기출 포인트]
- 내용을 삭제하려면 Delete 를 누르거나 [내용 지우기], [모두 지우기]를 선택한다.
- 메모는 Delete 를 눌러도 삭제되지 않는다.
- 메모를 삭제하려면 [메모 지우기]나 [모두 지우기]를 선택한다.

[기출 포인트]
셀 내용을 수정하려면 F2 를 누른다.

기출체크 2번

데이터가 입력된 셀에서 Delete 를 누르면 셀에 입력된 내용은 지워지나 셀에 지정된 서식은 지워지지 않습니다. 서식을 지우려면 [홈] → [편집] → [지우기]에서 [서식 지우기]를 선택해야 합니다.

기출체크 정답
1. F2 2. ×

찾기 / 바꾸기

22.5, 18.2, 16.3, 14.2, 01.1
1 찾기

찾기는 워크시트에 입력된 데이터 중에서 특정 내용을 찾는 기능으로, 숫자, 특수문자, 한자 등도 찾을 수 있다.

• 워크시트 전체를 대상으로 찾거나 범위를 지정하여 범위 안에서만 찾을 수 있다.
• 여러 개의 워크시트를 선택하고 찾기를 실행하면 하나의 워크시트에 있는 것처럼 연속적으로 찾기를 실행한다.
• 다음과 같이 실행한 후 '찾기' 탭*이 표시되면 찾을 내용을 입력하고 〈다음 찾기〉를 클릭한다.
  – 방법 1 : [홈] → [편집] → [찾기 및 선택] → [찾기] 선택
  – 방법 2 : Ctrl + F 누름

기출체크 ☑

22.5
1. '찾기'의 바로 가기 키는 (   )이다.

24.5, 24.4, 23.1, 22.5, 22.4, 22.2, 22.1, 21.8, 21.5, 21.1, 19.2, 18.2, 18.1, 16.3, 14.3, 14.2, 13.1, 11.3, 11.2, 09.3, …
2 '찾기 및 바꾸기' 대화상자

찾기 및 바꾸기	?	×

찾기(D) 바꾸기(P)

❶ 찾을 내용(N): [   ] [v]   [설정된 서식 없음] ❷ 서식(M)... [v]

❸ 범위(H): [시트] [v]   ☐ 대/소문자 구분(C) ❻
❹ 검색(S): [행] [v]   ☐ 전체 셀 내용 일치(O) ❼
❺ 찾는 위치(L): [수식] [v]   ☐ 전자/반자 구분(B) ❽   [옵션(T) <<]

❾ 모두 찾기(I) ❿ 다음 찾기(F) [닫기]

24.4, 22.4, 22.2, 22.1, 21.8, 21.5, 21.1, 19.2, … **❶ 찾을 내용**	찾고자 하는 내용 입력. '*, ?' 등의 만능 문자*를 사용할 수 있다.
24.4, 22.4, 22.2, 22.1, 21.8, 21.5, 21.1, 18.1, … **❷ 서식**	특정 서식이 지정된 데이터를 찾는다.
24.4, 22.4, 22.2, 22.1, 21.8, 21.5, 21.1, 18.1, … **❸ 범위**	찾을 범위로, 시트나 통합 문서를 지정한다.

22.5, 11.3, 02.1, 00.1 **❹ 검색**	찾을 방향으로, 행이나 열을 지정한다.
22.5, 21.5, 18.2, 16.3, 14.2, 09.3, 02.1 **❺ 찾는 위치**	찾을 정보가 들어 있는 워크시트의 요소로, 수식*이나 값*, 슬라이드 노트, 메모를 지정한다.
18.2, 16.3, 14.2, 04.3, 00.1 **❻ 대/소문자 구분**	대문자와 소문자를 구분하여 찾는다.
24.5, 23.1, 07.4, 04.3 **❼ 전체 셀 내용 일치**	찾을 내용과 완전히 일치하는 셀만을 찾는다.
04.3 **❽ 전자/반자 구분**	전자(2Byte 문자)와 반자(1Byte 문자)를 구분하여 찾는다.
24.4, 22.4, 22.2, 22.1, 21.8, 21.1, 18.1, 14.3 **❾ 모두 찾기**	검색 조건에 맞는 모든 항목을 한꺼번에 찾는다.
❿ 다음 찾기	다음 셀에 있는 내용에서 찾는다.

- 데이터를 뒤에서부터 앞으로, 즉 역순으로 검색하려면 Shift 를 누른 상태에서 〈다음 찾기〉를 클릭한다.
- 찾을 내용을 입력하고 〈다음 찾기〉를 한 번이라도 수행한 후에는 '찾기 및 바꾸기' 대화상자를 닫아도 F4 를 눌러 입력한 내용을 계속하여 찾을 수 있다.

기출체크 ☑

24.4, 22.4, 22.2, 22.1, 21.8, 21.5, 21.1, 18.1, 14.3
2. '찾기 및 바꾸기' 대화상자를 이용하여 숫자 셀을 제외한 특정 서식이 있는 텍스트 셀을 찾을 수 있다. (○, ×)

- **수식** : 찾을 내용을 워크시트에서 검색하되, 수식의 경우 수식에서 찾을 내용을 검색합니다.
- **값** : 찾을 내용을 워크시트에서 검색하되, 수식의 경우 수식이 계산된 결과값에서 찾을 내용을 검색합니다.

기출체크 2번

'찾기 및 바꾸기' 대화상자에서 '서식'을 지정하면 특정 서식이 지정된 텍스트나 숫자가 있는 셀을 찾을 수 있습니다.

기출체크 정답
2. ×

셀 포인터 이동

셀 주소를 직접 입력하여 이동하는 방법

다음과 같이 수행한 후 셀 주소를 직접 입력합니다.
• **방법 1**: [홈] → [편집] → [찾기 및 선택] → [이동] 선택
• **방법 2**: Ctrl + G 누름
• **방법 3**: F5 누름

기출체크 정답
1. Ctrl + Home

607001

1 셀 포인터 이동

23.5, 19.2, 18.2, 16.1, 11.3, 08.3, 04.3, 01.3, 01.2, 00.2

• 셀을 마우스로 클릭하거나 키보드의 방향키(↑, ↓, ←, →)를 이용하여 원하는 셀로 이동한다.
• **방법 1**: 이동하고자 하는 셀을 마우스로 클릭
• **방법 2**: 이름 상자에 이동하고자 하는 셀 주소를 입력하고 Enter 를 누름
• **방법 3**: 키보드 이용

키	기능
↑, ↓, ←, ↓ *	상 · 하 · 좌 · 우로 이동한다.
Shift + Tab, Tab	좌 · 우로 이동한다.
Shift + Enter, Enter (23.5, 19.2)	상 · 하로 이동한다.
Home (19.2)	해당 행의 A열로 이동한다.
Ctrl + Home (08.3, 04.3, 01.2)	[A1] 셀로 이동한다.
Ctrl + End	데이터 범위의 맨 오른쪽 아래의 셀로 이동한다.
Ctrl + ↑, ↓, ←, ↓	데이터 범위의 상 · 하 · 좌 · 우의 끝으로 이동한다.
PgUp, PgDn	한 화면 위, 아래로 이동한다.
Alt + PgUp, Alt + PgDn	한 화면 좌, 우로 이동한다.
Ctrl + PgUp, Ctrl + PgDn (18.2, 01.3)	현재 시트의 앞, 뒤 시트로 이동한다.
F5 * (08.3, 04.3, 00.2)	이동하고자 하는 셀 주소를 직접 입력하여 이동한다.

기출체크 ☑

19.2, 08.3, 04.3
1. 셀 포인터를 [A1] 셀로 이동할 경우에는 (   )을 누른다.

[파일] → [옵션]

1 각 탭의 주요 옵션

실행 [파일] → [옵션] 선택

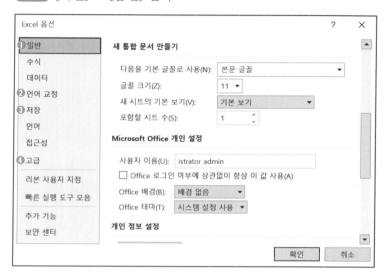

전문가의 조언

'Excel 옵션' 대화상자에서 설정 가능한 항목을 묻는 문제가 출제되고 있습니다. 탭별로 설정 가능한 항목을 잘 구분해서 기억해야 합니다.

[기출 포인트]

• 자동 고침 기능은 특정 단어를 입력하면 자동으로 다른 단어로 변경시키는 기능이다.

• 소수점 위치가 양수면 소수점 이하의 자릿수가 늘어난다.

• 소수점 위치가 음수면 소수점 이상의 자릿수가 늘어난다.

탭	옵션	기능
❶ 일반	13.1, 11.3, 10.3 새 통합 문서 만들기	새 통합 문서를 열었을 때 적용할 글꼴과 크기, 보기 형식, 기본적으로 생성되는 워크시트의 수를 지정한다.
❷ 언어 교정	24.5, 21.4 자동 고침 옵션	• 오타, 대문자 오류 등의 입력 실수를 자동으로 고치도록 설정한다. • 사용자가 특정 단어를 입력하면 자동으로 등록된 다른 단어나 기호로 변경되도록 설정한다. 예 (tel) → ☎, (ks) → Ⓚ
❸ 저장	23.2 자동 복구 정보 저장 간격	• 작업 중인 파일을 일정 시간마다 저장함으로써 엑셀이나 시스템에 예상하지 못한 문제가 발생했을 때 작업 중인 파일을 보존한다. • 저장 간격을 1분에서 120분까지 지정할 수 있다.
❹ 고급	09.4, 01.3, 99.2 〈Enter〉 키를 누른 후 다음 셀로 이동	Enter를 누를 때 셀 포인터의 이동 방향을 아래쪽, 위쪽, 오른쪽, 왼쪽으로 지정한다. • '소수점 위치'에 입력한 숫자가 양수면 소수점 이하(오른쪽)의 자릿수를 늘리고, 음수면 소수점 이상(왼쪽)의 자릿수를 늘린다.

입력	소수점 위치	결과	입력	소수점 위치	결과
1	2	0.01	1	−2	100
10	2	0.1	10	−2	1000
100	2	1	100	−2	10000

	22.1, 21.3, 11.3 셀 내용을 자동 완성	셀에 입력한 처음 몇 자가 같은 열에 있는 항목과 일치하면 자동으로 나머지 문자가 채워지도록 설정한다.
❹ 고급	09.4, 06.1, 03.3, 01.3 행 및 열 머리글 표시	행 및 열 머리글의 표시 여부를 지정한다.
	09.4, 06.1, 03.3, 01.3 계산 결과 대신 수식을 셀에 표시	셀에 수식의 결과 값 대신 입력된 수식을 표시한다.
	09.4, 06.1, 03.3, 01.3 눈금선 표시	눈금선의 표시 여부를 지정한다.

기출체크 ☑

24.5, 21.4
1. (　　　　) 기능은 워크시트에 "(tel)"을 입력하면 자동으로 "☎"로 변경되어 입력되도록 하는 기능이다.

셀/행/열의 복사 및 이동

① 마우스를 이용한 데이터 복사 및 이동
21.3, 21.2, 16.1

복사	복사할 데이터를 범위로 지정한 후 마우스 포인터를 범위의 경계선에 놓아 마우스 포인터가 십자 화살표로 바뀌면 Ctrl을 누른 상태에서 원하는 위치로 드래그한다.
이동	이동할 데이터를 범위로 지정한 후 마우스 포인터를 범위의 경계선에 놓아 마우스 포인터가 십자 화살표로 바뀌면 원하는 위치로 드래그한다.

기출체크 ☑

21.3, 21.2
1. ( )을 누른 채 선택 영역의 테두리를 클릭하여 원하는 위치로 드래그하면 선택 영역이 복사된다.

② 선택하여 붙여넣기
24.1, 23.4, 21.2, 18.2, 16.2, 15.3, 14.3

- 셀 전체를 붙여넣기하지 않고 메모, 노트, 수식, 값 등 셀에서 필요한 특정 내용만을 복사할 때 사용하는 기능이다.
- 선택하여 붙여넣기는 잘라내기한 경우에는 사용할 수 없고, 복사한 경우에만 사용할 수 있다.

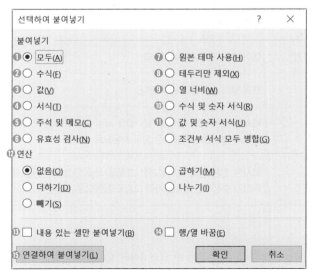

'선택하여 붙여넣기' 대화상자

전문가의 조언

셀의 이동과 복사에 대한 문제가 출제되고 있습니다.
[기출 포인트]
Ctrl을 누른 채 선택 영역의 테두리를 드래그하면 복사된다.

전문가의 조언

선택하여 붙여넣기에서 제공하는 각 항목에 대한 문제가 출제되고 있습니다.
[기출 포인트]
- '선택하여 붙여넣기' 대화상자에서 붙여넣기 '모두', 연산 '없음'으로 지정하면 단순히 복사−붙여넣기한 것과 동일하다.
- 복사한 데이터를 '연결된 그림'으로 붙여넣기하면 원본의 변경사항이 붙여넣기한 그림에도 적용된다.

기출체크 정답
1. Ctrl

선택하여 붙여넣기(S)...

[홈] → [클립보드] → 붙여넣기의 하위 메뉴

23.4, 21.2 ❶ 모두	원본 데이터를 그대로 복사한다(일반 붙여넣기와 동일).
❷ 수식	수식만 복사한다.
❸ 값	화면에 표시된 값만 복사한다.
15.3 ❹ 서식	셀 서식만 복사한다.
❺ 주석 및 메모	메모나 노트만 복사한다.
❻ 유효성 검사	유효성 검사 내용만 복사한다.
❼ 원본 테마* 사용	테마를 복사한다.
❽ 테두리만 제외	테두리만 제외하고 모두 복사한다.
❾ 열 너비	열 너비만 복사한다.
❿ 수식 및 숫자 서식	수식과 숫자 서식만 복사한다.
⓫ 값 및 숫자 서식	수식이 아닌 수식의 결과와 숫자에 적용된 서식만 복사한다.
⓬ 연산	복사한 데이터와 붙여넣기할 위치에 있는 데이터를 지정한 연산자로 계산한다(더하기, 빼기, 곱하기, 나누기).
15.3 ⓭ 내용 있는 셀만 붙여넣기*	데이터가 있는 셀만 복사한다.
15.3 ⓮ 행/열 바꿈	행과 열의 위치를 서로 바꾼다.
18.2, 15.3 ⓯ 연결하여 붙여넣기	복사한 원본 셀과 붙여넣기한 셀을 서로 연결하여 원본 셀의 데이터가 수정되면 붙여넣기한 셀도 자동으로 수정된다.
24.1 ⓰ 연결된 그림	복사한 원본 셀과 붙여넣기한 그림을 서로 연결하여 원본 셀의 데이터가 수정되면 붙여넣기한 그림도 자동으로 수정된다.

테마

색, 글꼴, 그래픽 등을 사용하여 문서 모양을 꾸밀 수 있도록 미리 만들어 놓은 디자인 모음

내용 있는 셀만 붙여넣기

▲	A	B	C	D	E
1	1	3		10	30
2	2			20	40

[A1:B2] 영역을 복사한 후 [D1:E2] 영역에 '내용 있는 셀만 붙여넣기'로 붙여넣기합니다.

↓

▲	A	B	C	D	E
1	1	3	→	1	3
2	2			2	40

[B2] 셀에는 내용이 없으므로 [E2] 셀은 기존 데이터가 그대로 남아있습니다.

기출체크 ☑

24.1
2. 특정 내용을 그림의 형태로 복사하는 경우 원본의 변경사항이 복사된 그림에도 적용되도록 복사하려면 원본 내용을 복사한 후 [홈] → [클립보드] → [붙여넣기] → [(   )]을 선택한다.

행/열 크기 변경과 숨기기

1 행 높이 변경

10.1, 99.1

607201 ▶

- 행 높이는 해당 행의 글꼴 크기 중 가장 큰 것에 맞추어 자동으로 조절된다.
- 여러 개의 행을 선택한 후 높이를 조절하면 모두 동일하게 조절된다.

예제 2행의 높이를 '30'으로 변경하시오.

- **메뉴 이용**

  – 높이를 변경할 행을 선택한 다음 [홈] → [셀] → [서식] → [행 높이]를 선택
  하거나, 행 머리글의 바로 가기 메뉴에서 [행 높이]를 선택한 후 변경할 값
  을 입력하고 〈확인〉을 클릭한다.

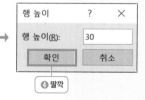

  – 셀을 선택한 후 [홈] → [셀] → [서식] → [행 높이 자동 맞춤]을 실행하면 현
  재 행에서 가장 큰 문자 크기에 맞추어 행의 높이가 자동으로 조절된다.

- **마우스 이용**

  – 높이를 변경할 행의 아래쪽 행 머리글 경계선에 마우스 포인터를 위치시킨
  후 드래그하여 행 높이를 조절한다.

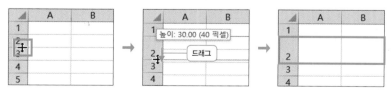

  – 행 머리글 경계선을 더블클릭하면 해당 행에 입력된 데이터 중 가장 큰 글
  자 크기에 맞게 행 높이가 자동으로 조절된다.

전문가의 조언

행 높이 설정에 관한 설명으로 틀린 것을
고르는 문제가 출제된 적이 있습니다.

[기출 포인트]

행의 가장 큰 글자에 맞춰 행 높이가 조
절된다.

표준 글꼴 크기의 문자 수

표준 글꼴 크기란 [파일] → [옵션]의 '일반' 탭에서 지정하는 글꼴 크기로, 기본값은 '11'입니다. 글꼴 크기가 '11' 포인트인 경우 열의 너비로 8을 입력하면 '11' 포인트인 글자 여덟 개가 들어갈 수 있는 너비로 변경됩니다.

기출체크 ☑

10.1, 99.1

1. 행 머리글의 구분선에서 마우스를 더블클릭하면 그 행의 가장 적은 글자 크기에 맞춰 행 높이가 조정된다. (○, ×)

607202 ▶

2 열 너비 변경

23.3, 21.4, 21.2, 12.3, 03.2, 00.3

• 여러 개의 열을 선택하고, 너비를 조절하면 모두 동일한 너비로 조절된다.

• 열 너비의 조절 단위는 표준 글꼴 크기의 문자 수*이다.

예제 B열의 너비를 '2'로 변경하시오.

	A	B
1		
2		
3		
4		

→

	A	B	C
1			
2			
3			
4			

• **메뉴 이용**

– 너비를 변경할 열을 선택하고 [홈] → [셀] → [서식] → [열 너비]를 선택하거나, 열 머리글의 바로 가기 메뉴에서 [열 너비]를 선택한 후 변경할 값을 입력하고 〈확인〉을 클릭한다.

– 셀을 선택한 후 [홈] → [셀] → [서식] → [열 너비 자동 맞춤]을 선택하면 현재 선택한 셀에 입력된 문자의 길이에 맞게 열의 너비가 자동으로 조절된다.

• **마우스 이용**

– 너비를 변경할 열의 오른쪽 열 머리글 경계선을 마우스로 드래그한다.

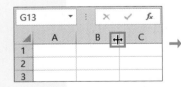 

– 열 머리글 경계선을 더블클릭하면 해당 열에 입력된 데이터 중 가장 긴 데이터에 맞게 열의 너비가 자동으로 조절된다.

기출체크 ☑

23.3, 21.4, 21.2

2. 열 너비를 기본값으로 되돌리려면 열 머리글 경계선을 마우스로 더블클릭한다. (○, ×)

23.1, 18.상시, 12.2, 06.1, 04.4

607203 ▶

③ 행/열 숨기기

- 숨기기는 불필요한 행이나 열이 화면에 표시되지 않게 숨기는 기능이다.
- 숨겨진 행이나 열은 정렬 시 이동되지 않고, 인쇄물에도 출력되지 않는다.
- **행/열 숨기기** : 숨기려는 행이나 열을 선택한 후 [홈] → [셀] → [서식] → [숨기기 및 숨기기 취소] → [행 숨기기/열 숨기기]를 선택한다.

⬜	A	B	C
1	성명	근무팀	직위
2	정세진	IT	과장
3	박향순	Telecom	대리
4	김신애	Electronic	사원

딸깍

[홈] → [셀] → [서식] →
[숨기기 및 숨기기 취소] →
[행 숨기기/열 숨기기] 선택
➡

⬜	A	C	D
1	성명	직위	
2	정세진	과장	
3	박향순	대리	
4	김신애	사원	

- **행/열 숨기기 취소**
  - 숨겨진 행이나 열이 포함되도록 범위를 지정한 후 [홈] → [셀] → [서식] → [숨기기 및 숨기기 취소] → [행 숨기기 취소/열 숨기기 취소]를 선택한다.
  - 숨겨진 행이나 열이 포함되도록 범위를 지정한 후 바로 가기 메뉴에서 [숨기기 취소]를 선택한다.
  - 숨겨진 행이나 열이 포함되도록 범위를 지정한 후 행 높이나 열 너비를 조절한다.

⬜	A	C	D
1	성명	직위	
2	정세진	과장	
3	박향순	대리	
4	김신애	사원	

범위 지정

[홈] → [셀] → [서식] →
[숨기기 및 숨기기 취소] →
[열 숨기기 취소] 선택
➡

⬜	A	B	C
1	성명	근무팀	직위
2	정세진	IT	과장
3	박향순	Telecom	대리
4	김신애	Electronic	사원

기출체크 ☑

23.1
3. 숨겨진 행이나 열이 포함되도록 범위를 지정한 후 행 높이나 열 너비를 조절해도 숨겨진 행이나 열은 화면에 표시되지 않는다. (○, ×)

전문가의 조언

'행/열 숨기기' 기능에 대한 문제가 출제되고 있습니다.

[기출 포인트]
숨겨진 행이나 열이 포함되도록 범위를 지정한 후 행 높이나 열 너비를 조절하면 화면에 표시된다.

기출체크 3번

숨겨진 행이나 열이 포함되도록 범위를 지정한 후 행 높이나 열 너비를 조절하면 숨겨진 행이나 열이 화면에 표시됩니다.

기출체크 정답
3. ×

워크시트 편집

607301 ▶

24.3, 22.4, 21.8, 21.4, 21.2, 20.상시, 20.2, 18.2, 15.2, 13.3, 13.2, 11.2, 09.1, 06.3, 03.2, 02.1, 01.2

1 **워크시트 선택**

• 시트 탭에서 원하는 시트를 클릭한다.

• **연속적인 여러 개의 시트 선택** : 첫 번째 시트를 클릭한 후 Shift를 누른 채 마지막 시트를 클릭한다.

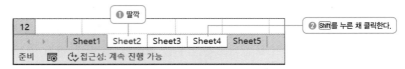

• **비연속적인 여러 개의 시트 선택** : 첫 번째 시트를 클릭한 후 Ctrl을 누른 채 원하는 시트를 차례대로 클릭한다.

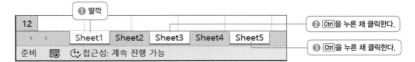

• **모든 시트 선택** : 시트 탭의 바로 가기 메뉴에서 [모든 시트 선택]을 선택한다.

• 여러 개의 시트를 선택하면 제목 표시줄에 [그룹]이라고 표시된다.

• 여러 개의 시트를 선택하고 데이터를 입력하면 선택한 모든 시트에 동일한 데이터가 입력된다.

• 그룹 상태에서는 도형, 차트 등의 그래픽 개체를 삽입하거나 정렬, 필터 등의 데이터 관리 작업을 수행할 수 없다.

• 여러 개의 시트가 선택된 그룹 상태를 해제하려면 시트 탭의 바로 가기 메뉴에서 [시트 그룹 해제]를 선택하거나 임의의 시트를 클릭한다.

기출체크 ☑

24.3, 22.4, 21.8, 21.2, 20.상시, 18.2, 15.2, 13.3, 13.2, 11.2
1. 떨어져 있는 여러 시트를 선택하려면 (   )을 누른 채 시트 탭을 클릭하고, 연속된 여러 시트를 선택하려면 첫 번째 시트를 선택하고 (   )를 누른 채 마지막 시트 탭을 클릭하면 된다.

기출체크 정답
1. Ctrl, Shift

607302 ▶

② 워크시트 이름 변경

15.3, 15.2, 13.2, 00.3

- **방법 1** : [홈] → [셀] → [서식] → [시트 이름 바꾸기] 선택
- **방법 2** : 시트 탭의 바로 가기 메뉴에서 [이름 바꾸기] 선택
- **방법 3** : 바꿀 시트 이름을 더블클릭한 후 원하는 이름을 입력하고 Enter를 누름

 →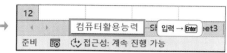

시트 이름을 더블클릭한다.　　　　　시트 이름을 입력한 후 Enter를 누른다.

- 시트 이름은 공백을 포함하여 최대 31자까지 지정할 수 있으나 * / : ? [ ] 등의 문자는 사용할 수 없다.
- 하나의 통합 문서 안에서는 동일한 시트 이름을 사용할 수 없다.

기출체크 ☑

15.3, 13.2

2. 시트의 이름은 공백 문자를 포함하여 최대 ( )자까지 사용할 수 있으나 /, ₩, ?, *, [,] 등의 기호는 사용할 수 없다.

> **전문가의 조언**
>
> 시트의 이름 변경 방법에 대한 내용이 출제된 적이 있습니다.
>
> [기출 포인트]
> - 최대 31자까지 지정할 수 있다.
> - * / : ? [ ] 등은 사용할 수 없다.

607303 ▶

③ 워크시트 삽입

24.3, 22.4, 21.8, 20.2, 18.2, 13.3, 07.3

- **방법** : [홈] → [셀] → [삽입] → [시트 삽입] 선택
- **시트 삽입* 바로 가기 키** : Shift + F11

 →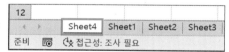

Shift + F11을 누르면 활성 시트의 왼쪽에 시트가 삽입된다.

- 삽입된 시트는 활성 시트의 왼쪽에 삽입*되고, 시트 이름은 'Sheet' 뒤에 2, 3, … 등으로 일련번호가 붙는다.
- 여러 개의 시트를 연속적으로 선택한 후 시트를 삽입하면 선택한 수만큼의 시트가 삽입되나 서로 떨어져 있는 시트를 선택한 경우에는 삽입되지 않는다.

기출체크 ☑

24.3, 22.4, 21.8, 20.2, 18.2, 13.3

3. 현재의 워크시트 앞에 새로운 워크시트를 삽입하려면 ( )+( )을 누른다.

> **전문가의 조언**
>
> 시트를 삽입하는 바로 가기 키에 대한 문제가 출제되고 있습니다.
>
> [기출 포인트]
> 시트를 삽입하려면 Shift + F11을 누른다.
>
> **활성 시트의 오른쪽에 시트 삽입 방법**
>
> 시트 탭의 오른쪽 끝에 있는 '⊕(새 시트)' 아이콘을 클릭하면 활성 시트의 오른쪽에 시트가 삽입됩니다.
>
> **시트 종류에 따른 시트 삽입 바로 가기 키**
> - Shift + F11 : '워크시트' 삽입
> - Ctrl + F11 : '매크로' 시트 삽입
> - F11 : '차트' 시트 삽입

기출체크 정답
2. 31　3. Shift, F11

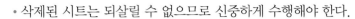
4 워크시트 삭제

22.4, 21.8, 21.4, 21.2, 20.2, 15.3, 13.3, 02.2

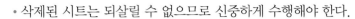

- 삭제된 시트는 되살릴 수 없으므로 신중하게 수행해야 한다.
- 여러 개의 시트를 선택하여 한꺼번에 삭제할 수 있다.
- **방법 1** : 삭제할 시트를 선택한 후 [홈] → [셀] → [삭제] → [시트 삭제] 선택
- **방법 2** : 시트 탭의 바로 가기 메뉴에서 [삭제] 선택

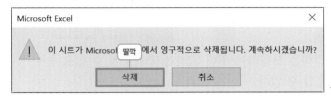

삭제 확인 대화상자*

기출체크 ☑

22.4, 21.4, 21.2, 20.2, 15.3, 13.3, 02.2
4. 워크시트의 삭제 및 시트 이름을 변경했을 때 '실행 취소' 기능을 수행하여 이전 상태로 되돌릴 수 있다. (○, ×)

5 워크시트 이동 / 복사

24.3, 18.2, 15.3, 13.3, 03.3, 01.1, 99.1

- 시트를 복사할 때마다 시트 이름은 원래의 시트 이름에 ( )가 삽입되면서 (2), (3), … 등으로 일련번호가 붙는다.
- 복사나 이동할 시트를 선택한 후 [홈] → [셀] → [서식] → [시트 이동/복사]를 선택한다.
- **워크시트 이동** : 이동할 시트를 선택한 후 원하는 위치까지 드래그한다.

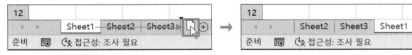

- **워크시트 복사** : 복사할 시트를 선택한 후 원하는 위치까지 Ctrl을 누른 채 드래그한다.

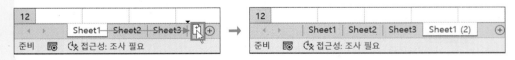

기출체크 ☑

24.3, 18.2, 13.3, 01.1, 99.1
5. 시트를 복사하기 위해서는 (　　　)을 누른 상태로 해당 시트의 탭을 클릭하여 원하는 위치까지 드래그한다.

전문가의 조언

삭제된 시트는 되살릴 수 없다는 것만 알아도 맞힐 수 있는 문제가 출제되고 있습니다.

[기출 포인트]
삭제된 시트는 되살릴 수 없다.

삭제 확인 대화상자
삭제 확인 대화상자는 데이터가 입력되어 있는 시트를 삭제할 경우에만 표시됩니다.

기출체크 4번
시트 복사, 이동, 삭제, 이름 바꾸기 등 시트 관련 작업은 실행 취소가 불가능합니다.

전문가의 조언

시트를 복사하거나 이동하는 방법에 대한 문제가 출제된 적이 있습니다.

[기출 포인트]
- 시트를 이동하려면 드래그한다.
- 시트를 복사하려면 Ctrl을 누른 채 드래그한다.

기출체크 정답
4. × 5. Ctrl

보호

607501 ▶

24.5, 21.1, 20.2, 20.1, 17.2, 15.1, 09.3, 06.1, 03.4

1 시트 보호

시트 보호는 특정 워크시트에 입력된 데이터나 차트 등을 변경할 수 없도록 보호하는 기능으로, 보호된 시트에서는 기본적으로 셀을 선택하는 것만 가능하다.

- **실행** [검토] → [보호] → [시트 보호] 클릭
- **해제** [검토] → [보호] → [시트 보호 해제] 클릭
- 통합 문서 중 특정 시트만을 보호하는 것으로, 나머지 시트는 변경이 가능하다.
- 모든 요소를 모든 사용자가 액세스하지 못하도록 보호할 수 있으며, 지정한 범위에 대해 개별적으로 사용자의 수정을 허용할 수도 있다.
- 셀/행/열의 서식, 하이퍼링크 삽입, 자동 필터, 피벗 테이블 보고서 등 특정 항목을 제외하고 시트 보호를 지정할 수 있다.
- '셀 서식' 대화상자의 '보호'※ 탭에서 '잠금'이 해제된 셀은 보호되지 않는다.
- 시트 보호가 설정된 상태에서 데이터를 입력하거나 수정하면 경고 메시지가 나타난다.

'시트 보호' 대화상자

❶ 암호는 대/소문자를 구분하며, 255자까지 지정할 수 있다(선택 사항).

❷ 이 부분을 체크하면 실질적으로 워크시트 보호가 이루어진다.

❸ 워크시트 보호가 실행중이어도 수정을 허용할 항목을 지정한다.

- 차트 시트에서 [시트 보호]를 실행하여 차트를 보호할 수 있다.

❶ 차트의 데이터 계열, 축, 범례 등을 변경할 수 없게 보호한다.

❷ 도형, 텍스트 상자, 컨트롤 등 그래픽 개체를 변경할 수 없게 보호한다.

전문가의 조언

시트 보호의 특징을 묻는 문제가 출제되고 있습니다.

[기출 포인트]
- '잠금'이 설정된 셀만 보호한다.
- 차트 시트도 보호할 수 있다.
- 시트 보호 시 암호 설정은 선택 사항이다.

'셀 서식' 대화상자의 '보호' 탭

셀에 입력된 내용이나 셀의 크기 등을 변경할 수 없도록 셀을 보호하는 기능으로, '보호' 탭에서 '잠금'이나 '숨김'을 설정한 후 시트 보호를 설정해야 시트 보호가 적용됩니다.

- **잠금** : 데이터 입력, 수정 등을 변경하지 못하도록 보호합니다.
- **숨김** : 수식 입력줄에 데이터가 표시되지 않습니다.

워크시트에 있는 셀을 보호하려면 '셀 서식' 대화상자의 '보호' 탭에서 '잠금'을 설정한 후 [검토] → [변경 내용] → [시트 보호]를 클릭해야 합니다.

전문가의 조언

통합 문서 보호의 특징을 묻는 문제가 출제된 적이 있습니다.

[기출 포인트]

시트 삭제, 이동, 숨기기, 이름 바꾸기 등을 할 수 없도록 보호한다.

'창' 옵션

엑셀 2021 버전에서는 '구조 및 창 보호' 대화상자의 '창' 옵션이 비활성화되어 사용할 수 없습니다.

기출체크 ☑

24.5, 21.1, 20.2, 15.1

1. '시트 보호' 기능을 이용하여 워크시트에 있는 셀을 보호하기 위해서는 먼저 셀의 '잠금' 속성을 해제해야 한다. (○, ×)

607502 ▶

20.1, 03.3

2 통합 문서 보호

통합 문서 보호는 통합 문서의 시트 삭제, 이동, 숨기기, 이름 바꾸기 등을 할 수 없도록 보호한다.

- 실행 [검토] → [보호] → [통합 문서 보호] 클릭
- 해제 [검토] → [보호] → [통합 문서 보호]를 다시 한 번 클릭
- 통합 문서를 보호해도 '시트 보호'가 설정되지 않았으면 데이터를 입력, 수정, 삭제하거나 피벗 테이블 보고서, 부분합과 같은 데이터 분석 작업을 할 수 있다.

❶ 암호는 대/소문자를 구분하며, 255자까지 지정할 수 있다.
❷ 시트의 삭제, 이동, 숨김, 숨김 해제, 새 시트 삽입 등을 할 수 없게 보호한다.

기출체크 ☑

20.1, 03.3

2. (   )는 작업중인 엑셀 문서에 대해서 워크시트의 삽입, 삭제, 이동 기능이 실행되지 않도록 설정하는 기능이다.

기출체크 정답
1. × 2. 통합 문서 보호

사용자 지정 서식

24.3, 21.4, 21.3, 12.3, 12.2, 09.3, 08.2, 07.3, 06.3, 05.4, 04.4, 03.3, 00.3

607601 ▶

사용자 지정 서식

사용자 지정 표시 형식은 기본적으로 제공하는 표시 형식을 이용하여 원하는 형식을 표시할 수 없을 때, 사용자가 직접 만들어 사용하는 표시 형식이다.

- '셀 서식' 대화상자의 '표시 형식' 탭에서 범주를 '사용자 지정'으로 선택한 후 형식 입력 상자에 직접 표시 형식을 입력한다.

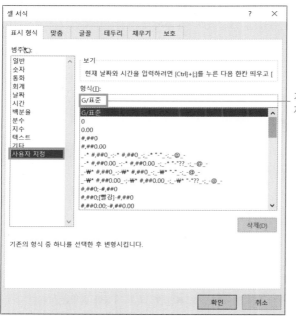

기본적인 형식이 입력되어 있다.
지우고 원하는 서식을 입력한다.

전문가의 조언

중요해요! 지정된 사용자 지정 서식의 결과를 묻거나 반대로 제시된 형태대로 표현하기 위한 사용자 지정 서식을 묻는 문제가 자주 출제됩니다.

[기출 포인트]

- 조건이 없으면 양수, 음수, 0, 텍스트 순으로 지정한다.
- 조건이나 글꼴색은 대괄호([ ]) 안에 입력한다.
- 셀에 입력된 자료를 숨길 때는 ;;;으로 입력한다.

'셀 서식' 대화상자 실행 방법

- **방법1** : [홈] → [글꼴] 또는 [맞춤] 또는 [표시 형식]의 🔳 클릭
- **방법2** : 바로 가기 메뉴에서 [셀 서식] 선택
- **방법3** : Ctrl + 1 누름

- 조건이 없을 때는 양수, 음수, 0, 텍스트 순으로 표시 형식이 지정되지만, 조건이 있을 때는 조건이 지정된 순으로 표시 형식을 나타낸다.
- 조건이나 글꼴색을 지정할 때는 대괄호([ ]) 안에 입력한다.
- **조건이 없을 때**

#,### ;	[빨강](#,###) ;	0.00 ;	@"님"
양수	음수	0값	텍스트

- **조건이 있을 때**

[〉0](#,###) ;	[〈0][빨강](#,###) ;	0.00
조건1	조건2	두 조건을 만족하지 않을 경우

- 셀에 입력한 자료를 숨길 때는 서식 코드 없이 ;;;만 입력한다.

예제1 순이익이 0보다 크면 '파랑', 0보다 작으면 '-' 기호를 붙이고 '빨강', 0이면 '검정', 텍스트이면 뒤에 "미등록"을 표시하는 사용자 지정 서식을 작성하시오(단, 천 단위마다 콤마(,)를 표시하고 값이 0일때 '0' 표시).

답   [파랑]#,##0;[빨강]-#,##0;[검정]#,##0;@"미등록"
     ❶   ❷   ❸   ❹

※ 조건이 없으면 양수, 음수, 0, 텍스트 순으로 표시 형식이 지정된다.

❶ 0보다 크면([>0]) 파랑색([파랑])에 #,##0 형식으로 표시

  예 25 → 25, 1245 → 1,245

❷ 0보다 작으면([<0]) 빨강색([빨강])에 -#,##0 형식으로 표시

  예 -35.6 → -36, -5123 → -5,123
     ※ 소수점 이하의 값은 반올림하여 정수로 표시합니다.

❸ 0이면([=0]) 검정색([검정])에 #,##0 형식으로 표시

  예 0 → 0

❹ 텍스트이면 뒤에 "미등록" 표시(@"미등록")

  예 김우성 → 김우성미등록

예제2 상반기 순이익이 100 이상이면 '파랑', 50 이상이면 '빨강', 50 미만이면 색 지정이 없다. 단, 천 단위 구분 기호를 표시하고, 소수 둘째 자리까지 표시하시오.

답   [파랑][>=100]#,##0.00;[빨강][>=50]#,##0.00;#,##0.00
     ❶   ❷   ❸

❶ 100 이상이면([>=100]) 파랑색([파랑])에 #,##0.00 형식으로 표시

  예 152.3 → 152.30, 6523.645 → 6,523.65

❷ 50 이상이면([>=50]) 빨강색([빨강])에 #,##0.00 형식으로 표시

  예 75.2 → 75.20

기출체크 ☑

24.3, 21.3
1. 2가 입력되어 있는 셀의 표시 형식을 '[>5]"▲";"▼"'으로 지정한 결과는? (   )

24.5, 24.4, 24.3, 24.2, 23.5, 23.4, 23.2, 23.1, 22.5, 22.4, 22.3, 21.8, 21.4, 21.3, 21.1, 20.2, 19.상시, 19.2, 19.1, …

607602 ▶

2 숫자 서식 코드

코드	설명
24.5, 24.4, 24.3, 23.4, … **#**	유효한 자릿수만 표시하고, 유효하지 않은 0은 표시하지 않는다.
24.2, 23.2, 23.1, 22.5, … **0**	유효하지 않은 자릿수를 0으로 표시한다.
24.3, 23.2, 22.5, 21.3, … **?**	유효하지 않은 자릿수에 0 대신 공백을 입력하고, 소수점을 기준으로 정렬한다.
24.5, 24.2, 23.1, 22.5, … **,**	• 천 단위 구분 기호를 표시한다. • 표시 형식 맨 끝에 콤마를 표시하면 3자리씩 생략한다.※

24.3, 23.4, 19.상시, …	
%	숫자에 100을 곱한 다음 %를 붙인다.
08.3 **[DBNUM1]**	• 숫자를 한자 및 한글, 한자/한글로 표시한다. • [DBNUM1] ~ [DBNUM4]가 있다.※

예제3 숫자 서식 코드 사용하기

	A	B	C	
1	원본 데이터	지정된 서식	결과 데이터	
2	512.57	##	513	
3	32.1	##.##	32.1	─ 유효하지 않은 자릿수는 표시하지 않음
4	1523.78	#,###.#	1,523.8	
5	24532468	#,###	24,532,468	─ 천 단위로 표시하기 위해 3자리 생략
6	5135000	#,###,	5,135	
7	452000000	#,###,,"백만원"	452백만원	─ 백만 단위로 표시하기 위해 6자리 생략
8	45	###%	4500%	
9	52.368	0,000.00	0,052.37	─ 유효하지 않은 자릿수를 0으로 표시, 자릿수가 부족할 경우 반올림
10	321	0.0	321.0	
11	1255		1255.	─ ? 표시만큼 자릿수 확보
12	23.12	?.??	23.12	
13	135.567		135.57	─ 쉼표(,)가 두 개이므로 6자리를 생략함

기출체크 ☑

※ 다음과 같이 표시 형식을 지정하였을 경우의 결과를 쓰시오.

24.3, 21.3
2. 12 → #.# : (   )

24.5, 22.5, 22.4, 22.3, 19.1, 18.2, 13.3, 13.1
3. 2234543 → #,###,"천원" : (   )

607603 ▶

3 24.5, 24.4, 24.3, 23.4, 22.4, 22.3, 21.8, 21.7, 21.3, 21.1, 20.2, 19.상시, 18.2, 17.1, 16.2, 14.1, 13.2, 10.2, 09.2, 09.1, …
문자 서식 코드

24.5, 24.4, 24.3, …	
@	문자 데이터의 표시 위치를 지정한다.
*	* 기호 다음에 있는 특정 문자를 셀의 너비만큼 반복하여 채운다.
_	셀에 입력된 데이터의 오른쪽 끝에 하나의 공백이 생긴다.

예제4 문자 서식 코드 사용하기

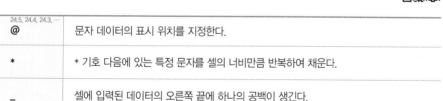

	A	B	C	
1	원본 데이터	지정된 서식	결과 데이터	
2	컴퓨터	@"활용능력"	컴퓨터활용능력	
3	1급	"컴활"@	컴활1급	
4	벨소리	@*~	벨소리~~~~~~	
5	59	##*!	59!!!!!!!!!!!!!!!!!!!!!!!!	
6	32458	#,###"원"_-	32,458원	공백

기출체크 ☑

24.5, 24.4, 24.3, 23.4, 22.3, 21.3, 21.1, 20.2, 17.1, 16.2, 14.1, 13.2, 07.1, 06.4
4. "우리"가 입력된 셀에 사용자 지정 표시 형식을 "@사랑"으로 지정하면 화면에 표시되는 결과는? (   )

154를 입력했을 때의 결과

• [DBNUM1] : 一百五十四
• [DBNUM2] : 壹百伍拾四
• [DBNUM3] : 百5十4
• [DBNUM4] : 일백오십사

기출체크 2번

#은 유효한 자릿수만 표시하므로 12에 #.#을 적용하면 12.이 표시됩니다.

기출체크 3번

사용자 지정 서식에서 맨 오른쪽에 쉼표(,)를 입력하면 3자리를 생략하라는 의미입니다. 그러므로 2234543에 #,###,"천원"을 지정하면 반올림되어 2,235천원으로 표시됩니다.

[기출 포인트]
@는 문자의 표시 위치를 지정한다.

기출체크 4번

'@'는 문자 데이터의 표시 위치를 지정하는 것으로 우리에 @사랑을 지정하면 우리사랑으로 표시됩니다.

기출체크 정답
2. 12. 3. 2,235천원 4. 우리사랑

24.5, 24.4, 23.5, 22.5, 22.4, 22.3, 21.7, 21.3, 21.1, 19.상시, 19.2, 17.1, 16.2, 14.1, 13.2, 11.3, 09.2, 08.3, 08.2, …

④ 날짜 서식

24.5, 24.4, 23.5, … 연도	• yy : 연도 중 뒤의 두 자리만 표시한다. • yyyy : 연도를 네 자리로 표시한다.
24.5, 24.4, 23.5, … 월	• m : 월을 1~12로 표시한다. • mm : 월을 01~12로 표시한다. • mmm : 월을 Jan~Dec로 표시한다. • mmmm : 월을 January~December로 표시한다.
24.5, 24.4, 23.5, … 일	• d : 일을 1~31로 표시한다. • dd : 일을 01~31로 표시한다.
24.5, 24.4, 23.5, … 요일	• ddd : 요일을 Sun~Sat로 표시한다. • dddd : 요일을 Sunday~Saturday로 표시한다. • aaa : 월~일로 표시한다. • aaaa : 월요일~일요일로 표시한다.

예제5 날짜 서식 코드 사용하기

	A	B	C
1	원본 데이터	지정된 서식	결과 데이터
2	2022-09-07	yy-m-d	22-9-7
3	2021-08-09	yyyy-mm-ddd	2021-08-Mon
4	2015-04-03	mm-ddd-yy	04-Fri-15
5	2020-05-04	yyyy"년"mm"월"dd"일"	2020년05월04일

기출체크 ☑

22.3

5. 2021-8-1이 입력된 셀에 사용자 지정 표시 형식을 yyyy.mmm으로 지정하면 화면에 표시되는 결과는? (   )

22.5

6. yyyy-m-dd의 형식이 지정된 셀에 19/03/01을 입력했을 때 화면에 표시되는 결과는? (   )

24.5, 24.4, 22.4, 21.3, 21.1, 19.상시, 16.2, 14.1, 13.2, 11.3, 09.2, 08.3, 04.2, 03.1

607605 ▶

5 시간 서식

24.5, 24.4, 22.4, ⋯ **시간**	• h : 0~23으로 표시한다. • hh : 00~23으로 표시한다. • [h] : 경과된 시간을 표시한다.※
24.5, 24.4, 22.4, ⋯ **분**	• m : 0~59로 표시한다. • mm : 00~59로 표시한다. • [m] : 경과된 분을 표시한다.
24.5, 24.4, 22.4, ⋯ **초**	• s : 0~59로 표시한다. • ss : 00~59로 표시한다. • [s] : 경과된 초를 표시한다.
24.5, 24.4, 22.4, ⋯ **오전/오후**	AM/PM, A/P로 표시한다.

예제6 시간 서식 코드 사용하기

⊿	A	B	C
1	원본 데이터	지정된 서식	결과 데이터
2	2:12:25	hh:mm:ss	02:12:25
3	15:12:25	h:m:s AM/PM	3:12:25 PM
4	20:30	hh"시"mm"분"ss"초"	20시30분00초
5	6:02	hh:mm A/P	06:02 A

기출체크 ☑

24.4, 22.4, 19.상시, 16.2, 13.2, 08.3, 04.2

7. 16:08:15가 입력된 셀에 사용자 지정 표시 형식을 h:m:s AM/PM으로 지정하면 화면에 표시되는 결과는? (   )

[기출 포인트]

• h는 시간, m은 분, s는 초를 표시한다.
• AM/PM은 시간을 12시간제로 표시한다.

경과된 시간 표시

현재 시간이 아닌 경과된 시간을 표시할 때는 시간을 대괄호 [ ]로 묶어주면 됩니다.

기출체크 7번

h는 시간을, m은 분을, s는 초를 표시하는 코드로, 16:08:15에 h:m:s AM/PM을 지정하면 4:8:15 PM으로 표시됩니다.

기출체크 정답
7. 4:8:15 PM

조건부 서식

607801 ▶

① 조건부 서식의 개요

24.3, 24.2, 24.1, 23.5, 23.2, 22.3, 22.2, 22.1, 21.7, 21.6, 21.5, 20.상시, 19.2, 18.상시, 18.2, 18.1, 17.2, 16.3, 16.1, …

조건부 서식은 규칙(조건)을 만족하는 셀에만 셀 서식을 적용하는 기능이다

- 실행 [홈] → [스타일] → [조건부 서식] → [새 규칙] 선택
- 조건부 서식의 규칙을 수식으로 입력할 경우 수식 앞에 반드시 등호(=)를 입력해야 한다.
- 셀의 값이 변경되어 규칙을 만족하지 않으면 적용된 서식이 해제된다.
- 조건부 서식은 기존의 셀 서식에 우선하여 적용된다.
- 조건부 서식으로 지정할 수 있는 서식에는 글꼴 스타일, 글꼴 색, 테두리, 채우기 등이 있다.
- 규칙별로 다른 서식을 적용할 수 있다.
- 둘 이상의 조건부 서식이 참일 경우 두 규칙에 지정된 서식이 모두 적용되지만, 서식이 충돌할 경우 우선 순위가 높은 규칙*의 서식이 적용된다.
- 규칙에 맞는 데이터가 있는 행 전체에 서식을 지정할 때는 수식 입력 시 열 이름 앞에 $를, 열 전체에 서식을 지정할 때는 행 번호 앞에 $를 붙인다.
- 다른 시트에 지정된 조건부 서식을 복사할 수 있다.
- **조건부 서식의 서식 스타일** : 데이터 막대, 색조, 아이콘 집합
- **조건부 서식 규칙 관리자**
  - 지정된 모든 조건부 서식을 확인하거나 수정, 삭제, 추가, 우선 순위 등을 변경할 수 있다.
  - 실행 [홈] → [스타일] → [조건부 서식] → [규칙 관리] 선택

예제 다음과 같은 데이터 목록에서 총점이 140 이상인 행 전체에 대해 바탕색을 '빨강'으로 지정하시오.

	A	B	C	D
1	이름	1과목	2과목	총점
2	홍길동	80	58	138
3	이숙희	84	75	159
4	양미숙	55	57	112
5	이숙자	89	95	184

→

	A	B	C	D
1	이름	1과목	2과목	총점
2	홍길동	80	58	138
3	이숙희	84	75	159
4	양미숙	55	57	112
5	이숙자	89	95	184

중요해요! 조건부 서식의 특징에서 규칙을 지정하는 방법까지 다양한 문제가 골고루 출제되고 있습니다.

[기출 포인트]
- 행 전체에 서식을 지정하려면 열 이름 앞에 $를 입력한다.
- 규칙을 만족하지 않으면 적용된 서식이 해제된다.
- 서식 스타일에는 데이터 막대, 색조, 아이콘 집합이 있다.
- 두 개의 조건을 만족하는 경우 두 규칙에 지정된 서식이 모두 적용된다.

우선 순위가 높은 규칙의 서식

- 예를 들어, 글꼴 색과 채우기 색을 지정하는 두 조건이 모두 참일 경우 두 서식이 모두 적용되나, 글꼴 색을 빨강과 파랑으로 지정하는 두 조건이 모두 참인 경우에는 우선 순위가 높은 규칙의 글꼴 색만 적용됩니다.
- 나중에 만들어진 규칙일수록 우선 순위가 높습니다. 우선 순위는 [홈] → [스타일] → [조건부 서식] → [규칙 관리]를 선택하면 나타나는 '조건부 서식 규칙 관리자' 대화상자에서 확인할 수 있는데, 상위에 있는 규칙일수록 우선 순위가 높습니다.

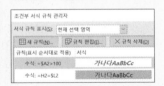

준비하세요

'C:\길벗컴활2급필기QnE\2과목.xlsm' 파일을 불러와 '섹션068' 시트에서 실습하세요. 실습할 예제 파일은 시나공 홈페이지(www.sinagong.co.kr)의 [자료실] → [실습예제]에서 다운받으면 됩니다.

① 조건부 서식을 적용할 범위(A2:D5)를 지정*하고, [홈] → [스타일] → [조건 부 서식] → [새 규칙]을 선택한다.

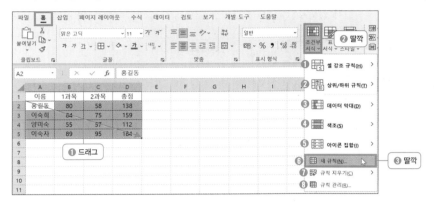

❶ 셀 강조 규칙 : 셀의 값에 따라 조건을 지정하여 서식을 지정한다.

❷ 상위/하위 규칙 : 선택한 범위의 셀 값 중 상위 혹은 하위 몇 %, 몇 개 항목에 대해 서식을 지정한다.

❸ 데이터 막대 : 데이터의 값에 따라 길이가 다른 데이터 막대를 표시한다.

❹ 색조 : 상위와 하위 또는 상위, 중간, 하위 색을 지정하여 표시하고, 그 사이의 값은 지정한 색 사이의 색 으로 적절하게 표시한다.

❺ 아이콘 집합 : 셀의 값에 따라 다른 모양의 아이콘을 표시한다.

❻ 새 규칙 : '새 서식 규칙' 대화상자가 표시된다.

❼ 규칙 지우기 : 이미 지정된 규칙을 지운다.

❽ 규칙 관리 : 지정된 규칙을 수정, 삭제, 추가 등을 할 수 있는 '조건부 서식 규칙 관리자'가 표시된다.

② '새 서식 규칙' 대화상자의 '규칙 유형 선택'에서 '수식을 사용하여 서식을 지 정할 셀 결정'을 선택하고, **=$D2>=140***을 입력한 후 〈서식〉을 클릭한다.

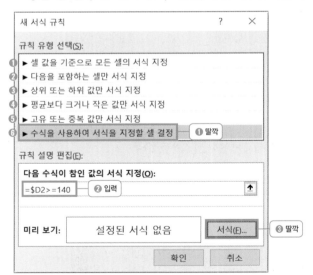

❶ 셀 값을 기준으로 모든 셀의 서식 지정 : 셀 값에 따라 농도가 다른 색이나 길이가 다른 데이터 막대를 모 든 셀에 지정한다.

❷ 다음을 포함하는 셀만 서식 지정 : 셀 값에 따라 조건을 지정하여 서식을 지정한다.

❸ 상위 또는 하위 값만 서식 지정 : 선택한 범위의 셀 값 중 상위 혹은 하위 몇 %, 몇 개 항목에 대해 서식을 지정한다.

❹ 평균보다 크거나 작은 값만 서식 지정 : 선택한 범위의 셀 값들에 대한 평균이나 표준 편차보다 높거나 낮 은 값에 대해 서식을 지정한다.

❺ 고유 또는 중복 값만 서식 지정 : 선택한 범위의 셀 값 중에서 중복된 값이나 고유 값에 대해 서식을 지정 한다.

❻ 수식을 사용하여 서식을 지정할 셀 결정 : 함수나 수식을 이용하여 조건을 지정한다.

범위 지정

• 필드명을 제외한 데이터 목록만 범위 로 지정합니다.

• 행 전체에 서식을 설정할 경우 전체 를 범위로 지정하고, 특정 셀에만 서 식을 설정할 경우 해당 셀만 범위로 지정합니다.

궁금해요 시나공 Q&A 베스트

Q '$' 표시는 왜 하나요?

A 조건에 맞는 데이터가 있는 셀이 속 한 행 전체에 서식을 적용하기 위한 것 입니다. '$'를 붙이지 않으면 상대 주소 가 적용되어 엉뚱한 곳에 서식이 적용 됩니다.

③ '셀 서식' 대화상자가 나타나면 '채우기' 탭에서 '빨강'을 선택한 후 〈확인〉을
클릭한다.

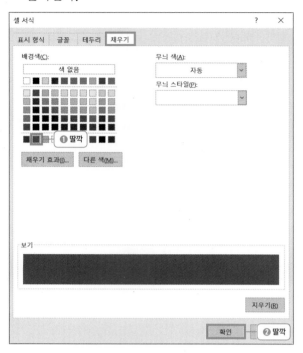

④ '새 서식 규칙' 대화상자에서 〈확인〉을 클릭한다.

기출체크 ☑

23.2, 22.1, 21.5
1. 조건부 서식에서는 조건에 맞지 않을 경우에 대한 서식도 함께 지정할 수 있다. (○, ×)

24.2, 22.3, 22.2, 21.7, 21.6, 20.상시, 17.1, 15.3
2. 다음 시트와 같이 [A2:C5] 영역에 EXCEL과 ACCESS 점수의 합계가 170 이하인 행 전체에
배경색을 지정할 조건부 서식의 규칙을 작성하시오.

◢	A	B	C
1	이름	EXCEL	ACCESS
2	김경희	75	73
3	원은형	89	88
4	나도향	65	68
5	최은심	98	96

(   )

기출체크 1번

조건부 서식의 규칙별로 다른 서식은
지정할 수 있지만 조건에 맞지 않을 경
우에 대한 서식은 지정할 수 없습니다.

기출체크 2번

조건부 서식의 규칙으로 셀 주소를 이
용해 규칙에 맞는 행 전체에 서식이 적
용되도록 수식을 작성할 경우 열 번호
에만 절대 주소 표시($)를 해야 합니다.

기출체크 정답
1. ×   2. =$B2+$C2〈=170

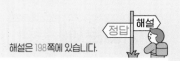
22년 2회, 1회, 21년 6회, 5회, 3회, 17년 2회

01 다음 중 데이터 입력에 대한 설명으로 옳지 않은 것은?

① 데이터를 입력하는 도중에 입력을 취소하려면 Esc를 누른다.

② 셀 안에서 줄을 바꾸어 데이터를 입력하려면 Alt+Enter를 누른다.

③ 텍스트, 텍스트/숫자 조합, 날짜, 시간 데이터는 셀에 입력하는 처음 몇 자가 해당 열의 기존 내용과 일치하면 자동으로 입력된다.

④ 여러 셀에 동일한 데이터를 입력하려면 해당 셀을 범위로 지정하여 데이터를 입력한 후 Ctrl+Enter를 누른다.

24년 4회, 22년 5회, 4회, 3회, 21년 8회, 7회, 1회, 19년 1회

02 다음 중 날짜 및 시간 데이터에 관한 설명으로 옳지 않은 것은?

① 날짜를 입력할 때 일을 입력하지 않으면 자동으로 해당 월의 1일로 입력된다.

② 셀에 4/9를 입력하고 Enter를 누르면 셀에 04월 09일로 표시된다.

③ 날짜 및 시간 데이터는 자동으로 오른쪽을 기준으로 정렬된다.

④ Ctrl+;을 누르면 시스템의 현재 시간, Ctrl+Shift+;을 누르면 오늘 날짜가 입력된다.

24년 1회

03 다음과 같이 결재란 내용을 그림의 형태로 복사하는 경우 원본의 변경사항이 복사된 그림에도 적용되도록 복사하는 방법으로 옳은 것은?

▲	A	B	C	D	E	F
1		<원본>				
2		결	팀장	실장	이사	사장
3		재 란				
4						
5		<복사본>				
6		결	팀장	실장	이사	사장
7		재				
8		란				
9						

① 원본 내용을 복사한 후 [삽입] → [일러스트레이션] → [그림]을 선택한다.

② 원본 내용을 복사한 후 [홈] → [클립보드] → [붙여넣기] → [선택하여 붙여넣기] → [연결하여 붙여넣기]를 선택한다.

③ 원본 내용을 복사한 후 [홈] → [클립보드] → [붙여넣기] → [그림]을 선택한다.

④ 원본 내용을 복사한 후 [홈] → [클립보드] → [붙여넣기] → [연결된 그림]을 선택한다.

22년 1회, 21년 3회, 2회, 19년 1회

04 다음 중 채우기 핸들에 대한 설명으로 옳은 것은?

① 문자와 숫자가 혼합된 셀의 채우기 핸들을 Ctrl을 누른 채 드래그하면 동일한 내용으로 복사된다.

② 숫자가 입력된 첫 번째 셀과 두 번째 셀을 범위로 설정한 후 채우기 핸들을 드래그하면 두 번째 셀의 값이 복사된다.

③ 숫자가 입력된 셀에서 Ctrl을 누른 채 채우기 핸들을 오른쪽으로 드래그하면 숫자가 1씩 감소한다.

④ 사용자 지정 목록에 정의된 목록 데이터의 첫 번째 항목을 입력하고 Ctrl을 누른 채 채우기 핸들을 드래그하면 목록 데이터가 입력된다.

22년 5회, 1회

05 다음 중 '자동 완성 기능'으로 옳지 않은 것은?

① 문자나 날짜로 구성된 내용에는 적용이 가능하지만, 숫자로 구성된 항목에는 적용되지 않는다.

② Alt+↓를 누르면 아래에 기존 데이터 목록이 표시된다.

③ [고급]의 편집 옵션에 '셀 내용을 자동 완성' 항목이 체크되어 있어야만 자동 완성 기능을 사용할 수 있다.

④ 데이터를 셀에 입력할 때, 처음 몇 글자가 같은 열에 입력된 기존 데이터와 일치하면 자동으로 문장이 완성되는 기능이다.

22년 3회, 21년 7회, 14년 2회, 07년 2회

06 다음 중 데이터가 입력된 셀에서 Delete를 눌렀을 때의 상황에 대한 설명으로 옳지 않은 것은?

① 셀에 설정된 메모는 지워지지 않는다.

② 셀에 설정된 내용과 서식이 함께 지워진다.

③ [홈] → [편집] → [지우기] → [내용 지우기]를 실행한 것과 동일한 결과가 발생한다.

④ 바로 가기 메뉴에서 [내용 지우기]를 실행한 것과 동일한 결과가 발생한다.

24년 4회, 22년 4회, 2회, 1회, 21년 8회, 5회, 1회, 18년 1회, 14년 3회

07 다음 중 [찾기 및 바꾸기] 대화상자의 각 항목에 대한 설명으로 옳지 않은 것은?

① 찾을 내용 : 검색할 내용을 입력할 곳으로 와일드 카드 문자를 검색 문자열에 사용할 수 있다.

② 서식 : 숫자 셀을 제외한 특정 서식이 있는 텍스트 셀을 찾을 수 있다.

③ 범위 : 현재 워크시트에서만 검색하는 '시트'와 현재 통합문서의 모든 시트를 검색하는 '통합 문서' 중 선택할 수 있다.

④ 모두 찾기 : 검색 조건에 맞는 모든 항목이 나열된다.

23년 3회, 22년 4회, 21년 8회, 4회, 13년 3회

08 다음 중 워크시트 작업 및 관리에 대한 설명으로 옳지 않은 것은?

① 시트 삭제 작업은 실행을 취소할 수 없다.

② Shift + F10 을 누르면 현재 시트의 뒤에 새 워크시트가 삽입된다.

③ 그룹화 된 시트에서 데이터 입력 및 편집 등의 작업을 실행하면 그룹내 시트에 동일한 작업이 실행된다.

④ 연속된 시트의 선택은 Shift 를 사용하면 편리하다.

24년 5회, 21년 1회, 20년 2회, 15년 1회

09 다음 중 [시트 보호] 기능에 대한 설명으로 옳지 않은 것은?

① 새 워크시트의 모든 셀은 기본적으로 '잠금' 속성이 설정되어 있다.

② 워크시트에 있는 셀을 보호하기 위해서는 먼저 셀의 '잠금' 속성을 해제해야 한다.

③ 시트 보호를 설정하면 셀에 데이터를 입력하거나 수정하려고 했을 때 경고 메시지가 나타난다.

④ 셀의 '잠금' 속성과 '숨김' 속성은 시트를 보호하기 전까지는 아무런 효과를 내지 못한다.

23년 2회, 22년 5회

10 다음 중 입력 데이터에 주어진 표시 형식으로 지정한 경우, 그 결과가 옳지 않은 것은?

	입력 데이터	표시 형식	표시 결과
①	1001	00-00	10-01
②	123.45	?.?	123.45
③	2501	#,	3
④	0	#"명"	명

24년 5회, 22년 4회, 09년 2회

11 다음 중 원본 데이터에 사용자 지정 서식을 적용하였을 때의 표시 결과가 옳은 것은?

① 원본 데이터 : 6000000
사용자 지정 서식 : #,###,"백만원"
표시 데이터 : 6백만원

② 원본 데이터 : kim
사용자 지정 서식 : @"daehan.go.kr"
표시 데이터 : kim@daehan.go.kr

③ 원본 데이터 : 2021/03/29
사용자 지정 서식 : dddd, mmm dd yyyy
표시 데이터 : Monday, Mar 29 2021

④ 원본 데이터 : 16:08:15
사용자 지정 서식 : h:m:s AM/PM
표시 데이터 : 4:08:15 PM

21년 4회

12 입력된 값이 10,000 이상일 때 ○만○○○○원으로 표시하고자 한다. 올바르게 지정된 셀 서식 형식은?

> 표시 예 : 13546 → 1만3456원, 123 → 123원

① #"만"#"원"

② [>=10000]#"만"#"원";#"원"

③ [<10000]#"만"####"원";#"원"

④ [>=10000]#"만"####"원";#"원"

24년 2회, 22년 3회, 2회, 21년 7회, 6회, 20.상시, 17년 1회, 15년 3회

13 다음 중 조건부 서식을 이용하여 [A2:C5] 영역에 EXCEL과 ACCESS 점수의 합계가 170 이하인 행 전체에 셀 배경색을 지정하기 위한 수식으로 옳은 것은?

	A	B	C
1	이름	EXCEL	ACCESS
2	김경희	75	73
3	원은형	89	88
4	나도향	65	68
5	최은심	98	96

① =B$2+C$2<=170

② =$B2+$C2<=170

③ =$B$2+$C$2<=170

④ =B2+C2<=170

22년 1회, 21년 5회, 13년 3회, 12년 3회

14 조건부 서식에 대한 설명으로 틀린 것은?

① 조건에 맞지 않을 경우에 대한 서식도 함께 지정할 수 있다.

② 조건부 서식은 기존의 셀 서식에 우선하여 적용된다.

③ 조건을 수식으로 입력할 경우 수식 앞에 등호(=)를 반드시 입력해야 한다.

④ 조건부 서식에 의해 서식이 설정된 셀에서 값이 변경되어 조건에 만족하지 않을 경우 적용된 서식은 바로 해제된다.

22년 3회, 09년 1회, 06년 3회

15 아래 워크시트에서 [A]열에 [셀 서식] → [표시 형식] → [사용자 지정] 형식을 이용하여 [C] 열과 같이 나타내고자 한다. 다음 중 입력해야 할 사용자 지정 형식으로 옳은 것은?

	A	B	C
1	김철수		김철수님
2	박영희	→	박영희님
3	이영수		이영수님
4	유인나		유인나님

① G/표준님

② @'님'

③ G/표준'님'

④ @님

[문제 01] Section 054

텍스트와 텍스트/숫자 조합 데이터는 셀에 입력하는 처음 몇 자가 해당 열의 기존 내용과 일치하면 자동으로 입력되지만 숫자, 날짜, 시간 데이터는 자동으로 입력되지 않는다.

[문제 02] Section 056

Ctrl + ; 을 누르면 시스템의 오늘 날짜, Ctrl + Shift + ; 을 누르면 현재 시간이 입력된다.

[문제 03] Section 063

내용을 그림의 형태로 복사하고 원본의 변경사항이 복사된 그림에도 적용되도록 하려면, 원본 내용을 복사한 후 [홈] → [클립보드] → [붙여넣기] → [연결된 그림]을 선택하면 된다.

[문제 04] Section 058

② 숫자가 입력된 첫 번째 셀과 두 번째 셀을 범위로 설정한 후 채우기 핸들을 드래그하면 첫 번째 셀과 두 번째 셀의 값 차이만큼 값이 증가하거나 감소한다.
③ 숫자가 입력된 셀에서 Ctrl 을 누른 채 채우기 핸들을 오른쪽으로 드래그하면 숫자가 1씩 증가한다.
④ 사용자 지정 목록에 정의된 목록 데이터의 첫 번째 항목을 입력하고 Ctrl 을 누른 채 채우기 핸들을 드래그하면 입력한 내용이 복사된다. 목록 데이터를 입력하려면 아무것도 누르지 않은 채 채우기 핸들을 드래그해야 한다.

[문제 05] Section 054

'자동 완성 기능'은 문자 데이터에만 적용되고 숫자나 날짜 데이터에는 적용되지 않는다.

[문제 06] Section 059

데이터가 입력된 셀에서 Delete 를 누르면 셀에 입력된 내용은 지워지나 셀에 지정된 서식은 지워지지 않는다.

[문제 07] Section 060

'찾기 및 바꾸기' 대화상자에서 '서식'을 지정하면 특정 서식이 지정된 텍스트나 숫자 셀을 찾을 수 있다.

[문제 08] Section 065

새 워크시트를 삽입하는 바로 가기 키는 Shift + F11 이고, Shift + F11 을 누르면 현재 시트의 앞에 새 워크시트가 삽입된다.

[문제 09] Section 066

워크시트에 있는 셀을 보호하려면 '셀 서식' 대화상자의 '보호' 탭에서 '잠금'을 설정한 후 [검토] → [변경 내용] → [시트 보호]를 클릭해야 한다. '잠금'이 해제된 셀은 보호되지 않는다.

[문제 10] Section 067

123.45를 입력한 후 표시 형식을 ?.?로 지정하면 123.5로 표시된다.

[문제 11] Section 067

	입력 자료	표시 형식	결 과
①	6000000	#,###,"백만원"	6,000백만원
②	kim	@"daehan.go.kr"	kimdaehan.go.kr
③	2021/03/29	dddd, mmm dd yyyy	Monday, Mar 29 2021
④	16:08:15	h:m:s AM/PM	4:8:15 PM

[문제 12] Section 067

[>=10000]#"만"####"원";#"원"은 입력된 값이 10000 이상이면 #"만"####"원"으로 표시하고, 그 외는 #"원"으로 표시한다.

[문제 13] Section 068

조건부 서식의 규칙으로 셀 주소를 이용해 규칙에 맞는 행 전체에 서식이 적용되도록 수식을 작성할 경우 열 번호에만 절대 주소 표시($)를 해야 한다.

[문제 14] Section 068

조건부 서식의 규칙별로 다른 서식은 지정할 수 있지만 조건에 맞지 않을 경우에 대한 서식은 지정할 수 없다.

[문제 15] Section 067

@님을 입력하면 자동으로 @"님"으로 변경된다.

2장

수식 활용

수식 작성 / 오류 메시지

전문가의 조언

수식 입력 방법에 대한 문제가 출제된 적이 있습니다.

[기출 포인트]
• 수식은 =, +, −로 시작한다.
• −10+02를 입력하면 =−10+2로 입력된다.

수식 입력

수식을 입력할 때 맨 처음에 +를 입력한 경우는 =로 변경되어 입력되고, −를 맨 처음에 입력한 경우는 = −로 변경되어 입력됩니다.

[예] +5＋2 → ＝5＋2
  −5＋3 → ＝−5＋3

① 수식의 개념

09.2, 07.1, 06.2, 00.3, 00.1

수식이란 워크시트에 입력된 데이터를 계산하거나 분석하기 위한 식을 말한다.

• 더하기, 곱하기 같은 연산은 물론 워크시트 값을 비교하거나 텍스트를 결합할 수도 있다.
• 수식은 등호(=)나 '+', '−' 기호로 시작한다.※
• 문자열이 수식에 사용될 때는 큰따옴표("")로 묶어야 한다.
• 같은 워크시트의 다른 셀이나 같은 통합 문서의 다른 시트에 있는 셀, 다른 통합 문서의 시트에 있는 셀 등을 참조하여 수식을 작성할 수 있다.
• 수식이 입력된 셀에는 수식의 결과값이 표시되고, 수식은 수식 입력줄에 표시된다.
• Ctrl + ~를 누르면 워크시트에 입력된 수식을 모두 볼 수 있다.

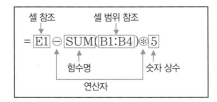

수식 입력

• **방법 1** : 원하는 셀에 수식을 직접 입력한다.

	A	B	C	D
1	30	20	70	=a1+b1+c1

• **방법 2** : 수식에서 참조할 셀을 마우스와 키보드로 선택하면서 입력한다.
  (= 입력 → A1 셀 클릭 → + 입력 → B1 셀 클릭 → + 입력 → C1 셀 클릭 → Enter)

	A	B	C	D
1	30	20	70	=A1+B1+C1

기출체크 ☑

09.2, 06.2, 00.3, 00.1

1. 셀에 −10+02를 입력하면 화면에 그대로 −10+02로 표시된다. (○, ×)

기출체크 1번

셀에 **−10+02**를 입력하면 수식으로 인식되어 **=−10+2**로 입력되며, 계산된 결과인 −8이 화면에 표시됩니다.

기출체크 정답
1. ×

2 오류 메시지

607903 ▶

오류 메시지는 입력한 수식이 정상적인 결과를 계산할 수 없을 때 표시된다.

오류	원인	발생 예
01.3 #####	셀에 셀 너비보다 큰 수치 데이터*나 음수의 날짜나 시간이 있을 때	A+B 1 16777216 → A 1 ####
24.4, 23.5, 21.3, … #DIV/0!	• 피제수가 빈 셀이나 0이 있는 셀을 참조할 때 • 피연산자가 빈 셀이면 0으로 간주됨	A 1 =360/0 → A 1 #DIV/0!
17.2 #N/A	함수나 수식에 사용할 수 없는 값을 지정했을 때	RANK.EQ(28,A1:A4)는 A1:A4에서 28점의 순위를 구하는 것인데 28점이 지정된 범위에 존재하지 않는 경우 A / B 1 10 =RANK.EQ(28,A1:A4) 2 30 3 20 4 60 → A / B 1 10 #N/A 2 30 3 20 4 60
24.4, 23.5, 22.3, … #NAME?	인식할 수 없는 텍스트를 수식에 사용했을 때	ABC나 DEF가 수치 데이터의 범위를 나타내는 범위 이름이라면 에러가 발생하지 않음 A 1 =SUM(ABC, DEF) → A 1 #NAME?
11.2 #NULL!	교차하지 않는 두 영역의 교점을 지정하였을 때	A 1 =SUM(A1:A5 B2:B5) → A 1 #NULL!
20.상시, 13.1 #NUM!	표현할 수 있는 숫자의 범위를 벗어났을 때	엑셀에서 표현 가능한 숫자의 범위를 넘어간 값을 인수로 지정한 경우 A 1 =ABS(-1*100^309) → A 1 #NUM! ※ ABS(인수)는 인수의 절대값을 구하는 함수임
24.4, 23.5, 21.3, … #REF!	셀 참조가 유효하지 않을 때	[C1] 셀에 [A1] 셀을 참조하는 수식이 입력된 상태에서 [A1] 셀을 삭제한 경우 A / B / C 1 20 30 =A1/B1 → A / B 1 30 #REF!
24.4, 24.2, 23.5, … #VALUE!	• 잘못된 인수나 피연산자를 사용할 때 • 수식 자동 고침 기능으로 수식을 고칠 수 없을 때	INDEX(범위, 행, 열)는 지정된 범위에서 행과 열의 위치에 있는 데이터를 표시하는 함수로, 이 함수에 '-1'이라는 존재하지 않는 행의 값이 인수로 입력된 경우 A 1 =INDEX(A1:B5,-1,2) → A 1 #VALUE!

전문가의 조언

오류 메시지의 발생 원인, 또는 셀에 입력된 수식에서 발생할 수 있는 오류 메시지를 묻는 문제가 출제되고 있습니다.

[기출 포인트]

• 인식할 수 없는 텍스트를 사용하면 #NAME?이 표시된다.

• 셀 참조가 유효하지 않으면 #REF!가 표시된다.

• 잘못된 인수나 피연산자를 사용하면 #VALUE!가 표시된다.

수치 데이터

0~9까지의 숫자, +, −, 소수점(.), 쉼표(,), 통화(₩, $) 기호, 백분율(%) 기호, 지수(e) 기호 등을 사용하여 입력한 데이터입니다.

기출체크 ☑

24.4, 24.2, 23.5, 23.2, 21.3, 21.1, 20.상시, 18.2, 18.1, 15.2, 14.3, 13.1

2. 수식에 잘못된 인수나 피연산자를 사용할 때 표시되는 오류 메시지는 (   )이다.

22.3, 21.7, 21.4, 16.2, 14.1, 13.2

3. '=SUM(A3:A9)' 수식이 '=SUM(A3A9)'와 같이 범위 참조의 콜론(:)이 생략된 경우 표시되는 오류 메시지는 (   )이다.

기출체크 정답
2. #VALUE! 3. #NAME?

셀 참조

608001 ▶

1 셀 참조의 개요

24.5, 24.3, 24.1, 23.5, 23.3, 23.1, 22.4, 22.1, 21.5, 21.4, 21.2, 20.2, 16.2, 15.3, 14.1, 12.3, 12.2, 11.2, 10.2, 09.2, …

참조는 수식에서 워크시트의 특정 셀이나 셀 범위의 데이터, 또는 결과값을 사용하기 위해 주소를 지정하는 것을 말한다.

• 수식에 사용된 셀의 값이 변경되면 변경된 셀을 참조하는 수식의 값도 자동으로 재계산*된다.

참조 대상	참조 방법
A1부터 A5까지의 셀	A1:A5
A1 셀, B1 셀, C1 셀	A1, B1, C1
A1부터 A5까지의 셀과 C1부터 C5까지의 셀	A1:A5, C1:C5

• 셀 참조는 수식을 입력한 셀의 위치가 변경될 때, 참조하는 셀 주소의 변경 여부에 따라 상대 참조, 절대 참조, 혼합 참조가 있다.

24.1, 23.3, 22.4, 22.1, 15.3, 11.2, 09.2, 08.4, 05.4, 04.4, 03.1, 02.3, 00.1

❶ 상대 참조

• 수식을 입력한 셀의 위치가 변경되면 참조가 상대적으로 변경된다.

• 표기 예 A1

24.5, 24.3, 23.1, 22.4, 22.1, 21.2, 12.2, 10.2, 09.2, 08.4, 05.4, 04.4, 03.1, 02.3

❷ 절대 참조

• 수식을 입력한 셀의 위치와 관계없이 고정된 주소로, 참조가 변경되지 않는다.

• 표기 예 $A$1

24.5, 24.3, 24.1, 23.5, 23.3, 23.1, 21.5, 20.2, 14.1, 12.3, 08.1, 06.3, 05.3, 03.1

❸ 혼합 참조

• 상대 참조와 절대 참조를 혼합하여 사용한다.

• **열 고정 혼합 참조** : 열만 절대 참조가 적용됨($A1)

• **행 고정 혼합 참조** : 행만 절대 참조가 적용됨(A$1)

예제1 C1 셀에는 '=A1+B1'이 입력되어 있다. ❶, ❷, ❸의 위치로 수식을 복사했을 때 셀 주소는 각각 어떻게 되는가?

◢	A	B	C	D
1	10	20	=A1+B1	❷
2	30	10	❶	❸

→

◢	A	B	C	D
1	10	20	=A1+B1	=B1+C1
2	30	10	=A2+B2	=B2+C2

예제2 혼합 참조 방식이 적용된 C1 셀의 수식을 복사했을 때 ❶, ❷, ❸의 위치에 표시되는 각각의 셀 주소는 어떻게 되는가?

◢	A	B	C	D
1	10	20	=$A1+B$1	
2	30	10		❷
3	40	30		
4	50	40	❶	❸

→

◢	A	B	C	D
1	10	20	=$A1+B$1	=$A1+C$1
2	30	10	=$A2+B$1	=$A2+C$1
3	40	30	=$A3+B$1	=$A3+C$1
4	50	40	=$A4+B$1	=$A4+C$1

기출체크 ☑

24.3, 24.1, 23.5, 23.3, 21.5, 14.1, 12.3, 11.2, 08.4, 08.1, 06.3, 99.2

1. 다음 그림의 [A3] 셀에 입력된 수식은 =SUM($A1:$A2)이다. 이 셀을 [B3] 셀에 복사하였을 때 [B3] 셀에 표시되는 값은? (   )

A3	▼	:	×	✓	fx	=SUM($A1:$A2)

◢	A	B	C	D	E
1	1	2			
2	2	3			
3	3				

21.4, 20.상시, 18.상시, 16.2, 15.3, 14.1, 10.2, 09.1, 06.2, 05.4, 04.2, 03.2, 02.3, 01.2, 00.2, 00.1

608002 ▶

[2] **다른 워크시트의 셀 참조**

- 다른 워크시트에 있는 셀의 데이터를 참조할 경우 시트 이름과 셀 주소 사이를 느낌표(!)로 구분한다.

- 시트 이름에 한글, 영어 외의 문자가 있을 경우 작은따옴표(' ')로 묶는다.

예제3 다음 Sheet1의 국내점 데이터와 Sheet2의 국외점 데이터의 합계를 Sheet3에 계산하시오.

◢	A	B	C
1	길벗 국내점 1/4분기		
2	A지점	360	
3	B지점	720	
4	C지점	580	
5			
6	국내점 합계	1660	
		Sheet1	Sheet2

+

◢	A	B	C
1	길벗 국외점 1/4분기		
2	A지점	420	
3	B지점	350	
4	C지점	440	
5			
6	국외점 합계	1210	
		Sheet1	Sheet2

→

◢	A	B
1	길벗 국외점 1/4분기	
2	A지점	=Sheet1!B2+Sheet2!B2
3	B지점	=Sheet1!B3+Sheet2!B3
4	C지점	=Sheet1!B4+Sheet2!B4
5		
6	총합계	=SUM(B2:B4)
	Sheet1	Sheet2 She

기출체크 ☑

15.3, 10.2, 06.2, 05.4, 04.2, 03.2, 00.2, 00.1

2. [A10] 셀과 다른 워크시트의 [A1] 셀을 곱하는 수식은? (단, 참조 시트의 이름은 '2회 매출' 임) (   )

기출체크 1번

셀 주소 '$A1'에서 열 이름 앞에만 $가 표시되어 있으므로 열 고정 혼합 참조입니다. 그러므로 =SUM($A1:$A2)를 열 방향(B3)으로 드래그하면 수식이 그대로 복사되어 입력되므로 [B3] 셀에는 [A3] 셀과 같은 3이 표시됩니다.

 전문가의 조언

다른 시트의 셀을 참조할 때의 셀 주소 표기에 대한 문제가 출제되고 있습니다.

[기출 포인트]

- 시트 이름과 셀 주소는 느낌표(!)로 구분한다.

- 시트 이름에 공백이 포함된 경우 작은따옴표(' ')로 묶는다.

기출체크 2번

다른 워크시트의 셀을 참조할 때는 시트 이름과 셀 주소 사이를 느낌표(!)로 구분하는데, 시트 이름에 공백(빈 칸)이 있으므로 작은따옴표(' ')로 묶어주면 =A10*'2회 매출'!A1이 됩니다.

기출체크 정답

1. 3   2. =A10 * '2회 매출'!A1

23.4, 21.4, 21.2, 13.1, 09.1, 08.2, 06.3, 05.4, 00.2

3 다른 통합 문서의 셀 참조

- 다른 통합 문서에 있는 셀의 데이터를 참조할 경우 통합 문서의 이름을 대괄호([ ])로 묶는다.
- 경로명은 작은따옴표(' ')*로 묶는다.

예제4 다음 'C:₩국내점.xlsx' 파일과 'C:₩국외점.xlsx' 파일을 이용하여 'C:₩전체.xlsx' 파일에 각 지점별 합계(B2:B4)를 계산하시오.

전문가의 조언

다른 통합 문서의 셀을 참조할 때의 셀 주소 표기법에 대한 문제가 출제되고 있습니다.

[기출 포인트]
통합 문서 이름은 대괄호([ ])로 묶는다.

작은따옴표(' ')
참조한 통합 문서를 닫으면 경로명과 시트명이 작은따옴표(' ')로 묶여서 표시됩니다.

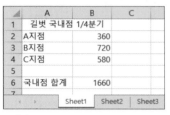

국내점.xlsx

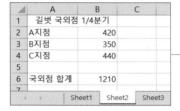

국외점.xlsx

⬚	A	B
1		길벗 1/4분기 합계
2	A지점	='C:₩[국내점.xlsx]Sheet1'!$B$2+'C:₩[국외점.xlsx]Sheet2'!$B$2
3	B지점	='C:₩[국내점.xlsx]Sheet1'!$B$3+'C:₩[국외점.xlsx]Sheet2'!$B$3
4	C지점	='C:₩[국내점.xlsx]Sheet1'!$B$4+'C:₩[국외점.xlsx]Sheet2'!$B$4
5		
6	총합계	=SUM(B2:B4)

전체.xlsx

기출체크 ☑

23.4, 13.1, 08.2
3. "TextData.xlsx" 파일의 "상품 재고" 시트의 [B2] 셀을 참조하고자 할 때 입력해야 할 수식은? (   )

기출체크 3번

- 다른 통합 문서(파일)에 있는 셀의 데이터를 참조할 경우 통합 문서의 이름은 대괄호([ ])로 묶어주고, 시트 이름과 셀 주소는 느낌표(!)로 구분합니다.
- 시트 이름에 공백이 포함되었을 경우에는 경로명을 작은따옴표(' ')로 묶어 줍니다.
- 입력해야 할 수식은 ='[TextData. xlsx]상품 재고'!B2가 됩니다.

기출체크 정답
3. ='[TextData.xlsx]상품 재고'!B2

이름 정의

24.5, 23.3, 21.3, 19.1, 16.3, 16.2, 16.1, 14.1, 12.1, 09.4

1 이름 정의

이름 정의란 자주 사용하는 셀이나 셀 범위에 이름을 지정하는 것으로, 수식이나 함수에서 주소 대신 이름을 참조하여 사용한다.

- 정의된 이름을 사용하여 수식이나 함수에서 참조 범위를 쉽게 지정할 수 있으며, 함수나 수식의 의미를 좀 더 명확하게 할 수 있다.
- 정의된 이름은 참조 시 절대 참조 방식으로 사용된다.
- 정의된 이름은 통합 문서 내의 모든 시트에서 사용할 수 있다.
- **이름 지정 방법** : 이름으로 정의할 영역을 선택한 후 다음과 같이 수행한다.
  - 방법 1 : [수식] → [정의된 이름] → [이름 정의]를 클릭한 후 표시되는 대화상자에서 이름 지정
  - 방법 2 : 이름 상자에 작성할 이름을 입력하고 [Enter] 누름

기출체크 ☑

24.5, 23.3, 21.3, 19.1, 16.3, 16.1, 14.1, 12.1, 09.4
1. 이름은 기본적으로 (   ) 참조로 대상 범위를 참조한다.

24.5, 23.4, 23.3, 21.3, 19.2, 19.1, 17.2, 16.3, 15.1, 14.3, 14.1, 13.3, 12.1, 09.4, 08.3, 06.4, 05.2, 04.3

2 이름 작성 규칙

- 첫 문자는 반드시 문자(영문, 한글)나 밑줄(_) 또는 역슬래시(\)*로 시작해야 한다.
- 이름에 공백을 사용할 수 없다.
- 대 · 소문자는 구분하지 않으며 최대 255자까지 지정할 수 있다.
- 같은 통합 문서 내에서 동일한 이름을 중복하여 사용할 수 없다.
- 이름을 셀 주소 형식으로 지정할 수 없다.

예제1 [A1:A5] 영역의 이름을 '과자종류'로 정의하시오.

과자종류	:	× ✓ fx	새우깡	
◢	A	B	C	D
1	새우깡			
2	양파링			
3	자갈치			
4	감자깡			
5	포크칩			
6				

전문가의 조언

이름 정의 방법이나 이름 작성 규칙에 관한 문제가 출제되고 있습니다.

[기출 포인트]

정의된 이름은 절대 참조 방식으로 사용된다.

[기출 포인트]

- 공백을 사용할 수 없다.
- 하나의 통합 문서 내에서 동일한 이름을 중복하여 사용할 수 없다.
- 대 · 소문자를 구분하지 않는다.

역슬래시(\)

한글 Windows에서 역슬래시(\)는 '₩'로 표시됩니다.

예 \국어 → ₩국어

기출체크 정답
1. 절대

이름을 정의할 영역(A1:A5)을 선택한 후 이름 상자에 **과자종류**를 입력하고, Enter를 누른다.

예제2 다음 표를 이용하여 첫 행의 항목 이름이 각 열의 범위 이름이 되도록 지정한 후 이름을 이용하여 총금액(D7)을 구하시오.

번호	이름	셀 범위
❶	품목	A2:A5
❷	수량	B2:B5
❸	단가	C2:C5
❹	금액	D2:D5

① 이름으로 정의할 영역(A1:D5)을 블록으로 지정한 후 [수식] → [정의된 이름] → [선택 영역에서 만들기]를 클릭한다.

② '선택 영역에서 이름…' 대화상자에서 '첫 행'* 항목에만 체크되도록 지정한 후 〈확인〉을 클릭한다.

③ 총금액이 계산될 D7 셀에 **=SUM(금액)**을 입력한 후 Enter를 누르면 금액으로 정의된 셀 범위를 이용해 총 금액이 계산된다.

준비하세요

'C:\길벗컴활2급필기QnE\2과목.xlsm' 파일을 불러와 '섹션071' 시트에서 실습하세요.

첫 행

• 이름 만들기가 적용될 첫 행의 항목에 공백이 포함된 경우 공백은 밑줄로 변경됩니다.
  예 품 목 → 품_목

• 이름으로 정의될 첫 행에 숫자만 있을 경우는 이름 정의가 수행되지 않습니다.

기출체크 2번

하나의 통합 문서 내에서는 동일한 이름을 지정할 수 없습니다.

기출체크 정답
2. ×

기출체크 ☑

24.5, 23.4, 23.3, 21.3, 14.1
2. 하나의 통합 문서 내에서 시트가 다르면 동일한 이름을 지정할 수 있다. (○, ×)

함수의 기본

608201 ▶

① 함수의 정의

함수는 약속된 값으로 정의된 인수를 사용하여 계산하는, 프로그램에 이미 정의된 수식을 말한다.

- 함수는 수식과 같이 등호(=), +, −로 시작해야 한다.
- 함수는 함수 이름, 왼쪽 괄호, 쉼표(,)로 구분된 함수의 인수, 오른쪽 괄호로 구성된다(**예** = SUM(25, 30)).
- 함수에 따라 인수 없이 괄호로만 사용하는 경우도 있다(**예** NOW( ), RAND( ) 등).
- 함수의 인수로 또 다른 함수를 사용하는 중첩 함수를 사용할 수 있다.

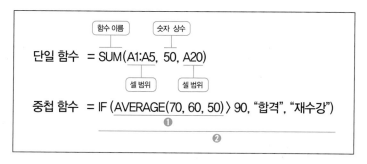

❶ AVERAGE(70, 60, 50) → 60(70, 60, 50의 평균을 구함)
❷ IF(60 〉 90, "합격", "재수강") → "재수강"(60이 90보다 크면 "합격", 그렇지 않으면 "재수강" 표시)

인수

- 함수의 계산에 필요한 값을 말한다.
- 일반적으로 숫자, 텍스트, 셀 주소, 셀 범위, 함수 등이 인수로 사용된다.
- 인수의 시작과 끝은 반드시 괄호로 구분하고, 인수와 인수는 쉼표(,)로 구분한다.

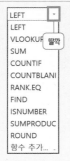
예제를 따라해 보면서 함수 마법사의 개념을 파악하세요.

준비하세요

'C:\ 길벗컴활2급필기QnE\2과목.xlsm' 파일을 불러와 '섹션072' 시트에서 실습하세요.

2 함수 마법사

예제 함수 마법사를 이용하여 학생별 성적의 총계(E6)를 계산하시오.

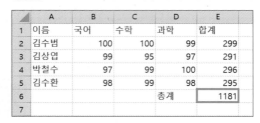

	A	B	C	D	E
1	이름	국어	수학	과학	합계
2	김수범	100	100	99	299
3	김상엽	99	95	97	291
4	박철수	97	99	100	296
5	김수환	98	99	98	295
6				총계	1181
7					

① 합계가 계산될 E6 셀을 선택하고 리본 메뉴에서 [수식] → [함수 라이브러리] → [함수 삽입]을 클릭하거나, 수식 입력줄 왼쪽에 있는 '함수 삽입([fx])' 아이콘을 클릭한다.

범주 선택

• **최근에 사용한 함수** : 최근에 사용한 함수 목록이 표시됩니다.
• **모두** : 내장된 모든 함수가 알파벳 순으로 표시됩니다.

함수 검색

함수 이름을 모를 경우 원하는 작업을 입력해 해당 함수를 찾을 수 있습니다. 그러나 완벽한 기능이 아니므로 찾지 못하는 경우도 많습니다.

② '함수 마법사' 대화상자의 '범주 선택'*에서 '수학/삼각'을, '함수 선택'에서 'SUM'을 선택한 후 〈확인〉을 클릭한다.

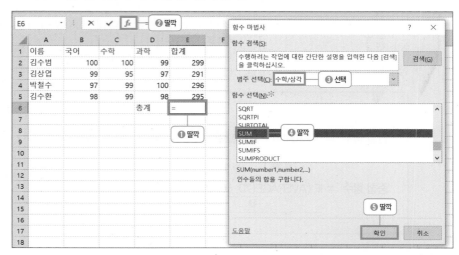

'함수 인수' 대화상자

[수식] → [함수 라이브러리] → [수학/삼각] → [SUM]을 선택해도 SUM에 대한 '함수 인수' 대화상자가 실행됩니다.

③ '함수 인수' 대화상자*가 나타나며 기본적으로 계산할 범위가 설정되어 있다. 계산하려는 범위가 맞으면 〈확인〉을 클릭한다.

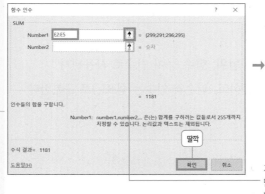

계산할 범위와 다를 경우 범위 지정 단추(↑)를 클릭한 후 드래그하여 범위를 지정하고 Enter를 누른다.

함수 목록

셀에 =를 입력한 후 수식 입력줄 왼쪽의 목록 단추([·])를 클릭하면 최근에 사용한 함수 목록이 나타납니다.

LEFT
LEFT
VLOOKUP
SUM
COUNTIF
COUNTBLANK
RANK.EQ
FIND
ISNUMBER
SUMPRODUC
ROUND
함수 추가...

608231

잠깐만요 | **직접 함수를 입력하는 방법**

- 결과가 계산될 셀에 함수식을 직접 입력하므로 시간을 단축할 수 있습니다.
- 함수명의 처음 몇 글자를 입력하면 해당 글자와 일치하는 함수 목록을 표시하는 함수 자동 완성 기능을 제공하므로 편리합니다.

	A	B	C	D	E	F	G
1	이름	국어	수학	과학	합계		
2	김수범	100	100	99	=SU		
3	텍스트 중의 old_text를 찾아서 new_text로 바꿉니다				SUBSTITUTE		
4	박철수	97	99	100	SUBTOTAL		
5	김수환	98	99	98	SUM		
6				총계	SUMIF		
7					SUMIFS		
8					SUMPRODUCT		
9					SUMSQ		
10					SUMX2MY2		
11					SUMX2PY2		
12					SUMXMY2		
13							

- 함수명을 입력하면 해당 셀 바로 아래에 함수의 인수에 대한 사용 형식이 화면에 표시※되어 편리합니다.

HOUR	▼	:	×	✓	f_x	=SUM(	
	A	B	C	D	E	F	G
1	이름	국어	수학	과학	합계		
2	김수범	100	100	99	=SUM(		
3	김상엽	99	95	97	SUM(**number1**, [number2], ...)		
4	박철수	97	99	100			
5	김수환	98	99	98			
6				총계			
7							

함수 화면 설명 표시

[파일] → [옵션] → [고급] 탭의 '표시' 항목에서 '함수 화면 설명 표시'를 선택해야 표시됩니다.

통계 함수

608301 ▶

24.3, 24.1, 23.2, 22.5, 22.3, 21.6, 21.4, 21.3, 21.2, 18.2, 16.1, 15.1, 14.2, 13.3, 13.2, 12.1, 10.2, 09.3, 09.1, 08.2, …

① **통계 함수1 – 평균 / 최대값 / 최소값**

함수	설명
24.3, 24.1, 22.3, 21.6, 21.4, 21.3, 21.2, 15.1, 13.3, 13.2, 12.1 **AVERAGE(인수1, 인수2, …)**	인수들의 평균을 반환한다. 예 =AVERAGE(A1:A3) : 3, "가", 3이 입력된 [A1:A3] 영역의 평균을 구하면 3을 반환한다.
16.1, 12.1 **AVERAGEA(인수1, 인수2, …)**	• 인수들의 평균을 반환한다. • AVERAGE와 다른 점은 숫자가 아닌 셀도 인수로 사용한다. 예 =AVERAGEA(A1:A3) : 3, "가", 3이 입력된 [A1:A3] 영역의 평균을 구하면 2를 반환한다.
13.3, 12.1 **AVERAGEIF(조건이 적용될 범위, 조건, 평균을 구할 범위)**	'조건이 적용될 범위'에서 '조건'에 맞는 셀을 찾아 '평균을 구할 범위' 중 같은 행에 있는 값들의 평균값을 반환한다. 예 =AVERAGEIF(A1:A10, "컴퓨터", B1:B10) : [A1:A10] 영역에서 "컴퓨터"가 입력된 셀들을 찾은 후 [B1:B10] 영역의 같은 행에 있는 값들의 평균값을 반환한다.
23.2, 22.5 **AVERAGEIFS(평균을 구할 범위, 조건1이 적용될 범위, 조건1, 조건2가 적용될 범위, 조건2, …)**	여러 개의 조건이 적용될 범위에서 여러 개의 조건에 맞는 셀을 찾아 '평균을 구할 범위' 중 같은 행에 있는 값들의 평균값을 반환한다. 예 =AVERAGEIFS(C1:C10, A1:A10, "컴퓨터", B1:B10, "1급") : [A1:A10] 영역에서 "컴퓨터"가 입력된 셀들을 찾고, [B1:B10] 영역에서 같은 행들에 있는 "1급"이 입력된 셀들을 찾은 후 [C1:C10] 영역의 같은 행에 있는 값들의 평균값을 반환한다.
18.2, 16.1, 14.2, 10.2, 09.3, 08.2, 07.2, 05.4, 05.3, 05.1, … **MAX(인수1, 인수2, …)**	인수들 중에서 가장 큰 값을 반환한다. 예 =MAX(A1:A10) : [A1:A10] 영역에서 가장 큰 값을 반환한다.
MAXA(인수1, 인수2, …)	• 인수 중에서 가장 큰 값을 반환한다. • MAX와 다른 점은 숫자는 물론 빈 셀, 논리값, 숫자로 표시된 텍스트 등도 인수로 사용한다. 예 =MAXA(D4:D9) : [D4:D9] 영역에서 가장 큰 값을 반환한다.
09.3 **MIN(인수1, 인수2, …)**	인수들 중에서 가장 작은 값을 반환한다. 예 =MIN(A1:A10) : [A1:A10] 영역에서 가장 작은 값을 반환한다.
MINA(인수1, 인수2, …)	• 인수 중에서 가장 작은 값을 반환한다. • MIN과 다른 점은 숫자는 물론 빈 셀, 논리값, 숫자로 표시된 텍스트 등도 인수로 사용한다. 예 =MINA(D4:D9) : [D4:D9] 영역에서 가장 작은 값을 반환한다.

예제 1 다음 표에 표시된 부분의 값을 함수를 이용하여 계산하시오.

'C:\길벗컴활2급필기QnE\2과목.xlsm
파일을 불러와 '섹션073-1' 시트에서 실
습하세요.

	A	B	C	D	E	F
1			모의고사 성적		❶	❷
2	성명	국어	영어	수학	평균1	평균2
3	홍길동	90	72	78	80	80
4	이석경	65	80	95	80	80
5	양숙희	95	결시	94	94.5	63
6	한지민	결시	100	95	97.5	65
7	이지민	91	85	100	92	92
❸8	평균3	85.25	84.25	92.4		
❹9	평균4	83.66667	88.33333	96		
❺10	최고점수	95	100	100		
❻11	최저점수	65	72	78		
12						

❶ 평균1(E3) : 결시 과목을 제외한 평균 계산 → =AVERAGE(B3:D3)✽

❷ 평균2(F3) : 결시 과목을 포함한 평균 계산 → =AVERAGEA(B3:D3)✽

❸ 평균3(B8) : '평균1'이 80 이상인 과목들의 평균 계산 →
=AVERAGEIF($E$3:$E$7, ">=80", B3:B7)

❹ 평균4(B9) : '평균1'과 '수학' 점수가 80 이상인 과목들의 평균 계산 →
=AVERAGEIFS(B3:B7, $E$3:$E$7, ">=80", $D$3:$D$7, ">=80")✽

❺ 과목별 최고 점수(B10) → =MAX(B3:B7)

❻ 과목별 최저 점수(B11) → =MIN(B3:B7)

기출체크 ☑

18.2, 16.1
1. 수식 =MAX(TRUE, "10", 8, 3)의 결과는? (   )

23.2, 22.5
2. 아래 시트에서 "중학생"의 봉사시간 평균을 계산하는 수식을 작성하시오. (AVERAGEIFS
함수 사용)

	A	B	C	D	E	F
1	순번	날짜	성별	구분	접수	봉사시간
2	1	2023-10-03	여	중학생	단체	5
3	2	2023-10-10	남	고등학생	개인	8
4	3	2023-10-05	남	성인	개인	10
5	4	2023-10-02	여	중학생	단체	5
6	5	2023-10-12	남	중학생	단체	20
7	6	2023-10-08	남	고등학생	개인	19
8	7	2023-10-01	남	성인	단체	15
9	8	2023-10-09	여	성인	단체	35
10	9	2023-10-13	여	고등학생	단체	8
11	10	2023-10-15	남	고등학생	개인	10

(   )

12.1
3. 다음 워크시트를 이용한 수식의 결과를 쓰시오.

	A
1	수량
2	10
3	20
4	30
5	TRUE
6	40

ⓐ =AVERAGE(A2:A6) → (   )

ⓑ =AVERAGEA(A2:A6) → (   )

ⓒ =AVERAGE(A2:A4, A6) → (   )

ⓓ =AVERAGEIF(A2:A6, "<40") → (   )

=AVERAGE(B5:D5)

셀의 값이 수치 데이터인 셀에 대한 평
균을 구하는 것으로, "결시"가 입력되어
있는 [C5] 셀은 AVERAGE 함수가 적용
되지 않습니다. 즉 [B5:D5] 영역의 양숙
희 점수는 합계를 3이 아닌 2로 나눠 결
과를 표시합니다.

=AVERAGEA(B5:D5)

비어 있지 않은 셀에 대한 평균을 구하
는 것으로 수치 데이터가 아닌 셀도
AVERAGEA 함수가 적용됩니다. 즉
[B5:D5] 영역의 양숙희 점수는 합계를
3으로 나눠 결과를 표시합니다.

궁금해요 시나공 Q&A 베스트

Q '평균1과 수학 점수가 80 이상인 과목
들의 평균'을 구할 때 [B3:B7]은 왜 넣는
건가요?

A 평균을 계산할 범위입니다. [B9] 셀에
수식을 입력할 때는 조건에 만족하는
국어의 평균을 계산해야 하므로 국어
점수가 입력된 [B3:B7] 영역을 지정한
것입니다.

기출체크 정답
1. 10 2. =AVERAGEIFS(F2:F11, D2:D11, "중학생")
3. ⓐ 25 ⓑ 20.2 ⓒ 25 ⓓ 20

1. =MAX(TRUE, "10", 8, 3) : 인수 중 가장 큰 값인 10을 반환합니다.
   ※ 함수의 인수를 입력할 때 논리값(TRUE, FALSE), 텍스트 형식의 숫자("10") 등이 입력된 영역을 범위로 지정하면 숫자로 인식되지 않아 계산 시 제외되지만 함수의 인수로 직접 입력하면 숫자로 인식하여 계산됩니다. 그러므로 [A1:A4] 영역에 TRUE, "10", 8, 3이 입력되어 있고 수식을 =MAX(A1:A4)로 입력하면 결과가 8인 반면 수식을 =MAX(TRUE, "10", 8, 3)으로 입력하면 결과는 10이 됩니다.

2. =AVERAGEIFS(F2:F11, D2:D11, "중학생") : [D2:D11] 영역에서 "중학생"이 입력된 셀들을 찾아, [F2:F11] 영역의 같은 행들에 있는 값들의 평균을 반환합니다.

3. ⓐ =AVERAGE(A2:A6) : 수치 값의 평균을 구하면 (10+20+30+40)/4의 결과인 25를 반환합니다.
   ⓑ =AVERAGEA(A2:A6) : 수치가 아닌 셀도 포함하여 인수의 평균을 구하면 (10+20+30+1(TRUE)+40)/5의 결과인 20.2를 반환합니다.
   ※ TRUE는 1, FALSE는 0으로 취급합니다.
   ⓒ =AVERAGE(A2:A4, A6) : [A2:A4] 셀의 각각의 값(10+20+30)과 [A6] 셀의 값 40을 더한 후의 평균인 25를 반환합니다.
   ⓓ =AVERAGEIF(A2:A6, "<40") : [A2:A4] 셀 중 40보다 작은 값들의 평균, 즉 (10+20+30)/3의 결과인 20을 반환합니다.
   ※ AVERAGEIF 함수는 'AVERAGEIF(조건이 적용될 범위, 조건, 평균을 구할 범위)' 형식으로 사용되는데, '평균을 구할 범위'를 생략하면 '조건이 적용될 범위'에서 평균을 구합니다.

608302 ▶

24.4, 24.3, 23.5, 23.1, 22.5, 22.4, 22.3, 21.7, 21.6, 21.4, 21.3, 21.2, 20.상시, 20.2, 19.1, 18.상시, 18.2, 16.3, 16.1, …

2 통계 함수2 – 개수

[기출 포인트]
- COUNT는 숫자가 있는 셀의 개수를 반환한다.
- COUNTA는 자료가 있는 셀의 개수를 반환한다.
- COUNTIF는 조건에 맞는 셀의 개수를 반환한다.

함수	설명
21.7, 21.2, 20.상시, 20.2, 19.1, 18.상시, 18.2, 16.1, 15.1, 14.3, … COUNT(인수1, 인수2, …)	인수들 중에서 숫자가 있는 셀의 개수를 반환한다. 예 =COUNT(A1:A10) : [A1:A10] 영역에서 숫자가 있는 셀의 개수를 반환한다.
20.2, 18.상시, 18.2, 16.1, 14.3, 13.3, 12.2, 10.2, 09.1, 08.1, … COUNTA(인수1, 인수2, …)	인수들 중에서 자료가 입력되어 있는 셀의 개수를 반환한다. 예 =COUNTA(A1:A10) : [A1:A10] 영역에서 자료가 입력된 셀의 개수를 반환한다.
22.3, 21.7, 19.1, 18.상시, 14.3, 13.2, 08.1 COUNTBLANK(범위)	범위 중 자료가 없는 셀의 개수를 반환한다. 예 =COUNTBLANK(A1:A10) : [A1:A10] 영역에서 자료가 없는 셀의 개수를 반환한다.
24.4, 24.3, 23.5, 23.1, 22.4, 21.6, 21.4, 21.3, 20.2, 16.3, 14.2, … COUNTIF(범위, 조건)	지정된 범위에서 조건에 맞는 셀의 개수를 반환한다. 예 =COUNTIF(A1:A10, "컴퓨터") : [A1:A10] 영역에서 "컴퓨터"가 입력된 셀들의 개수를 반환한다.
22.5, 12.2 COUNTIFS(조건1이 적용될 범위, 조건1, 조건2가 적용될 범위, 조건2, …)	여러 개의 조건이 적용될 범위에서 여러 개의 조건에 맞는 셀을 찾아 개수를 반환한다. 예 =COUNTIFS(A1:A10, "컴퓨터", B1:B10, "1급") : [A1:A10] 영역에서 "컴퓨터"가 입력된 셀들을 찾은 후 [B1:B10] 영역의 같은 행에서 "1급"이 입력된 셀들의 개수를 반환한다.

예제2 다음 표에 표시된 부분의 값을 함수를 이용하여 계산하시오.

준비하세요
'C:\길벗컴활2급필기\QnE\2과목.xlsm'
파일을 불러와 '섹션073-2' 시트에서 실
습하세요.

	A	B	C	D
1	1학기 성적			
2	성명	국어	영어	수학
3	홍길동	90	78	72
4	이석경	85	95	0
5	양숙희		85	65
6	한지민	92		94
7	이지민	89	92	100
8	① 전체 학생수	5	5	5
9	② 응시한 학생수	4	4	5
10	③ 결시한 학생수	1	1	0
11	④ 90점이상 학생수	2	2	2
12	⑤ 80점이상 95점이하 학생수	4	3	1
13				

❶ 전체 학생수(B8) → =COUNTA($A$3:$A$7)

❷ 응시한 학생수(B9) → =COUNT(B3:B7)

❸ 결시한 학생수(B10) → =COUNTBLANK(B3:B7)

❹ 90점 이상인 학생수(B11) → =COUNTIF(B3:B7, ">=90")

❺ 80점 이상 95점 이하인 학생수(B12) → =COUNTIFS(B3:B7, ">=80", B3:B7, "<=95")

기출체크 ☑

09.1, 08.3
4. COUNTIF는 데이터베이스 범위 내에서 조건에 맞는 숫자 데이터만의 개수를 구한다. (○, ×)

13.2, 12.2, 09.1, 07.2, 02.2
5. COUNTA 함수는 비어있지 않은 셀의 개수를 구한다. (○, ×)

22.3, 21.7, 19.1, 18.상시, 18.2, 16.1, 14.3, 07.3
6. [A8] 셀에 '=COUNTA(A1:A6) + COUNT(A1:A6) + COUNTBLANK(A1:A6)'을 입력했을
때의 결과값을 구하시오. (   )

	A
1	민영호
2	
3	이민정
4	노치국
5	6
6	2019-09-09
7	

24.3, 22.2, 21.6, 21.4, 21.3
7. [C10] 셀에 들어갈 판매량이 판매량 평균 이상인 지점의 개수를 구하는 수식을 작성하시오.
(COUNTIF, AVERAGE 함수와 & 연산자 사용)

	A	B	C
1	지점	대표자	판매량
2	마포	고아라	125
3	서대문	나영희	85
4	을지로	박철수	94
5	강남	안도혜	108
6	강서	최순이	75
7	강북	최하늘	12
8	강동	김수창	98
9			
10	판매량 평균 이상		4

(   )

기출체크 정답
4. × 5. ○ 6. 8 7. =COUNTIF(C2:C8,
">="&AVERAGE(C2:C8))

22.5, 12.2

8. 다음 시트에서 수식 '=COUNTIFS(B2:B8, B2, D2:D8, D2)'를 입력했을 때의 결과값을 구하시오. (　　)

	A	B	C	D
1	순번	학과	이름	성별
2	1	호텔경영	김영길	남
3	2	경영	이산정	여
4	3	호텔경영	한민호	남
5	4	영어영문	양숙진	여
6	5	기계공학	김사인	여
7	6	호텔경영	김유진	여
8	7	경영	강산	남

해설

4. COUNTIF(범위, 조건)는 지정된 범위에서 조건에 맞는 셀의 개수를 구하는 함수입니다. 데이터베이스 범위 내에서 조건에 맞는 숫자 데이터만의 개수를 구하는 함수는 DCOUNT입니다.

6. 수식의 이해

> =COUNTA(A1:A6) + COUNT(A1:A6) + COUNTBLANK(A1:A6)
> ❶　　　　　　❷　　　　　　❸

❶ COUNTA(A1:A6) : [A1:A6] 영역에서 비어 있지 않은 셀의 개수인 5를 반환합니다.
❷ COUNT(A1:A6) : [A1:A6] 영역에서 숫자가 들어 있는 셀의 개수인 2를 반환합니다.
❸ COUNTBLANK(A1:A6) : [A1:A6] 영역에서 비어 있는 셀의 개수인 1를 반환합니다.
∴ ❶ + ❷ + ❸ = 5 + 2 + 1 = 8입니다.

7. ❶ AVERAGE(C2:C8) : [C2:C8] 영역의 평균인 85.28을 반환합니다.
　 ❷ =COUNTIF(C2:C8, ")="&85.28) : [C2:C8] 영역에서 85.28보다 크거나 같은 값의 개수인 4를 반환합니다.
　 ※ &는 두 문자열을 연결하여 하나의 문자열로 만드는 연산자입니다.

8. =COUNTIFS(B2:B8, B2, D2:D8, D2) : [B2:B8] 영역에서 [B2] 셀의 값 "호텔경영"과 같고 [D2:D8] 영역에서 [D2] 셀의 값 "남"과 같은 데이터의 개수인 2를 반환합니다.

24.5, 24.1, 23.2, 23.1, 22.5, 22.2, 22.1, 21.6, 21.5, 21.4, 16.3, 15.3, 15.1, 14.1, 13.3, 13.2, 12.3, 12.2, 09.1, 08.2, …

③ 통계 함수3 - 기타

4208303 ▶

함수	설명
24.1, 23.2, 23.1, 22.5, 22.2, 22.1, 21.6, 21.5, 15.1, … **RANK.EQ(인수, 범위, 옵션)**	• 지정된 범위 안에서 인수의 순위를 반환하는데, 동일한 값들은 동일하지 않을 경우 나올 수 있는 순위들 중 가장 높은 순위를 동일하게 반환한다. • 옵션 　－ 0 또는 생략 : 내림차순을 기준으로 순위 부여 　－ 0 이외의 값 : 오름차순을 기준으로 순위 부여 예 =RANK.EQ(E3, E3:E7) : [E3:E7] 영역에서 내림차순을 기준으로 [E3] 셀의 순위를 반환한다.
24.5, 21.4, 16.3, 15.3, 13.2, 12.2, 09.1, 08.2, 07.2, … **LARGE(범위, n번째)**	범위 중 n번째로 큰 값을 반환한다. 예 =LARGE(A4:C7, 2) : [A4:C7] 영역에서 두 번째로 큰 값을 반환한다.
15.3, 13.3, 12.2, 09.1, 08.2, 07.2, 02.2 **SMALL(범위, n번째)**	범위 중 n번째로 작은 값을 반환한다. 예 =SMALL(A1:A10, 2) : [A1:A10] 영역에서 두 번째로 작은 값을 반환한다.

VAR.S(인수1, 인수2, …)	인수로 주어진 숫자들의 표본 분산값을 반환한다. 예 =VAR.S(A1:A10) : [A1:A10] 영역의 값들에 대한 표본 분산값을 반환한다.
STDEV.S(인수1, 인수2, …)	인수로 주어진 숫자들의 표본 표준편차값을 반환한다. 예 =STDEV.S(A1:A10) : [A1:A10] 영역의 값들에 대한 표본 표준편차 값을 반환한다.
13.3, 08.2 MEDIAN(인수1, 인수2, …)	인수들의 중간값을 반환한다. 예 =MEDIAN(A1:A10) : [A1:A10] 영역의 값들의 중간값을 반환한다.
13.3, 04.3, 04.2 MODE.SNGL(인수1, 인수2, …)	인수 중 가장 빈도수가 높은 값을 반환한다. 예 =MODE.SNGL(A1:A10) : [A1:A10] 영역의 값들 중 가장 빈도수가 높은 값을 반환한다.

예제3 다음 표에 표시된 부분의 값을 함수를 이용하여 계산하시오.

준비하세요

'C:\길벗컴활2급필기QnE\2과목.xlsm' 파일을 불러와 '섹션073-3' 시트에서 실습하세요.

	A	B	C	D	E	F
1			모의고사 성적			❶
2	성명	국어	영어	수학	총점	순위
3	홍길동	80	95	83	258	2
4	이석경	95	0	100	195	3
5	양숙희		90	75	165	5
6	한지민	95	100		195	3
7	이지민	100	95	75	270	1
❷8	앞에서 2위	95	95	83	258	
❸9	뒤에서 2위	95	90	75	195	
❹10	중간 값	95	95	79	195	
❺11	최빈 값	95	95	75	195	
❻12	분 산	75	1817.5	138.9167	2040.3	
❼13	표준편차	8.660254	42.63215	11.78629	45.16968	
14						

❶ 순위(F3) : 총점에 대한 전체 순위를 구하되, 동일한 값들은 동일하지 않을 경우 나올 수 있는 순위들 중 가장 높은 순위를 동일하게 표시 → =RANK.EQ(E3, $E$3:$E$7)

❷ 앞에서 2위(B8) : 각 점수에서 두 번째로 큰값 표시 → =LARGE(B3:B7, 2)

❸ 뒤에서 2위(B9) : 각 점수에서 두 번째로 작은값 표시 → =SMALL(B3:B7, 2)

❹ 중간 값(B10) → =MEDIAN(B3:B7)

❺ 최빈 값(B11) → =MODE.SNGL(B3:B7)

❻ 표본 분산(B12) → =VAR.S(B3:B7)

❼ 표본 표준편차(B13) → =STDEV.S(B3:B7)

23.2, 22.5, 22.2, 22.1, 21.6, 21.5, 13.3, 07.4, 07.3

9. 아래 시트에서 '기록(초)' 필드를 이용하여 순위[C2:C5]를 계산하였다. RANK.EQ 함수를 사용하여 [C2] 셀에 입력할 수식을 작성하시오. (   )

	A	B	C
1	선수명	기록(초)	순위
2	홍길동	12	3
3	이기자	15	4
4	금나래	10	1
5	나도국	11	2

15.3, 13.3, 08.2

10. 다음 시트를 이용한 수식의 결과를 쓰시오.

	A	B
1	100	3
2	200	7
3	300	5
4	400	3
5		0
6		2

ⓐ =LARGE(A1:A3, 2) → (   )

ⓑ =LARGE(A1:A4, 2) → (   )

ⓒ =SMALL($A$1:$A$3, 2) → (   )

ⓓ =SMALL($A$1:$A$4, 2) → (   )

ⓔ =MODE.SNGL(B1:B6) → (   )

ⓕ =MEDIAN(B1:B6) → (   )

해설

9. • '기록(초)'에 대한 오름차순 순위를 구하려면 [C2] 셀에 **=RANK.EQ(B2, $B$2:$B$5, 1)**을 입력해야 합니다.

• [B2:B5]는 비교 대상이므로 행 방향으로 드래그해도 항상 변하지 않도록 [$B$2:$B$5] 형태로 입력해야 합니다.

• 옵션 1은 순위를 오름차순으로 구하기 위해 지정한 것입니다.

10. ⓐ =LARGE(A1:A3, 2) : [A1:A3] 영역에서 두 번째로 큰 값인 200을 반환합니다.

ⓑ =LARGE(A1:A4, 2) : [A1:A4] 영역에서 두 번째로 큰 값인 300을 반환합니다.

ⓒ =SMALL($A$1:$A$3, 2) : [A1:A3] 영역에서 두 번째로 작은 값인 200을 반환합니다.

※ 하나의 값을 구하는 수식이므로 범위를 절대 참조로 지정하거나 지정하지 않거나 결과는 동일합니다.

ⓓ =SMALL($A$1:$A$4, 2) : [A1:A4] 영역에서 두 번째로 작은 값인 200을 반환합니다.

ⓔ =MODE.SNGL(B1:B6) : [B1:B6] 영역에서 가장 빈도수가 높은 값인 3을 반환합니다.

ⓕ =MEDIAN(B1:B6) : [B1:B6] 영역에서 중간값인 3을 반환합니다.

수학/삼각 함수

① 수학/삼각 함수1 – 합계 / 반올림 / 올림 / 내림

24.2, 23.3, 22.4, 22.1, 21.8, 21.5, 21.4, 21.3, 21.2, 21.1, 20.상시, 20.2, 20.1, 19.1, 18.상시, 18.2, 17.2, 17.1, 16.3, 16.1, …

함수	설명
24.2, 21.2, 19.1, 18.상시, 14.2, 14.1, 12.3, 11.3, 11.2, 11.1, 10.3, 09.4, … **SUM(인수1, 인수2, …)**	인수들의 합계를 반환한다. 예 =SUM(A1:A10) : [A1:A10] 영역의 합계를 반환한다.
21.2, 19.1, 18.상시, 16.3, 13.3, 12.3, 11.1, 10.3, 09.2, 09.1, 08.1, 07.4, … **SUMIF(조건이 적용될 범위, 조건, 합계를 구할 범위)**	조건에 맞는 셀을 찾아 합계를 반환한다. 예 =SUMIF(A1:A10, "컴퓨터", B1:B10) : [A1:A10] 영역에서 "컴퓨터"가 입력된 셀들을 찾은 후 [B1:B10] 영역의 같은 행에 있는 값들의 합계를 반환한다.
24.2, 18.2, 17.2, 17.1 **SUMIFS(합계를 구할 범위, 조건1이 적용될 범위, 조건1, 조건2가 적용될 범위, 조건2, …)**	여러 개의 조건이 적용될 범위에서 여러 개의 조건에 맞는 셀을 찾아 '합계를 구할 범위' 중 같은 행에 있는 값들의 합계값을 반환한다. 예 =SUMIFS(C1:C10, A1:A10, "컴퓨터", B1:B10, "1급") : [A1:A10] 영역에서 "컴퓨터"가 입력된 셀들을 찾고, [B1:B10] 영역에서 같은 행들에 있는 "1급"이 입력된 셀들을 찾은 후 [C1:C10] 영역의 같은 행에 있는 값들의 합계값을 반환한다.
22.4, 22.1, 21.8, 21.5, 21.1, 20.2, 18.2, 16.3, 16.1, 14.3, 11.1, 10.1, … **ROUND(인수, 반올림 자릿수)**	인수에 대하여 지정한 '반올림 자릿수'로 반올림한다. 예 =ROUND(123.45, 1) : 123.45를 소수점 이하 첫째 자리로 반올림한 123.5를 반환한다.
22.4, 22.1, 21.8, 21.5, 16.3, 14.3, 10.2, 04.3, 04.2, 00.2 **ROUNDUP(인수, 올림 자릿수)**	인수에 대하여 지정한 '올림 자릿수'로 올림한다. 예 =ROUNDUP(123.43, 1) : 123.43을 소수점 이하 첫째 자리로 올림한 123.5를 반환한다.
22.4, 22.1, 21.8, 21.5, 21.1, 20.2, 16.3, 02.1, 00.2 **ROUNDDOWN(인수, 내림 자릿수)**	인수에 대하여 지정한 '내림 자릿수'로 내림한다. 예 =ROUNDDOWN(123.45, 1) : 123.45를 소수점 이하 첫째 자리로 내림한 123.4를 반환한다.

> **전문가의 조언**
>
> • 중요해요! 함수식의 의미를 제대로 이해해야 풀 수 있는 문제가 자주 출제되고 있습니다.
>
> • 자주 출제되는 함수들을 중심으로 함수들의 개별적인 기능을 확실하게 기억해 두세요.
>
> [기출 포인트]
>
> ROUND의 '반올림 자릿수'는 양수면 소수점 이하, 음수면 소수점 이상의 '반올림 자릿수'로 반올림한다.

잠깐만요 **ROUND 관련 함수의 자릿수(ROUND, ROUNDUP, ROUNDDOWN)**

ROUND 관련 함수는 자릿수로 지정된 자리까지 표시합니다.

3	8	6	4	.	5	5	8	8
−3자리	−2자리	−1자리	0자리		1자리	2자리	3자리	4자리

=ROUND(3864.5588, 3) → 3864.559(소수 넷째 자리에서 반올림하여 소수 셋째 자리까지 표시합니다.)

=ROUND(3864.5588, 0) → 3865(소수 첫째 자리에서 반올림하여 정수 부분만 표시합니다.)

=ROUND(3864.5588, −2) → 3900(십의 자리에서 반올림하여 백의 자리까지 표시합니다.)

예제1 다음에 표시된 부분의 값을 함수를 이용하여 계산하시오.

	A	B	C	D	E
1			판매 현황		
2					
3	성명	상품명	수량	단가	판매가격
4	홍길동	핸드폰	10	1300	13000
5	이석경	건조기	15	1200	18000
6	양숙희	식기세척기	20	2000	40000
7	한지민	노트북	13	1400	18200
8	홍길동	건조기	8	1200	9600
9	이석경	노트북	23	1400	32200
10	양숙희	식기세척기	18	2000	36000
11	한지민	핸드폰	19	1300	24700
12	양숙희	노트북	24	1400	33600
13	❶ 평균1		16.7	1466.7	25033.3
14	❷ 평균2		16.67	1466.67	25033.34
15	❸ 평균3		16.66	1466.66	25033.33
16	❹ '홍길동' 사원 판매가격 합계				22600
17	❺ 수량이 20 이상이고 단가 1300 이상인 사원의 판매가격 합계				105800
18					

❶ 평균1(소수 2자리에서 반올림)(C13) → =ROUND(AVERAGE(C4:C12), 1)

❷ 평균2(소수 3자리에서 자리올림)(C14) → =ROUNDUP(AVERAGE(C4:C12), 2)

❸ 평균3(소수 3자리에서 자리내림)(C15) → =ROUNDDOWN(AVERAGE(C4:C12), 2)

❹ '홍길동' 사원의 판매가격 합계(E16) → =SUMIF(A4:A12, "홍길동", E4:E12)

❺ 수량이 20 이상이고 단가가 1300 이상인 사원의 판매가격 합계(E17) →

=SUMIFS(E4:E12, C4:C12, ">=20", D4:D12, ">=1300")

기출체크 ☑

21.2, 19.1, 18.상시, 14.2, 14.1, 12.3, 11.3, 11.2, 11.1, 10.3, 09.4, 09.2, 09.1, 08.4, …
1. 수식 =SUM("7", 35, TRUE)의 결과값은? (   )

22.4, 22.1, 21.8, 21.5, 14.3, 11.1
2. 수식 =ROUND(4561.604, 1)의 결과값은? (   )

22.4, 22.1, 21.8, 21.5, 14.3
3. 수식 =ROUND(4561.604, −1)의 결과값은? (   )

22.4, 22.1, 21.8, 21.5, 14.3
4. 수식 =ROUNDUP(4561.604, 1)의 결과값은? (   )

23.3
5. 다음에서 '부서'가 "기획부"이고 '경력여부'가 "신입"인 직원들의 면접 점수 합계를 구하는 함
수식은? (SUMIFS 함수 사용)

	A	B	C	D	E	F	G
1	사번	부서	경력여부	면접			
2	K-0001	기획부	신입	86			
3	K-0002	인사부	경력	94			
4	K-0003	기획부	경력	83			
5	K-0004	인사부	신입	79	기획부 신입 면접 점수 합계		
6	K-0005	기획부	신입	90			

(   )

18.2, 12.3, 10.3, 09.1, 08.1, 07.1, 05.1, 03.2, 01.2
6. 다음에서 100만 원 이상 판매한 회사들의 판매금액에 대한 판매총액을 구하는 함수식은?
(SUMIF 함수 사용)

	A	B	C
1	회사명	판매금액	지출금액
2	동명상사	1,300,000	1,200,000
3	경민상사	1,600,000	1,300,000
4	회동상사	1,800,000	1,500,000
5	건창상사	950,000	820,000
6			
7	100만원이상 판매한 회사들의 판매총액		

(   )

해설

1. • 큰따옴표(" ") 안의 데이터는 문자로 인식되지만 여기서는 SUM 함수에 의해 수치 데이터(7)로 인식됩니다.
   • 논리값 TRUE는 1, FALSE는 0으로 인식됩니다.
   • 7 + 35 + 1 = 43입니다.

2. =ROUND(4561.604, 1) : 4561.604를 소수점 둘째 자리에서 반올림하여 첫째 자리까지 표시한 4561.6을 반환합니다.

3. =ROUND(4561.604, −1) : 4561.604를 일의 자리에서 반올림하여 십의 자리까지 표시한 4560을 반환합니다.

4. =ROUNDUP(4561.604, 1) : 4561.604를 소수점 둘째 자리에서 올림하여 첫째 자리까지 표시한 4561.7을 반환합니다.

5. • SUMIFS(합계를 구할 범위, 조건1이 적용될 범위, 조건1, 조건2가 적용될 범위, 조건2, …)는 여러 개의 조건에 맞는 셀들의 합계를 구하는 함수입니다.
   • '부서'가 "기획부"이고 '경력여부'가 "신입"인 직원들의 면접 점수 합계를 구하는 수식은 =SUMIFS(D2:D6, B2:B6, "기획부", C2:C6, "신입")입니다.

6. • SUMIF(조건 범위, 조건, 합계 범위)는 조건에 맞는 셀들의 합계를 구하는 함수입니다.
   • 판매금액이 100만원 이상의 회사들의 판매총액을 구하는 수식은 =SUMIF(B2:B5, ">=1000000")입니다.
   • 조건 범위(B2:B5)와 합계 범위(B2:B5)가 같으면 합계 범위를 생략해도 됩니다.

24.3, 24.2, 23.5, 23.4, 22.4, 21.1, 20.상시, 20.2, 19.상시, 18.상시, 18.2, 16.3, 16.2, 14.3, 14.2, 13.3, 13.2, 13.1, …

2 수학/삼각 함수 – 기타

608402 ▶

함수	설명
13.1, 10.2, 09.2, 05.2, 03.4, 03.3, 00.2 **ABS(인수)**	인수의 절대값을 반환한다. 예 =ABS(−12) : −12의 절대값인 12를 반환한다.
24.3, 23.5, 21.1, 20.2, 16.3, 14.3, 14.2, 11.1, 08.3, 07.2, 04.1, 03.4, … **INT(인수)**	인수보다 크지 않은 정수값을 반환한다. 예 =INT(5.5) : 5.5보다 크지 않은 정수값 5를 반환한다.
RAND( )	0과 1 사이의 난수 반환한다. 예 =RAND( ) : 0과 1사이의 난수를 반환한다.
RANDBETWEEN(인수1, 인수2)	지정한 두 수 사이의 난수 반환한다. 예 =RANDBETWEEN(1, 10) : 1과 10 사이의 난수를 반환한다.

[기출 포인트]
INT(인수)는 인수보다 크지 않은 정수를 반환한다.

기출체크 정답
6. =SUMIF(B2:B5, ">=1000000")

24.3, 24.2, 23.5, 23.4, 18.상시, 18.2, 16.2, 14.3, 13.3, 13.2, 12.2, … **MOD(인수1, 인수2)**	인수1을 인수2로 나눈 나머지값을 반환한다. 예 =MOD(10, 3) : 10을 3으로 나누기 한 후 나머지값 1 을 반환한다.
FACT(인수)	인수의 계승 값을 반환한다. 예 =FACT(3) : 1×2×3의 값 6을 반환한다.
20.상시, 19.상시, 18.상시, 14.2, 13.2, 10.3, 10.2, 05.2, 04.4, 04.2, … **SQRT(인수)**	• 인수의 양의 제곱근을 반환한다. • 인수가 음수면 에러가 발생한다. 예 =SQRT(4) : 2를 반환한다.
24.3, 24.2, 23.5, 23.4, 18.2, 16.2, 14.3, 14.2, 07.2, 05.2, 03.3 **POWER(인수, 제곱값)**	인수를 '제곱값'만큼 거듭 곱한 값을 반환한다. 예 =POWER(3, 2) : 3을 2번 곱한 값 9를 반환한다.
24.3, 24.2, 23.5, 23.4, 22.4, 21.1, 20.상시, 20.2, 19.상시, 18.상시, … **TRUNC(인수, 자릿수)**	인수에 대해 자릿수 미만의 수치를 버린 값을 반환한다. 예 =TRUNC(5.278, 2) : 5.27을 반환한다.
04.4 **PI( )**	수치 상수 파이(π)를 15자리까지를 계산한다. 예 =PI( ) : 3.14159265358979를 반환한다.
EXP(인수)	e를 인수만큼 거듭제곱한 값을 반환한다. 예 =EXP(2) : 7.389056099를 반환한다.

예제2 다음 표에서 함수의 결과를 구하시오.

수식	결과	비고
=INT(3.78)	3	= INT(−3.78) → −4
=MOD(7, 3)	1	= MOD(−7, 3) → 2※
=TRUNC(4.9)	4	= TRUNC(−4.9) → −4
=SQRT(36)	6	$\sqrt{36}$ → 6, = SQRT(−36) → #NUM!
=ABS(−10)	10	|−10| → 10
=POWER(3, 2)	9	3^2 → 9
=FACT(6)	720	6×5×4×3×2×1 → 720
=EXP(2)	7.389056	e^2 → 2.71828182^2

음수의 나머지(7/3, −7/3)

몫과 나머지를 구한다는 것은 쉽게 말하면 … 똑같이 분배해 주면 몇 개씩 주고(몫) 남는 게(나머지) 몇 개냐는 의미입니다. 즉 7개를 3명에게 2개씩 주고 몇 개가 남느냐는 의미입니다. 1개가 남겠죠. 그렇다면 −7/3은? 음수값은 분배해 줄 양이 받아야 할 양이겠죠. 즉 7개를 채우려면 3명에게서 똑같이 몇 개씩 받으면(몫) 더 받은 (나머지) 것은 몇 개냐? 정도로 말할 수 있겠죠. 즉 3개씩 받으면 9개가 되므로 2개가 남죠? 즉 3개씩 받았으므로 몫은 −3, 2개가 남았으므로 나머지는 2가 됩니다. 엑셀을 이용해 다음과 같이 하여 몫과 나머지를 구할 수 있습니다.

= int(−7/3) → 몫 : −3

= −7−int(−7/3)*3 → 나머지 : 2

예 −5/3

몫 → −2, 나머지 → 1

즉 5개를 채우기 위해서 3명으로부터 2개씩 공평하게 받으면 1개가 남네요.

24.3, 23.5, 18.상시, 18.2, 16.2, 14.3, 13.3, 13.2, 12.2, 11.1, 10.2,

7. 수식 =MOD(3, 2)의 결과 값은? (　　　)

24.2, 23.4, 18.상시, 18.2, 16.2, 14.3, 13.3, 13.2, 12.2, 11.1, 10.2,

8. 수식 =MOD(18, −4)의 결과 값은? (　　　)

24.3, 23.5, 22.4, 21.1, 20.상시, 20.2, 19.상시, 18.상시, 18.2, 16.3, 14.3, 14.2, 13.2, 10.3, 03.4, 03.1, …

9. 수식 =TRUNC(−8.6)의 결과 값은? (　　　)

24.2, 23.4, 18.2, 16.2, 14.3, 14.2, 07.2, 05.2, 03.3

10. 수식 =POWER(3, 2)의 결과 값은? (　　　)

24.3, 23.5, 21.1, 20.2, 16.3, 14.3, 14.2, 11.1, 08.3, 07.2, 04.1, 03.4, 03.3, 03.1, 01.2

11. 수식 =INT(−7.4)의 결과 값은? (　　　)

20.상시, 19.상시, 18.상시, 14.2, 13.2, 10.3, 10.2, 05.2, 04.4, 04.2, 03.4, 01.1

12. 수식 =SQRT(4)의 결과 값은? (　　　)

13.1, 10.2, 09.2, 05.2, 03.4, 03.3, 00.2

13. 수식 =ABS(INT(−44.6))의 결과 값은? (　　　)

21.1, 20.상시, 20.2, 19.상시, 18.상시, 18.2, 16.3, 14.3, 14.2, 13.2, 10.3, 03.4, 03.1, …

14. 수식 =TRUNC(SQRT(7))의 결과 값은? (　　　)

- -

해설

7. =MOD(3, 2) : 3을 2로 나눈 나머지인 1을 반환합니다.

8. =MOD(18, −4) : 나머지를 구한다는 것은 쉽게 말하면 똑같이 분배해 주면 몇 개씩 주고(몫) 남는 게(나머지)
몇 개냐는 의미입니다.

　－ =MOD(18, 4) : 18개를 4명에게 몇 개씩 나눠주면 몇 개가 남느냐는 의미입니다. 18개를 4명에게 나눠주면
　　몫은 4이고, 나머지는 2가 됩니다.

　－ =MOD(−18, 4) : 피제수가 음수(−18)인 경우는 분배해 줄 양이 받아야 할 양이 됩니다. 즉 18개를 채우려면 4
　　명에게서 똑같이 몇 개씩 받으면(몫) 더 받은(나머지) 것은 몇 개나? 정도로 말할 수 있습니다. 즉 5개씩 받
　　으면 20개가 되므로 2개가 남죠? 나머지는 2가 됩니다.

　－ =MOD(18, −4) : 제수가 음수(−4)인 경우는 피제수가 음수인 '=MOD(−18, 4)'의 결과에 제수의 부호를 붙여주
　　면 됩니다. 즉, '=MOD(−18, 4)'의 결과 2에 제수와 동일한 부호를 붙이면 −2가 됩니다.

9. =TRUNC(−8.6) : 지정한 자릿수 미만을 버린 −8을 반환합니다.

10. =POWER(3, 2) : 3^2의 값인 9를 반환합니다.

11. =INT(−7.4) : −7.4보다 크지 않은 정수인 −8을 반환합니다.

12. =SQRT(4) : 4의 양의 제곱근인 2를 반환합니다.

13. ❶ INT(−44.6) : −44.6보다 크지 않은 정수인 −45를 반환합니다.
　　❷ =ABS(−45) : −45의 절대값인 45를 반환합니다.

14. ❶ SQRT(7) : 7의 양의 제곱근인 2.645를 반환합니다.
　　❷ =TRUNC(2.645) : 2.645의 소수점 이하를 버린 2를 반환합니다.

기출체크 정답
13. 45　**14.** 2　**7.** 1　**8.** −2　**9.** −8　**10.** 9
11. −8　**12.** 2

텍스트 함수

- **중요해요!** 함수식의 의미를 정확히 이해해야 풀 수 있는 문제가 자주 출제되고 있습니다.
- 자주 출제되는 함수들을 중심으로 함수들의 개별적인 기능을 확실하게 기억해 두세요.

[기출 포인트]

FIND와 SEARCH는 모든 글자를 한 글자로 계산한다.

608501 ▶

24.5, 24.4, 24.1, 23.3, 22.4, 22.1, 21.8, 21.5, 21.4, 21.3, 21.1, 20.상시, 20.2, 20.1, 19.상시, 18.상시, 17.2, 17.1, …

1 텍스트 함수

함수	설명
24.4, 24.1, 23.3, 22.4, 22.1, 21.8, 21.5, 21.4, … **LEFT(텍스트, 개수)**	텍스트의 왼쪽부터 지정한 개수만큼 반환한다. 📊 =LEFT("컴퓨터활용능력", 3) : "컴퓨터"를 반환한다.
24.5, 24.4, 22.4, 21.4, 21.3, 21.1, 20.2, 20.1, … **MID(텍스트, 시작 위치, 개수)**	텍스트의 시작 위치부터 지정한 개수만큼 반환한다. 📊 =MID("ABCDE", 3, 2) : "CD"를 반환한다.
21.3, 21.1, 20.상시, 20.1, 19.상시, 18.상시, 17.2, … **RIGHT(텍스트, 개수)**	텍스트의 오른쪽부터 지정한 개수만큼 반환한다. 📊 =RIGHT("컴퓨터활용능력", 2) : "능력"을 반환한다.
17.2 **LEN(텍스트)**	텍스트의 길이(개수)를 반환한다. 📊 =LEN("컴퓨터활용능력") : 7을 반환한다.
20.2 **REPT(텍스트, 개수)**	텍스트를 개수만큼 반복하여 반환한다. 📊 =REPT("■", 4) : "■■■■"를 반환한다.
24.4, 21.4, 17.1, 08.3, 07.1, 04.4, 00.1 **LOWER(텍스트)**	텍스트를 모두 소문자로 변환하여 반환한다. 📊 =LOWER("KOREA") : "KOREA"를 모두 소문자인 "korea"로 변환한다.
11.2, 07.1, 04.4, 00.1 **UPPER(텍스트)**	텍스트를 모두 대문자로 변환하여 반환한다. 📊 =UPPER("korea") : "korea"를 모두 대문자인 "KOREA"로 변환한다.
17.1, 15.2, 07.1, 05.4, 05.3, 04.4, 00.1 **PROPER(텍스트)**	텍스트의 첫 문자만 대문자로 변환하여 반환한다. 📊 =PROPER("korea") : "korea"의 첫 번째 문자만 대문자인 "Korea"로 변환한다.
17.1, 15.2, 11.2, 07.1, 04.4, 00.1 **TRIM(텍스트)**	텍스트의 양쪽 공백을 제거한다. 📊 =TRIM(" KOREA ") : " KOREA "의 양쪽 공백을 제거한 "KOREA"를 반환한다.
21.1, 18.상시, 17.2, 15.2 **FIND(찾을 텍스트, 문자열, 시작 위치)**	• 문자열의 시작 위치에서부터 찾을 텍스트를 찾아 그 위치값을 반환한다. • 문자를 모두 한 글자로 계산한다. • 대/소문자를 구분하며, 와일드카드(*,?) 문자를 사용할 수 없다. 📊 =FIND("친", "친구친구", 2) : 3을 반환한다.

21.1, 20.2, 18.상시, 17.2, 17.1, 15.2 **SEARCH(찾을 텍스트, 문자열, 시작 위치)**	• 문자열의 시작 위치에서부터 찾을 텍스트를 찾아 그 위치 값을 반환한다. • 문자를 모두 한 글자로 계산한다. • 대/소문자를 구분할 수 없고, 와일드카드(*,?) 문자를 사용할 수 있다. 예 =SEARCH("구", "친구친구", 1) : 2를 반환한다.

예제1 다음의 결과값을 구하시오.

수식	결과값
=LEFT("770405-1386723", 6)	770405
=RIGHT("780525-1456789", 7)	1456789
=MID("760401-1567890", 8, 7)	1567890
=TRIM(" Bra zil ")※	Bra zil
=LEN("KOREA")	5
=REPT("*", 3)	***
=UPPER("korea")	KOREA
=LOWER("CANADA")	canada
=PROPER("japan")	Japan
=FIND("f", "친구★79FRfr")※	8
=SEARCH("f", "친구★79FRfr")※	6

수식 설명

• =TRIM(" Bra zil ") : 보이지는 않지만 양쪽의 공백이 제거됩니다. 문자로 표시하면 "Bra zil"로 되겠죠.

• =FIND("f", "친구★79FRfr") : 소문자 'f'를 검색하여 위치를 반환합니다.

• =SEARCH("f", "친구★79FRfr") : 대/소문자 구분없이 'f'를 검색하여 위치를 반환합니다.

기출체크 ☑

22.4, 22.1, 21.8, 21.5, 21.4, 20.2, 18.상시, 12.1, 10.1, 09.3, 08.4, 08.3, …
1. 수식 =LEFT(123.654, 6)의 결과값은? (   )

21.3, 21.1, 20.상시, 20.1, 19.상시, 18.상시, 17.2, 16.1, …
2. 수식 =RIGHT("Computer", 5)의 결과값은? (   )

17.1, 11.2
3. 수식 =UPPER(TRIM(" mng "))&"-kr"의 결과값은? (   )

21.4, 21.3, 21.1, 20.2, 20.1, 18.상시, 17.2, 16.1, 12.2, …
4. 수식 =MID("Are You Busy?", 5, 3)의 결과값은? (   )

17.1, 15.2, 11.2, 07.1, 05.4, 05.3, 04.4, 00.1
5. 수식 =TRIM(PROPER("good morning !"))의 결과값은? (   )

21.1, 20.2, 18.상시, 17.2, 17.1, 15.2
6. 수식 =SEARCH("A", "Automation")의 결과값은? (   )

21.1, 20.2, 18.상시, 17.2, 17.1, 15.2
7. 수식 =SEARCH("a", "Automation")의 결과값은? (   )

21.1, 18.상시, 17.2, 15.2
8. 수식 =FIND("a", "Automation")의 결과값은? (   )

21.1, 18.상시, 17.2, 15.2
9. 수식 =FIND("A", "Automation")의 결과값은? (   )

기출체크 정답
1. 123.65   2. puter   3. MNG-kr   4. You
5. Good Morning !   6. 1   7. 1   8. 6   9. 1

1. =LEFT(123.654, 6) : 123.654에서 왼쪽부터 6글자인 123.65를 반환합니다.

2. =RIGHT("Computer", 5) : "Computer"의 오른쪽부터 5글자인 "puter"를 반환합니다.

3. 수식의 이해

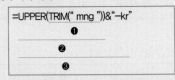

❶ TRIM(" mng ") : " mng "에서 양쪽의 공백이 제거된 "mng"를 반환합니다.
❷ UPPER("mng") : "mng"를 대문자로 변환한 "MNG"를 반환합니다.
❸ "MNG" & "-kr" : & 연산자에 의해 문자열이 합쳐진 "MNG-kr"을 반환합니다.

4. =MID("Are You Busy?", 5, 3) : "Are You Busy?"의 5번째 글자부터 3글자인 "You"가 반환됩니다.

5. ❶ PROPER("good morning !") : 텍스트의 첫 글자만 대문자로 바꾼 "Good Morning !"을 반환합니다.
   ❷ =TRIM("Good Morning !") : 텍스트 양쪽에 공백이 없으므로 "Good Morning !"가 그대로 반환됩니다.

6. =SEARCH("A","Automation") : 대/소문자 구분없이 "Automation"에서 "A"를 찾아 그 위치인 1을 반환합니다.

7. =SEARCH("a","Automation") : 대/소문자 구분없이 "Automation"에서 "a"를 찾아 그 위치인 1을 반환합니다.

8. =FIND("a","Automation") : 대/소문자를 구분하여 "Automation"에서 "a"를 찾아 그 위치인 6을 반환합니다.

9. =FIND("A","Automation") : 대/소문자를 구분하여 "Automation"에서 "A"를 찾아 그 위치인 1을 반환합니다.

날짜/시간 함수

23.4, 21.3, 19.1, 17.2, 16.2, 15.1, 14.2, 12.1, 11.3, 11.1, 10.3, 10.1, 08.1, 06.3, 06.1, 05.3, 04.1, 03.1, 02.3, 01.2, 99.1

 **날짜 함수**

함수	설명
23.4, 21.3, 19.1, 14.2, 12.1, 10.1, 08.1, 05.3, … **YEAR(날짜)**	날짜에서 연도만 추출하여 반환한다. 예 =YEAR("2024-05-07") : "2024-05-07"에서 연도만 추출한 2024를 반환한다.
15.1 **MONTH(날짜)**	날짜에서 월만 추출하여 반환한다. 예 =MONTH("2024-05-15") : "2024-05-15"에서 월만 추출한 5를 반환한다.
10.3, 10.1, 08.1, 06.3, 06.1, 05.3, 03.1 **DAY(날짜)**	날짜에서 일만 추출하여 반환한다. 예 =DAY("2024-05-15") : "2024-05-15"에서 일만 추출한 15를 반환한다.
17.2, 11.3 **WEEKDAY(날짜, 옵션)**	• 날짜에 해당하는 요일번호를 반환한다. • 옵션 − 1 또는 생략 : 1(일요일) ~ 7(토요일) − 2 : 1(월요일) ~ 7(일요일) − 3 : 0(월요일) ~ 6(일요일) 예 =WEEKDAY("2024-05-05", 1) : 1(일요일)을 반환한다.
DAYS(마지막 날짜, 시작 날짜)	마지막 날짜에서 시작 날짜를 뺀 일 수를 계산하여 반환한다. 예 =DAYS("2024-7-10", "2024-7-7") : 3을 반환한다.
14.2, 10.3, 10.1, 08.1, 06.3, 06.1, 05.3 **DATE(년, 월, 일)**	년, 월, 일에 대한 날짜의 일련번호 반환한다. 예 =DATE(2024, 05, 15) : '2024-05-15'의 일련번호인 45427을 반환한다.
23.4, 21.3, 19.1, 17.2, 14.2, 10.3, 10.1, 06.3, … **TODAY( )**	현재 날짜를 반환한다. 예 =TODAY( ) : 오늘 날짜(예 2024-05-15)를 반환한다.
15.1 **EDATE(시작 날짜, 월수)**	• 시작 날짜에서 월수를 더한 날짜를 반환한다. • 월수 − 양수 : 이후 날짜를 대상으로 구한다. − 음수 : 이전 날짜를 대상으로 구한다. 예 =EDATE("2024-7-4", 3) : 2024-10-04를 반환한다.
16.2, 15.1 **EOMONTH(날짜, 월수)**	• 지정한 날짜를 기준으로 몇 개월 이전 또는 이후 달의 마지막 날짜를 반환한다. • 월수 − 양수 : 이후 날짜를 대상으로 구한다. − 음수 : 이전 날짜를 대상으로 구한다. 예 =EOMONTH("2024-5-15", 1) : 2024-06-30을 반환한다.

전문가의 조언

• **중요해요!** 함수식의 의미를 정확히 이해해야 풀 수 있는 문제가 자주 출제되고 있습니다.
• 자주 출제되는 함수들을 중심으로 함수들의 개별적인 기능을 확실하게 기억해 두세요.

[기출 포인트]
오늘 날짜를 구하는 함수는 TODAY이다.

WORKDAY(시작날짜, 일수, 휴일날짜)	시작날짜에 주말과 휴일날짜를 제외하고 일수만큼 지난 날짜를 반환한다. 예 =WORKDAY("2024-5-3", 5, "2024-5-5") : 2024-5-10을 반환한다(토요일, 일요일, 5월 5일 제외).

'C:\길벗컴활2급필기QnE\2과목.xlsm'
파일을 불러와 '섹션076' 시트에서 실습
하세요.

예제1 다음 데이터 표를 이용하여 결과값을 구하시오.

	A	B
1	생일	
2	날짜	시간
3	2004-03-04	9시 56분 55초

❶ 연도 구하기 : =YEAR(A3) → 2004

❷ 월 구하기 : =MONTH(A3) → 3

❸ 일 구하기 : =DAY(A3) → 4

❹ 요일 번호 구하기 : =WEEKDAY(A3, 2) → 4

❺ 날짜 일련번호* 구하기 : =DATE(YEAR(A3), MONTH(A3), DAY(A3)) → 38050

❻ 살아온 날 구하기 : =TODAY( )-A3 → 7350

❼ 살아온 날 구하기(DATE 이용) : =TODAY( )-DATE(YEAR(A3), MONTH(A3), DAY(A3)) → 7350

※ 오늘 날짜를 구하는 TODAY( ) 함수를 사용하기 때문에 실습하는 날짜에 따라서 결과가 다르게 나옵니다.

❽ 5개월 이후 날짜 구하기 : =EDATE(A3, 5) → 2004-08-04

❾ 5개월 이후 달의 마지막 날짜 : =EOMONTH(A3, 5) → 2004-08-31

날짜의 일련번호를 날짜 형식으로 표시하기

DATE 함수를 사용하여 계산한 날짜 일련번호를 날짜/시간 형식으로 변경하려면 '셀 서식' 대화상자에서 표시 형식을 '날짜'로 지정한 후 '형식'에서 표시하고자 하는 날짜 형식을 선택하면 됩니다.

표시 형식을 '날짜'의 '*2012-03-14'로 지정

기출체크 ☑

06.3

1. 오늘 날짜를 입력하는 수식을 작성하시오. (   )

10.3, 08.1, 06.1, 05.3, 03.1, 02.3

2. 1982년 12월 4일에서 오늘까지 경과된 날짜를 구하는 수식을 TODAY, DATE 함수를 사용하여 작성하시오. (   )

23.4, 21.3, 19.1, 10.1, 04.1

3. 아래 시트에서 주민등록번호의 앞에 두자리를 이용하여 나이를 구하는 수식을 작성하시오. (TODAY, YEAR, LEFT 함수 사용) (   )

	A	B	C	D
1	성명	주민등록번호	토익	나이
2	갑돌이	740917-1010265	800	
3	갑순이	761023-2134568	780	
4	갑을병	720122-1012342	850	

17.2

4. WEEKDAY 함수는 날짜에 해당하는 요일을 구하는 함수로, Return_type 인수를 생략하는 경우 '일월화수목금토' 중 해당하는 한 자리 요일이 텍스트 값으로 반환된다. (ㅇ, ×)

15.1

5. 수식 =MONTH(EDATE("2021-12-20", -3))의 결과값은? (   )

16.2, 15.1

6. 수식 =EOMONTH("2021-12-08", 2)의 결과값은? (   )

기출체크 정답
1. =TODAY( ) 2. =TODAY( )-DATE(1982, 12, 4)
3. =YEAR(TODAY( ))-LEFT(B2, 2)-1900 4. ×
5. 9 6. 2022-02-28

1. 오늘 날짜를 표시하는 함수는 TODAY입니다.

2. · 1982년 12월 4일에서 오늘까지 경과된 날짜를 구하려면 오늘 날짜에서 1982년 12월 4일을 빼주면 됩니다.
   · 오늘 날짜를 표시하는 TODAY 함수와 년, 월, 일의 일련번호를 구하는 DATE 함수(DATE(1982, 12, 4))를 이용하여 계산합니다.

3. · 나이는 오늘 날짜(TODAY)에서 연도만 추출(YEAR)한 후 태어난 해의 연도를 뺀 다음 –1900을 수행하면 됩니다.
   · 태어난 해의 연도는 주민등록번호의 맨 앞쪽 두 자리(LEFT(B2,2))를 이용하여 계산합니다.

4. WEEKDAY 함수에서 Return_type 인수를 생략하면 일(1), 월(2), 화(3), …, 토(7) 중 해당하는 한 자리 요일이 정수값으로 반환됩니다.

5. ❶ EDATE("2021–12–20", –3) : 월수가 음수면 이전 날짜를 구하므로, 2021–12–20의 3개월 전인 2021–09–20을 반환합니다.
   ❷ =MONTH("2021–09–20") : 2021–09–20에서 월만 추출한 9를 반환합니다.

6. =EOMONTH("2021–12–08", 2) : 2021–12–08의 2개월 이후 달 마지막 날짜인 2022–02–28을 반환합니다.

608602 ▶

11.1, 08.1, 03.1, 99.1

② 시간 함수

함수	설명
HOUR(시간)	시간에서 시만 추출하여 반환한다. 예 =HOUR("5:15:25") : "5:15:25"에서 시만 추출한 5를 반환한다.
MINUTE(시간)	시간에서 분만 추출하여 반환한다. 예 =MINUTE("5:15:25") : "5:15:25"에서 분만 추출한 15를 반환한다.
SECOND(시간)	시간에서 초만 추출하여 반환한다. 예 =SECOND("5:15:25") : "5:15:25"에서 초만 추출한 25를 반환한다.
^{99.1} TIME(시, 분, 초)	시, 분, 초에 대한 시간의 일련번호를 반환한다. 예 =TIME(5, 15, 25) : '5:15:25'의 일련번호인 0.219039352를 반환한다.
^{11.1, 08.1, 03.1} NOW( )	현재 날짜와 시간을 반환한다. 예 =NOW( ) : 현재 날짜와 시간(예 2024–05–15 11:20)을 변환한다.

예제2 다음 데이터 표를 이용하여 결과값을 구하시오.

▲	A	B
1	생일	
2	날짜	시간
3	2004-03-04	9시 56분 55초

❶ 시간 구하기 : =HOUR(B3) → 9

❷ 분 구하기 : =MINUTE(B3) → 56

❸ 초 구하기 : =SECOND(B3) → 55

❹ 시간 일련번호 구하기 : =TIME(HOUR(B3), MINUTE(B3), SECOND(B3)) → 0.414525463

11.1

7. NOW 함수는 인수를 사용하지 않는 함수이다. (○, ×)

기출체크 정답

7. ○

논리 함수

전문가의 조언

중요해요! 함수식에 대한 결과값이나 특정 문제를 풀기 위한 함수식을 묻는 문제가 출제되고 있습니다.

[기출 포인트]

· AND는 모두 참이면 참을 반환한다.
· OR는 하나라도 참이면 참을 반환한다.

1 논리 함수

24.4, 24.3, 24.2, 24.1, 23.5, 21.3, 20.상시, 20.2, 20.1, 19.1, 18.상시, 15.2, 14.3, 14.2, 13.2, 13.1, 12.3, 12.2, 11.3, …

함수	설명
24.4, 24.3, 24.1, 23.5, 21.3, 20.2, 20.1, 19.1, … **IF(조건, 인수1, 인수2)**	조건을 비교하여 '참'이면 인수1, '거짓'이면 인수2를 반환한다. 예 =IF(D4〉90, "우수", "미달") : [D4] 셀의 값이 90을 초과하면 "우수", 그렇지 않으면 "미달"을 반환한다.
IFS(조건1, 인수1, 조건2, 인수2, …)	조건1이 '참'이면 인수1을, 조건2가 '참'이면 인수2를, … 조건n이 '참'이면 인수n을 반환한다. 예 =IFS(D4="M", "남자", D4="F", "여자") : [D4] 셀의 값이 "M"이면 "남자", "F"이면 "여자"를 반환한다. ※ 마지막 '조건n'에는 조건 대신 "TRUE"를 입력해도 됩니다.
24.4, 24.2, 20.2, 15.2, 14.3 **IFERROR(인수, 오류 시 표시할 값)**	인수로 지정한 수식이나 셀에서 오류가 발생하면 오류 시 표시할 값을 반환하고, 그렇지 않으면 결과값을 반환한다. 예 =IFERROR((A1+B1)/C1, "오류") : (A1+B1)/C1의 결과가 오류이면 "오류"를 반환하고, 그렇지 않으면 결과값을 반환한다.
SWITCH(변환할 값, 인수1, 결과1, 인수2, 결과2, …, 일치하는 인수가 없을 때 결과)	'변환할 값'이 인수1이면 결과을, 인수2이면 결과2를, … 변환할 값과 일치하는 인수가 없을 경우 '일치하는 인수가 없을 때 결과'를 반환한다. 예 =SWITCH(A1, "토", "주말", "일", "주말", "평일") : [A1] 셀의 값이 "토"나 "일"이면 "주말", 그렇지 않으면 "평일"을 반환한다.
09.3, 06.1, 04.1, 99.2 **NOT(인수)**	인수의 반대 논리값을 반환한다. 예 =NOT(TRUE) : 'FALSE'를 반환한다.
20.상시, 20.1, 18.상시, 13.2, 12.2, 06.1, … **AND(인수1, 인수2, …)**	주어진 인수가 모두 참이면 참을 반환한다. 예 =AND(A1, A2) : [A1]과 [A2] 셀의 값이 모두 참인 경우에만 참을 반환한다.
20.1, 12.2, 11.3, 10.3, 08.2, 06.1, 05.4, … **OR(인수1, 인수2, …)**	인수 중 하나라도 참이면 참을 반환한다. 예 =OR(A1, A2) : [A1]과 [A2] 셀의 값 중 하나라도 참이면 참을 반환한다.
FALSE( )	논리값 'FALSE'를 반환한다. 예 =FALSE( ) : 'FASLE'를 반환한다.
TRUE( )	논리값 'TRUE'를 반환한다. 예 =TRUE( ) : 'TRUE'를 반환한다.

준비하세요

'C:\길벗컴활2급필기QnE\2과목.xlsm' 파일을 불러와 '섹션077-1'과 '섹션077-2' 시트에서 실습하세요.

예제 1 다음 표를 보고 번호에 알맞은 함수를 완성하시오(IF, IFS 이용).

	A	B	C	D	E	
1	신입사원 채용 결과					
2	성명	부서명	구분코드	지역코드	비고	
3	박구형	생산부	H	S	본사	➊
4	구민희	영업부	B	K	경기도	➋

❶ [E3] : 구분코드가 'H'면 '본사', 나머지는 '지사' 표시(IF 함수 사용)

    → =IF(C3="H", "본사", "지사")

❷ [E4] : 지역코드가 'S'면 '서울', 'K'면 '경기도', 나머지는 '인천' 표시(IFS 함수 사용)

    → =IFS(D4="S", "서울", D4="K", "경기도", TRUE, "인천")

예제2 다음 표를 보고 번호에 알맞은 함수를 완성하시오(IF, IFS 이용).

	A	B	C	D	E	F	G	
1				사원 평가표				
2	사원명	주민등록번호	팀명	실적	영어회화	컴퓨터	비고	
3	오정국	990103-2******	영업1팀	100	78	100	국내팀	❶
4	하나영	881111-1******	영업3팀	78	59	96	국내연수	❷
5	우거진	001014-3******	판매2팀	87	65	85	없음	❸
6	유호연	860422-2******	판매1팀	93	91	98	2층	❹
7	박도리	011010-4******	홍보3팀	75	78	88	여자	❺
8	차한도	830417-2******	홍보2팀	94	82	79	통과	❻

❶ [G3] : '오정국' 사원의 팀명이 '1팀'이면 '국내팀', '2팀'이면 '국외팀', '3팀'이면 '본사팀'을 입력할 것(IFS 함수 사용)

    → =IFS(RIGHT(C3, 2)="1팀", "국내팀", RIGHT(C3, 2)="2팀", "국외팀", RIGHT(C3, 2)="3팀", "본사팀")

❷ [G4] : '하나영' 사원의 실적, 영어회화, 컴퓨터 점수가 모두 70점 이상이면 '해외연수', 아니면 '국내연수'를 입력할 것(IFS 함수 사용)

    → =IFS(AND(D4>=70, E4>=70, F4>=70), "해외연수", TRUE, "국내연수")

❸ [G5] : '우거진' 사원의 실적, 영어회화, 컴퓨터 점수 중 평균이 90점 이상인 점수의 평균을, 아니면 "없음"을 입력할 것(IFERROR 함수 사용)

    → =IFERROR(AVERAGEIF(D5:F5, ">=90"), "없음")

❹ [G6] : '유호연' 사원의 팀명이 '영업'이면 '1층', '판매'면 '2층', '홍보'면 '3층'을 입력할 것(SWITCH 함수 사용)

    → =SWITCH(LEFT(C6, 2), "영업", "1층", "판매", "2층", "3층")

❺ [G7] : '박도리' 사원의 주민등록번호 중 여덟 번째 자리가 1 또는 3이면 '남자', 2 또는 4이면 '여자'를 입력할 것(IF 함수 사용)

    → =IF(OR(MID(B7, 8, 1)="1", MID(B7, 8, 1)="3"), "남자", "여자")

❻ [G8] : '차한도' 사원의 실적, 영어회화, 컴퓨터 점수가 모두 60점 이상이면 '통과', 아니면 '과목미달'을 표시(IF 함수만 사용)

    → =IF(D8>=60, IF(E8>=60, IF(F8>=60, "통과", "과목미달"), "과목미달"), "과목미달")

잠깐만요 ❻ '차한도' 사원의 비고

4208731

=IF(D8>=60, IF(E8>=60, IF(F8>=60, "통과", "과목미달"), "과목미달"), "과목미달")
   ❶조건   ❷참   ❸거짓

→ ❶의 조건에 맞으면 ❷를 수행하고, 아니면 ❸("과목미달" 입력)을 수행함

❷ IF(E8>=60, IF(F8>=60, "통과", "과목미달"), "과목미달")
   ❹조건   ❺참   ❻거짓

→ ❹의 조건에 맞으면 ❺를 수행하고, 아니면 ❻("과목미달" 입력)을 수행함

❺ IF(F8>=60, "통과", "과목미달")

→ [F8]이 60보다 크거나 같으면 "통과"를 입력하고, 아니면 "과목미달"을 입력함

14.2

1. 가입일(A2)의 연도가 2000년 이전이면 '골드회원', 아니면 '일반회원'으로 표시하는 수식을 작성하시오. (IF, YEAR 함수 사용)

(   )

24.4, 23.5

2. 다음에서 '성적1', '성적2'의 점수가 모두 90 이상이면 "진급", 둘 중 하나만 90 이상이면 "대기", 나머지는 공백을 표시하기 위한 수식을 작성하시오. (IF, COUNTIF 함수 사용)

	A	B	C	D
1	이름	성적1	성적2	진급여부
2	보라미	94	95	
3	미라미	80	97	
4	김은혜	85	82	
5	박한솔	90	83	

(   )

24.4, 20.2

3. 다음에서 환자번호에 "M"이 포함되면 "남", "F"가 포함되면 "여"를 표시하기 위한 수식을 작성하시오. (IF, IFERROR, SEARCH 함수 사용)

	A	B	C	D
1	번호	이름	환자번호	성별
2	1	박상훈	01-M15	
3	2	서윤희	01-F64	
4	3	김소민	01-F22	
5	4	이진수	01-M79	

(   )

해설

1. =IF(YEAR(A2)<=2000, "골드회원", "일반회원") : [A2] 셀의 연도(YEAR(A2))가 2000보다 작거나 같으면 "골드회원", 아니면 "일반회원"을 반환합니다.

2.
=IF(COUNTIF(B2:C2, ">=90")=2, "진급", IF(COUNTIF(B2:C2, ">=90")=1, "대기", ""))
　　　❶　　　　　　　　　❷　　　　　　　　　❸

❶ [B2:C2] 영역에서 90 이상인 점수가 2개면 ❷("진급")를 반환하고, 아니면 ❸을 수행합니다.

❸ IF(COUNTIF(B2:C2, ">=90")=1, "대기", " ")) : [B2:C2] 영역에서 90 이상인 점수가 1개면 "대기"를, 아니면 공백을 반환합니다.

3. ❶ SEARCH("M", C2) : [C2] 셀에서 "M"을 찾아 그 위치 값인 4를 반환합니다.

❷ IF(4, "남") : 컴퓨터는 수치를 논리값으로 사용할 때 0만 'FALSE'로 인식하고, 나머지는 모두 'TRUE'로 인식하므로 "남"을 반환합니다.

❸ =IFERROR("남", "여") : '인수'가 오류가 아니므로 "남"을 반환합니다.

| =MATCH(58, A2:A5, −1) | #N/A | 옵션으로 −1이 지정되었으므로, 범위가 내림차순으로 정렬되어 있어야 하나 해당 범위가 오름차순으로 정렬되어 있으므로 #N/A 오류가 발생된다. |
| =MATCH(58, A2:A5, 0) | #N/A | 옵션으로 0이 지정되었으므로, 범위에서 58과 동일한 값을 찾아 그 위치의 일련번호를 표시해야 하나, 동일한 값을 찾을 수 없으므로 #N/A 오류가 발생된다. |

예제4 다음 [표1]을 참조하여 [표2]의 상품명(B11:B18)과 단가(D11:D18)를 계산하는 수식을 완성하시오(INDEX, MATCH 이용).

	A	B	C	D	E
1	[표1]				
2	상품코드	상품명	0	30	50
3			29	49	
4	1	반바지	16,000	16,800	17,600
5	2	바지	48,000	50,400	52,900
6	3	잠바	45,000	47,300	49,700
7	4	티	12,300	12,900	13,500
8	5	모자	8,000	8,400	8,800
9	[표2]	❶		❷	
10	상품코드	상품명	개수	단가	
11	2	바지	18	48,000	
12	4	티	30	12,900	
13	5	모자	60	8,800	
14	2	바지	21	48,000	
15	3	잠바	50	49,700	
16	5	모자	24	8,000	
17	1	반바지	6	16,000	
18	4	티	15	12,300	

❶ 상품명(B11) : =INDEX($A$4:$E$8, MATCH(A11, $A$4:$A$8, 0), 2) → 바지

❷ 단가(D11) : =INDEX($C$4:$E$8, MATCH(A11, $A$4:$A$8, 0), MATCH(C11, $C$2:$E$2, 1)) → 48,000

잠깐만요 **수식의 이해**

608832

=INDEX($C$4:$E$8, <u>MATCH(A11, $A$4:$A$8, 0)</u>, <u>MATCH(C11, $C$2:$E$2, 1)</u>)
        ❶   ❷
             ❸

❶ MATCH(A11, $A$4:$A$8, 0) : [A4:A8] 영역에서 [A11] 셀, 즉 2와 동일한 값을 찾은 후 그 위치의 일련번호인 2를 반환합니다.
  – MATCH(찾을값, 범위, 옵션) 함수에서 옵션을 0으로 지정하면 찾을값과 정확히 일치하는 값을 찾습니다.
  – 여러 셀에 결과를 구해야 하므로 범위는 절대 참조로 지정해야 합니다.
❷ MATCH(C11, $C$2:$E$2, 1) : [C2:E2] 영역에서 [C11] 셀, 즉 18보다 작거나 같은 값 중에서 가장 근접한 값(0)을 찾은 후 그 위치의 일련번호인 1을 반환합니다.
❸ =INDEX($C$4:$E$8, 2, 1) : [C4:E8] 영역에서 2행 1열, 즉 [C5] 셀의 값인 48,000을 반환합니다.

18.2
4. 수식 =COLUMN(C5)의 결과 값은? (   )

21.3, 19.2, 18.1, 16.1, 15.1, 14.1, 12.2, 11.3, 10.2, 08.4, 08.2, 04.4, 03.4
5. 수식 =CHOOSE(4, 3, 4, 5, 6)의 결과값은? (   )

24.5, 23.1, 21.3, 20.상시, 20.2, 19.2, 18.상시, 18.1, 17.1, 16.1, 15.1, 14.2, 14.1, 12.2, 11.3, 11.2, 09.2
6. 아래 시트에서 각 수식을 입력하였을 경우의 결과값을 구하시오.

▲	A	B	C	D
1	5	10	15	20
2	10	0.02	0.51	0.78
3	15	0.88	0.44	2.22
4	20	4.33	1.27	3.33
5	25	1.95	2.35	4.44

① =INDEX(A1:D5, 3, 4) → (   )

② =SUM(B2:CHOOSE(2, B3, B4, B5)) → (   )

24.1, 23.3, 18.1, 15.1, 14.1
7. 아래 시트에서 [E2] 셀에 함수식 =CHOOSE(RANK.EQ(D2, $D$2:$D$5), "대상", "금상", "은상", "동상")을 입력했을 경우, 결과값은? (   )

▲	A	B	C	D	E
1	성명	이론	실기	합계	순위
2	강나래	47	45	92	
3	이석주	38	47	85	
4	박명권	46	48	94	
5	장영주	49	48	97	

24.3, 23.4, 23.2, 22.5
8. '학부'를 기준으로 정렬된 아래 시트에서 '이름'을 기준으로 정렬해도 '번호'가 그대로 유지되도록 '번호'에 입력할 수식을 작성하시오. (ROW 함수 이용)

▲	A	B	C
1	번호	이름	학부
2	1	한고은	국어국문과
3	2	김종숙	스포츠지도학과
4	3	차형섭	식품영양학과
5	4	김은수	신학과
6	5	황재윤	실용음악과
7	6	이선미	체육학과
8	7	홍진영	컴퓨터공학과

(   )

해설

4. =COLUMN(C5) : [C5] 셀의 열 번호인 3을 반환합니다.

5. =CHOOSE(4, 3, 4, 5, 6) : 3, 4, 5, 6에서 네 번째 값인 6을 반환합니다.

6. ① =INDEX(A1:D5, 3, 4) : [A1:D5] 범위에서 3행, 4열에 위치한 [D3] 셀의 값인 2.22를 반환합니다.

　② ❶ CHOOSE(2, B3, B4, B5) : [B3], [B4], [B5]에서 두 번째 값인 [B4] 셀을 반환합니다.

　　❷ =SUM(B2:B4) : [B2:B4] 범위의 합계인 5.23을 반환합니다.

　　※ 수식의 범위로 CHOOSE 함수가 사용될 경우 결과값(4.33) 대신 결과 셀의 주소(B4)가 반환됩니다.

7. =CHOOSE(RANK.EQ(D2, $D$2:$D$5), "대상", "금상", "은상", "동상")

　• [D2:D5] 영역에서 [D2] 셀의 순위가 1이면 "대상", 2면 "금상", 3이면 "은상", 4면 "동상"을 반환합니다.

　• [D2] 셀의 순위는 3이므로 "은상"을 반환합니다.

8. =ROW( )-1 : 수식이 입력된 행 번호에서 1을 뺀 값을 반환합니다.

　※ ROW(셀)는 주어진 셀의 행 번호를 반환하는 함수인데, ROW( )와 같이 '셀'을 지정하지 않으면 수식이 입력된 행 번호를 반환합니다.

기출체크 정답
4. 3　5. 6　6. ① 2.22 ② 5.23　7. 은상
8. =ROW( )-1

① 24.2, 23.3, 22.5, 21.2, 21.1, 20.2, 19.1, 18.1, 16.3, 15.3, 15.2, 14.3, 13.3, 13.1, 12.2, 12.1, 11.3, 11.2, 10.3, 09.4, 09.2, …
데이터베이스 함수

함수	설명
19.1, 12.2, 11.3, 11.2, 10.3, 09.2, 08.3, 07.4, 07.3, … **DSUM(데이터 범위, 필드 번호, 조건)**	해당 데이터 범위에서 조건에 맞는 자료를 대상으로 지정된 필드 번호에서 합계값을 반환한다. 예 =DSUM(A1:C10, 3, B2:B3) : [A1:C10] 영역에서 [B2:B3] 영역의 조건에 맞는 값들을 3열에서 찾은 후 그 값들의 합계값을 반환한다.
24.2, 22.5, 21.2, 21.1, 20.2, 18.1, 16.3, 15.3, 13.3, 07.4, … **DAVERAGE(데이터 범위, 필드 번호, 조건)**	해당 데이터 범위에서 조건에 맞는 자료를 대상으로 지정된 필드 번호에서 평균값을 반환한다. 예 =DAVERAGE(A1:C10, 3, B2:B3) : [A1:C10] 영역에서 [B2:B3] 영역의 조건에 맞는 값들을 3열에서 찾은 후 그 값들의 평균값을 반환한다.
15.2, 14.3, 13.1, 12.1, 00.3, 00.2 **DCOUNT(데이터 범위, 필드 번호, 조건)**	해당 데이터 범위에서 조건에 맞는 자료를 대상으로 지정된 필드 번호에서 숫자가 있는 셀의 개수를 반환한다. 예 =DCOUNT(A1:C10, 3, B2:B3) : [A1:C10] 영역에서 [B2:B3] 영역의 조건에 맞는 값들을 3열에서 찾은 후 그 중 숫자의 개수를 반환한다.
23.3, 15.2, 13.1 **DCOUNTA(데이터 범위, 필드 번호, 조건)**	해당 데이터 범위에서 조건에 맞는 자료를 대상으로 지정된 필드 번호에서 자료가 있는 셀의 개수를 반환한다. 예 =DCOUNTA(A1:C10, 3, B2:B3) : [A1:C10] 영역에서 [B2:B3] 영역의 조건에 맞는 값들을 3열에서 찾은 후 그 개수를 반환한다.
05.1, 04.2, 00.2 **DMAX(데이터 범위, 필드 번호, 조건)**	해당 데이터 범위에서 조건에 맞는 자료를 대상으로 지정된 필드 번호에서 가장 큰 값을 반환한다. 예 =DMAX(A1:C10, 3, B2:B3) : [A1:C10] 영역에서 [B2:B3] 영역의 조건에 맞는 값들을 3열에서 찾은 후 그 값들 중 가장 큰 값을 반환한다.
00.2 **DMIN(데이터 범위, 필드 번호, 조건)**	해당 데이터 범위에서 조건에 맞는 자료를 대상으로 지정된 필드 번호에서 가장 작은 값을 반환한다. 예 =DMIN(A1:C10, 3, B2:B3) : [A1:C10] 영역에서 [B2:B3] 영역의 조건에 맞는 값들을 3열에서 찾은 후 그 값들 중 가장 작은 값을 반환한다.

전문가의 조언

중요해요! 함수식에 대한 결과값이나 특정 문제를 풀기 위한 함수식을 묻는 문제가 출제되고 있습니다.

[기출 포인트]

데이터베이스 함수의 인수 순서는 데필조(데이터베이스 범위 **필드**번호 **조건**)이다.

예제 다음 표에 표시된 부분의 값을 함수를 이용하여 계산하시오.

	A	B	C	D	E	F
1	상품별 판매수					
2	이름	컴퓨터	노트북	태블릿		컴퓨터
3	홍길동	246	258	152		<200
4	이석경	144	213	57		노트북
5	양숙희	92	274	269		>=250
6	한지민	112	88	105		태블릿
7	김용숙	244	140	297		<=100
8	컴퓨터 판매수가 200 미만인 사람들의 합			❶ 348		
9	노트북 판매수가 250 이상인 사람들의 평균			❷ 266		
10	태블릿 판매수가 100 이하인 사람들의 수			❸ 1		
11	컴퓨터 판매수가 200 미만인 사람 중 최대 판매수			❹ 144		
12	노트북 판매수가 250 이상인 사람 중 최소 판매수			❺ 258		

❶ 컴퓨터 판매수가 200 미만인 사람들의 합(D8) : =DSUM(A2:D7, 2, F2:F3)

❷ 노트북 판매수가 250 이상인 사람들의 평균(D9) : =DAVERAGE(A2:D7, 3, F4:F5)※

❸ 태블릿 판매수가 100 이하인 사람의 수(D10) : =DCOUNT(A2:D7, 4, F6:F7)

❹ 컴퓨터 판매수가 200 미만인 사람 중 최대 판매수(D11) : =DMAX(A2:D7, 2, F2:F3)

❺ 노트북 판매수가 250 이상인 사람 중 최소 판매수(D12) : =DMIN(A2:D7, 3, F4:F5)

궁금해요 시나공 Q&A 베스트

Q 노트북 판매수가 250 이상인 사람들의 평균을 '=DAVERAGE(B3:D7, 2, F4:F5)'로 계산하면 왜 안 되죠?

A DAVERAGE(범위, 열 번호, 조건) 함수에서 '범위'의 첫 번째 행에는 반드시 필드명이 있어야 합니다. 2행에 필드명이 있으므로 반드시 =DAVERAGE(B2:D7, 2, F4:F5)와 같이 작성해야 합니다.

기출체크 ☑

※ 다음 워크시트에서 조건에 만족하는 수식을 작성하시오.

	A	B	C	D	E
1	급여 현황				
2					단위:만원
3	사번	직책	기본급	수당	급여총액
4	10101	과장	250	50	300
5	10102	사원	190	30	220
6	10103	과장	280	50	330
7	10104	부장	300	70	370
8	10105	사원	195	50	245
9					
10			직책	기본급	
11			과장	>=200	

19.1, 12.2, 11.3, 10.3, 09.4, 09.2, 08.3, 07.4, 07.3, 07.2, 07.1, 06.2, 06.1, 05.2, 04.3, 03.4, …
1. 직책이 '과장'인 직원들의 급여총액의 합을 구하는 수식(DSUM 함수 사용)

(   )

24.2, 22.5, 21.2, 21.1, 20.2, 18.1, 16.3, 15.3, 13.3, 07.4, 04.1, …
2. 직책이 '과장'인 직원들의 급여총액의 평균을 구하는 수식(DAVERAGE 함수 사용)

(   )

23.3, 15.2, 14.3, 13.1, 12.1, 00.3, 00.2
3. 기본급이 200 이상인 직원수를 구하는 수식(DCOUNT 함수 사용)

(   )

해설

1. =DSUM(A3:E8, 5, C10:C11)
   • 데이터 범위 : 데이터가 있는 [A3:E8] 영역을 입력, 데이터베이스 함수는 반드시 데이터 필드명이 있는 부분(여기서는 3행)을 범위에 포함시켜야 함
   • 열 번호 : 급여총액이 있는 열인 5를 입력, 급여총액이 있는 E열의 주소인 E3을 입력해도 됨
   • 조건 : 조건이 있는 [C10:C11] 영역을 입력, 조건을 별도의 영역에 지정하지 않고 [B3:B4]와 같이 데이터 영역에 있는 값을 이용해도 됨

2. =DAVERAGE(A3:E8, 5, C10:C11) : [A3:E8] 범위에서 조건(C10:C11)에 맞는 자료를 대상으로 지정된 열(5)에서 평균을 계산하여 반환합니다.

3. =DCOUNT(A3:E8, 3, D10:D11) : [A3:E8] 범위에서 조건(D10:D11)에 맞는 자료를 대상으로 지정된 열(3)에서 숫자가 있는 셀의 개수를 반환합니다.

22년 3회, 21년 7회, 4회, 16년 2회, 14년 1회, 13년 2회

01 다음 중 '=SUM(A3:A9)' 수식이 '=SUM(A3A9)'와 같이 범위 참조의 콜론(:)이 생략된 경우 나타나는 오류 메시지로 옳은 것은?

① #N/A
② #NULL!
③ #REF!
④ #NAME?

24년 5회, 23년 1회, 22년 4회

02 북부/남부의 제품 판매 현황에서 금액은 단가×수량으로 산출한 것이다. 다음 중 남부의 금액[D7:F7]을 구하는 방법으로 옳은 것은 무엇인가? (단, 북부의 금액[D5:F5]은 [D5] 셀의 수식(=D$3*D4)을 [F5] 셀까지 채우기 핸들을 드래그하여 구한 것이다.)

A B	C	D	E	F
1	북부/남부 제품 판매 현황			
2			OLED TV	냉장고	세탁기
3	단가		1,500,000	1,200,000	800,000
4	북부	수량	5	15	8
5		금액	7,500,000	18,000,000	6,400,000
6	남부	수량	10	8	12
7		금액			

① [D5] 셀을 복사하여 [D7:F7] 영역에 붙여넣기 한다.
② [D7] 셀에 '=D$3*D4'를 입력한 후 채우기 핸들을 [F7] 셀까지 드래그한다.
③ [D5] 셀을 복사하여 [D7:F7] 영역에 '값'으로 붙여넣기 한다.
④ [D7:F7] 영역을 선택한 상태에서 '=D$3*D4'를 입력한다.

24년 5회, 23년 3회, 21년 3회, 14년 1회, 12년 1회

03 다음 중 참조의 대상 범위로 사용하는 이름에 대한 설명으로 옳은 것은?

① 이름 정의 시 첫 글자는 반드시 숫자로 시작해야 한다.
② 하나의 통합 문서 내에서 시트가 다르면 동일한 이름을 지정할 수 있다.
③ 이름 정의 시 영문자는 대소문자를 구분하므로 주의하여야 한다.
④ 이름은 기본적으로 절대 참조로 대상 범위를 참조한다.

23년 2회, 1회, 22년 4회, 2회, 1회, 21년 6회, 5회, 13년 3회, 12년 3회, 07년 4회, 3회

04 아래 워크시트에서 평균에 대한 내림차순 순위를 구하고자 한다. [E2] 셀에 함수식을 입력한 후 채우기 핸들을 이용하여 [E3:E6] 영역에 복사하려고 할 때, 입력해야 할 함수식으로 옳은 것은?

	A	B	C	D	E
1	이름	국어	수학	평균	순위
2	구연	100	94	97	
3	진아	99	88	93.5	
4	원빈	65	66	65.5	
5	이리	80	83	81.5	
6	은비	75	77	76	

① =RANK.EQ(D2, $D2:$D6, 0)
② =RANK.EQ(D2, $D2:$D6, 1)
③ =RANK.EQ(D2, D$2:D$6, 0)
④ =RANK.EQ(D2, D$2:D$6, 1)

24년 3회, 22년 2회, 21년 6회, 4회, 3회

05 다음 중 [C10] 셀에 판매량이 판매량 평균 이상인 지점의 개수를 구하는 수식으로 올바른 것은?

	A	B	C
1	지점	대표자	판매량
2	마포	고아라	125
3	서대문	나영희	85
4	을지로	박철수	94
5	강남	안도혜	108
6	강서	최순이	75
7	강북	최하늘	12
8	강동	김수창	98
9			
10	판매량 평균 이상		4

① =COUNTIF(C2:C8, ">="&AVERAGE($C$2:$C$8))
② =COUNTIF(">="&AVERAGE($C$2:$C$8))
③ =COUNTIF(C2:C8, ">=AVERAGE($C$2:$C$8)")
④ =COUNTIF(">="&AVERAGE($C$2:$C$8), C2:C8)

22년 4회, 1회, 21년 8회, 5회, 14년 3회

06 다음 수식의 결과가 나머지와 다른 것은?

① =LEFT(123.654, 6)
② =ROUND(123.654, 2)
③ =ROUNDUP(123.654, 2)
④ =ROUNDDOWN(123.654, 2)

▶ 정답 : 1. ④ 2. ① 3. ④ 4. ③ 5. ① 6. ③

22년 3회, 21년 7회, 19년 1회

07 다음 중 [A8] 셀에 아래 함수식을 입력했을 때 나타나는 결과로 옳은 것은?

=COUNTBLANK(A1:A7) + COUNT(A1:A7)

ⓐ A	
1	민영호
2	
3	이민정
4	노치국
5	6
6	2019-09-09
7	
8	

① 4
② 5
③ 6
④ 7

21년 1회, 17년 2회

08 다음 중 아래 워크시트의 [A2] 셀에 수식을 작성하는 경우 수식의 결과가 다른 하나는?

ⓐ A
1 대한상공대학교
2

① =MID(A1, SEARCH("대", A1)+2, 5)
② =RIGHT(A1, LEN(A1)−2)
③ =RIGHT(A1, FIND("대", A1)+5)
④ =MID(A1, FIND("대", A1)+2, 5)

22년 3회, 1회, 21년 8회, 7회, 5회, 20년 1회, 17년 1회, 14년 2회, 13년 3회, 11년 3회, 1회, …

09 아래 워크시트는 수량과 상품코드별 단가를 이용하여 금액을 산출한 것이다. 다음 중 [D2] 셀에 사용된 수식으로 옳은 것은? (단, 금액 = 수량 × 단가)

ⓐ	A	B	C	D
1	매장명	상품코드	수량	금액
2	강북	AA-10	15	45,000
3	강남	BB-20	25	125,000
4	강서	AA-10	30	90,000
5	강동	CC-30	35	245,000
6				
7		상품코드	단가	
8		AA-10	3000	
9		CC-30	7000	
10		BB-20	5000	

① =C2 * VLOOKUP(B2, $B$8:$C$10, 2)
② =C2 * VLOOKUP($B$8:$C$10, 2, B2, FALSE)
③ =C2 * VLOOKUP(B2, $B$8:$C$10, 2, FALSE)
④ =C2 * VLOOKUP($B$8:$C$10, 2, B2)

24년 5회, 21년 3회, 16년 1회

10 [A1] 셀에 '851010−1234567'과 같이 주민등록번호가 입력되어 있을 때, 이 셀의 값을 이용하여 [B1] 셀에 성별을 '남' 또는 '여'로 표시하고자 한다. 다음 중 이를 위한 수식으로 옳은 것은? (단, 주민등록번호의 8번째 글자가 1이면 남자, 2이면 여자임)

① =CHOOSE(MID(A1, 8, 1), "남", "여")
② =HLOOKUP(A1, 8, B1)
③ =INDEX(A1, B1, 8)
④ =IF(RIGHT(A1, 8)="1", "남", "여")

24년 4회, 20년 2회

11 다음 중 환자번호[C2:C5]를 이용하여 성별[D2:D5]을 표시하기 위해 [D2] 셀에 입력할 수식으로 옳지 않은 것은? (단, 환자번호의 4번째 문자가 'M'이면 '남', 'F'이면 '여'임)

ⓐ	A	B	C	D
1	번호	이름	환자번호	성별
2	1	박상훈	01-M0001	
3	2	서윤희	09-F1002	
4	3	김소민	02-F5111	
5	4	이진	03-M0224	
6				
7	코드	성별		
8	M	남		
9	F	여		
10				

① =IF(MID(C2, 4, 1)="M", "남", "여")
② =INDEX($A$8:$B$9, MATCH(MID(C2, 4, 1), $A$8:$A$9, 0), 2)
③ =VLOOKUP(MID(C2, 4, 1), $A$8:$B$9, 2, FALSE)
④ =IFERROR(IF(SEARCH(C2, "M"), "남"), "여")

21년 2회, 19년 1회

12 다음 중 아래 워크시트에서 '부산' 대리점의 판매수량의 합계를 [D11] 셀에 구하기 위한 수식으로 옳지 않은 것은?

ⓐ	A	B	C	D
1	대리점	단가	공급단가	판매수량
2	부산	500	450	120
3	인천	500	420	150
4	부산	500	450	170
5	서울	500	410	250
6	광주	500	440	300
7	이천	500	420	260
8	광주	500	440	310
9	부산	500	450	290
10				
11	부산 판매수량 합계			
12				

① =SUM(D2, D4, D9)

② =SUMIF(A2:A9, "부산", D2:D9)

③ =DSUM(A1:D9, D1, A2)

④ =SUMIF(A2:D9, A2, D2:D9)

③ 자주 사용하는 셀이나 셀의 범위에 이름을 지정하여 수식이나 함수에 활용할 수 있다.

④ 절대 참조 방식은 참조하는 셀의 위치에 상관없이 참조되는 셀의 위치가 고정되어 있는 방식이다.

21년 1회, 20년 2회, 16년 3회

13 다음 중 [D9] 셀에서 사과나무의 평균 수확량을 구하고자 하는 경우 나머지 셋과 다른 결과를 표시하는 수식은?

◢	A	B	C	D	E	F
1	나무번호	종류	높이	나이	수확량	수익
2	001	사과	18	20	18	105000
3	002	배	12	12	10	95000
4	003	체리	13	14	9	105000
5	004	사과	14	15	10	75000
6	005	배	9	8	8	77000
7	006	사과	8	9	10	45000
8						
9	사과나무의 평균 수확량					
10						

① =INT(DAVERAGE(A1:F7, 5, B1:B2))

② =TRUNC(DAVERAGE(A1:F7, 5, B1:B2))

③ =ROUND(DAVERAGE(A1:F7, 5, B1:B2), 0)

④ =ROUNDDOWN(DAVERAGE(A1:F7, 5, B1:B2), 0)

22년 4회, 12년 3회

14 다음 표를 보고 수식의 결과로 옳은 것은?

=COUNTIFS(B2:B8, B2, D2:D8, D2)

◢	A	B	C	D
1	순번	학과	이름	성별
2	1	호텔경영	김영길	남
3	2	경영	이산정	여
4	3	호텔경영	한민호	남
5	4	영어영문	양숙진	여
6	5	기계공학	김사인	남
7	6	호텔경영	김유진	여
8	7	경영	강산	남

① 2 　　② 3 　　③ 4 　　④ 5

21년 2회, 10년 2회

15 다음 중 셀 참조에 대한 설명으로 옳지 않은 것은?

① 같은 통합 문서 내의 다른 시트의 셀은 참조할 수 있으나 다른 통합 문서의 셀은 참조할 수 없다.

② 나누는 수가 빈 셀을 참조하고 있을 때는 #DIV/0! 라는 오류값이 표시된다.

23년 2회, 22년 5회

16 다음 표에서 "중학생"의 봉사시간 평균을 구하려고 한다. 다음 중 옳은 함수식은?

◢	A	B	C	D	E	F
1	순번	날짜	성별	구분	접수	봉사시간
2	1	2022-10-03	여	중학생	단체	5
3	2	2022-10-10	남	고등학생	개인	8
4	3	2022-10-05	남	성인	개인	10
5	4	2022-10-02	여	중학생	단체	5
6	5	2022-10-12	남	중학생	단체	20
7	6	2022-10-08	남	고등학생	개인	19
8	7	2022-10-01	남	성인	단체	15
9	8	2022-10-09	여	성인	단체	35
10	9	2022-10-13	여	고등학생	단체	8
11	10	2022-10-15	남	고등학생	개인	10

① =AVERAGEIF(F2:F11, D2, D2:D11)

② =DAVERAGE(A2:F11, 6, D2:D11)

③ =AVERAGEIFS(F2:F11, D2:D11, D2)

④ =DAVERAGE(A2:F11, D2, D2:D11)

24년 4회, 21년 4회

17 다음과 같이 수식을 입력할 경우 결과로 표시되는 것은?

=LEFT(MID(LOWER("GOOD MORNING"), 3, 6), 2)

① GO 　　② GOOD 　　③ od 　　④ morn

24년 5회, 21년 4회, 16년 3회

18 다음 중 아래의 워크시트를 참조하여 작성한 수식 '=VLOOKUP(LARGE(A2:A9, 4), A2:F9, 5, 0)'의 결과로 옳은 것은?

◢	A	B	C	D	E	F
1	번호	이름	국어	영어	수학	합계
2	1	이대한	90	88	77	255
3	2	한민국	50	60	80	190
4	3	이효리	10	50	90	150
5	4	김애리	88	74	95	257
6	5	한공주	78	80	88	246
7	6	박초아	33	45	35	113
8	7	박예원	84	57	96	237
9	8	김윤이	64	90	68	222
10						

① 90 　　② 95 　　③ 88 　　④ 74

▶ 정답 : 7. ① 8. ③ 9. ③ 10. ① 11. ④ 12. ③ 13. ③ 14. ① 15. ① 16. ③ 17. ③ 18. ③

[문제 01] Section 069

인식할 수 없는 텍스트를 수식에 사용했을 때는 #NAME? 오류 메시지가 표시된다.

[문제 02] Section 070

[D5] 셀을 [D7:F7] 영역에 복사하면 다음과 같이 복사된다.

[D7] : =D$3*D6

[E7] : =E$3*E6

[F7] : =F$3*F6

※ [D5] 셀의 수식 '=D$3*D4'에서 [D3] 셀의 행 번호에만 절대 참조($)가 지정되어 있으므로 [D3] 셀의 행 번호만 고정되고 [D3] 셀의 열 문자와 [D4] 셀의 행 번호와 열 문자는 변경된다.

[문제 03] Section 071

① 이름 정의 시 첫 글자는 숫자로 지정할 수 없다. 반드시 문자(영문, 한글)나 밑줄(_) 또는 역슬래시(\)로 시작해야 한다.

② 하나의 통합 문서 내에서는 동일한 이름을 지정할 수 없다.

③ 이름 정의 시 영문자는 대소문자를 구분하지 않는다.

[문제 04] Section 073

• 평균에 대한 내림차순 순위를 구하려면 [E2] 셀에 =RANK.EQ(D2, D$2:D$6, 0)을 입력해야 한다.

• [D2:D6] 영역은 비교 대상이므로 행 방향으로 채우기 핸들을 드래그하여도 변하지 않도록 [$D$2:$D$6] 또는 [D$2:D$6] 형태로 입력해야 한다.

• 옵션 0은 순위를 내림차순으로 구하기 위해 지정한 것으로, 생략할 수 있다.

[문제 05] Section 073

❶ AVERAGE($C$2:$C$8) : [C2:C8] 영역의 평균인 85.28을 반환한다.

❷ =COUNTIF(C2:C8,")="&❶) → =COUNTIF(C2:C8, ")="&85.28) : [C2:C8] 영역에서 85.28보다 크거나 같은 값의 개수인 4를 반환한다.

※ &는 두 문자열을 연결하여 하나의 문자열로 만드는 연산자이다.

[문제 06] Section 084

① =LEFT(123.654, 6) : 123.654에서 왼쪽부터 6글자를 표시한 123.65를 반환한다.

② =ROUND(123.654, 2) : 123.654를 소수점 이하 셋째 자리에서 반올림하여 둘째 자리까지 표시한 123.65를 반환한다.

③ =ROUNDUP(123.654, 2) : 123.654를 소수점 이하 셋째 자리에서 올림하여 둘째 자리까지 표시한 123.66을 반환한다.

④ =ROUNDDOWN(123.654, 2) : 123.654를 소수점 이하 셋째 자리에서 내림하여 둘째 자리까지 표시한 123.65를 반환한다.

[문제 07] Section 073

❶ COUNTBLANK(A1:A7) : 비어 있는 셀의 개수인 2를 반환한다.

❷ COUNT(A1:A7) : 숫자가 들어 있는 셀의 개수인 2를 반환한다.

∴ ❶ + ❷ = 2 + 2 = 4이다.

[문제 08] Section 075

① ❶ SEARCH("대", A1) : [A1] 셀에서 "대"를 찾아 그 위치인 1을 반환한다.

❷ =MID(A1, 1+2, 5) : [A1] 셀에서 3번째부터 5글자인 "상공대학교"를 반환한다.

② ❶ LEN(A1) : [A1] 셀의 문자 수인 7을 반환한다.

❷ =RIGHT(A1, 7-2) : [A1] 셀에서 오른쪽부터 5글자인 "상공대학교"를 반환한다.

③ ❶ FIND("대", A1) : [A1] 셀에서 "대"를 찾아 그 위치인 1을 반환한다.

❷ =RIGHT(A1, 1+5) : [A1] 셀에서 오른쪽부터 6글자인 "한상공대학교"를 반환한다.

④ ❶ FIND("대", A1) : 1을 반환한다.

❷ =MID(A1, 1+2, 5) : [A1] 셀에서 3번째 글자부터 5글자인 "상공대학교"를 반환한다.

[문제 09] Section 078

VLOOKUP 함수는 VLOOKUP(찾을값, 범위, 열 번호, 옵션)과 같이 인수를 지정하므로 수식은 '=C2 * VLOOKUP(B2, $B$8:$C$10, 2, FALSE)'이다.

• 찾을값 : '상품코드'에 따라 '단가'를 찾아와야 하므로 '상품코드'가 있는 [B2] 셀을 입력한다.

- 범위 : '상품코드'와 '단가'가 있는 [B8:C10] 영역을 지정하며, [D2] 셀에 수식을 입력한 후 채우기 핸들을 드래그하여 [D3:D5] 영역에도 값을 구해야 하므로 절대 참조($B$8:$C$10)로 지정해야 한다.
- 열 번호 : '단가'가 범위의 두 번째 열에 있으므로 2를 입력한다.
- 옵션 : 범위의 첫 번째 열에서 찾을 값인 '상품코드'와 정확히 일치하는 값을 찾아야 하므로, 'FALSE' 또는 0을 입력한다.

[문제 10] Section 078

① ❶ MID(A1, 8, 1) : [A1] 셀의 8번째부터 한 글자인 1을 반환한다.

❷ =CHOOSE(1, "남", "여") : 인수가 1이므로 "남"을 반환한다.

② =HLOOKUP(A1, 8, B1)
- HLOOKUP(기준값, 범위, 행 번호, 옵션) 함수는 두 번째 인수로 범위, 세 번째 인수로 행 번호를 지정해야 한다.
- 인수를 잘못 지정하여 '#N/A' 오류가 표시된다.

③ =INDEX(A1, B1, 8)
- INDEX(범위, 행 번호, 열 번호) 함수는 지정된 범위에서 행 번호와 열 번호에 위치한 데이터를 입력한다.
- 열 번호 8이 범위(A1)를 벗어나므로 '#REF!' 오류가 표시된다.

④ ❶ RIGHT(A1, 8) : [A1] 셀의 오른쪽에서부터 8번째까지의 문자인 "-1234567"을 반환한다.

❷ =IF("-1234567"="1", "남", "여") : 조건이 거짓이므로 "여"를 반환한다.

[문제 11] Section 077

① ❶ MID(C2, 4, 1) : [C2] 셀의 4번째 글자를 추출한 "M"을 반환한다.

❷ =IF("M"="M", "남", "여") : "M"과 "M"은 같으므로 "남"을 반환한다.

② ❶ MID(C2, 4, 1) : [C2] 셀의 4번째 글자를 추출한 "M"을 반환한다.

❷ MATCH("M", A8:A9, 0) : [A8:A9] 영역에서 "M"과 정확히 일치(옵션 0)하는 값을 찾은 후 그 위치의 일련번호인 1을 반환한다.

❸ =INDEX(A8:B9, 1, 2) : [A8:B9] 영역에서 1행 2열

에 있는 "남"을 반환한다.

③ ❶ MID(C2, 4, 1) : [C2] 셀의 4번째 글자를 추출한 "M"을 반환한다.

❷ =VLOOKUP("M", A8:B9, 2, FALSE) : [A8:B9] 영역의 첫 번째 열에서 "M"과 정확히 일치하는 값(옵션 0)을 찾은 후 "M"이 있는 행에서 2열에 있는 "남"을 반환한다.

④ =IFERROR(IF(SEARCH(C2, "M"), "남"), "여") : SEARCH 함수의 인수를 잘못 지정하였기 때문에 결과는 항상 "여"로 표시된다. 수식을 옳게 수정하면 **=IFERROR(IF(SEARCH("M", C2), "남"), "여")**이다.

❶ SEARCH("M", C2) : [C2] 셀에서 "M"을 찾아 그 위치 값인 4를 반환한다.

❷ IF(4, "남") : 컴퓨터는 수치를 논리값으로 표현할 때 0이 아닌 값은 모두 'TRUE', 0은 'FALSE'로 인식하므로 "남"을 반환한다.

❸ =IFERROR("남", "여") : '인수'가 오류가 아니므로 "남"을 반환한다.

[문제 12] Section 079

DSUM(범위, 열 번호, 조건) 함수에서 조건을 지정할 때는 반드시 열 이름표를 함께 입력해야 하므로 ③번 수식은 =DSUM(A1:D9, D1, A1:A2)로 작성해야 한다.

① =SUM(D2, D4, D9) : [D2], [D4], [D9] 셀의 합계를 반환한다.

② =SUMIF(A2:A9, "부산", D2:D9) : [A2:A9] 영역에서 '부산'을 찾은 후 [D2:D9] 영역에서 같은 행에 있는 값의 합계를 반환한다.

③ =DSUM(A1:D9, D1, A1:A2) : [A1:D9] 영역에서 대리점이 '부산'인 데이터의 판매수량(D1) 합계를 반환한다.

④ =SUMIF(A2:D9, A2, D2:D9) : [A2:A9] 영역에서 [A2] 셀(부산)을 찾은 후 [D2:D9] 영역에서 같은 행에 있는 값의 합계를 반환한다.

[문제 13] Section 079

① ❶ DAVERAGE(A1:F7, 5, B1:B2) : [A1:F7] 영역에서 종류가 "사과"인 데이터의 수확량 평균인 12.666을 반환한다.

❷ =INT(12.666) : 12.666보다 크지 않은 정수인 12를 반환한다.

② =TRUNC(DAVERAGE(A1:F7, 5, B1:B2)) : 12.666에서 정수 부분인 12를 반환한다.

③ =ROUND(DAVERAGE(A1:F7, 5, B1:B2), 0) : 12.666을 정수(0)로 반올림한 13을 반환한다.

④ =ROUNDDOWN(DAVERAGE(A1:F7, 5, B1:B2), 0) : 12.666을 정수(0)로 내림한 12를 반환한다.

[문제 14] Section 073

COUNTIFS(조건1이 적용될 범위, 조건1, 조건2가 적용될 범위, 조건2, …)는 여러 조건에 맞는 셀의 개수를 구하는 함수이다. '=COUNTIFS(B2:B8, B2, D2:D8, D2)'는 '학과(B2:B8)'가 '호텔경영(B2)'이고, '성별(D2:D8)'이 '남(D2)'인 데이터의 개수를 구하는 수식이므로 결과로 2(2행과 4행)를 반환한다.

[문제 15] Section 070

같은 통합 문서 내의 다른 시트뿐만 아니라 다른 통합 문서의 셀도 참조할 수 있다.

[문제 16] Section 073

① =AVERAGEIF(F2:F11, D2, D2:D11) : AVERAGEIF(조건이 적용될 범위, 조건, 평균을 구할 범위)는 조건에 맞는 셀의 평균을 구하는 함수로, 인수 지정이 잘못되어 '#DIV/0!' 오류가 표시된다. 올바르게 수정하면 =AVERAGEIF(D2:D11, D2, F2:F11)이다.

② =DAVERAGE(A2:F11, 6, D2:D11) : DAVERAGE(범위, 열 번호, 조건) 함수는 지정된 범위에서 조건에 맞는 자료를 대상으로 지정된 열의 평균을 계산하는 함수로, 범위와 조건을 지정할 때는 반드시 열 이름표를 함께 지정해야 한다. 올바르게 수정하면 =DAVERAGE(A1:F11, 6, D1:D2)이다.

③ =AVERAGEIFS(F2:F11, D2:D11, D2) : AVERAGEIFS(평균을 구할 범위, 조건1이 적용될 범위, 조건1, 조건2가 적용될 범위, 조건2, …)는 여러 조건에 맞는 셀의 평균을 구하는 함수로, '구분'이 '중학생'인 '봉사시간'의 평균인 10을 반환한다.

④ =DAVERAGE(A2:F11, D2, D2:D11) : 올바르게 수정하면 =DAVERAGE(A1:F11, F1, D1:D2)이다.

※ 열 번호는 '봉사시간'이 있는 6을 입력하거나 '봉사시간' 필드명이 있는 셀 주소인 'F1'을 입력해도 된다.

[문제 17] Section 075

❶ LOWER("GOOD MORNING") : "GOOD MORNING"을 소문자로 표시한 "good morning"을 반환한다.

❷ MID("good morning", 3, 6) : "good morning"에서 3번째부터 6글자인 "od mor"을 반환한다.

❸ =LEFT("od mor", 2) : "od mor"에서 왼쪽부터 2글자인 "od"를 반환한다.

[문제 18] Section 078

❶ LARGE(A2:A9, 4) : [A2:A9] 영역에서 네 번째로 큰 값인 5를 반환한다.

❷ =VLOOKUP(5, A2:F9, 5, 0) : 5와 정확히 일치하는 값을 [A2:F9] 영역의 첫 번째 열에서 찾은 후 찾은 값이 있는 행(6행)의 다섯 번째 열에 있는 값인 88을 반환한다.

3장

차트 작성

차트 작성의 기초

24.5, 24.2, 24.1, 22.4, 22.3, 22.2, 21.8, 21.6, 20.1, 19.상시, 19.2, 16.3, 16.2, 15.3, 12.3, 12.1, 10.3, 09.1, 08.4, …

609001 ▶

1 차트의 개요

차트*는 워크시트의 데이터를 막대나 선, 도형, 그림 등을 사용하여 시각적으로 표현한 것이다.

• 차트를 이용하면 데이터의 추세나 유형 등을 쉽게 이해할 수 있을 뿐만 아니라, 많은 양의 데이터를 간결하게 요약할 수도 있다.

• 차트를 작성하기 위해서는 반드시 원본 데이터가 있어야 한다.

• 원본 데이터가 바뀌면 차트의 모양도 바뀐다.

• 현재 문서의 다른 시트 또는 다른 통합 문서에 있는 데이터로도 차트를 만들 수 있다.

• 데이터가 입력된 셀 중 하나를 선택한 상태에서 차트를 만들면 해당 셀을 둘러싼 모든 셀의 데이터가 차트에 표시된다.

• 차트는 2차원과 3차원 차트로 구분된다.

• 차트만 별도로 표시하는 차트(Chart) 시트를 만들 수 있다.

• 기본적으로 만들어지는 차트는 묶은 세로 막대형이지만 다른 차트로 변경할 수 있다.

• 데이터 범위를 지정한 후 F11 을 누르면 별도의 차트 시트에 기본 차트가 작성되고, Alt + F1 을 누르면 데이터가 있는 워크시트에 기본 차트가 작성된다.

• 기본적으로 숨겨진 행이나 열에 있는 데이터는 차트에 표시되지 않으며, 빈 셀이 있는 경우 빈 셀만큼 데이터 요소 사이의 간격이 벌어져 표시된다.

• 사용자가 만든 차트를 차트 서식 파일로 등록하면 '차트 삽입' 대화상자의 [모든 차트] 탭 중 [서식 파일]에 표시된다.

기출체크 ☑

24.5, 24.2, 22.4, 22.2, 21.8, 21.6, 16.3

1. 차트를 만들 데이터를 선택한 후 (   )을 누르면 별도의 차트 시트가 생성된다.

② 차트의 구성 요소

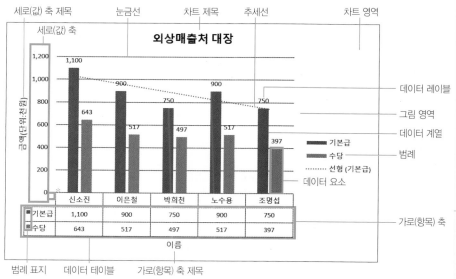

교점

가로(항목) 축과 세로(값) 축이 만나는 부분을 교점이라고 합니다. 이 차트의 경우는 교점이 0입니다.

08.3, 03.2, 03.1 **차트 영역**	• 차트 전체를 의미하며, 바탕에 그림이나 배경 무늬를 삽입할 수 있다. • 차트 영역 서식을 이용하면 차트 구성 요소 전체의 서식(무늬, 글꼴 등)을 한꺼번에 변경할 수 있다.
06.3, 03.2 **그림 영역**	가로 축과 세로 축으로 둘러싸인 영역으로, 그림이나 배경 무늬를 삽입할 수 있다.
23.3, 20.1, 17.2, 17.1, 14.1, … **차트 제목**	• 차트의 제목을 표시한다. • 워크시트의 셀과 차트의 제목을 연결하여 셀의 내용을 차트 제목으로 표시할 수 있다.
24.4, 24.3, 21.4, 21.2, 21.1, … **눈금선**	• 가로 축과 세로 축의 눈금*을 그림 영역으로 연장한 선으로, 주 눈금선과 보조 눈금선*을 설정할 수 있다. • 단위를 표시하기 위해 축에 일정한 간격으로 표시한 선을 '축 눈금'이라 한다.
23.4, 19.상시, 19.1, 12.1, 09.2, … **세로(값) 축**	데이터 계열의 값을 포함하는 숫자로, 데이터 계열의 값을 가늠할 수 있다.
12.2, 09.3, 07.3, 07.2, … **가로(항목) 축**	차트를 구성하는 데이터 항목을 표시한다.
21.4, 20.2, 15.3, 15.2, … **데이터 계열**	실질적인 값을 표시하기 위한 선이나 막대로, 각 계열마다 다른 색이나 무늬를 가진다.
24.2, 23.4, 23.3, 23.2, 23.1, … **데이터 레이블**	데이터 계열의 값이나 계열 이름, 항목 이름 등을 표시한다.
21.5, 21.2, 21.1, 20.1, 19.상시, … **데이터 요소**	• 데이터 계열의 값을 그림으로 나타낸다. • 데이터 계열을 구성하는 하나하나의 항목이다.
24.4, 24.3, 23.1, 21.2, 19.상시, … **범례**	데이터 계열을 구분하는 표시와 데이터 계열의 이름을 표시한다.
24.4, 23.4, 21.2, 21.1, 17.1, … **데이터 테이블**	차트에 사용된 원본 데이터를 표시한다.
14.2, 13.1, 09.2, 08.4, … **추세선**	특정한 데이터 계열의 변화 추세를 파악하기 위해 표시하는 선이다.

세로 축 눈금

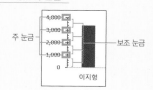

주 눈금선과 보조 눈금선

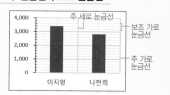

24.4, 24.2, 23.4, 23.3, 23.2, 22.1, 21.5, 21.4, 21.2, 20.상시, 20.2, 20.1, 19.상시, 19.2, 19.1, 18.상시, 18.1, 17.2, 17.1, 16.1, 15.3, 15.2, 14.3, 12.2, 11.2, …

2. 차트에 지정되지 않은 구성 요소를 고르시오. (   )

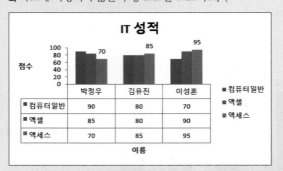

ⓐ 눈금선   ⓑ 데이터 테이블   ⓒ 액세스 데이터 레이블
ⓓ 가로(항목) 축 제목   ⓔ 범례 표지

해설

2. ⓐ 문제의 차트에는 눈금선이 표시되지 않았습니다. 눈금선이 표시되면 아래와 같은 차트가 됩니다.

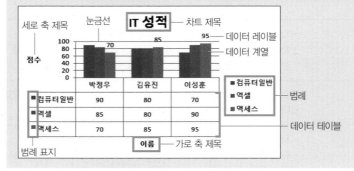

3 차트 작성

예제 퇴직금 현황을 이용하여 묶은 세로 막대형 차트를 [A9:F25] 영역에 완성하시오.

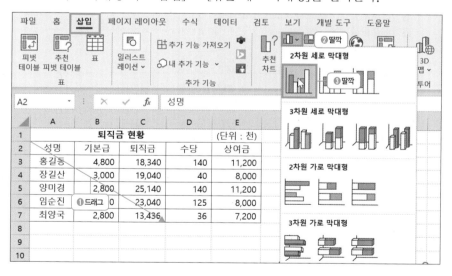

	A	B	C	D	E	F
1		퇴직금 현황			(단위 : 천)	
2	성명	기본급	퇴직금	수당	상여금	
3	홍길동	4,800	18,340	140	11,200	
4	장길산	3,000	19,040	40	8,000	
5	양미경	2,800	25,140	140	11,200	
6	임순진	3,200	23,040	125	8,000	
7	최양국	2,800	13,436	36	7,200	

① 차트에 사용될 데이터 범위(A2:C7)*를 선택한 후 [삽입] → [차트] → [세로 또는 가로 막대형 차트 삽입] → [묶은 세로 막대형]을 선택한다.

전문가의 조언

예제를 따라하면서 차트 작성 과정을 숙지하세요.

[기출 포인트]

차트의 크기를 셀에 맞추려면 Alt를 누른 채 크기를 조절한다.

준비하세요

'C:\길벗컴활2급필기QnE\2과목.xlsm' 파일을 불러와 '섹션080' 시트에서 실습하세요.

데이터 범위(A2:C7)

데이터 범위(A2:C7) 안에 셀 포인터가 놓여있는 상태에서 차트를 만들면 해당 셀과 연결되어 데이터가 입력된 모든 셀의 데이터(A1:E7)가 사용된 차트가 만들어집니다. [A2:C7] 영역만 이용하여 차트를 만들려면 [A2:C7] 영역을 선택한 상태에서 차트를 만들어야 합니다.

범위

• 범위를 설정하지 않고 차트를 선택하면 데이터가 없는 빈 차트가 삽입되는데, 이때는 삽입된 차트의 바로 가기 메뉴에서 [데이터 선택]을 선택한 다음 '데이터 원본 선택' 대화상자에서 범위를 지정하면 됩니다.

• 워크시트에서 차트에 사용될 데이터의 범위를 지정한 후 Alt + F1 을 누르면 기본 차트(묶은 세로 막대형)가 바로 작성됩니다.

- 차트 제목을 클릭한 후 수식 입력줄에 등호(=)를 입력하고 해당 셀을 클릭한 다음 Enter를 누릅니다.

- 수식 입력줄에는 =시트이름!셀주소가 표시됩니다.

Q 제 컴퓨터에는 '개발 도구, 차트 디자인, 서식' 메뉴가 없어요. 어떻게 해야 표시되나요?

A '개발 도구, 차트 디자인, 서식' 탭은 기본적으로 화면에 표시되어 있지 않습니다. '개발 도구' 탭을 화면에 표시하려면 [파일] → [옵션] → [리본 사용자 지정] 탭의 '리본 메뉴 사용자 지정' 항목에서 '개발 도구'에 체크 표시한 후 〈확인〉을 클릭하세요. 그리고 '차트 디자인'과 '서식' 탭은 워크시트에 삽입된 차트를 클릭하면 저절로 표시됩니다.

---

② 작성된 차트에 표시되어 있는 '차트 제목'을 선택한 후 수식 입력줄에 **퇴직금 현황**을 입력하고 Enter를 누르면 '차트 제목'이 "퇴직금 현황"으로 변경된다.＊

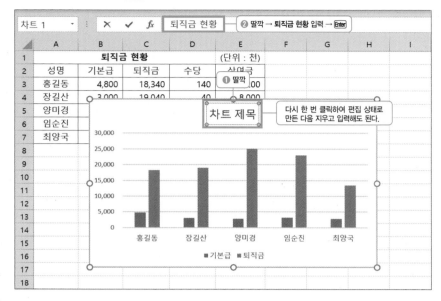

③ 가로(항목) 축 제목을 삽입하기 위해 [차트 디자인]＊ → [차트 레이아웃] → [차트 요소 추가] → [축 제목] → [기본 가로]를 선택한다.

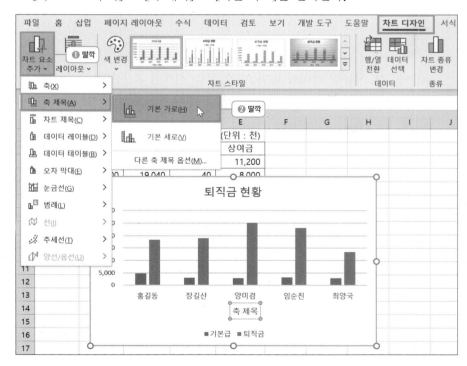

④ '축 제목'이 표시된다. '축 제목'이 선택된 상태에서 수식 입력줄에 **이름**을 입력하고 Enter를 누르면 '축 제목'이 "이름"으로 변경된다.

⑤ 세로(값) 축 제목을 삽입하기 위해 [차트 디자인] → [차트 레이아웃] → [차트 요소 추가] → [축 제목] → [기본 세로]를 선택한다.

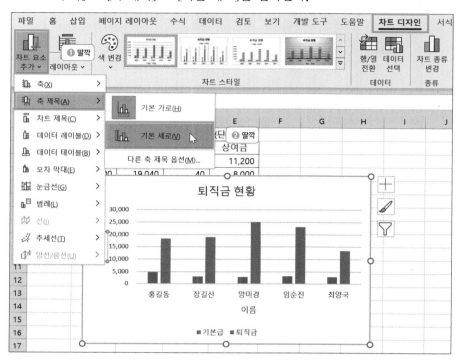

⑥ '축 제목'이 표시된다. '축 제목'이 선택된 상태에서 수식 입력줄에 **금액(단위:천원)**을 입력하고 Enter를 누르면 '축 제목'이 "금액(단위:천원)"으로 변경된다.

⑦ 데이터 레이블*을 표시하기 위해 [차트 디자인] → [차트 레이아웃] → [차트 요소 추가] → [데이터 레이블] → [바깥쪽 끝에]를 선택한다.

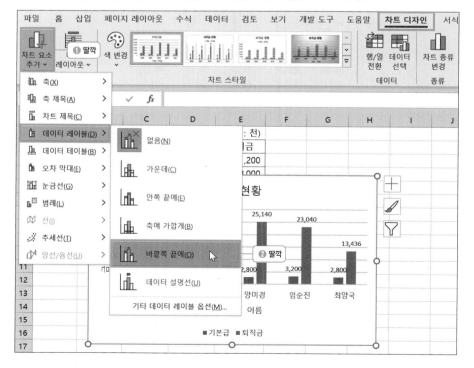

데이터 레이블

• 가운데

• 안쪽 끝에

• 축에 가깝게

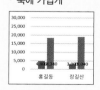

• 바깥쪽 끝에

⑧ 완성된 차트의 왼쪽 모서리가 [A9] 셀에 놓이도록 차트를 드래그하여 이동한다.

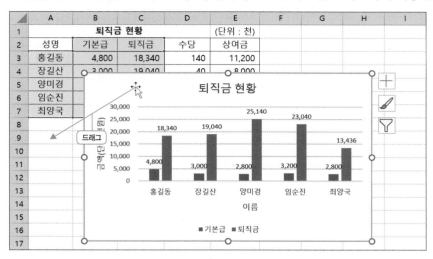

⑨ 마우스로 조절점*을 드래그하여 [A9:F25] 영역에 맞게 차트의 크기를 조절한다.

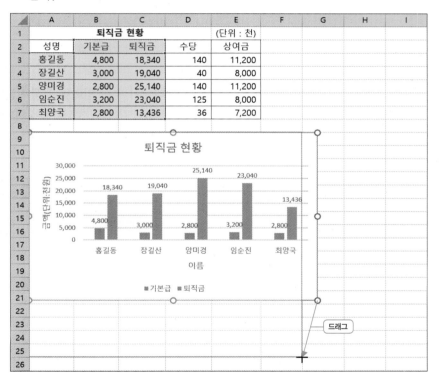

기출체크 ☑

22.3, 21.7, 20.1, 16.3, 16.2, 15.3
3. (　　　　)를 누른 상태에서 차트 크기를 조절하면 차트의 크기가 셀에 맞춰 조절된다.

차트 편집

예제 차트 편집하기

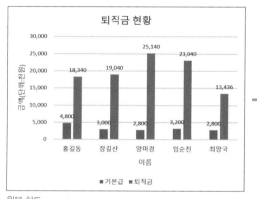

원본 차트

변경된 차트

5508701 ▶

준비하세요

'C:\길벗컴활2급필기QnE\2과목.xlsm'
파일을 불러와 '섹션081' 시트에서 실습
하세요.

23.1, 22.4, 18.2, 16.3, 14.2, 12.3, 11.2, 11.1, 10.2, 10.1, 09.2, 08.3, 07.4, 06.4, 06.1, 05.1, 01.1

1 원본 데이터 및 계열 순서 변경

23.1, 22.4, 11.1, 10.1, 09.2, 08.3, 06.1

❶ 원본 데이터 변경

데이터 범위를 변경하거나, 데이터 계열의 추가 · 제거 및 계열의 방향을 변
경할 때 사용한다.

① 차트를 클릭하여 선택한 후 [차트 디자인] → [데이터] → [데이터 선택]을
클릭하거나, 차트 영역의 바로 가기 메뉴에서 [데이터 선택]을 선택한다.

② '데이터 원본 선택' 대화상자에서 '차트 데이터 범위' 항목의 범위 지정 단
추()를 클릭하여 변경될 범위(A2:B7)를 선택한 후 〈확인〉을 클릭한다.

🅑 전문가의 조언

계열 순서를 변경할 때 선택해야 하는 바
로 가기 메뉴나 차트에 데이터를 추가하
는 방법을 묻는 문제가 출제되고 있습
니다.

[기출 포인트]

계열 순서를 변경하려면 [데이터 선택]을
선택한다.

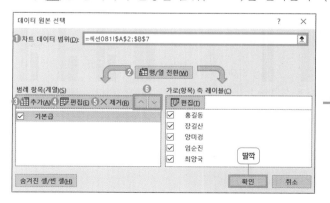

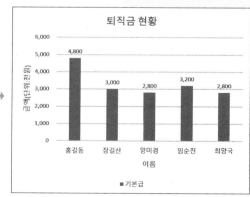

❶ 차트 데이터 범위 : 차트에 사용할 데이터의 범위를 지정함

❷ 행/열 전환 : '범례 항목(계열)'과 '가로(항목) 축 레이블'을 바꿈

❸ 추가 : 새로운 데이터 계열을 추가함

❹ 편집 : 선택한 계열의 이름 및 값을 수정함

❺ 제거 : 선택한 계열의 이름을 삭제함

❻ 위로 이동(⌃)/아래로 이동(⌄) : 범례에 표시된 데이터 계열의 순서를 변경함

12.3, 10.1, 07.4, 06.1, 05.1, 01.1
❷ 데이터 추가하기

차트에 새로운 데이터 계열을 추가한다.

• **방법 1**

① 차트 영역의 바로 가기 메뉴에서 [데이터 선택]을 선택한다.

② '데이터 원본 선택' 대화상자의 '범례 항목(계열)'에서 〈추가〉를 클릭한다.

③ 추가할 계열의 이름과 범위를 지정하고 〈확인〉을 클릭한다.

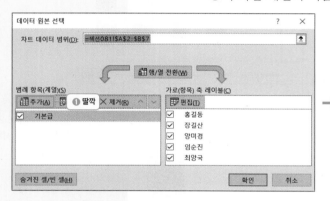

• **방법 2** : 추가할 데이터(E2:E7)를 복사(Ctrl + C)한 후 차트 영역을 클릭하고, 붙여넣기(Ctrl + V)한다.

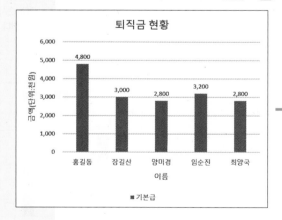 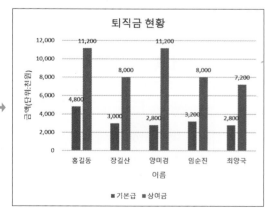

계열 순서 변경

데이터 계열의 순서가 변경되면 범례의 순서도 자동으로 변경됩니다.

18.2, 16.3, 14.2, 11.2, 10.2, 06.4
❸ 데이터 계열 순서 변경하기

① '기본급'과 '상여금' 계열의 순서를 변경※하기 위해 차트 영역의 바로 가기 메뉴에서 [데이터 선택]을 선택한다.

② '데이터 원본 선택' 대화상자에서 '기본급'이 선택되었는지 확인하고,
  '☑(아래로 이동)'을 클릭하여 계열 순서를 변경한 후 〈확인〉을 클릭한다.

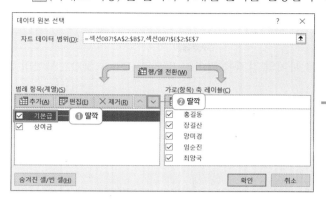
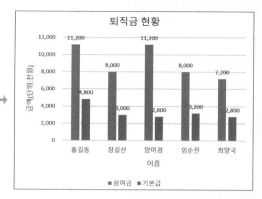

기출체크 ☑

18.2, 16.3, 14.2, 11.2
1. 차트에서 계열 순서를 변경하려면 차트 영역의 바로 가기 메뉴에서 (   )을 선택한다.

22.4
2. '데이터 원본 선택' 대화상자에서 '행/열 전환'을 수행하면 세로 축과 가로 축이 서로 바뀐다. (○, ×)

기출체크 2번

'행/열 전환'을 수행하면 '가로(항목) 축 레이블'과 '범례 항목(계열)'이 서로 변경됩니다.

23.2, 23.1, 22.4, 21.4, 21.2, 21.1, 20.2, 20.1, 19.상시, 19.1, 17.2, 17.1, 16.2, 16.1, 15.3, 12.3, 12.2, 11.2

5508702 ▶

[2] **데이터 표식 항목의 계열 겹치기 및 간격 너비**※

① 데이터 표식 항목의 계열 겹치기 및 간격 너비를 지정하기 위해 '기본급' 계열의 바로 가기 메뉴에서 [데이터 계열 서식]을 선택한다.

② '데이터 계열 서식' 창의 [계열 옵션] → [(계열 옵션)] → [계열 옵션]에서 '계열 겹치기'를 **50%**, '간격 너비'를 **30%**로 지정하고 닫기(✖) 단추를 클릭한다.

전문가의 조언

계열 겹치기와 간격 너비는 차트의 특징이나 제시된 차트를 분석하는 문제에서 선택지로 자주 등장합니다.

[기출 포인트]

· 계열 겹치기를 양수로 지정하면 데이터 계열이 겹쳐진다.
· 간격 너비는 수치가 클수록 막대와 막대 사이의 간격이 넓어진다.
· 음수로 지정하면 데이터 계열 사이가 벌어진다.

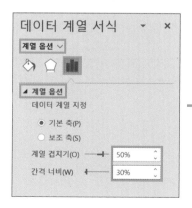
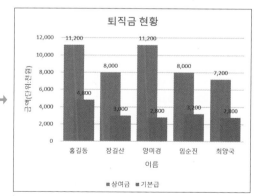

계열 겹치기 및 간격 너비

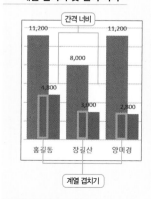

23.2, 23.1, 22.4, 21.4, 21.2, 20.2, 19.1, 17.2, 17.1, 16.2, 16.1, 15.3, 12.3, 12.2, 11.2
❶ **계열 겹치기**

· 데이터 계열의 항목들이 겹치도록 지정하는 것으로, −100% ~ 100% 사이의 값을 지정한다.

기출체크 정답
1. 데이터 선택 2. ×

- 양수로 지정하면 데이터 계열이 겹쳐져 표시되고, 음수로 지정하면 데이터 계열 사이가 벌어져 표시된다.

21.2, 12.3, 11.2
❷ 간격 너비

- 막대와 막대 사이의 간격을 말하는 것으로, 0% ~ 500% 사이의 값을 지정한다.
- 수치가 클수록 막대와 막대 사이의 간격은 넓어지고 막대의 너비는 줄어든다.

23.2, 23.1, 22.4, 19.상시, 19.1, 17.2
3. 차트에서 계열 겹치기 수치를 양수로 지정하면 데이터 계열 사이가 벌어진다. (○ , ×)

5508703

21.1, 13.2, 13.1, 12.2, 11.3, 09.1, 07.1, 05.3
③ 축 서식 변경

① 세로(값) 축의 단위를 변경하기 위해 세로(값) 축의 바로 가기 메뉴에서 [축 서식]을 선택한다.

② '축 서식' 창의 [축 옵션] → [(축 옵션)] → [축 옵션]에서 '기본' 단위를 **3000**, '가로 축 교차'를 '**축의 최대값**'으로 지정하고, 닫기( ) 단추를 클릭한다.

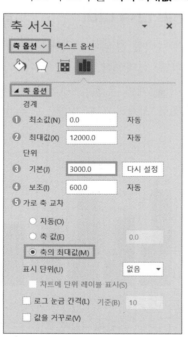

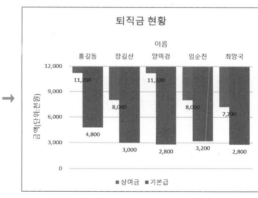

❶ **최소** : 세로(값) 축에 표시되는 가장 작은 값
❷ **최대** : 세로(값) 축에 표시되는 가장 큰 값
❸ **기본** : 세로(값) 축 주 눈금선의 간격
❹ **보조** : 세로(값) 축 보조 눈금선의 간격
❺ **가로 축 교차** : 가로(항목) 축과 세로(값) 축이 교차되는 위치

기출체크 3번

계열 겹치기의 수치를 양수로 지정하면 데이터 계열이 겹쳐서 표시되고, 음수로 지정하면 데이터 계열 사이가 벌어져서 표시됩니다.

전문가의 조언

차트의 변경 전과 후의 그림에서 변경된 항목을 찾는 문제로 출제되고 있습니다.

[기출 포인트]

가로 축 교차는 가로 축과 세로 축이 교차되는 위치이다.

기출체크 정답
3. ×

13.2

4. 다음 차트의 가로 축 교차의 축 값은 ( )이다.

2011년도 매출 실적

5508704 ▶

24.1, 20.1, 17.1, 16.1, 14.2, 13.1, 09.2, 08.4, 07.4, 07.2, 06.2, 04.4, 04.3, 02.2

4 추세선 표시

추세선은 특정한 데이터 계열의 변화 추이를 파악하기 위해 표시하는 선이다.

- 3차원, 방사형, 원형, 도넛형, 표면형 차트에는 추세선을 추가할 수 없다.
- 추세선이 추가된 계열의 차트를 3차원으로 변경하면 추세선이 제거된다.
- 추세선의 종류에는 선형, 로그, 다항식, 거듭제곱, 지수, 이동 평균으로 총 6 가지가 있다.
- 하나의 데이터 계열에 두 개 이상의 추세선을 표시할 수 있다.
- **추세선 표시**

  - **방법 1 :** 추세선을 표시할 데이터 계열을 선택한 후 [차트 디자인] → [차트 레이아웃] → [차트 요소 추가] → [추세선]에서 적용할 추세선 선택
  - **방법 2 :** [차트 디자인] → [차트 레이아웃] → [차트 요소 추가] → [추세선] → [기타 추세선 옵션]을 선택한 후 '추세선 서식' 창에서 적용할 추세선 선택

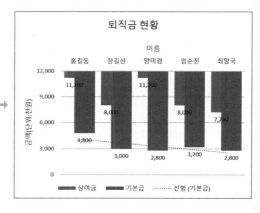

  - **방법 3 :** 추세선을 표시할 데이터 계열의 바로 가기 메뉴에서 [추세선 추가] 선택

🔵 전문가의 조언

추세선의 특징을 묻는 문제가 출제된 적이 있습니다.

[기출 포인트]

3차원, 방사형, 원형, 도넛형, 표면형에는 추세선을 추가할 수 없다.

• 추세선 삭제
  – 방법 1 : 추세선을 선택한 후 Delete 누름
  – 방법 2 : 추세선의 바로 가기 메뉴에서 [삭제] 선택

기출체크 ☑

24.1, 17.1, 16.1, 14.2, 09.2, 07.4, 07.2, 06.2, 04.3

5. 방사형, 원형, 표면형, 도넛형, 3차원 차트에는 한가지 계열에 대해서만 추세선 설정이 가능하다. (○, ×)

5508705 ▶

24.4, 24.3

5 오차 막대 표시

오차 막대는 데이터 계열의 오차량을 그림으로 나타낸 것이다.

• 고정 값, 백분율, 표준 편차, 표준 및 오차 등으로 표시할 수 있다.

• 3차원 차트에는 오차 막대를 표시할 수 없다.

• **세로 오차 막대 적용 가능 차트** : 영역형, 세로 막대형, 꺾은선형, 분산형, 거품형 차트 등

• **세로 오차 막대, 가로 오차 막대 적용 가능 차트** : 분산형, 거품형 차트

• 실행 [차트 디자인] → [차트 레이아웃] → [차트 요소 추가] → [오차 막대]에서 적용할 오차 막대 선택

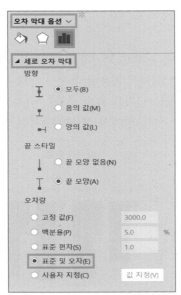

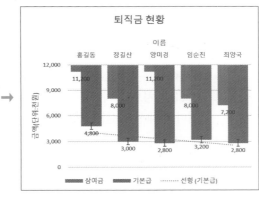

기출체크 ☑

24.3

6. 3차원 세로 막대형 차트에 오차 막대를 표시할 수 있다. (○, ×)

SECTION
082
용도별 차트의 종류

4209301 ▶

24.5, 24.3, 24.2, 24.1, 23.5, 23.4, 23.3, 23.2, 23.1, 22.5, 22.4, 22.2, 22.1, 21.6, 21.5, 21.4, 21.3, 21.2, 19.상시, …

① 표준 차트

종류	그림	특징
세로 막대형 차트		• 각 항목 간의 값을 막대의 길이로 비교·분석하는 데 적합하다. • 가로(항목) 축은 수평으로 나타내고, 세로(값) 축은 수직으로 나타낸다.
08.4 가로 막대형 차트		• 각 항목 간의 값을 막대의 길이로 비교·분석하는 데 적합하다. • 가로(항목) 축은 수직으로 나타내고, 세로(값) 축은 수평으로 나타낸다.
24.2, 22.2, 21.6, 21.4, 19.2, 15.1 … 꺾은선형 차트		• 일정 기간의 데이터 변화 추이를 확인하는 데 적합하다. • 연속적인 값의 변화를 표현하는 것으로, 변화율에 중점을 둔다.
23.5, 23.3, 22.1, 21.5, 21.4, 21.3, … 원형 차트		• 전체 항목의 합에 대한 각 항목의 비율을 나타내는 차트로, 중요한 요소를 강조할 때 사용한다. • 항상 한 개의 데이터 계열만 사용하므로 축이 없다. • 차트의 각 조각을 분리할 수 있고 첫 번째 조각의 각※을 0~360도로 회전할 수 있다.
23.5, 21.4, 21.3, 19.2, 18.1, … 분산형 차트		• X·Y 좌표로 이루어진 한 개의 계열로 두 개의 숫자 그룹을 나타낸다. • 데이터의 불규칙한 간격이나 묶음을 보여 주며, 주로 과학·공학용 데이터 분석에 사용된다. • 데이터 요소 수가 많아 데이터 요소 간의 차이점보다는 큰 데이터 집합 간의 유사점을 표시하기 위해 사용된다.
21.3 영역형 차트		• 시간에 따른 각 값의 변화량을 비교할 때 사용된다. • 전체 영역과 특정 값의 영역을 비교해 전체와 부분 간의 관계를 나타낼 수 있다.
24.5, 23.1, 22.5, 21.3, 21.2, … 도넛형 차트		• 전체에 대한 각 부분의 관계를 비율로 나타내어 각 부분을 비교할 때 사용된다. • 원형 차트와는 달리 여러 개의 데이터 계열을 가진다. • 도넛 구멍의 크기※를 0%~90% 사이의 값으로 조정하거나 첫째 조각의 각을 0~360도로 회전할 수 있다.
23.5, 23.4, 22.4, 21.4, 19.상시, … 방사형 차트		• 많은 데이터 계열의 집합적인 값을 나타낼 때 사용된다. • 각 계열은 가운데서 뻗어 나오는 값 축을 가진다.
23.5, 18.1, 15.2, 14.1 표면형 차트		두 개의 데이터 집합에서 최적의 조합을 찾을 때 사용한다.

전문가의 조언

중요해요! 각 차트들의 용도와 특징을 알면 풀 수 있는 문제가 자주 출제됩니다.

[기출 포인트]
• 원형은 항상 계열이 하나다.
• 원형을 개선한 도넛형은 여러 계열을 가진다.
• 거품형은 계열 값이 세 개다.
• 주식형은 3차원 차트로 작성할 수 없다.
• 스파크라인 차트는 하나의 셀에 표시되는 미니 차트이다.

원형/도넛형 차트의 첫 번째 조각의 각회전 방법

데이터 계열을 선택한 후 바로 가기 메뉴에서 [데이터 계열 서식] 선택 → '데이터 계열 서식' 창의 [계열 옵션] → [▮(계열 옵션)] → [계열 옵션]에서 첫 번째 조각의 각을 조정합니다.

도넛 구멍 크기 변경 방법

데이터 계열을 선택한 후 바로 가기 메뉴에서 [데이터 계열 서식] 선택 → 데이터 계열 서식' 창의 [계열 옵션] → [▮(계열 옵션)] → [계열 옵션]에서 도넛 구멍의 크기를 조정합니다.

거품의 크기

품목의 번호	판매	시장점유율(%)
14	11,200	13
20	60,000	23
18	14,400	5

X 값 ┃ Y 값 ┃ 거품 크기

주식형 차트

피벗 테이블에 차트를 추가하여 피벗 차트 보고서를 작성할 수 있는데, 주식형, 분산형, 거품형, 트리맵 차트로는 작성할 수 없습니다.

준비하세요

'C:\길벗컴활2급필기QnE\2과목.xlsm' 파일을 불러와 '섹션082-1', '섹션082-2' 시트에서 실습하세요.

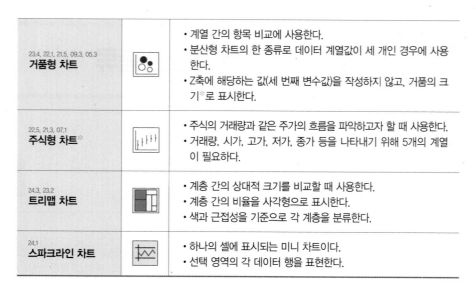

23.4, 22.1, 21.5, 09.3, 05.3 **거품형 차트**		• 계열 간의 항목 비교에 사용한다. • 분산형 차트의 한 종류로 데이터 계열값이 세 개인 경우에 사용한다. • Z축에 해당하는 값(세 번째 변수값)을 작성하지 않고, 거품의 크기※로 표시한다.
22.5, 21.3, 07.1 **주식형 차트**※		• 주식의 거래량과 같은 주가의 흐름을 파악하고자 할 때 사용한다. • 거래량, 시가, 고가, 저가, 종가 등을 나타내기 위해 5개의 계열이 필요하다.
24.3, 23.2 **트리맵 차트**		• 계층 간의 상대적 크기를 비교할 때 사용한다. • 계층 간의 비율을 사각형으로 표시한다. • 색과 근접성을 기준으로 각 계층을 분류한다.
24.1 **스파크라인 차트**		• 하나의 셀에 표시되는 미니 차트이다. • 선택 영역의 각 데이터 행을 표현한다.

기출체크 ☑

23.5, 23.3, 22.1, 21.5, 19.2, 19.1, 18.2, 14.1, 13.1, 10.2, 09.4, 07.4, 06.2, 05.4
1. 각 항목을 전체에 대한 구성 비율이나 기여도를 나타낼 때 사용하는 것으로 항상 한 개의 데이터 계열을 가지고 있는 것은 (   ) 차트이다.

24.5, 21.3, 21.2
2. 도넛형 차트는 원형 차트를 개선한 것으로, 여러 개의 계열을 나타낼 수 있고 도넛 구멍 크기를 (   )% ~ (   )%까지 설정할 수 있다.

609202 ▶

2 **특수 차트**

23.5, 23.1, 21.8, 21.6, 18.1, 17.2, 16.3, 14.3, 14.1, 13.3, 10.1, 09.4, 08.2, 06.3, 04.4, 04.1, 03.1, 01.2, 99.2

❶ 이중 축 차트

23.5, 18.1, 14.3, 14.1, 13.3, 09.4, 08.2, 06.3, 04.4, 04.1, 03.1, 01.2, 99.2

이중 축 차트는 2개 이상의 데이터 계열을 가진 차트에서 또 하나의 값 축을 추가하여 이중으로 값을 표시하는 차트이다.

• 특정 데이터 계열의 값이 다른 데이터 계열의 값과 현저하게 차이가 나거나, 종류가 다른 2개 이상의 데이터 계열을 가진 차트에 효율적으로 사용된다.

• 왼쪽에 표시되는 세로(값) 축의 맞은편(오른쪽)에 보조 축이 표시된다.

예제 1 다음과 같이 이중 축 차트로 변경하시오.

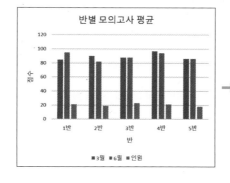

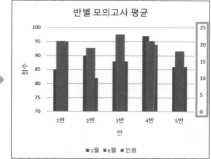

① 이중 축으로 변환할 데이터 계열을 선택한 후 바로 가기 메뉴의 [데이터 계열 서식]을 선택하거나 리본 메뉴의 [서식] → [현재 선택 영역] → [선택 영역 서식]을 클릭한다.

② '데이터 계열 서식' 창의 [계열 옵션] → [📊(계열 옵션)] → [계열 옵션]에서 '보조 축'을 선택하고 닫기(✕) 단추를 클릭하면 이중 축 차트가 완성된다.

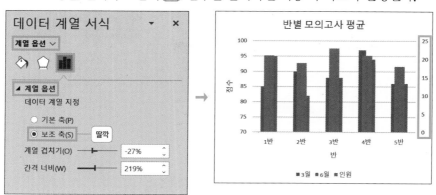

23.1, 21.8, 21.6, 17.2, 16.3, 10.1

❷ 혼합형(콤보) 차트

혼합형(콤보) 차트는 두 개 이상의 데이터 계열을 가진 차트에서 특정 데이터 계열을 강조하기 위해 해당 데이터 계열을 다른 차트로 표시하는 것이다.

• 3차원, 주식형, 거품형, 표면형 차트는 혼합형 차트로 만들 수 없다.

예제2 앞에서 작성한 차트를 다음 그림과 같이 혼합형 차트로 변경하시오.

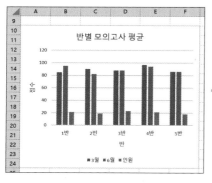 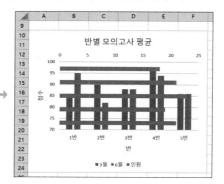

① 임의의 데이터 계열을 클릭한 후 리본 메뉴에서 [차트 디자인] → [종류] → [차트 종류 변경]을 클릭하거나 바로 가기 메뉴에서 [계열 차트 종류 변경]을 선택한다.

② '차트 종류 변경' 대화상자에서 그림과 같이 선택하고 〈확인〉을 클릭한다.

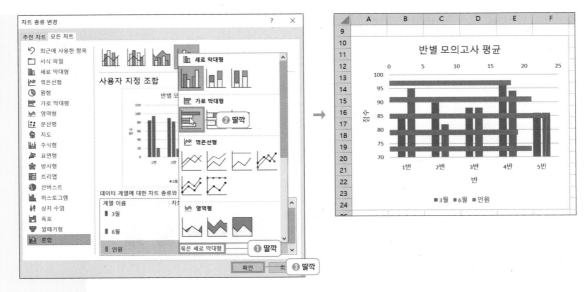

기출체크 ☑

23.1

3. 표면형과 세로 막대형 차트는 콤보 형태로 표현할 수 있다. (○, ×)

기출체크 3번

표면형은 콤보 형태로 차트를 작성할
수 없습니다.

기출체크 정답

3. ×

24년 5회, 22년 4회, 3회, 2회 21년 8회, 6회, 16년 3회

01 다음 중 차트에 대한 설명으로 옳지 않은 것은?

① 기본적으로 워크시트의 행과 열에서 숨겨진 데이터는 차트에 표시되지 않으며 빈 셀은 간격으로 표시된다.

② 표에서 특정 셀 한 개를 선택하여 차트를 생성하면 해당 셀을 직접 둘러싸는 표의 데이터 영역이 모두 차트에 표시된다.

③ 차트를 만들 데이터를 선택한 후 Alt + F1 을 누르면 별도의 차트 시트가 생성된다.

④ 차트에 두 개 이상의 차트 종류를 사용하여 혼합형 차트를 만들 수도 있다.

24년 4회, 22년 1회, 21년 5회, 2회, 1회

02 다음 차트에 표시되지 않은 구성 요소는?

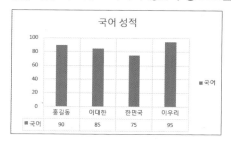

① 데이터 테이블   ② 범례
③ 눈금선   ④ 데이터 레이블

23년 1회, 22년 4회

03 다음 차트에 대한 설명으로 옳지 않은 것은?

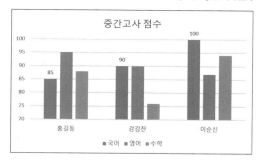

① '계열 겹치기' 값이 음수로 지정되었다.

② 국어 계열에 대해서만 데이터 레이블이 표시되었다.

③ 범례는 아래쪽으로 지정되었다.

④ '행/열 전환'을 수행하면 세로 축과 가로 축이 서로 변경된다.

21년 2회, 12년 3회

04 아래 그림을 [데이터 계열 서식] 메뉴를 이용하여 수정하고자 할 때, 다음 중 설명이 옳지 않은 것은?

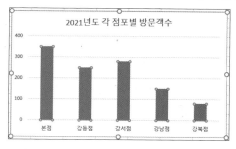

① [계열 겹치기]는 −100%에서 100%까지 조절할 수 있다.

② [간격 너비]는 0%에서 500%까지이다.

③ [요소마다 다른 색 사용]에 체크 표시를 하면 막대의 색깔이 각각 달라진다.

④ [간격 너비]의 숫자를 늘리면 각 막대의 너비가 커진다.

21년 4회, 20년 2회, 16년 1회, 15년 3회

05 다음 중 아래 차트에 대한 설명으로 옳지 않은 것은?

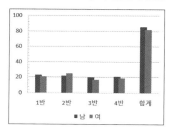

① 차트의 종류는 묶은 세로 막대형으로 계열 옵션의 '계열 겹치기'가 적용되었다.

② 세로(값) 축의 [축 서식]에는 주 눈금과 보조 눈금이 '안쪽'으로 표시되도록 설정되었다.

③ 데이터 계열로 '남'과 '여'가 사용되고 있다.

④ 표 전체 영역을 데이터 원본으로 사용하여 차트를 작성하였다.

▶ 정답 : 1. ③ 2. ④ 3. ④ 4. ④ 5. ④

해설은 265쪽에 있습니다.

24년 3회

06 다음은 차트의 오차 막대에 관한 설명이다. 옳지 않은 것은?

① 데이터 계열의 오차량을 표시한다.

② 고정 값, 백분율, 표준 편차, 표준 및 오차 등으로 설정할 수 있다.

③ 통계 자료를 차트로 작성할 때 자료의 신뢰 수준을 시각적으로 보이게 하기 위해 사용한다.

④ 3차원 세로 막대형에서 사용 가능하다.

21년 4회, 19년 2회, 06년 2회

07 다음 중 각 차트에 대한 설명으로 옳지 않은 것은?

① 꺾은선형 차트 : 하나의 계열만 갖는 차트로 3차원 차트로 표현할 수 없다.

② 방사형 차트 : 각 데이터 요소의 중간 지점에 대한 값의 변화를 보여주며, 여러 데이터 계열의 집계 값을 비교하기에도 용이하다.

③ 이중 축 차트 : 특정 데이터 계열의 값이 다른 데이터 계열의 값과 현저하게 차이가 나거나 데이터의 단위가 다른 경우 주로 사용한다.

④ 원형 차트 : 각 항목을 전체에 대한 구성 비율이나 기여도를 나타낼 때 사용한다.

21년 3회

08 다음 중 각 차트 종류에 대한 설명으로 적절하지 않은 것은?

① 영역형 차트 : 워크시트의 여러 열이나 행에 있는 데이터에서 시간에 따른 변동의 크기를 강조하여 합계 값을 추세와 함께 살펴볼 때 사용된다.

② 주식형 차트 : 주식의 거래량과 같은 주가의 흐름을 파악하고자 할 때 사용하며, 3차원 차트를 작성할 수 있다.

③ 도넛형 차트 : 여러 열이나 행에 있는 데이터에서 전체에 대한 각 부분의 관계를 비율로 나타내어 각 부분을 비교할 때 사용된다.

④ 분산형 차트 : 여러 데이터 계열에 있는 숫자 값 사이의 관계를 보여주거나 두 개의 숫자 그룹을 xy 좌표로 이루어진 하나의 계열로 표시할 때 사용된다.

23년 4회, 22년 1회, 21년 5회

09 다음과 같이 수량과 실적에 따른 점유율을 확인하는 데 가장 알맞은 차트는 무엇인가?

▲	A	B	C	D
1	순번	수량	실적	점유율
2	1	35	3,500,000	17%
3	2	40	4,000,000	19%
4	3	42	4,200,000	20%
5	4	58	5,800,000	28%
6	5	33	3,300,000	16%

① 도넛형   ② 분산형

③ 거품형   ④ 영역형

22년 1회, 21년 5회, 3회, 18년 2회

10 다음 중 원형 차트에 대한 설명으로 옳지 않은 것은?

① 차트의 각 조각을 분리하거나, 첫째 조각의 각을 조정할 수 있다.

② 전체 항목의 합에 대한 각 항목의 비율을 표시할 수 있다.

③ 여러 개의 데이터 계열을 표현할 수 있다.

④ 항목의 값들이 항목 합계의 비율로 표시되므로 중요한 요소를 강조할 때 사용한다.

24년 2회, 22년 2회, 21년 6회, 15년 1회

11 다음 중 항목 레이블이 월, 분기, 연도와 같이 일정한 간격의 값을 나타내는 경우에 적합한 차트로 일정 간격에 따라 데이터의 추세를 표시하는 데 유용한 것은?

① 분산형 차트   ② 원형 차트

③ 꺾은선형 차트   ④ 방사형 차트

22년 5회

12 다음 중 아래의 데이터를 이용하여 작성할 수 있는 차트로 옳지 않은 것은?

▲	A	B	C	D	E
1		1분기	2분기	3분기	4분기
2	선풍기	25	68	53	32
3	냉장고	35	42	42	51

① 묶은 가로 막대형 차트

② 표식이 있는 꺾은선형 차트

③ 주식형 차트

④ 방사형 차트

▶ 정답 : 6. ④   7. ①   8. ②   9. ③   10. ③   11. ③   12. ③

[문제 01] Section 080

• 차트를 만들 데이터를 선택한 후 Alt+F1 을 누르면 데이터가 있는 워크시트에 기본 차트(묶은 세로 막대형)가 작성된다.

• 별도의 차트 시트를 생성하려면 차트를 만들 데이터를 선택한 후 F11 을 누른다.

[문제 02] Section 080

문제에 제시된 차트에는 데이터 레이블이 표시되지 않았다. 데이터 레이블을 표시하면 아래와 같은 차트가 된다.

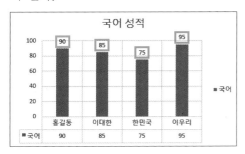

[문제 03] Section 081

'행/열 전환'을 수행하면 다음과 같이 '가로(항목) 축 레이블'과 '범례 항목(계열)'이 서로 변경된다.

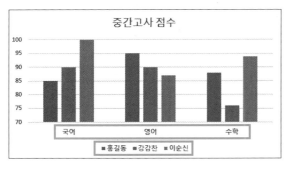

[문제 04] Section 081

데이터 계열 서식에서 [간격 너비]는 막대와 막대 사이의 간격을 말하는 것으로, [간격 너비]의 숫자를 늘리면 막대와 막대 사이의 간격이 넓어지는 반면 막대의 너비는 줄어든다.

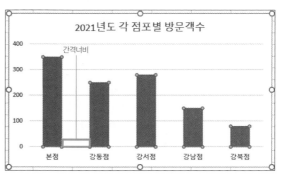

[간격 너비]를 150%로 지정한 경우

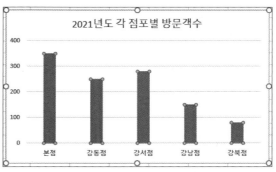

[간격 너비]를 300%로 지정한 경우

[문제 05] Section 080

표 전체 영역을 데이터 원본으로 차트를 작성하면 다음 그림과 같이 작성된다.

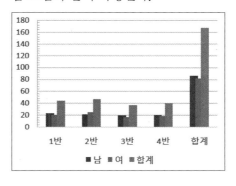

[문제 06] Section 081

3차원 차트에는 오차 막대를 표시할 수 없다.

[문제 07] Section 082

꺾은선형은 일정 간격에 따라 데이터의 추세를 표시하는 차트로, 여러 개의 계열을 가질 수 있으며 3차원 차트로도 표현할 수 있다.

[문제 08] Section 082

주식형 차트는 3차원 차트로 작성할 수 없다.

[문제 09] Section 082

수량, 실적, 점유율과 같이 데이터 계열 값이 세 개인 경우에 사용되는 차트는 거품형이다. 문제에 제시된 데이터를 이용하여 거품형 차트를 작성하면 다음과 같다.

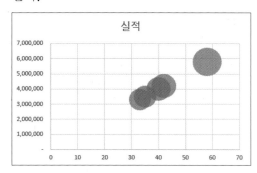

[문제 10] Section 082

원형 차트는 항상 하나의 데이터 계열만을 표시할 수 있다.

[문제 11] Section 082

월, 분기, 연도와 같이 일정 기간의 데이터 변화 추이를 확인하는 데 적합한 차트는 꺾은선형 차트이다.

[문제 12] Section 082

• 주식형 차트를 작성하려면 항목과 데이터 계열이 최소 3개 이상인 원본 데이터가 있어야 한다. 문제에 제시된 데이터는 항목이 2개이므로 주식형 차트로 작성할 수 없다.

• 하나의 항목을 추가한 후 주식형 차트를 작성하면 다음과 같다.

	A	B	C	D	E
1		1분기	2분기	3분기	4분기
2	선풍기	25	68	53	32
3	냉장고	35	42	42	51
4	에어컨	45	42	42	51

↓

4장

출력

워크시트의 화면 설정

마우스를 이용한 화면 확대/축소

[파일] → [옵션] → [고급] 탭의 '편집 옵션' 항목에서 'IntelliMouse로 화면 확대/축소' 옵션을 체크하면 Ctrl을 누르지 않은 상태에서 마우스의 스크롤 버튼만으로 화면의 축소 및 확대가 가능합니다.

기출체크 1번

화면의 확대/축소 배율은 인쇄 시 적용되지 않습니다.

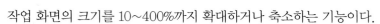

1 확대/축소
20.상시, 19.2, 18.1, 13.3

작업 화면의 크기를 10~400%까지 확대하거나 축소하는 기능이다.

- **실행** 다음과 같이 수행한 후 확대/축소 배율을 지정한다.
  - 방법 1 : [보기] → [확대/축소] → [확대/축소] 클릭
  - 방법 2 : 상태 표시줄의 '확대/축소 비율(100 %)' 클릭
- 영역을 선택한 후 [보기] → [확대/축소] → [선택 영역 확대/축소]를 클릭하면 선택된 영역이 전체 화면에 맞춰 확대 또는 축소된다.
- 확대/축소 배율은 지정한 시트에만 적용된다.
- '확대/축소' 대화상자의 사용자 지정 입력 상자에 직접 배율을 입력할 수 있다.
- Ctrl을 누른 채 마우스의 휠 버튼을 위로 굴리면 화면이 확대되고, 아래로 굴리면 화면이 축소*된다.
- 화면의 확대/축소는 인쇄 시 적용되지 않는다.

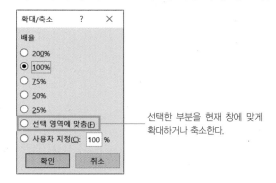

선택한 부분을 현재 창에 맞게 확대하거나 축소한다.

기출체크 ☑
18.1
1. 화면의 확대/축소는 화면에서 워크시트를 더 크게 또는 작게 표시하는 것으로 실제 인쇄할 때에도 설정된 화면의 크기로 인쇄된다. (○, ×)

② 틀 고정

데이터의 양이 많은 경우, 열이나 행을 고정시켜 셀 포인터의 이동과 상관없이 특정 영역을 항상 표시하기 위해 사용한다.

- 화면에 표시되는 틀 고정 형태는 인쇄 시 적용되지 않는다.
- 틀 고정을 수행하면 셀 포인터의 왼쪽과 위쪽으로 고정선이 표시된다.
- 틀 고정선의 위치를 마우스로 조정할 수 없다.

예제 [C3] 셀을 기준으로 틀 고정을 실행하시오.

① 틀을 고정할 행의 아래쪽, 열의 오른쪽 셀(C3)을 선택한다.

② [보기] → [창] → [틀 고정] → [틀 고정]을 선택한다.

	A	B	C	D	E	F	G	H
1								
2		성명	직위	기본급	상여금	급여계	공제계	실수령액
3		이지형	부장	3,400,000	2,720,000	6,120,000	734,400	5,386,000
4		나현희	대리	2,000,000	1,600,000	3,600,000	432,000	3,168,000
5		오지명	부장	3,290,000	2,632,000	5,922,000	710,640	5,211,000
6		차이슬	과장	2,640,000	2,112,000	4,752,000	570,240	4,182,000
7								

2행의 아래쪽과 B열의 오른쪽. 즉 [C3] 셀에서 틀 고정을 수행하면 1, 2행과 A, B열이 고정된다.

↓

	A	B	C	D	E	F	G	H
1								
2		성명	직위	기본급	상여금	급여계	공제계	실수령액
3		이지형	부장	3,400,000	2,720,000	6,120,000	734,400	5,386,000
4		나현희	대리	2,000,000	1,600,000	3,600,000	432,000	3,168,000
5		오지명	부장	3,290,000	2,632,000	5,922,000	710,640	5,211,000
6		차이슬	과장	2,640,000	2,112,000	4,752,000	570,240	4,182,000
7								

↓

	A	B	E	F	G	H	I	J
1								
2		성명	상여금	급여계	공제계	실수령액		
5		오지명	2,632,000	5,922,000	710,640	5,211,000		
6		차이슬	2,112,000	4,752,000	570,240	4,182,000		
7								
8								
9								

셀 포인터를 오른쪽으로 이동하면 B열을 기준으로, 아래쪽으로 이동하면 2행을 기준으로 고정되어 표시된다.

③ 틀 고정을 취소하려면 [보기] → [창] → [틀 고정] → [틀 고정 취소]를 선택한다.

기출체크 ☑

23.5
2. 틀 고정선을 마우스로 끌어서 위치를 변경할 수 있다. (○, ×)

609302 ▶

전문가의 조언

틀 고정의 특징을 묻는 문제가 출제됩니다.

[기출 포인트]
- 틀 고정 형태는 인쇄 시 적용되지 않는다.
- 틀 고정선을 마우스로 이동할 수 없다.
- 마우스로 더블클릭해도 틀 고정은 취소되지 않는다.

준비하세요

'C:\길벗컴활2급필기QnE\2과목.xlsm' 파일을 불러와 파일을 불러와 '섹션 083' 시트에서 실습하세요.

기출체크 2번

틀 고정선의 위치는 마우스로 조정할 수 없습니다.

기출체크 정답
2. ×

③ 창 나누기

전문가의 조언

창 나누기와 틀 고정을 비교하는 문제가 출제되고 있습니다.

[기출 포인트]

• 창 나누기 구분선은 인쇄 시 적용되지 않는다.

• 창 나누기 구분선을 마우스로 이동할 수 있다.

• 셀 포인터의 왼쪽과 위쪽으로 창 구분선이 표시된다.

준비하세요

'C:\길벗컴활2급필기QnE\2과목.xlsm' 파일을 불러와 '섹션083' 시트에서 실습하세요.

데이터의 양이 많아 데이터를 한 화면으로 모두 보기 어려운 경우, 창 나누기를 이용하면 서로 떨어져 있는 데이터를 한 화면에 표시할 수 있다.

• 창 나누기를 수행하면 셀 포인터의 왼쪽과 위쪽으로 창 구분선이 표시된다.

• 하나의 시트를 2개 혹은 4개의 영역으로 나눈다.

• 창 나누기 구분선의 위치를 마우스로 이동시킬 수 있다.

• 마우스로 더블클릭하면 창 나누기 구분선이 제거된다.

• 창 나누기 구분선은 인쇄 시 적용되지 않는다.

예제 [E4] 셀을 기준으로 창 나누기를 실행하시오.

① 창을 나눌 행의 아래쪽, 열의 오른쪽 셀(E4)을 선택한다.

② [보기] → [창] → [나누기]를 클릭한다.

	A	B	C	D	E	F	G	H
1								
2		성명	직위	기본급	상여금	급여계	공제계	실수령액
3		이지형	부장	3,400,000	2,720,000	6,120,000	734,400	5,386,000
4		나현희	대리	2,000,000	1,600,000	3,600,000	432,000	3,168,000
5		오지명	부장	3,290,000	2,632,000	5,922,000	710,640	5,211,000
6		차이슬	과장	2,640,000	2,112,000	4,752,000	570,240	4,182,000
7								

	A	B	C	D	E	F	G	H
1								
2		성명	직위	기본급	상여금	급여계	공제계	실수령액
3		이지형	부장	3,400,000	2,720,000	6,120,000	734,400	5,386,000
4		나현희	대리	2,000,000	1,600,000	3,600,000	432,000	3,168,000
5		오지명	부장	3,290,000	2,632,000	5,922,000	710,640	5,211,000
6		차이슬	과장	2,640,000	2,112,000	4,752,000	570,240	4,182,000
7								

작업 창이 4개로 나누어졌으며, 현재 셀 포인터가 있는 창 부분을 기준으로 이동된다.

※ 창 구분선을 드래그하여 창의 크기를 조절할 수 있다.

	A	B	C	D	G	H	I	J
1								
2		성명	직위	기본급	공제계	실수령액		
3		이지형	부장	3,400,000	734,400	5,386,000		
4		나현희	대리	2,000,000	432,000	3,168,000		
5		오지명	부장	3,290,000	710,640	5,211,000		
6		차이슬	과장	2,640,000	570,240	4,182,000		
7								

창의 모양과 인쇄

창 나누기, 틀 고정 및 화면 배율을 조절한 결과는 화면에만 영향을 줄 뿐 인쇄 시에는 적용되지 않습니다.

③ 창 나누기를 해제*하려면 리본 메뉴의 [보기] → [창] → [나누기]를 다시 클릭하거나 창 나누기 기준선을 마우스로 더블클릭한다.

창 나누기 해제

창 구분선을 열 머리글이나 행 머리글로 드래그해도 창 구분선이 삭제되면서 창 나누기가 해제됩니다.

기출체크 ☑

24.2, 21.2, 18.2, 16.2, 12.2, 10.2

3. 틀 고정 구분선은 마우스를 이용하여 위치를 변경할 수 없으나 창 나누기 구분선은 위치 변경이 가능하다. (○, ×)

기출체크 정답
3. ○

페이지 설정

24.2, 23.2, 22.2, 21.6, 21.2, 19.2, 18.상시, 16.3, 14.2, 13.1, 09.2, 09.1, 08.3, 08.1, 06.1, 05.4, 04.2

1 페이지 설정※

용지 방향, 확대/축소 배율, 자동 맞춤, 용지 크기, 인쇄 품질, 시작 페이지 번호 등을 설정한다.

실행 [페이지 레이아웃] → [페이지 설정]의 '⑤' 클릭

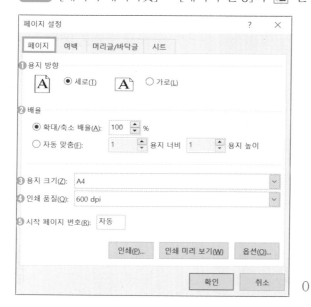

08.1, 06.1, 05.4 **❶ 용지 방향**	인쇄할 페이지의 용지 방향을 세로 또는 가로로 설정한다.
23.2, 19.2, 18.상시, 16.3, 13.1, … **❷ 배율**	• **확대/축소 배율** : 워크시트 표준 크기의 10~400%까지 확대/축소하여 인쇄한다. • **자동 맞춤**※ : 데이터 양에 관계없이 지정된 페이지 수에 맞게 인쇄되도록 자동으로 축소/확대 배율이 조정된다. • 배율을 설정하면 사용자가 삽입한 페이지 구분선은 효력을 잃는다.
21.6, 21.2 **❸ 용지 크기**	인쇄 용지의 크기를 지정한다.
❹ 인쇄 품질	• 인쇄 해상도를 지정한다. • 해상도가 높을수록 출력물이 선명하다.
24.2, 22.2, 21.6, 14.2, 09.2, 09.1, … **❺ 시작 페이지 번호**	• 인쇄 시작 페이지의 페이지 번호를 지정한다. • 기본값은 1페이지부터이다.

기출체크 ☑

24.2, 22.2, 21.6, 14.2, 09.2, 09.1, 08.3
1. 워크시트 출력 시 시작 페이지 번호를 100으로 지정하려면 [페이지 설정] → (   ) 탭에서 [시작 페이지 번호] 상자에 100을 입력하면 된다.

페이지 설정

인쇄할 문서에 페이지, 여백, 머리글/바닥글 등 시트에 관한 여러 사항을 설정할 수 있습니다.

'자동 맞춤'을 이용하여 여러 페이지를 한 페이지로 출력하는 방법

'페이지 설정' 대화상자의 '페이지' 탭에서 [자동 맞춤]의 용지 너비와 용지 높이를 1로 지정하면 여러 페이지가 한 페이지에 출력됩니다.

기출체크 정답
1. 페이지

23.2, 22.5, 22.4, 21.3, 21.2, 21.1, 16.2, 14.2, 13.1, 09.1

② 여백 설정

인쇄 용지의 상·하·좌·우 여백 및 머리글/바닥글의 여백을 설정한다.

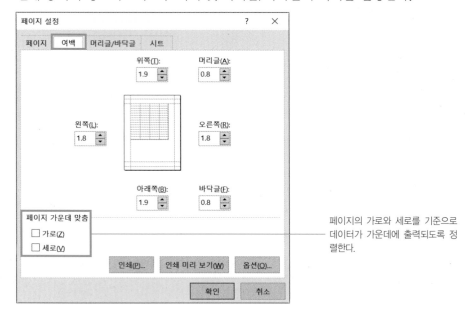

페이지의 가로와 세로를 기준으로 데이터가 가운데에 출력되도록 정렬한다.

기출체크 ☑

22.5, 21.1, 16.2
2. 페이지를 기준으로 가운데에 인쇄되도록 하려면 [페이지 설정] 대화상자의 (   ) 탭에서 (   )을 지정해야 한다.

609403 ▶

23.3, 23.2, 23.1, 22.3, 22.2, 21.7, 21.6, 21.4, 20.1, 18.1, 17.2, 16.1, 15.3, 14.3, 13.3, 13.1, 12.1, 11.2, 08.2, 07.4, 07.2, …

③ 머리글/바닥글 설정

문서 제목, 페이지 번호, 사용자 이름, 작성 날짜 등 출력물의 매 페이지에 고정적으로 표시되는 머리글이나 바닥글을 설정한다.

23.2, 22.3, 22.2, 21.7, 21.6, 21.4, 17.2 ❶ 짝수와 홀수 페이지를 다르게 지정	짝수와 홀수 페이지의 머리글/바닥글 내용을 다르게 지정한다.
22.3, 22.2, 21.7, 21.6, 21.4, 17.2 ❷ 첫 페이지를 다르게 지정	첫 페이지의 머리글/바닥글 내용을 다른 페이지와 다르게 지정한다.
22.3, 22.2, 21.7, 21.6, 21.4, 18.1, 17.2 ❸ 문서에 맞게 배율 조정	머리글/바닥글 내용을 출력하는 워크시트의 실제 크기의 백분율에 따라 확대·축소한다.
22.3, 22.2, 21.7, 21.6, 21.4, 17.2 ❹ 페이지 여백에 맞추기	머리글/바닥글의 여백을 워크시트의 왼쪽/오른쪽 여백에 맞춰 머리 글/바닥글을 표시하기에 충분한 여백을 확보한다.

- **머리글/바닥글 편집** : 파일 이름, 페이지 번호, 날짜 등의 도구 모음을 이용해 적당한 위치에 원하는 모양으로 내용을 편집할 수 있다.

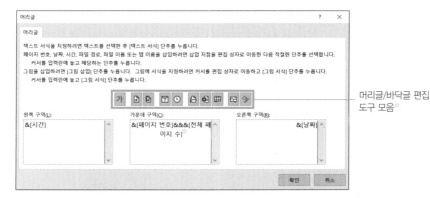

머리글/바닥글 편집
도구 모음

기출체크 ☑

22.3, 22.2, 21.7, 21.6, 21.4, 17.2

3. 인쇄될 워크시트를 워크시트의 실제 크기의 백분율에 따라 확대·축소하려면 '문서에 맞게 배율 조정'을 선택한다. (○, ×)

609404 ▶

24.4, 24.3, 24.1, 23.5, 23.3, 23.2, 23.1,22.5, 22.4, 22.1, 21.5, 21.3, 21.2, 21.1, 20.상시, 20.2, 19.2, 19.1, 18.상시, …

④ **시트 설정**

인쇄 영역, 인쇄 제목, 눈금선, 메모, 노트 등의 인쇄 여부, 페이지 순서 등을 설정한다.

머리글/바닥글 편집 도구 모음

꿰 : 텍스트 서식

📄 : 페이지 번호 삽입

📄 : 전체 페이지 수 삽입

📅 : 날짜 삽입

🕐 : 시간 삽입

📄 : 파일 경로 삽입

📷 : 파일 이름 삽입

▦ : 시트 이름 삽입

🖼 : 그림 삽입

🎨 : 그림 서식

머리글/바닥글 직접 입력

머리글/바닥글 편집 도구 모음을 이용하지 않고 직접 입력할 때는 옆의 그림과 같이 & 뒤에 입력할 항목을 대괄호 [ ]로 묶어주면 됩니다.

⑩ &[페이지 번호]

&[날짜]

& 문자 포함시키기

머리글/바닥글 내용에 '&' 문자를 포함시키려면 '&&' 형태로 입력하면 됩니다.

머리글/바닥글을 추가하는 다른 방법

[보기] → [통합 문서 보기] → [페이지 레이아웃]을 클릭한 후 페이지 레이아웃 보기 상태에서 워크시트지의 맨 위나 맨 아래에 표시된 머리글 또는 바닥글 텍스트 상자를 클릭한 후 내용을 입력합니다.

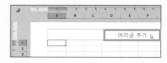

기출체크 3번

인쇄될 워크시트가 아닌 머리글/바닥글의 내용을 워크시트의 실제 크기의 백분율에 따라 확대·축소할 때 '문서에 맞게 배율 조정'을 선택합니다.

[기출 포인트]

- [시트] 탭에서는 메모나 행/열 머리글, 눈금선이 인쇄되도록 지정할 수 있다.

- '간단하게 인쇄'를 선택하면 그래픽 요소는 제외하고 텍스트만 인쇄된다.

- '인쇄 영역'에 포함된 숨겨진 행과 열은 인쇄되지 않는다.

기출체크 정답

3. ×

<small>20.2, 18.1, 10.1, 06.4, 05.4</small> **❶ 인쇄 영역**	특정 부분만 인쇄할 경우 범위를 지정한다.	
<small>24.3, 23.5, 23.2, 23.1, 21.3, 13.1, …</small> **❷ 인쇄 제목**	모든 페이지에 제목으로 반복 인쇄할 행이나 열을 지정한다. 📺 1~3행 반복 : 인쇄 제목의 반복할 행을 $1:$3으로 지정 　 A~B열 반복 : 인쇄 제목의 반복할 열을 $A:$B로 지정	
<small>24.4, 24.3, 23.5, 23.1, 22.5, 22.4, …</small> **❸ 눈금선**	시트에 표시된 셀 눈금선의 인쇄 여부를 지정한다.	
<small>13.3</small> **❹ 흑백으로**	컬러 서식이 지정된 데이터를 흑백으로 출력한다.	
<small>24.4, 24.3, 23.5, 23.2, 22.5, 22.1, …</small> **❺ 간단하게 인쇄**	워크시트에 입력된 차트, 도형, 그림, 워드아트, 괘선 등 모든 그래픽 요소를 제외하고 텍스트만 빠르게 인쇄한다.	
<small>24.1, 23.5, 23.2, 23.1, 22.5, 22.1, …</small> **❻ 행/열 머리글**	행/열 머리글의 인쇄 여부를 지정한다.	
<small>24.4, 24.3, 23.3, 23.1, 22.5, 22.1, …</small> **❼ 주석 및 메모**	• 시트에 포함된 메모와 노트의 인쇄 여부 및 인쇄 위치※를 지정한다. • **시트 끝** : 메모와 노트의 화면 표시 방법과는 상관없이 가장 마지막 시트의 끝에 모아서 인쇄한다. • **시트에 표시된 대로(메모 전용)** : 노트가 화면에 항상 표시되게 지정된 상태에서만 노트가 삽입된 위치에 그대로 인쇄한다.	
<small>22.4, 14.2</small> **❽ 셀 오류 표시**	오류의 표시 방법※을 지정한다.	
<small>21.3</small> **❾ 페이지 순서**	• 데이터를 한 페이지에 인쇄할 수 없을 때 인쇄될 방향(행/열)의 우선순위를 지정한다. • **행 우선** : 행(아래) 방향으로 인쇄를 마친 후에 열 방향으로 진행 • **열 우선** : 열(오른쪽) 방향으로 인쇄를 마친 후에 행 방향으로 진행	

<small>21.3, 11.2, 09.2, 06.4, 05.1</small>

잠깐만요 **차트의 '페이지 설정'**

<small>609431 ▶</small>

• 차트를 선택한 상태에서 페이지 설정을 선택하면 '페이지 설정' 대화상자에 '시트' 탭 대신 '차트' 탭이 표시됩니다.
• '차트' 탭에서는 인쇄 품질(초안, 흑백으로 인쇄)을 지정할 수 있습니다.
• 일반 시트의 인쇄 방법과 동일하게 머리글 및 바닥글을 지정할 수 있습니다.
• 차트를 선택한 상태에서는 인쇄 영역을 지정할 수 없으므로 차트의 일부분만 인쇄할 수 없습니다.

기출체크 ☑

<small>22.5, 22.1</small>
4. '페이지 설정' 대화상자의 [시트] 탭에서 용지 여백과 용지 크기를 설정할 수 있다. (○, ×)

메모와 노트 인쇄 위치

오류 표시 방법

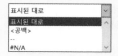

기출체크 4번

용지 여백은 '페이지 설정' 대화상자의 '여백' 탭에서, 용지 크기는 '페이지' 탭에서 설정할 수 있습니다.

기출체크 정답
4. ×

5 페이지 나누기

작성한 문서를 페이지 단위로 나누어 인쇄하기 위해 페이지를 나누는 것이다.

24.2, 22.5, 22.1, 21.8, 21.5, 21.3, 20.2, 20.1, 18.2, 16.2

❶ 자동 페이지 나누기

- 인쇄할 데이터가 많아 한 페이지가 넘어가면 자동으로 페이지 구분선*이 삽입된다.
- 페이지 구분선은 용지 크기, 여백 설정, 설정한 배율 옵션을 기준으로 설정 된다.
- 행 높이와 열 너비를 변경하면 '자동 페이지 나누기'의 위치도 변경된다.

24.5, 21.3, 20.2, 20.1, 18.2

❷ 수동 페이지 나누기

- [페이지 레이아웃] → [페이지 설정] → [나누기] → [페이지 나누기 삽입]을 선택한다.
- 사용자가 강제로 페이지를 나누는 것으로, 셀 포인터의 위치를 기준으로 왼쪽과 위쪽에 페이지 구분선이 삽입된다.
- 페이지 나누기가 설정된 셀을 선택하고, [페이지 레이아웃] → [페이지 설정] → [나누기] → [페이지 나누기 제거]를 선택하면 삽입된 페이지 구분선이 제거된다.

자동 페이지 나누기   수동 페이지 나누기

기출체크 ☑

24.2, 22.5, 22.1, 21.8, 21.5, 21.3, 20.2, 20.1, 18.2

5. 행 높이와 열 너비를 변경해도 '자동 페이지 나누기'의 위치는 변경되지 않는다. (○ , ×)

전문가의 조언

페이지 나누기의 특징을 묻는 문제가 출제되고 있습니다.

[기출 포인트]

- 행 높이나 열 너비가 변경되면 자동 페이지 구분선의 위치도 변경된다.
- 행 높이나 열 너비가 변경돼도 수동 페이지 구분선은 그대로 유지된다.

페이지 구분선 표시 여부

[파일] → [옵션] → [고급] 탭의 '이 워크시트의 표시 옵션' 항목에서 '페이지 나누기 표시'를 이용하여 페이지 구분선의 표시 여부를 설정할 수 있습니다.

기출체크 5번

행 높이와 열 너비를 변경하면 자동 페이지 나누기의 위치도 변경됩니다.

기출체크 정답

5. ×

전문가의 조언

'페이지 나누기 미리 보기'에 대한 설명으로 잘못된 내용을 고르는 문제가 출제되고 있습니다.

[기출 포인트]

• '페이지 나누기 미리 보기' 상태에서도 데이터를 입력할 수 있다.

• 자동으로 표시된 페이지 구분선은 점선으로 표시된다.

• 수동으로 삽입한 페이지 구분선은 실선으로 표시된다.

6 페이지 나누기 미리 보기

작성한 문서가 출력될 때의 페이지 경계선을 한눈에 볼 수 있는 기능으로, 페이지 구분선, 인쇄 영역, 페이지 번호 등이 표시된다.

• **실행** [보기] → [통합 문서 보기] → [페이지 나누기 미리 보기] 클릭

• '페이지 나누기 미리 보기' 상태에서는 데이터 입력뿐만 아니라 차트나 그림 등의 개체를 삽입할 수도 있다.

• 마우스로 페이지 구분선을 드래그하여 위치를 변경할 수 있으며, 페이지 구분선을 상·하·좌·우의 맨끝으로 끌고가면 페이지 구분선이 제거된다.

• **'페이지 나누기 미리 보기' 상태 해제** : [보기] → [통합 문서 보기] → [기본] 클릭

• **설정된 모든 페이지 해제** : 바로 가기 메뉴의 [페이지 나누기 모두 원래대로] 선택

• '페이지 나누기 미리 보기' 상태에서 자동으로 표시된 페이지 구분선은 점선, 수동으로 삽입한 페이지 구분선은 실선으로 표시된다.

• '페이지 나누기 미리 보기' 상태에서 자동으로 표시된 페이지 구분선을 이동시키면 수동 페이지 구분선으로 변경되어 실선으로 표시된다.

	A	B	C	D	E	F	G	H	I	J	K	L
1	[표1]		사원관리현황					[표2]		도서대여현황		
2	사원코드	사원명	소속부서	전년도 매출	매출계획			도서코드	대여일	반납일	1일대여료	총대여료
3	A-1011	박정숙	개발	700	600			K-1-432	09월 01일	09월 04일	800	2,400
4	A-2123	박정현	홍보	650	900			G-6-366	09월 01일	09월 03일	850	1,700
5	C-3012	신민정	무역	560	550			C-9-212	09월 04일	09월 09일	750	3,750
6	B-3103	오정아	무역	430	600			G-2-107	09월 04일	09월 10일	850	5,100
7	C-2012	윤선화	홍보	1260	1250			K-5-960	09월 07일	09월 11일	800	3,200
8	A-1023	윤지은	개발	980	1,000			C-4-104	09월 09일	09월 11일	750	1,500
9	B-2311	나기림	홍보	850	550			C-7-667	09월 09일	09월 14일	750	3,750
10	B-1585	윤지민	개발	800	1,000			G-9-439	09월 11일	09월 16일	850	4,250
11	C-3368	김유정	무역	600	800			G-1-204	09월 14일	09월 17일	850	2,550
12	A-1857	한정민	개발	700	900			K-3-345	09월 16일	09월 21일	800	4,000
13												
14	[표3]		회원관리현황					[표4]		전입생정보		
15	성명	성별	닉네임	가입일자	회원코드			학생코드	성명	성별		
16	최정욱	남	GLORIA	2011-03-25	Glo2011			20-E-935	김은소	여		
17	유승희	여	BELITA	2018-09-10	Bel2018			20-C-601	김동준	남		토목과
18	강민주	여	ANDREA	2016-06-21	And2016			20-P-723	최시아	여		물리과
19	김선영	여	CHRISTINE	2017-05-04	Chr2017			20-C-418	고강민	남		토목과
20	정영진	남	WHITNEY	2013-08-08	Whi2013			20-E-127	김단	여		전자과
21	이상민	남	SHADOW	2014-12-01	Sha2014			20-P-406	유명식	남		물리과
22	전지현	여	CAMILLA	2015-07-24	Cam2015			20-E-384	이향기	여		전자과
23	김상욱	남	DORIS	2013-11-17	Dor2013			20-C-245	조관우	남		토목과
24												

수동 페이지 나누기 구분선

자동 페이지 나누기 구분선

1 페이지

2 페이지

4 페이지

5 페이지

기출체크 ☑

6. '페이지 나누기 미리 보기' 상태에서는 자동으로 표시된 페이지 구분선은 (   )으로 표시되고, 수동으로 삽입한 페이지 구분선은 (   )으로 표시된다.

7. '페이지 나누기 미리 보기' 상태에서는 데이터를 입력하거나 편집할 수 없다. (○, ×)

기출체크 7번

'페이지 나누기 미리 보기' 상태에서는 데이터 입력 및 편집뿐만 아니라 차트나 그림 등의 개체도 삽입할 수 있습니다.

기출체크 정답

6. 점선, 실선 7. ×

인쇄

609501 ▶

1 인쇄 미리 보기 및 인쇄

24.5, 24.3, 24.1, 23.4, 22.4, 21.8, 19.상시, 19.2, 18.상시, 17.2, 17.1, 15.3, 15.2, 14.1, 10.3, 10.2, 10.1, 09.2, 08.4, …

인쇄하기 전 인쇄될 모양을 미리 화면으로 확인하고, 프린터 종류, 인쇄 범위, 인쇄 대상, 인쇄 매수 등을 설정할 수 있다.

• 실행

– 방법 1 : [파일] → [인쇄] 선택
– 방법 2 : Ctrl + F2 누름

• 종료 Esc 누름

> **전문가의 조언**
>
> 인쇄에 대한 설명으로 옳은 것을 찾는 문제가 출제되고 있습니다.
>
> [기출 포인트]
> • Ctrl + F2 를 누르면 '인쇄 미리 보기 및 인쇄' 창이 실행된다.
> • '인쇄 미리 보기 및 인쇄' 창에서 여백과 열 너비를 마우스로 변경할 수 있다.
> • 차트가 선택된 상태에서 인쇄 명령을 실행하면 차트만 인쇄된다.
>
> **시트에 있는 차트만 인쇄하기**
>
> 인쇄할 차트를 클릭한 후 [파일] → [인쇄]를 선택하면 설정의 인쇄 대상에 '선택한 차트 인쇄'가 선택됩니다. 이어서 [인쇄]를 다시 한 번 클릭하면 됩니다.

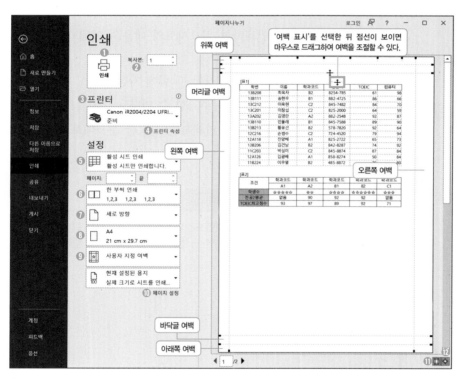

❶ **인쇄** : 인쇄를 실행한다.

❷ **복사본** : 인쇄 부수를 지정한다.

❸ **프린터** : 시스템에 설치된 프린터 중 인쇄 작업을 수행할 프린터를 선택한다.

❹ **프린터 속성** : 선택한 프린터에 관한 사항을 설정하는 '프린터 속성' 창이 실행된다.

❺ 인쇄 대상을 '활성 시트 인쇄, 전체 통합 문서 인쇄', 선택 영역 인쇄 중 하나로 지정한다.

❻ 인쇄할 페이지를 지정한다.

❼ 인쇄 방향을 가로 또는 세로로 지정한다.

❽ 인쇄 용지의 종류를 지정한다.

❾ 인쇄 여백을 '기본, 좁게, 넓게'로 지정한다.

⑩ 페이지 설정 : '페이지 설정' 대화상자를 이용해 머리글, 바닥글, 여백, 용지, 배율 등을 설정한다.
⑪ 🔲(여백 표시) : 마우스를 이용하여 여백의 크기나 열 너비를 조정할 수 있다.
⑫ 🔲(페이지 확대/축소) : 전체 페이지가 고정된 비율로 확대/축소된다.

기출체크 ☑

24.1, 23.4, 22.1
1. '인쇄 미리 보기 및 인쇄' 화면의 오른쪽 아래의 '여백 표시(🔲)'를 클릭하면 '페이지 설정' 대화상자의 '여백' 탭이 표시된다. (○, ×)

609502 ▶

[2] 22.3, 21.8, 21.7, 20.상시, 18.상시, 17.1, 15.3, 06.4, 00.1

인쇄 영역

워크시트의 내용 중 특정 부분만을 인쇄 영역으로 설정하여 인쇄할 수 있다.

- 실행 인쇄할 영역을 범위로 지정한 후 [페이지 레이아웃] → [페이지 설정] → [인쇄 영역] → [인쇄 영역 설정]* 선택
- 해제 [페이지 레이아웃] → [페이지 설정] → [인쇄 영역] → [인쇄 영역 해제] 선택
- 차트를 선택한 상태에서 인쇄하면 워크시트의 내용은 인쇄되지 않고 차트만 인쇄된다.
- 설정된 인쇄 영역은 통합 문서를 저장할 때 함께 저장된다.
- 기존 인쇄 영역에 다른 인쇄 영역을 추가할 수 있다.
- 여러 개의 인쇄 영역을 설정한 후 인쇄하면 설정한 순서대로 각기 다른 페이지에 인쇄된다.

22.3, 21.8, 21.7, 20.상시, 17.1, 15.3

잠깐만요 도형 인쇄

609531 ▶

인쇄 영역에 포함된 도형을 제외하고 인쇄하려면 도형의 바로 가기 메뉴에서 [도형 서식] 또는 [크기 및 속성]을 선택한 후 [도형 서식] 창의 [도형 옵션] → [🔲(크기 및 속성)] → [속성]에서 '개체 인쇄' 옵션의 선택을 해제해야 합니다.

기출체크 1번

[인쇄 미리 보기 및 인쇄] 화면의 오른쪽 아래에 있는 '여백 표시(🔲)'를 클릭하면 미리 보기 화면에 여백이 표시될 뿐 '페이지 설정' 대화상자는 표시되지 않습니다.

👨‍🏫 전문가의 조언

도형의 인쇄 여부 지정 방법을 알아야 맞힐 수 있는 문제가 출제되고 있습니다.

[기출 포인트]

- 도형이 인쇄되지 않게 하려면 [도형 서식] 창에서 '개체 인쇄' 옵션을 해제한다.
- 차트만 인쇄하려면 차트를 선택된 상태에서 인쇄한다.

인쇄 영역 설정

[페이지 레이아웃] → [페이지 설정의 🔲]를 클릭하여 '시트' 탭의 인쇄 영역 항목에서 지정할 수도 있습니다.

기출체크 정답
1. ×

준비하세요

'C:\길벗컴활2급필기QnE\2과목.xlsm' 파일을 불러와 '섹션085' 시트에서 실습하세요.

예제 [A2:D7] 영역을 인쇄 영역으로 지정하시오.

① [A2:D7] 영역을 범위로 지정한 후 [페이지 레이아웃] → [페이지 설정] → [인쇄 영역] → [인쇄 영역 설정]을 선택한다.

② [보기] → [통합 문서 보기] → [페이지 나누기 미리 보기]를 클릭하여 표시 형태를 확인한다.

③ [파일] → [인쇄]를 선택하여 출력물의 형태를 확인한다.

	A	B	C	D	E	F	G
1	[표1]						
2	성명	전공학과	결석회수	출석점수	중간고사	기말고사	평점
3	이미영	컴퓨터	1	98	90	88	92
4	구기자	국문	3	94	100	90	94
5	한명구	경영	2	96	87	95	92
6	사옹정	국문	8	84	78	80	80
7	오동추	컴퓨터	5	90	46	75	70
8	윤수아	경영	6	88	66	90	81
9	김기자	컴퓨터	4	92	89	88	89
10	우주태	경영	2	96	90	95	93
11							

↓

	A	B	C	D	E	F	G
1	[표1]						
2	성명	전공학과	결석회수	출석점수	중간고사	기말고사	평점
3	이미영	컴퓨터	1	98	90	88	92
4	구기자	국문	페이지	94	100	90	94
5	한명구	경영	2	96	87	95	92
6	사옹정	국문	8	84	78	80	80
7	오동추	컴퓨터	5	90	46	75	70
8	윤수아	경영	6	88	66	90	81
9	김기자	컴퓨터	4	92	89	88	89
10	우주태	경영	2	96	90	95	93
11							

인쇄 영역 설정 후 [페이지 나누기 미리 보기]를 선택한 화면

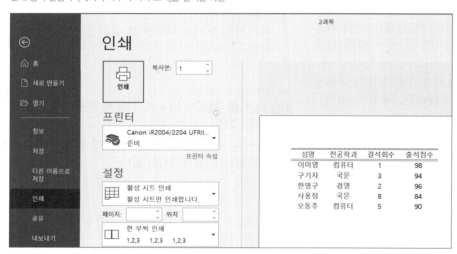

인쇄 영역 설정 후 [인쇄]를 선택한 화면

기출체크 2번

• 인쇄 영역에 포함된 도형은 기본적으로 인쇄됩니다.

• 도형이 인쇄되지 않게 하려면 도형의 바로 가기 메뉴에서 [도형 서식]을 선택한 후 '도형 서식' 창의 [도형 옵션] → [📐(크기 및 속성)] → [속성]에서 '개체 인쇄' 옵션의 선택을 해제합니다.

기출체크 정답

2. ×

24년 2회, 21년 2회, 18년 2회

01 다음 중 창 나누기에 대한 설명으로 옳지 않은 것은?

① 창 나누기를 실행하면 하나의 작업 창은 최대 4개 부분으로 나눌 수 있다.

② 첫 행과 첫 열을 제외한 나머지 셀에서 창 나누기를 수행하면 현재 셀의 위쪽과 왼쪽에 창 분할선이 생긴다.

③ 창 구분선은 틀 고정 구분선처럼 마우스로 드래그하여 위치를 이동할 수 없다.

④ 화면에 표시되는 창 나누기 형태는 인쇄 시 적용되지 않는다.

24년 4회, 22년 5회, 1회, 21년 5회, 2회, 1회, 16년 2회

04 다음 중 [페이지 설정] 대화상자의 [시트] 탭에 대한 설명으로 옳지 않은 것은?

① 셀에 삽입된 메모를 시트 끝에 인쇄되도록 설정할 수 있다.

② 셀 구분선이나 그림 개체 등은 제외하고 셀에 입력된 데이터만 인쇄되도록 설정할 수 있다.

③ 워크시트의 행/열 머리글과 눈금선이 인쇄되도록 설정할 수 있다.

④ 페이지를 기준으로 가운데에 인쇄되도록 '페이지 가운데 맞춤'을 설정할 수 있다.

22년 3회, 2회, 21년 7회, 6회, 4회, 17년 2회

02 다음 중 [페이지 설정] 대화상자의 [머리글/바닥글] 탭에 대한 설명으로 옳지 않은 것은?

① 홀수 페이지의 머리글 및 바닥글을 짝수 페이지와 다르게 지정하려면 '짝수와 홀수 페이지를 다르게 지정'을 선택한다.

② 인쇄되는 첫 번째 페이지에서 머리글과 바닥글을 표시하지 않으려면 '첫 페이지를 다르게 지정'을 선택한 후 머리글과 바닥글 편집에서 첫 페이지 머리글과 첫 페이지 바닥글에 아무것도 설정하지 않는다.

③ 인쇄될 워크시트를 워크시트의 실제 크기의 백분율에 따라 확대·축소하려면 '문서에 맞게 배율 조정'을 선택한다.

④ 머리글 또는 바닥글을 표시하기에 충분한 머리글 또는 바닥글 여백을 확보하려면 '페이지 여백에 맞추기'를 선택한다.

24년 2회, 22년 1회, 21년 8회, 5회, 3회, 20년 2회, 1회, 18년 2회

05 다음 중 페이지 나누기에 대한 설명으로 옳지 않은 것은?

① 페이지 나누기는 워크시트를 인쇄할 수 있도록 페이지 단위로 나누는 구분선이다.

② [페이지 나누기 미리 보기] 상태에서 마우스로 페이지 나누기 구분선을 클릭하여 끌면 페이지를 나눌 위치를 조정할 수 있다.

③ 행 높이와 열 너비를 변경해도 자동 페이지 나누기 구분선의 위치는 변경되지 않는다.

④ [페이지 나누기 미리 보기] 상태에서 파선은 자동 페이지 나누기를 나타내고 실선은 사용자 지정 페이지 나누기를 나타낸다.

24년 2회, 22년 2회, 21년 6회, 14년 2회, 09년 2회, 1회, 08년 3회

03 워크시트 출력 시 머리글 또는 바닥글에 페이지 번호가 포함되어 있는 경우, 시작 페이지 번호를 100으로 저장하려고 한다. 다음 중 설명이 옳은 것은?

① [페이지 설정] → [머리글/바닥글] → [바닥글 편집] → [시작 페이지 번호]에 표시될 페이지 번호 100을 입력한다.

② [페이지 설정] → [페이지] → [자동 맞춤] → [용지 번호]에 표시될 페이지 번호 100을 입력한다.

③ [페이지 설정] → [페이지] → [시작 페이지 번호]에 표시될 페이지 번호 100을 입력한다.

④ [페이지 설정] → [설정] → [페이지 번호]에 표시될 페이지 번호 100을 입력한다.

24년 5회, 22년 5회, 2회, 21년 6회, 16년 2회

06 다음 중 '페이지 나누기' 기능에 관한 설명으로 옳지 않은 것은?

① '페이지 나누기 미리 보기' 상태에서는 데이터의 입력이나 편집을 할 수 없다.

② 페이지 구분선을 마우스로 드래그 하여 구분선의 위치를 변경할 수 있다.

③ 수동으로 삽입된 페이지 나누기는 실선으로 표시되고 자동으로 추가된 페이지 나누기는 파선으로 표시된다.

④ 인쇄할 데이터가 많아 한 페이지가 넘어가면 자동으로 페이지 구분선이 삽입된다.

24년 5회, 22년 3회, 21년 8회, 7회, 18년 상시, 15년 3회

07 다음 중 인쇄에 대한 설명으로 옳은 것은?

① 기본적으로 워크시트에서 숨기기를 실행한 영역도 인쇄된다.

② 인쇄 영역에 포함된 도형들을 함께 인쇄하려면 [파일] → [인쇄]를 선택한 후 '설정'에서 '개체 인쇄'를 선택하여 인쇄한다.

③ 워크시트에 삽입된 차트만 인쇄하려면 차트가 선택된 상태에서 인쇄 명령을 실행한다.

④ 여러 시트를 한 번에 인쇄하려면 [파일] → [인쇄]를 선택한 후 '설정'에서 '여러 시트'를 선택하여 인쇄한다.

24년 1회, 23년 4회, 22년 4회

08 다음 중 [인쇄 미리 보기 및 인쇄]에 대한 설명으로 옳지 않은 것은?

① 인쇄 미리 보기 화면을 종료하려면 Esc를 누르거나 왼쪽 상단의 ←를 클릭한다.

② 차트를 선택한 후 [파일] → [인쇄]를 실행하면 선택한 차트만 미리 볼 수 있다.

③ 오른쪽 아래의 '페이지 확대/축소(🔲)'를 클릭하면 화면에는 적용되지만 실제 인쇄 시에는 적용되지 않는다.

④ 오른쪽 아래의 '여백 표시(🔳)'를 클릭하면 '페이지 설정' 대화상자의 '여백' 탭이 표시된다.

22년 5회

09 다음 중 작업 시트의 인쇄와 관련해서 옳지 않은 것은?

① 행 머리글을 함께 인쇄할 수 있다.

② 페이지마다 인쇄 부수를 다르게 설정할 수 있다.

③ 인쇄 페이지마다 똑같은 열 또는 행을 인쇄할 수 있다.

④ 셀 구분선을 함께 인쇄할 수 있다.

22년 4회

10 다음 중 '페이지 설정' 대화상자에 대한 설명으로 옳지 않은 것은?

① 프린터 목록에서 사용할 프린터를 선택할 수 있다.

② 셀 오류의 표시 여부를 지정할 수 있다.

③ 페이지의 가로·세로 가운데 맞춤으로 인쇄되도록 설정할 수 있다.

④ 셀 구분선이 인쇄되도록 설정할 수 있다.

23년 5회

11 다음은 '창 나누기'와 '틀 고정'에 대한 설명이다. 잘못된 것은?

① 창 구분선을 마우스로 드래그하여 위치를 이동할 수 있다.

② 창 나누기는 워크시트를 여러 개의 창으로 분리하는 기능으로 최대 4개로 분할할 수 있다.

③ 틀 고정선을 마우스로 끌어서 위치를 변경할 수 있다.

④ 메뉴 [창] → [틀 고정선]을 선택하면 현재 셀 포인터의 왼쪽, 위쪽에 틀 고정선이 나타난다.

24년 3회, 19년 2회

12 다음 중 [인쇄 미리 보기 및 인쇄] 상태에서의 [페이지 설정] 대화상자에 대한 설명으로 옳은 것은?

① 눈금선이나 행/열 머리글의 인쇄 여부를 설정할 수 없다.

② 인쇄 영역이나 인쇄 제목으로 반복할 행 또는 반복할 열을 설정할 수 있다.

③ 인쇄 배율을 수동으로 설정할 수 있고, 배율은 워크시트 표준 크기의 '10%'에서 '200%'까지 가능하다.

④ 배율을 '자동 맞춤'으로 선택하고 용지 너비와 용지 높이를 '1'로 지정하는 경우 여러 페이지가 한 페이지에 출력되도록 확대/축소 배율이 자동으로 조정된다.

[문제 01] Section 083

창 구분선은 마우스로 드래그하여 위치를 이동할 수 있다.

[문제 02] Section 084

인쇄될 워크시트가 아닌 머리글/바닥글의 내용을 워크시트의 실제 크기의 백분율에 따라 확대·축소하려면 '문서에 맞게 배율 조정'을 선택해야 한다.

[문제 03] Section 084

시작 페이지 번호는 [페이지 설정] → [페이지] → [시작 페이지 번호]에서 지정한다.

[문제 04] Section 084

'페이지 가운데 맞춤'은 '페이지 설정' 대화상자의 '여백' 탭에서 설정할 수 있다.

[문제 05] Section 084

행 높이와 열 너비를 변경하면 자동 페이지 나누기는 영향을 받아 자동으로 변경되고, 수동 페이지 나누기는 영향을 받지 않고 그대로 유지된다.

[문제 06] Section 084

[페이지 나누기 미리 보기] 상태에서는 데이터 입력이나 편집뿐만 아니라 차트나 그림 등의 개체도 삽입할 수 있다.

[문제 07] Section 085

① 워크시트에서 숨기기를 실행한 영역은 인쇄되지 않는다.

② 인쇄 영역에 포함된 도형은 기본적으로 인쇄되도록 설정되어 있지만 만약 도형이 인쇄되지 않는다면 '도형 서식' 창의 [도형 옵션] → [▣(크기 및 속성)] → [속성]에서 '개체 인쇄'를 선택하면 된다.

④ 여러 시트를 한 번에 인쇄하려면 인쇄할 시트를 모두 선택한 후 [파일] → [인쇄]를 선택한다. 이어서 '설정' 항목에서 '활성 시트 인쇄'를 선택한 후 인쇄한다.

[문제 08] Section 085

[인쇄 미리 보기 및 인쇄] 화면의 오른쪽 아래에 있는 '여백 표시(▥)'를 클릭하면 미리 보기 화면에 여백이 표시될 뿐 '페이지 설정' 대화상자는 표시되지 않는다.

[문제 09] Section 085

페이지마다 인쇄 부수를 다르게 설정할 수 없다. 인쇄 시 인쇄 부수를 지정하면 모든 페이지가 동일한 부수로 인쇄된다.

[문제 10] Section 084

'페이지 설정' 대화상자에서 사용할 프린터를 선택할 수 없다. 사용할 프린터는 [파일] → [인쇄]를 선택한 후 프린터 항목에서 지정할 수 있다.

[문제 11] Section 083

틀 고정선의 위치는 마우스로 조정할 수 없다.

[문제 12] Section 085

① 눈금선이나 행/열 머리글의 인쇄 여부를 설정할 수 있다.

② • [인쇄 미리 보기 및 인쇄] 상태의 '페이지 설정' 대화상자에서는 인쇄 영역이나 인쇄 제목으로 반복할 행 또는 반복할 열을 설정할 수 없다.

• 인쇄 영역이나 인쇄 제목을 설정하려면 시트 작업 상태에서 [페이지 레이아웃] → [페이지 설정의 ▣]을 클릭하면 실행되는 '페이지 설정' 대화상자에서 설정해야 한다.

③ 인쇄 배율은 워크시트 표준 크기의 10%에서 400%까지 설정할 수 있다.

5장

데이터 관리

오름차순과 내림차순

• **오름차순** : 입력된 데이터를 '1, 2, …
10 … 100 …', '가, 나 … 하' 순으로
정렬합니다.

• **내림차순** : 입력된 데이터를 '하, 파
… 가, 100 … 10 … 2, 1' 순으로 정렬
합니다.

준비하세요

'C:\길벗컴활2급필기QnE\2과목.xlsm'
파일을 불러와 '섹션086' 시트에서 실
습하세요.

24.5, 24.4, 24.2, 24.1, 23.3, 23.2, 22.3, 22.2, 21.8, 21.7, 21.3, 20.상시, 19.상시, 19.2, 19.1, 18.상시, 18.1, 16.3, 15.3, …

1 **정렬**

정렬(Sort)은 불규칙하게 입력된 데이터 목록을 특정 기준에 따라 재배열하는
기능이다.

• 정렬 기준은 최대 64개까지 지정할 수 있으며, 기본적으로 행 단위로 정렬된다.

• 원칙적으로 숨겨진 행/열에 있는 데이터는 정렬에 포함되지 않는다.

• 데이터 목록에 병합된 셀이 포함되어 있을 경우 정렬을 수행할 수 없다.

• 영문 대/소문자를 구분하여 정렬할 수 있는 기능을 제공하며, 오름차순 시 소
문자가 우선순위를 갖는다.

• **정렬순서**

– 오름차순*은 숫자 → 문자 → 논리값 → 오류값 → 빈 셀 순을 정렬된다.

– 내림차순은 오류값 → 논리값 → 문자 → 숫자 → 빈 셀 순으로 정렬된다.

– 문자는 오름차순 정렬 시 특수 문자, 영문자(소문자, 대문자), 한글 순으로
정렬된다.

– 논리 값은 오름차순 정렬 시 거짓값(False), 참값(True) 순으로 정렬된다.

예제 다음 데이터 목록을 첫째는 '팀명', 둘째는 '근무년수'를 기준으로 오름차순
정렬하여 완성하시오.

	A	B	C	D	E	F	G
1	보수 지급 현황						
2							
3	성명	팀명	직위	근무년수	연봉	성과급	지급액
4	강구철	1팀	부장	20	4,600	200	4,800
5	김인철	1팀	사원	2	400	20	420
6	도지연	3팀	과장	17	3,400	170	3,570
7	서도연	3팀	사원	2	400	20	420
8	안수영	2팀	사원	4	800	40	840
9	유창혁	1팀	사원	4	800	40	840
10	이세돌	2팀	과장	17	3,400	170	3,570
11	장인철	2팀	사원	5	1,000	50	1,050
12	한석봉	3팀	부장	20	4,000	200	4,200

→

	A	B	C	D	E	F	G
1	보수 지급 현황						
2							
3	성명	팀명	직위	근무년수	연봉	성과급	지급액
4	김인철	1팀	사원	2	400	20	420
5	유창혁	1팀	사원	4	800	40	840
6	강구철	1팀	부장	20	4,600	200	4,800
7	안수영	2팀	사원	4	800	40	840
8	장인철	2팀	사원	5	1,000	50	1,050
9	이세돌	2팀	과장	17	3,400	170	3,570
10	서도연	3팀	사원	2	400	20	420
11	도지연	3팀	과장	17	3,400	170	3,570
12	한석봉	3팀	부장	20	4,000	200	4,200

① 데이터 목록 중 임의의 셀을 클릭한 후 [데이터] → [정렬 및 필터] → [정렬]
을 클릭한다.

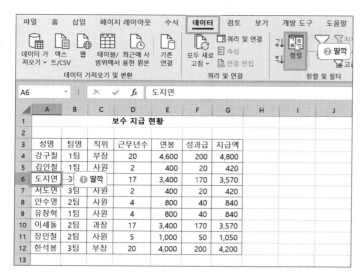

② '정렬' 대화상자에서 첫째 정렬 기준의 열을 '팀명', 정렬을 '오름차순'으로 선택한다.

③ 〈기준 추가〉를 클릭한 후 둘째 정렬 기준의 열을 '근무년수', 정렬을 '오름차순'으로 선택하고 〈확인〉을 클릭한다.

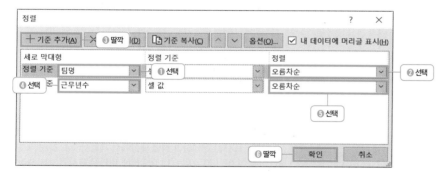

13.1, 05.1

잠깐만요 '정렬 경고' 대화상자

609631 ▶

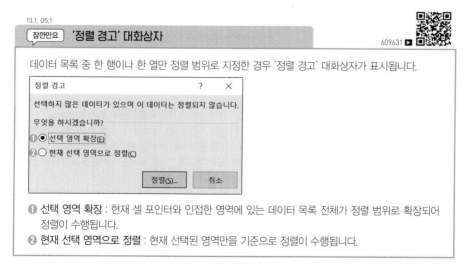

데이터 목록 중 한 행이나 한 열만 정렬 범위로 지정한 경우 '정렬 경고' 대화상자가 표시됩니다.

❶ 선택 영역 확장 : 현재 셀 포인터와 인접한 영역에 있는 데이터 목록 전체가 정렬 범위로 확장되어 정렬이 수행됩니다.

❷ 현재 선택 영역으로 정렬 : 현재 선택된 영역만을 기준으로 정렬이 수행됩니다.

기출체크 ☑

24.4, 23.2, 22.3, 22.2, 21.8, 21.7, 21.3, 19.2, 19.1, 12.2,
1. 정렬 대상 범위에 병합된 셀이 포함되어 있어도 정렬할 수 있다. (○, ×)

기출체크 1번

정렬 대상 범위에 병합된 셀이 포함되어 있을 경우에는 정렬을 수행할 수 없습니다.

기출체크 정답
1. ×

24.5, 24.4, 23.2, 22.3, 22.2, 21.8, 21.7, 21.3, 19.상시, 19.2, 19.1, 18.상시, 16.3, 15.3, 15.2, 15.1, 14.2, 13.1, 12.2, 12.1, …

② '정렬' 대화상자

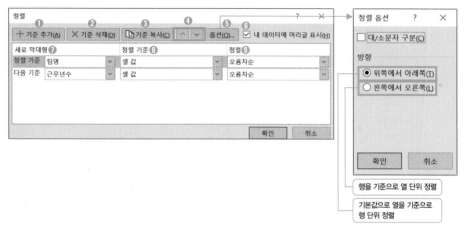

❶ 기준 추가		현재 선택한 정렬 기준 아래쪽에 새로운 정렬 기준을 추가한다.
❷ 기준 삭제		현재 선택한 정렬 기준을 삭제한다.
❸ 기준 복사		현재 선택한 정렬 기준을 복사하여 바로 다음 정렬 기준에 표시한다.
❹ 위로 이동/아래로 이동		정렬 기준의 순서를 변경한다.
❺ 정렬 옵션	24.4, 23.2, 21.8, 21.3, 18.상시, 19.1, 13.1, 12.2, …	· 대/소문자를 구분하여 정렬할 것인지를 지정할 수 있다. · 정렬할 방향을 지정할 수 있다.
❻ 내 데이터에 머리글 표시	18.상시, 16.3, 15.1, 14.2, 09.3, 07.4, 06.1, 05.3, …	선택한 데이터 목록의 첫 번째 행이 필드명일 경우 '내 데이터에 머리글 표시'를 선택하여 정렬 대상에서 제외시키고, 첫 번째 행이 필드명이 아닌 경우에는 '내 데이터에 머리글 표시'를 해제하여 첫 행을 정렬 대상에 포함시켜야 한다.
❼ 열		첫 번째 열을 기준으로 정렬했을 때 동일한 레코드가 나올 경우, 동일한 레코드들은 두 번째 열을 기준으로 다시 정렬한다. 두 번째 열에 의해서도 동일한 레코드가 나올 경우, 세 번째 열을 기준으로 다시 정렬한다.
❽ 정렬 기준※	24.5, 24.4, 23.2, 22.3, 22.2, 21.8, 21.7, 21.3, 19.2, …	· **셀 값** : 셀에 입력된 데이터를 기준으로 정렬한다. · **셀 색** : 셀에 지정된 셀 색(채우기 색)을 기준으로 정렬한다. · **글꼴 색** : 글꼴에 지정된 색을 기준으로 정렬한다. · **조건부 서식 아이콘** : 셀에 표시된 아이콘을 기준으로 정렬한다.
❾ 정렬	21.8, 21.3, 19.1, 16.3, 15.3, 14.2, 13.1, 04.4	정렬 방식을 오름차순, 내림차순, 사용자 지정 목록으로 지정한다.

기출체크 ☑

22.3, 22.2, 21.8, 21.7, 21.3, 19.2, 19.1, 12.2
2. 색상별 정렬이 가능하여 글꼴 색 또는 셀 색을 기준으로 정렬할 수도 있다. (○ , ×)

기출체크 정답
2. ○

3 사용자 지정 정렬

609603 ▶

- 사용자가 '사용자 지정 목록'에 등록한 목록을 기준으로 정렬하는 기능이다.
- 사용자 지정 목록은 일정한 연관성을 가진 문자열을 정해진 순서대로 만들어 놓은 것으로, 자동 채우기나 정렬 등에서 사용된다.
- 사용자 지정 목록(정렬 순서)을 추가하거나 삭제할 수 있으나 엑셀에서 기본적으로 제공하는 목록은 수정하거나 제거할 수 없다.
- '정렬 기준'을 '셀 값'으로 지정한 모든 기준에서 사용자 지정 목록을 사용할 수 있다.
- **사용자 지정 목록 추가 및 삭제하는 방법**
  - 방법 1 : '정렬' 대화상자의 '정렬'에서 '사용자 지정 목록' 선택
  - 방법 2 : [파일] → [옵션] → [고급] → 〈사용자 지정 목록 편집〉 클릭

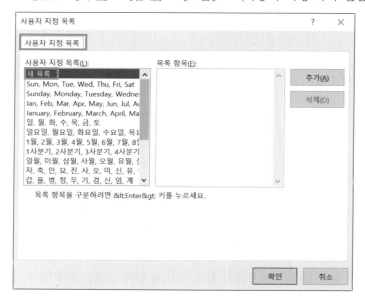

기출체크 ☑

3. '정렬' 대화상자의 '정렬'을 (　　　　　)으로 지정하면 사용자가 정의한 순서대로 정렬할 수 있다.

4. 정렬 기준이 셀 색, 조건부 서식 아이콘, 글꼴 색인 경우 사용자 지정 목록을 적용할 수 있다. (○, ×)

[기출 포인트]
사용자가 지정한 순서대로 정렬할 수 있다.

기출체크 4번

사용자 지정 목록은 정렬 기준이 '셀 값'일 때만 적용할 수 있습니다.

기출체크 정답
3. 사용자 지정 목록 4. ×

필터1 - 자동 필터

609701 ▶

1 필터의 개요

22.5, 21.1, 15.2, 13.3, 12.3, 07.2, 04.1, 02.2

필터(Filter)는 데이터 목록에서 설정된 조건에 맞는 데이터만을 추출하여 화면에 표시하는 기능이다.

• 추출된 데이터는 기존 데이터와 같이 삭제나 수정 등의 데이터 활용이 가능하다.

• 조건을 기술하는 방법에 따라 자동 필터와 고급 필터※로 구분한다.

> **기출체크 ☑**
>
> 22.5, 21.1, 15.2, 07.2
> 1. 필터 기능은 워크시트에 입력된 자료들 중 조건에 맞는 자료들만을 추출하여 표시하는 기능이다. (○, ×)

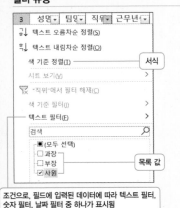

609702 ▶

2 자동 필터

24.3, 23.4, 23.2, 22.5, 21.2, 21.1, 16.2, 15.2, 15.1, 13.3, 12.3, 09.4, 07.2, 04.1, 02.2

자동 필터는 단순한 비교 조건을 사용하여 간단한 데이터 추출 작업에 사용되는 필터이다.

• **실행** [데이터] → [정렬 및 필터] → [필터] 클릭

• 자동 필터 목록 단추를 이용하여 쉽고 빠르게 필터 조건을 설정할 수 있다.

• 자동 필터를 사용하려면 데이터 목록에 반드시 필드명(열 이름표)이 있어야 한다.

• 자동 필터는 영문 대 · 소문자를 구분할 수 없다.

• 두 개 이상의 필드(열)에 조건이 설정된 경우 AND 조건으로 결합된다.

• 자동 필터를 적용하면 지정한 조건에 맞지 않는 행은 숨겨진다.

• 필터링된 데이터 그대로 복사, 찾기, 편집, 인쇄 등의 작업을 수행할 수 있다.

• 자동 필터를 사용하면 목록 값, 서식, 조건을 이용하여 세 가지 유형※의 필터를 만들 수 있지만, 한 번에 한 가지 필터만 적용할 수 있다.

• 필드(열)에 입력된 데이터에 따라 [숫자 필터], [텍스트 필터], [날짜 필터] 중 하나의 필터가 표시되는데, 하나의 필드에 날짜, 숫자, 텍스트 등의 데이터가 섞여 있으면 가장 많이 있는 데이터 형식에 대한 필터가 표시된다.

• 필터를 이용하여 추출한 데이터는 원본 목록(데이터 목록) 상에 레코드(행) 단위로 표시된다.

- **상위 10 자동 필터** : 항목이나 백분율을 기준으로 상위나 하위로 데이터의 범위를 지정하여 해당 범위에 포함된 레코드만 추출하는 기능으로, 숫자 필드에서만 사용할 수 있다.

- **사용자 지정 자동 필터** : 하나의 필드에 1개나 2개의 조건을 지정하여 추출하는 기능이다.

[예제] 자동 필터를 이용하여 '직위'가 "사원"이고, '근무년수'가 3 이상인 레코드를 추출하시오.

준비하세요

'C:\길벗컴활2급필기QnE\2과목.xlsm' 파일을 불러와 '섹션087' 시트에서 실습하세요.

① 데이터 목록(A3:G12) 중 임의의 셀에 셀 포인터를 놓은 후 [데이터] → [정렬 및 필터] → [필터]를 클릭한다.

② 필드명 오른쪽에 자동 필터 목록 단추(▼)가 표시된다. '직위'의 자동 필터 목록 단추(▼)를 클릭한 후 '모두 선택'을 클릭하여 선택되어 있는 항목을 모두 해제한다.

③ 이어서 "사원"을 클릭하여 선택한 후 〈확인〉을 클릭한다.

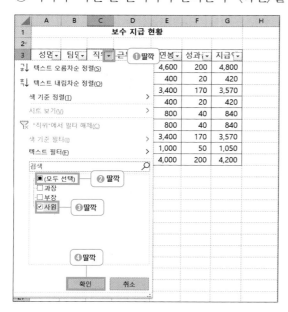

자동 필터 해제하기

[데이터] → [정렬 및 필터] → [필터]를 다시 클릭하면 자동 필터의 설정이 해제됩니다.

전체 데이터 보기

자동 필터 목록 단추(▼)를 눌러 '(모두 선택)'을 클릭하면 설정된 조건이 해제되면서 전체 데이터를 볼 수 있습니다.

④ '근무년수'의 자동 필터 목록 단추(▼)를 클릭한 후 [숫자 필터] → [크거나 같음]을 선택한다.

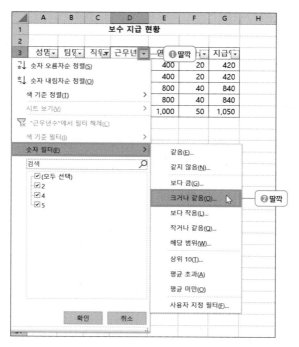

⑤ '사용자 지정 자동 필터' 대화상자에서 그림과 같이 지정한 후 〈확인〉을 클릭한다.

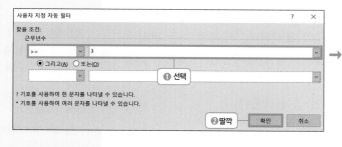

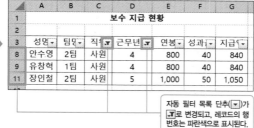

자동 필터 목록 단추(▼)가 ▼로 변경되고, 레코드의 행 번호는 파란색으로 표시된다.

기출체크 ☑

22.5, 21.1, 15.2, 15.1, 13.3, 09.4, 07.2, 04.1

2. 자동 필터에서 두 개 이상의 열에 조건이 설정될 경우 AND 조건은 가능하지만, OR 조건은 불가능하다. (○, ×)

기출체크 정답
2. ○

1 22.5, 22.2, 21.1, 15.2, 09.4, 07.4, 05.2, 05.1, 04.1, 02.3, 01.1, 99.1

고급 필터의 개요

고급 필터는 자동 필터에 비해 복잡한 조건을 사용하거나 여러 필드를 결합하여 조건을 지정할 때 사용하는 기능이다.

- 실행 [데이터] → [정렬 및 필터] → [고급] 클릭
- 고급 필터는 다양한 조건을 사용자가 직접 설정하여 추출할 수 있다.
- 고급 필터는 추출된 결과를 원본 데이터 위치에 표시할 수도 있고 다른 위치에 표시할 수 있으며, 조건에 맞는 특정한 필드(열)만을 추출할 수도 있다.
- 자동 필터에서는 한 필드에 두 개까지만 조건을 지정할 수 있지만, 고급 필터는 한 필드에 두 개 이상의 조건을 지정할 수 있고, 두 개 이상의 필드를 AND나 OR로 결합하여 추출할 수 있다.

예제 1 다음과 같은 데이터 목록 중 '지급액'이 1000 이상인 레코드만을 추출하여 [A17] 셀에서부터 표시하시오.

	A	B	C	D	E	F	G
1	보수 지급 현황						
2							
3	성명	팀명	직위	근무년수	연봉	성과급	지급액
4	강구철	1팀	부장	20	4,600	200	4,800
5	김인철	1팀	사원	2	400	20	420
6	도지연	3팀	과장	17	3,400	170	3,570
7	서도연	3팀	사원	2	400	20	420
8	안수영	2팀	사원	4	800	40	840
9	유창혁	1팀	사원	4	800	40	840
10	이세돌	2팀	과장	17	3,400	170	3,570
11	장인철	2팀	사원	5	1,000	50	1,050
12	한석봉	3팀	부장	20	4,000	200	4,200

→

	A	B	C	D	E	F	G
11	장인철	2팀	사원	5	1,000	50	1,050
12	한석봉	3팀	부장	20	4,000	200	4,200
13							
14		지급액					
15		>=1000					
16							
17	성명	팀명	직위	근무년수	연봉	성과급	지급액
18	강구철	1팀	부장	20	4,600	200	4,800
19	도지연	3팀	과장	17	3,400	170	3,570
20	이세돌	2팀	과장	17	3,400	170	3,570
21	장인철	2팀	사원	5	1,000	50	1,050
22	한석봉	3팀	부장	20	4,000	200	4,200

① [B14] 셀에 **지급액**, [B15] 셀에 **>=1000**을 입력한다.

	A	B
13		
14		지급액
15		>=1000

② 데이터 범위의 임의의 셀을 선택한 후 [데이터] → [정렬 및 필터] → [고급]을 클릭한다.

③ 다음 그림과 같이 '고급 필터' 대화상자를 설정한 후 〈확인〉을 클릭한다. 범위를 지정할 때는 키보드로 직접 입력해도 되고, 범위 지정 단추(⬆)를 클릭하여 마우스로 드래그해도 된다.

전문가의 조언

고급 필터와 자동 필터의 기능을 비교하는 문제가 출제되고 있습니다.

[기출 포인트]

- 고급 필터는 다른 필드와도 AND와 OR를 모두 사용하여 조건을 지정할 수 있다.
- 자동 필터는 AND로만 결합할 수 있다.
- 고급 필터는 결과를 다른 위치에 표시할 수 있다.
- 자동 필터는 원본 데이터 위치에만 표시할 수 있다.

준비하세요

'C:\길벗컴활2급필기QnE\2과목.xlsm' 파일을 불러와 '섹션088–1' 시트에서 실습하세요.

고급 필터 작성 순서

❶ 조건을 입력합니다.

❷ [데이터] → [정렬 및 필터] → [고급]을 클릭합니다.

❸ '고급 필터' 대화상자에서 각각의 범위를 설정합니다.

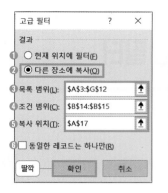

① 원본 데이터 목록이 있는 곳에 추출된 결과를 표시한다.
② 원본 데이터와 다른 위치에 추출된 결과를 표시한다.
③ 추출할 원본 데이터 목록의 범위를 지정한다.
④ 찾을 조건이 입력된 범위를 지정한다.
⑤ '다른 장소에 복사'를 선택한 경우 추출된 데이터가 표시될 위치를 지정한다.
⑥ 추출된 결과 중 동일한 레코드가 있을 경우 하나만 표시한다.

기출체크 ☑

22.5, 21.1, 15.2

1. 고급 필터는 조건을 만족하는 데이터를 다른 곳에 추출할 수 있다. (○, ×)

609802 ▶

24.5, 24.4, 24.1, 23.5, 23.4, 23.2, 22.4, 22.3, 22.2, 22.1, 21.8, 21.7, 21.6, 21.5, 21.2, 21.1, 20.상시, 20.2, 20.1, …

2 기본 조건 지정 방법

• 조건을 지정할 범위의 첫 행에는 원본 데이터 목록의 필드명을 입력하고, 그 아래 행에 조건을 입력한다.

• 조건을 지정할 때 '?, *' 등의 만능 문자(와일드 카드)도 사용할 수 있다.

• 고급 필터의 조건으로 일반적인 수식이 아닌 값에 대한 비교 연산자로 등호(=)를 사용할 때는 **="=항목" 형식***으로 입력한다.

AND 조건

• 지정한 모든 조건을 만족하는 데이터만 출력된다.

• 2개 이상의 조건을 AND 조건으로 지정하려면 조건을 모두 같은 행에 입력해야 한다.

ⓐ 소속부서가 "개발부"이고, 영어가 100인 사원

ⓑ 총점이 180 이상 190 이하인 사원

ⓒ 소속부서가 "개발부"이고, 영어가 100이고, 총점이 190 이상인 사원

ⓓ 이름이 "김"으로 시작하고, 영어가 100이고, 총점이 190 이상인 사원

OR 조건

- 지정한 조건 중 하나의 조건이라도 만족하는 경우 데이터가 출력된다.
- 2개 이상의 조건을 OR 조건으로 지정하려면 조건을 모두 다른 행에 입력해야 한다.

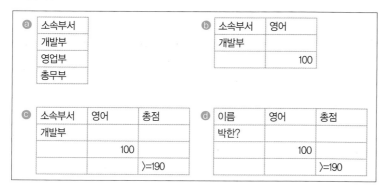

ⓐ 소속부서가 "개발부"이거나 "영업부"이거나 "총무부"인 사원

ⓑ 소속부서가 "개발부"이거나 영어가 100인 사원

ⓒ 소속부서가 "개발부"이거나 영어가 100이거나 총점이 190 이상인 사원

ⓓ 이름이 "박한"으로 시작하는 세 글자 이상*이거나 영어가 100이거나 총점이 190 이상인 사원

AND와 OR의 결합 조건

AND와 OR 조건이 결합된 형태의 조건 지정 방식이다.

ⓐ 소속부서	총점		ⓑ 소속부서	총점	컴퓨터
개발부	>=190		개발부	>=190	
영업부	>=180				>=90

ⓐ 소속부서가 "개발부"이고 총점이 190 이상이거나, 소속부서가 "영업부"이고 총점이 180 이상인 사원

ⓑ 소속부서가 "개발부"이고 총점이 190 이상이거나, 컴퓨터가 90 이상인 사원

2. 고급 필터에서 조건을 다음과 같이 설정했을 때 검색 기준의 의미를 쓰시오.

①
가격	연도	수량
<350	2003	
		>=100

(   )

②
소속	근무경력
<>영업부	>=30

(   )

만능 문자(와일드 카드) ?

?는 일반적으로 문자의 한 자리를 대신하여 글자 수를 제한하는 곳에 사용하지만 ? 뒤에 다른 문자가 없을 경우에는 ?로 지정한 글자 수 이상인 것을 모두 찾습니다.

- ??a : 세 글자이면서, 세 번째 글자가 a인 것
- a? : a로 시작하는 두 글자 이상인 것
- a?? : a로 시작하는 세 글자 이상인 것

기출체크 2번

고급 필터에서 OR 조건은 각 조건을 서로 다른 행에 입력하고, AND 조건은 서로 같은 행에 입력합니다.

기출체크 정답

2. ① 가격이 350 미만이고 연도가 2003이거나, 수량이 100 이상인 경우
   ② 소속이 '영업부'가 아니면서 근무경력이 30 이상인 경우

전문가의 조언

식을 사용하여 조건을 지정하는 방법에 대한 문제가 자주 출제됩니다.

[기출 포인트]

식을 사용하여 조건을 지정할 때는 원본 데이터의 필드명을 사용하지 않는다.

준비하세요

'C:\길벗컴활2급필기QnE\2과목.xlsm' 파일을 불러와 '섹션088-2' 시트에서 실습하세요.

[B14] 셀에 조건

함수나 식의 계산값을 고급 필터의 찾을 조건으로 지정하는 경우, 조건 지정 범위의 첫 행에 입력될 조건 필드명은 원본 데이터의 필드명과 다른 이름을 입력하거나 생략해야 합니다.

19.2, 17.1, 13.2, 12.2

3 고급 조건 지정 방법

함수나 식의 계산값을 고급 필터의 찾을 조건으로 지정하는 방식이다.

• 조건 지정 범위의 첫 행에 입력하는 조건 필드명은 원본 데이터의 필드명과 다른 필드명을 입력하거나 생략해야 한다.

• 함수나 식을 사용하여 조건을 입력하면 셀에는 비교되는 현재 대상의 값에 따라 TRUE나 FALSE가 표시된다.

• 함수와 식을 혼합하여 조건을 지정할 수 있다.

• 함수나 식을 사용해도 AND나 OR 조건을 입력하는 방법은 동일하다.

예제 2 다음과 같은 데이터 목록 중 '근무년수'가 전체 '근무년수'의 평균 이상인 레코드만을 추출하여 [A17] 셀에서부터 표시하시오.

	A	B	C	D	E	F	G
1	보수 지급 현황						
2							
3	성명	팀명	직위	근무년수	연봉	성과급	지급액
4	강구철	1팀	부장	20	4,600	200	4,800
5	김인철	1팀	사원	2	400	20	420
6	도지연	3팀	과장	17	3,400	170	3,570
7	서도연	3팀	사원	2	400	20	420
8	안수영	2팀	사원	4	800	40	840
9	유창혁	1팀	사원	4	800	40	840
10	이세돌	2팀	과장	17	3,400	170	3,570
11	장인철	2팀	사원	5	1,000	50	1,050
12	한석봉	3팀	부장	20	4,000	200	4,200

↓

	A	B	C	D	E	F	G
10	이세돌	2팀	과장	17	3,400	170	3,570
11	장인철	2팀	사원	5	1,000	50	1,050
12	한석봉	3팀	부장	20	4,000	200	4,200
13							
14		조건					
15		TRUE					
16							
17	성명	팀명	직위	근무년수	연봉	성과급	지급액
18	강구철	1팀	부장	20	4,600	200	4,800
19	도지연	3팀	과장	17	3,400	170	3,570
20	이세돌	2팀	과장	17	3,400	170	3,570
21	한석봉	3팀	부장	20	4,000	200	4,200

• 원본 필드명과 다른 필드명 사용
• =D4>=AVERAGE($D$4:$D$9) : 근무년수가 평균근무년수보다 크거나 같은 데이터 추출

① [B14] 셀에 **조건**, [B15] 셀에 **=D4>=AVERAGE($D$4:$D$12)**라고 입력한다.

B15	▼	×	✓	fx	=D4>=AVERAGE($D$4:$D$12)

	A	B	C	D	E	F	G	H
11	장인철	2팀	사원	5	1,000	50	1,050	
12	한석봉	3팀	부장	20	4,000	200	4,200	
13								
14		조건						
15		TRUE						
16								

② 데이터 범위의 임의의 셀을 선택한 후 [데이터] → [정렬 및 필터] → [고급]을 클릭한다.

③ 다음 그림과 같이 '고급 필터' 대화상자를 설정한 후 〈확인〉을 클릭한다.

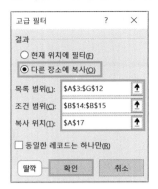

19.2, 17.1

3. 아래 시트의 [A1:C8] 영역에 고급 필터 기능을 적용하여 판매수량이 전체 판매수량의 평균 이상인 데이터를 추출하려고 한다. 고급 필터의 조건을 지정할 경우 ①에 들어갈 조건을 쓰시오.

	A	B	C
1	지역	판매수량	판매금액
2	서울	140	938,000
3	경기	380	406,000
4	인천	240	729,000
5	광주	390	362,600
6	부산	130	470,300
7	대전	120	852,000
8	대구	170	534,000

판매이상
① ( )

기출체크 3번

'=B2>=AVERAGE($B$2:$B$8)'에서 판매수량 중 첫 번째 셀인 [B2] 셀은 B3, B4 등으로 변경되면서 전체 판매수량의 평균과 비교해야 하므로 상대 참조로 지정해야 하고, 전체 판매수량의 평균을 구하는 범위(B2:B8)는 항상 고정적으로 사용되어야 하므로 절대 참조로 지정해야 합니다.

기출체크 정답
3. =B2>=AVERAGE($B$2:$B$8)

텍스트 나누기

24.3, 24.2, 24.1, 23.4, 22.4, 22.2, 21.6, 19.1, 13.2, 11.2, 07.3

1 텍스트 나누기

텍스트 나누기는 워크시트의 한 열에 입력되어 있는 데이터를 구분 기호나 일정한 너비로 분리하여 워크시트의 각 셀에 입력하는 것이다.

• 워크시트의 데이터를 블록으로 지정*하고 [데이터] → [데이터 도구] → [텍스트 나누기]를 클릭한 후 '텍스트 마법사'를 이용하여 텍스트를 나눈다.

• **텍스트 마법사 실행 순서**

1단계	텍스트를 열로 나눌 방법을 선택한다(구분 기호로 분리됨, 너비가 일정함).
2단계	• 구분 기호로 구분된 데이터 　– 탭, 세미콜론, 쉼표, 공백 등의 구분 기호가 제공되며, 사용자가 구분 기호를 정의할 수 있다. 　※ 구분 기호는 두 가지 이상을 지정할 수 있음 　– 두 가지 이상의 문자 구분 기호를 선택할 수 있다. • 너비가 일정한 데이터 　– 열 구분선을 삽입하거나 삭제할 수 있다.
3단계	데이터 서식을 지정한다.

예제 [B2:B8] 영역의 데이터를 '텍스트 나누기'를 이용하여 나타내시오.

	A	B	C	D
1				
2		과일명;입고량;판매량;재고량		
3		사과;500;458;42		
4		배;300;255;45		
5		수박;250;214;36		
6		딸기;680;621;59		
7		바나나;1000;875;125		
8		파인애플;350;249;101		
9				

→

	A	B	C	D	E
1					
2		과일명	입고량	판매량	재고량
3		사과	500	458	42
4		배	300	255	45
5		수박	250	214	36
6		딸기	680	621	59
7		바나나	1000	875	125
8		파인애플	350	249	101
9					

① [B2:B8] 영역을 블록으로 지정*한 후 [데이터] → [데이터 도구] → [텍스트 나누기]를 클릭한다.

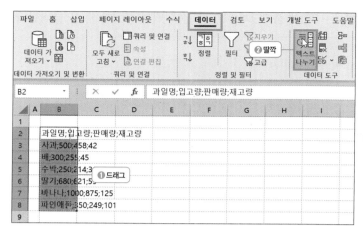

② **텍스트 마법사 – 3단계 중 1단계** : 데이터가 세미콜론(;)으로 구분되어 있으므로 '구분 기호로 분리됨'을 선택한 후 〈다음〉을 클릭한다.

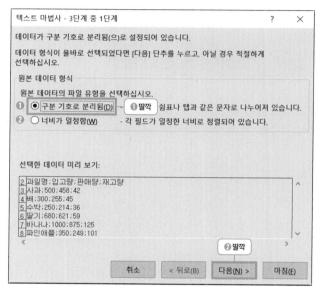

❶ **구분 기호로 분리됨** : 데이터의 항목이 탭, 세미콜론, 쉼표 등의 기호로 구분되어 있을 경우에 사용한다.
❷ **너비가 일정함*** : 데이터에 있는 항목의 길이가 모두 같을 경우에 사용한다.

너비가 일정한 데이터의 '텍스트 마법사' 2단계

• **열 구분선 삽입** : 원하는 위치를 마우스로 클릭
• **열 구분선 삭제** : 구분선을 마우스로 두 번 클릭
• **열 구분선 이동** : 열 구분선을 원하는 위치로 드래그

③ **텍스트 마법사 – 3단계 중 2단계** : 기본적으로 선택되어 있는 '탭'은 해제하고, 데이터에서 사용된 구분 기호인 '세미콜론'을 선택한 후 〈다음〉을 클릭한다.

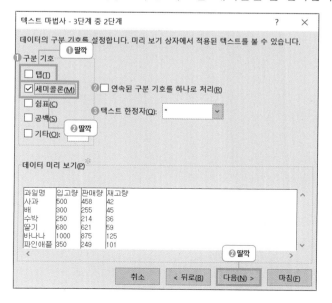

❶ **구분 기호*** : 데이터에서 사용된 구분 기호를 선택하고, 해당 기호가 없으면 기타 난을 선택한 후 기호를 입력한다.
❷ **연속된 구분 기호를 하나로 처리** : 같은 구분 기호가 중복되어 있을 경우 하나로 취급한다.
❸ **텍스트 한정자** : 큰따옴표(")등 문자 데이터를 구분하기 위한 기호를 지정한다.

구분 기호

구분 기호는 두 가지 이상을 선택하여 지정할 수 있습니다.

데이터 미리 보기

데이터 미리 보기는 단순히 데이터가 나눠진 결과를 화면에 보여주는 것으로, 필드의 위치 변경 등의 작업은 할 수 없습니다.

④ **텍스트 마법사 – 3단계 중 3단계 : '일반'을 선택한 후 〈마침〉을 클릭한다.**

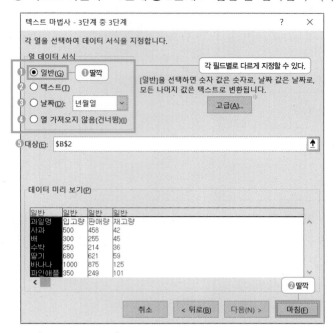

❶ **일반** : 데이터 형식에 맞게 자동으로 지정한다.
❷ **텍스트** : 텍스트 형식으로 지정한다.
❸ **날짜** : 날짜 형식으로 지정되며 날짜 서식 목록에서 서식을 지정할 수 있다.
❹ **열 가져오지 않음** : 선택한 열을 제외하고 가져온다.
❺ **대상** : 텍스트 나누기한 데이터의 시작 위치를 지정한다.

'고급' 설정

'텍스트 마법사 – 3단계 중 3단계'의 〈고급〉 단추를 클릭하면 숫자 데이터에 소수 구분 기호(.)나 1000 단위 구분 기호(,)의 표시 여부를 설정할 수 있습니다.

기출체크 1번

'텍스트 마법사 2단계' 대화상자에서 두 가지 이상의 구분 기호를 선택하여 텍스트 나누기를 수행할 수 있습니다.

기출체크 ☑

24.3, 23.4, 22.4

1. 구분 기호가 2개 이상인 경우는 텍스트 나누기를 수행할 수 없다. (○, ×)

24년 5회, 22년 3회, 21년 7회, 19년 2회

01 다음 중 정렬에 대한 설명으로 옳은 것은?

① 최대 24개의 열을 기준으로 정렬할 수 있다.

② 글꼴 색을 기준으로 정렬할 수 있다.

③ 정렬 대상 범위에 병합된 셀이 포함되어 있어도 정렬할 수 있다.

④ 숨겨진 행은 정렬 결과에 포함되나 숨겨진 열은 정렬 결과에 포함되지 않는다.

24년 1회, 23년 3회, 22년 3회

02 아래 워크시트에서 [A]열을 오름차순 정렬할 경우 올바르게 정렬된 것은?

①   ②

③   ④

23년 1회, 22년 4회

03 다음 중 사용자 지정 목록에 대한 설명으로 옳지 않은 것은?

① 정렬 기준이 셀 색, 조건부 서식 아이콘, 글꼴 색인 경우 사용자 지정 목록을 적용할 수 있다.

② 사용자 지정 목록을 만들면 다른 통합 문서에서 사용할 수 있도록 컴퓨터 레지스트리에 추가된다.

③ 엑셀에서 기본적으로 제공되는 목록은 수정하여 사용할 수 없다.

④ 사용자 지정 목록에는 텍스트 또는 텍스트와 숫자의 조합 등이 포함될 수 있다.

22년 5회, 21년 1회, 15년 2회

04 다음 중 필터에 대한 설명으로 옳지 않은 것은?

① 필터 기능을 이용하면 워크시트에 입력된 자료들 중 특정한 조건에 맞는 자료들만을 워크시트에 표시할 수 있다.

② 자동 필터에서 여러 필드에 조건을 지정하는 경우 각 조건들은 AND 조건으로 설정된다.

③ 고급 필터를 실행하는 경우 조건을 만족하는 데이터를 다른 곳에 추출할 수 있다.

④ 고급 필터가 적용된 결과표를 정렬할 경우 숨겨진 레코드도 정렬에 포함된다.

24년 5회, 22년 1회, 19년 2회, 10년 2회, 04년 2회

05 고급 필터에서 다음과 같은 조건을 적용하였을 때 선택되는 데이터로 올바른 것은?

	A	B	C
1	제품명	금액	수량
2	냉장고	<650000	
3			>5

① 제품명이 냉장고이고 금액이 650000 미만인 제품과 수량이 6 이상인 제품

② 금액이 650000 미만이고 수량이 5 이상인 제품

③ 제품명이 냉장고이거나 금액이 650000 미만인 제품이면서 수량은 6 이상인 제품

④ 수량은 5 이상이며 제품명이 냉장고이거나 금액이 650000 이상인 제품

24년 1회, 22년 3회, 21년 1회, 18년 2회

06 다음 중 아래와 같이 조건을 설정한 고급 필터의 실행 결과에 대한 설명으로 옳은 것은?

소속	근무경력
<>영업팀	>=30

① 소속이 '영업팀'이 아니면서 근무경력이 30년 이상인 사원 정보

② 소속이 '영업팀'이면서 근무경력이 30년 이상인 사원 정보

③ 소속이 '영업팀'이 아니거나 근무경력이 30년 이상인 사원 정보

④ 소속이 '영업팀'이거나 근무경력이 30년 이상인 사원 정보

▶ 정답 : 1. ② 2. ② 3. ① 4. ④ 5. ① 6. ①

21년 2회, 16년 3회, 2회

07 다음과 같이 고급 필터를 수행했을 때 추출되는 이름이 아닌 것은?

	A	B	C
1	이름	직급	근무년수
2	김소리	과장	15
3	박진정	대리	20
4	최향진	부장	25
5	유민정	대리	17
6	성인호	차장	15
7			
8	이름	직급	근무년수
9	김*		
10		대리	<=20
11			
12			

① 김소리
② 박진정
③ 유민정
④ 성인호

24년 3회, 23년 4회, 22년 4회

08 다음 중 [텍스트 나누기] 기능에 대한 설명으로 옳지 않은 것은?

① 한 셀에 입력되어 있는 데이터를 여러 셀로 분리시킬 수 있다.

② 텍스트 나누기 수행 시 데이터 형식의 변환 및 셀 서식 변경이 가능하다.

③ 열의 데이터 서식을 '일반'으로 지정하면 숫자 값은 숫자로, 날짜 값은 날짜로, 모든 나머지 값은 텍스트로 변환된다.

④ 데이터 필드를 구분하는 기호가 2개인 경우 텍스트 나누기를 수행할 수 없다.

24년 2회, 22년 2회, 21년 6회, 11년 2회

09 다음 시트에서 [A1] 셀에 있는 텍스트를 쉼표(,)를 기준으로 [A1:D1] 영역에 분리하여 표시하려고 할 때 사용할 적합한 기능은?

A1	▼	:	×	✓	fx	서울,1,국어,2008

	A	B	C	D	E
1	서울,1,국어,2008				
2					

① 레코드 관리
② 텍스트 나누기
③ 유효성 검사
④ 자동 윤곽

24년 4회, 21년 3회, 19년 1회, 12년 2회

10 다음 중 데이터 정렬에 대한 설명으로 옳지 않은 것은?

① 사용자 지정 목록을 사용하면 사용자가 정의한 순서대로 정렬할 수 있다.

② 색상별 정렬이 가능하여 글꼴 색 또는 셀 색을 기준으로 정렬할 수도 있다.

③ 정렬 옵션을 이용하면 데이터를 열 방향 또는 행 방향으로 선택하여 정렬할 수 있다.

④ 표에 병합된 셀들이 포함되어 있는 경우 병합된 셀들은 맨 아래쪽으로 정렬된다.

23년 4회, 21년 2회, 13년 3회, 12년 3회

11 다음 중 데이터 관리 기능인 자동 필터에 대한 설명으로 옳지 않은 것은?

① 자동 필터는 데이터 영역에 표시되는 목록 단추를 이용하여 쉽고 빠르게 데이터를 추출할 수 있다.

② 필터는 필요한 데이터 추출을 위해 조건을 만족하지 않는 데이터를 잠시 숨기는 것이므로 목록 자체의 내용은 변경되지 않는다.

③ 자동 필터를 사용하여 추출한 데이터는 레코드(행) 단위로 표시된다.

④ 여러 필드를 대상으로 조건을 지정할 수 없다.

24년 3회

12 다음의 '상위 10 자동 필터' 대화상자에 대한 설명으로 옳지 않은 것은?

① 숫자가 입력된 셀에 대해서만 적용할 수 있다.
② 백분율을 적용하여 표시할 수 있다.
③ 가장 큰 값과 가장 작은 값을 찾을 수 있다.
④ 필터링된 결과는 자동으로 정렬되어 표시된다.

▶ 정답 : 7. ④ 8. ④ 9. ② 10. ④ 11. ④ 12. ④

[문제 01] Section 086

① 정렬 기준은 최대 64개까지 지정할 수 있다.

③ 정렬 대상 범위에 병합된 셀이 포함되어 있을 경우에는 정렬할 수 없다.

④ 원칙적으로 숨겨진 행이나 열에 있는 데이터는 정렬에 포함되지 않는다.

[문제 02] Section 086

오름차순은 숫자 〉 문자(특수문자 〉 영문 〉 한글) 〉 논리값 〉 오류값 〉 빈 셀 순으로 정렬된다.

[문제 03] Section 086

사용자 지정 목록은 정렬 기준이 '값'일 때만 적용할 수 있다.

[문제 04] Section 088

데이터 정렬 시 숨겨진 행이나 열은 정렬에 포함되지 않는다. 고급 필터가 적용되어 숨겨진 데이터 또한 정렬에 포함되지 않는다.

[문제 05] Section 088

- 고급 필터에서 OR 조건은 각 조건을 서로 다른 행에 입력하고, AND 조건은 서로 같은 행에 입력한다.
- 문제의 고급 필터 조건은 '제품명이 냉장고이고 금액이 650000 미만인 제품과 수량이 6 이상(5보다 큰)인 제품'이다.

[문제 06] Section 088

고급 필터의 조건이 같은 행에 있으면 AND 조건, 다른 행에 있으면 OR 조건으로 연결된다.

※ "〈〉"는 같지 않다는 의미이다.

[문제 07] Section 088

'이름'이 '김'으로 시작하거나, '직급'이 "대리"이고 '근무년수'가 20 이하인 사원의 이름인 '김소리', '박진정', '유민정'만 표시된다.

[문제 08] Section 089

텍스트 나누기를 실행하면 '텍스트 마법사' 대화상자가 표시되는데, '텍스트 마법사 2단계' 대화상자에서 두 가지 이상의 구분 기호를 선택하여 텍스트 나누기를 수행할 수 있다.

[문제 09] Section 089

텍스트 나누기를 실행하면 텍스트 마법사가 나타나는데, 텍스트 마법사 2단계에서 '구분 기호'를 '쉼표'로 선택하면 [A1:D1] 영역에 데이터가 분리되어 표시된다.

[문제 10] Section 086

표에 병합된 셀이 포함되어 있을 경우 정렬을 수행할 수 없다.

[문제 11] Section 087

자동 필터는 여러 필드를 대상으로 조건을 지정할 수 있으며, 지정된 모든 조건을 만족하는 데이터가 표시된다.

[문제 12] Section 087

필터링된 결과는 자동으로 정렬되어 표시되지 않는다.

6장

데이터 분석

부분합 작성 순서

❶ 기준이 되는 필드로 정렬합니다. 정렬 방식을 꼭 확인해야 합니다.

❷ [데이터] → [개요] → [부분합]을 클릭합니다.

❸ '부분합' 대화상자에서 설정합니다.

610001 ▶

24.5, 24.4, 24.3, 24.1, 23.5, 23.4, 22.5, 22.1, 21.8, 21.6, 21.5, 21.3, 21.2, 21.1, 20.상시, 20.2, 20.1, 18.상시, 16.2, ···

1 부분합

부분합은 많은 양의 데이터 목록을 그룹별로 분류하고, 그룹별로 계산을 수행하는 데이터 분석 도구이다.

· 실행 [데이터] → [개요] → [부분합] 클릭

· 부분합을 작성하려면 첫 행에는 열 이름표가 있어야 하며, 반드시 기준이 되는 필드를 기준으로 오름차순이나 내림차순으로 정렬되어 있어야 한다.

· **사용할 수 있는 함수** : 합계, 개수, 평균, 최대, 최소, 곱, 숫자 개수, 표준 편차, 표본 표준 편차, 표본 분산, 분산

· 작성된 부분합에는 자동으로 개요가 설정되며, 개요 기호를 이용하여 하위 목록 데이터들의 표시 여부를 지정할 수 있다.

· 부분합을 제거하면 부분합에 삽입된 개요 및 페이지 나누기도 모두 제거된다.

· 부분합의 결과로 차트를 작성하면 화면에 보이는 데이터에 대해서만 차트가 작성된다.

· **중첩 부분합**

  – 이미 작성된 부분합 그룹 내에 새로운 부분합 그룹을 추가하는 것이다.

  – 중첩 부분합을 작성하려면 중첩할 부분합 그룹의 기준 필드들이 정렬되어야 하고, '부분합' 대화상자에서 반드시 '새로운 값으로 대치'를 해제※해야 한다.

  – 중첩 부분합을 수행하면 먼저 작성한 부분합의 결과가 아래쪽에 표시된다.

예제 다음 데이터 목록을 사용하여 팀별 지급액의 합계를 구하시오.

	A	B	C	D	E	F	G
1	보수 지급 현황						
2							
3	성명	팀명	직위	근무년수	연봉	성과급	지급액
4	강구철	1팀	부장	20	4,600	200	4,800
5	김인철	1팀	사원	2	400	20	420
6	도지연	3팀	과장	17	3,400	170	3,570
7	서도연	3팀	사원	2	400	20	420
8	안수영	2팀	사원	4	800	40	840
9	유창혁	1팀	사원	4	800	40	840
10	이세돌	2팀	과장	17	3,400	170	3,570
11	장인철	2팀	사원	5	1,000	50	1,050
12	한석봉	3팀	부장	20	4,000	200	4,200
13							

↓

1 2 3		A	B	C	D	E	F	G
	1	보수 지급 현황						
	2							
	3	성명	팀명	직위	근무년수	연봉	성과급	지급액
	4	강구철	1팀	부장	20	4,600	200	4,800
	5	김인철	1팀	사원	2	400	20	420
	6	유창혁	1팀	사원	4	800	40	840
	7	1팀 요약						6,060
	8	안수영	2팀	사원	4	800	40	840
	9	이세돌	2팀	과장	17	3,400	170	3,570
	10	장인철	2팀	사원	5	1,000	50	1,050
	11	2팀 요약						5,460
	12	도지연	3팀	과장	17	3,400	170	3,570
	13	서도연	3팀	사원	2	400	20	420
	14	한석봉	3팀	부장	20	4,000	200	4,200
	15	3팀 요약						8,190
	16	총합계						19,710
	17							

① '팀명' 필드의 임의의 영역(B3:B12)에 셀 포인터를 놓은 후 [데이터] → [정렬 및 필터] → [텍스트 오름차순 정렬)] 아이콘을 눌러 '팀명'을 기준으로 오름차순 정렬한다.

② 데이터 목록(A3:G12) 내에 셀 포인터*를 놓은 후 [데이터] → [개요] → [부분합]을 클릭한다.

③ '부분합' 대화상자에서 지급액 합계의 기준이 되는 '팀명'을 선택하고, 사용할 함수에 '합계'를, 부분합 계산 항목에 '지급액'을 지정한 후 〈확인〉을 클릭한다.

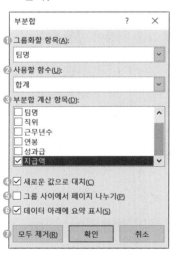

❶ 그룹화할 항목 : 값을 구하는 기준이 되는 항목을 선택한다. 정렬된 항목이다.

❷ 사용할 함수 : 사용할 함수를 선택한다.

❸ 부분합 계산 항목 : 함수를 적용할 필드를 선택한다.

❹ 새로운 값으로 대치* : 이미 작성된 부분합을 지우고, 새 부분합으로 변경할 경우 선택한다.

❺ 그룹 사이에서 페이지 나누기 : 부분합을 구한 뒤 각 그룹 다음에 페이지 나누기를 자동으로 삽입한다.

❻ 데이터 아래에 요약 표시 : 선택하면 각 그룹의 아래쪽에 부분합 결과를 표시하고, 선택하지 않으면 그룹의 위쪽에 부분합 결과를 표시한다.

❼ 모두 제거 : 부분합을 해제하고, 원래 데이터 목록을 표시한다.

셀 포인터의 위치

- 셀 포인터가 데이터 목록 내에 놓이지 않은 상태에서 [데이터] → [개요] → [부분합]을 클릭하면 '선택한 범위에 이 작업을 적용할 수 없습니다.'라는 안내문이 표시됩니다.
- 사용할 데이터 목록에 셀 포인터를 놓은 후 [데이터] → [개요] → [부분합]을 클릭해야 합니다.

새로운 값으로 대치

여러 함수를 이용하여 부분합을 작성하려면 두 번째 실행하는 '부분합' 대화상자부터는 '새로운 값으로 대치'를 반드시 해제해야 합니다. 두 번째 실행하는 '부분합' 대화상자에서 '새로운 값으로 대치'를 해제하지 않고 부분합을 실행하면 첫 번째 작성한 부분합은 삭제되고 두 번째에 작성한 부분합만이 표시됩니다.

기출체크 ☑

24.5, 23.4, 22.5, 22.1, 21.8, 21.5, 21.2, 21.1, 20.2, 20.1, 14.3, 14.2, 11.1, 10.3, 08.1, 07.4, 04.2, 03.1, 00.1

1. 부분합을 구하기 위해서는 우선적으로 그룹화할 필드의 항목들을 정렬(오름차순, 내림차순)한 후 사용해야 올바른 결과를 얻을 수 있다. (○, ×)

24.1, 22.2, 21.3, 19.1

2. 이미 작성된 부분합에 새로운 부분합을 추가하려면 '부분합' 대화상자에서 ( )를 반드시 해제해야 한다.

기출체크 정답
1. ○ 2. 새로운 값으로 대치

피벗 테이블

1 **피벗 테이블의 개요**

24.4, 23.5, 23.2, 23.1, 22.3, 21.8, 21.7, 21.3, 21.1, 20.상시, 19.상시, 18.2, 18.1, 16.2, 15.1, 13.3, 13.1, 12.2, 11.2, …

피벗 테이블은 많은 양의 데이터를 한눈에 쉽게 파악할 수 있도록 요약·분석하여 보여주는 도구이다.

- **실행** [삽입] → [표] → [피벗 테이블] 클릭
- **피벗 테이블 삭제** : 피벗 테이블 전체 범위를 블록으로 지정한 후 Delete를 누른다.
- 피벗 테이블은 엑셀, 데이터베이스, 외부 데이터, 다른 피벗 테이블 등의 데이터를 사용할 수 있다.
- 필드별로 다양한 조건을 지정할 수 있으며, 그룹별로 데이터 집계가 가능하다.
- 원본 데이터가 변경되면 [피벗 테이블 분석] → [데이터] → [새로 고침(🔄)]을 이용하여 피벗 테이블의 데이터를 변경할 수 있다.
- 피벗 테이블을 작성한 후에 사용자가 새로운 수식을 추가하여 표시할 수 있으며, 필터, 행, 열 영역에 배치된 항목을 자유롭게 이동시킬 수 있다.
- 문자, 숫자, 날짜, 시간 등 모든 필드에 대해 그룹 지정이 가능하다.

예제 1 다음과 같은 데이터 목록을 이용하여 제시한 피벗 테이블을 완성하시오.

	A	B	C	D	E	F	G
1			보수 지급 현황				
2							
3	성명	팀명	직위	근무년수	연봉	성과급	지급액
4	강구철	1팀	부장	20	4,600	200	4,800
5	김인철	1팀	사원	2	400	20	420
6	도지연	3팀	과장	17	3,400	170	3,570
7	서도연	3팀	사원	2	400	20	420
8	안수영	2팀	사원	4	800	40	840
9	유창혁	1팀	사원	4	800	40	840
10	이세돌	2팀	과장	17	3,400	170	3,570
11	장인철	2팀	사원	5	1,000	50	1,050
12	한석봉	3팀	부장	20	4,000	200	4,200
13							

→

	A	B	C	D	E
1	성명	(모두) ▼			
2					
3	합계 : 지급액	직위 ▼			
4	근무년수 ▼	과장	부장	사원	총합계
5	2			840	840
6	4			1680	1680
7	5			1050	1050
8	17	7140			7140
9	20		9000		9000
10	총합계	7140	9000	3570	19710
11					

① 피벗 테이블을 작성하려는 데이터 목록(A3:G12)을 블록으로 지정한 후 [삽입] → [표] → [피벗 테이블]*을 클릭한다.

② '피벗 테이블 만들기' 대화상자에서 '새 워크시트'를 선택하고 〈확인〉을 클릭한다.

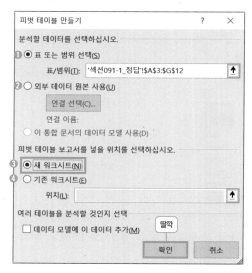

❶ 표 또는 범위 선택 : 엑셀 워크시트의 데이터를 사용한다.
❷ 외부 데이터 원본 사용 : 외부에 있는 데이터베이스 파일, 엑셀 파일, 텍스트 파일 등을 사용한다.
❸ 새 워크시트 : 같은 통합 문서 내의 새로운 워크시트에 피벗 테이블을 작성한다.
❹ 기존 워크시트 : 현재 작업중인 워크시트에 피벗 테이블을 넣을 위치를 지정한다.
※ 피벗 테이블을 넣을 위치를 지정하지 않으면 '새 워크시트'에 작성된다.

③ 화면의 오른쪽에 '피벗 테이블 필드' 창이 표시된다. '피벗 테이블 필드' 창의 각 필드를 드래그하여 그림과 같이 위치시킨다.

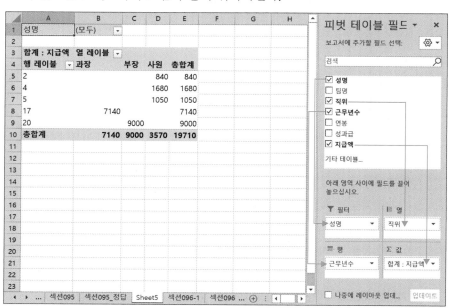

피벗 테이블

[삽입] → [차트] → [피벗 차트]를 이용하면 피벗 테이블과 피벗 차트를 한 번에 작성할 수 있습니다. 여기서는 피벗 테이블을 먼저 작성한 후 작성된 피벗 테이블을 이용하여 피벗 차트를 작성하겠습니다.

개요 형식으로 표시

보고서 레이아웃을 개요 형식으로 변경하지 않고 '행 레이블'이라고 표시된 [A4] 셀을 클릭한 후 **근무년수**를, '열 레이블'이라고 표시된 [B3] 셀을 클릭한 후 **직위**를 직접 입력해도 완성된 피벗 테이블은 동일합니다.

④ 작성된 피벗 테이블에서 임의의 셀을 클릭한 후 [디자인] → [레이아웃] → [보고서 레이아웃] → [개요 형식으로 표시]*를 선택한다.

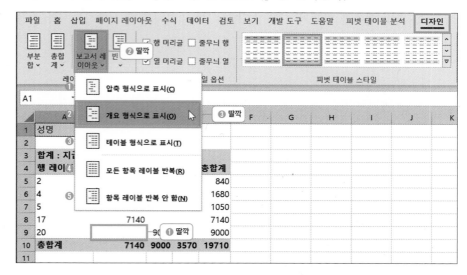

❶ **압축 형식으로 표시** : 행 레이블에 여러 개의 필드를 지정하면 하나의 열에 모든 필드를 표시하되, 각 필드의 단계는 들여쓰기로 구분하여 표시한다.
❷ **개요 형식으로 표시** : 압축 형식과 동일하게 필드를 단계별로 표시하지만 하나의 열이 아닌 각각의 열에 필드를 표시한다.
❸ **테이블 형식으로 표시** : 필드를 각 열에 표시하되, 단계마다 새로운 행이 아닌 같은 행에서부터 데이터를 표시한다.
❹ **모든 항목 레이블 반복** : 항목 레이블을 반복하여 표시한다.
❺ **항목 레이블 반복 안 함** : 항목 레이블을 처음 한 번만 표시한다.

기출체크 1번

• 원본 데이터가 변경되어도 피벗 테이블 보고서에 자동으로 반영되지 않습니다.

• 변경된 내용을 피벗 테이블 보고서에 반영하려면 [피벗 테이블 분석] → [데이터] → [새로 고침(🔄)]을 클릭해야 합니다.

전문가의 조언

피벗 차트는 피벗 테이블의 특징을 묻는 문제에 선택지 중 하나로 출제되고 있습니다.

[기출 포인트]

피벗 테이블을 삭제하면 피벗 차트는 일반 차트로 변경된다.

기출체크 ☑

24.4, 23.2, 23.1, 22.3, 21.7, 16.2, 13.3, 09.4, 08.2, 07.4, 05.3, 04.4, 03.2
1. 피벗 테이블의 원본 데이터가 변경되면 피벗 테이블의 데이터도 자동으로 변경된다. (○, ×)

610102 ▶

23.5, 21.3, 21.1, 18.상시, 18.2, 18.1, 16.2, 15.1, 13.3, 11.1, 09.2, 08.2
② 피벗 차트

피벗 테이블의 데이터를 이용하여 작성한 차트로, 피벗 테이블에서 항목이나 필드에 변화를 주면 피벗 차트도 변경되고, 반대로 피벗 차트에서 변화를 주면 피벗 테이블도 변경된다.

• 피벗 차트는 피벗 테이블을 작성할 때 함께 작성하거나, 이미 작성된 피벗 테이블을 이용하여 작성한다.

• 피벗 차트는 피벗 테이블을 사용하므로 피벗 테이블을 만들지 않고 피벗 차트를 작성할 수 없다.

• 피벗 차트를 추가하면 피벗 테이블이 있는 워크시트에 삽입된다.

• 피벗 테이블을 삭제하면 피벗 차트가 일반 차트로 변경되지만, 피벗 차트를 삭제해도 피벗 테이블에는 아무 변화가 없다.

• 분산형, 거품형, 주식형 차트는 피벗 차트로 만들 수 없다.

예제 2 다음과 같은 피벗 테이블을 이용하여 제시한 피벗 차트를 완성하시오.

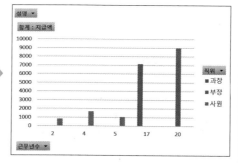

준비하세요

'C:\길벗컴활2급필기QnE\2과목.xlsm'
파일을 불러와 '섹션091-2' 시트에서
실습하세요.

① 작성된 피벗 테이블에서 임의의 셀을 클릭한 후 [피벗 테이블 분석] → [도구]
　 → [피벗 차트]를 클릭한다.

② '차트 삽입' 대화상자에서 사용할 차트 종류를 선택한 후 〈확인〉을 클릭한다.

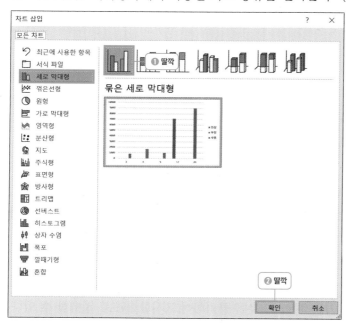

③ 작성된 피벗 차트를 [A12:F24] 영역에 위치시킨다.

기출체크 ☑

23.5, 21.3, 21.1, 18.상시, 18.2, 18.1, 16.2, 15.1, 13.3, 11.1, 09.2, 08.2
2. 피벗 차트 작성 시 피벗 테이블도 함께 작성되는데, 이때 작성된 피벗 테이블을 삭제하면 피벗 차트도 삭제된다. (ㅇ, ×)

기출체크 2번

피벗 테이블과 피벗 차트를 함께 만든 후 피벗 테이블을 삭제하면 피벗 차트는 일반 차트로 변경됩니다.

기출체크 정답
2. ×

3 피벗 테이블의 구성 요소

피벗 테이블은 필터 필드, 값 필드, 열 레이블, 행 레이블, 값 영역 등으로 구성
된다.

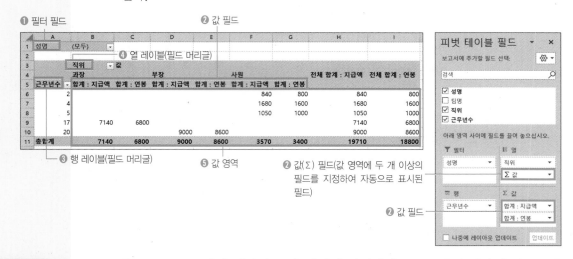

① 필터 필드
② 값 필드
④ 열 레이블(필드 머리글)
③ 행 레이블(필드 머리글)
⑤ 값 영역
② 값(∑) 필드(값 영역에 두 개 이상의
필드를 지정하여 자동으로 표시된
필드)
② 값 필드

값(∑) 필드가 열 영역에 있을 경우

값(∑) 필드가 행 영역에 있을 경우

---

① **필터 필드** : 필터 영역에는 값 영역에 페이지별로 구분하여 나타낼 필드들이
들어 있으며, 모두 나타내거나 특정 필드만 나타낼 수 있다.

② **값 필드**

- 데이터가 들어 있는 원본 목록으로, 분석할 대상을 나타낸다.

- 값 영역에 두 개 이상의 필드를 지정하면 열 영역이나 행 영역에 값(∑) 필
  드가 생성되는데, 이 필드가 열 영역과 행 영역 중 놓이는 위치에 따라 값
  영역에 추가된 필드의 표시 방향이 달라진다.※

③ **행 레이블(필드 머리글) / ④ 열 레이블(필드 머리글)**

- 피벗 테이블에서 열 영역/행 영역에 지정된 필드 이름이다.

- 열 레이블/행 레이블 단추를 클릭하여 표시할 필드를 선택할 수 있다.

⑤ **값 영역**

- 값 영역은 분석·요약한 데이터가 표시되는 곳으로, 기본적으로 데이터가
  문자일 때는 개수(COUNTA), 숫자일 때는 합계(SUM)가 표시된다.

- 요약한 값은 값 필드에서 지정한 함수에 따라 합계, 평균, 개수, 최대값,
  최소값, 곱, 분산, 표준 편차, 표본 표준 편차, 표준 분산, 숫자 개수로 표
  시된다.

- 행과 열 레이블을 요약·분석한 값이 값 영역의 각 셀에 표시된다.

- 값 영역에서 임의의 항목을 마우스로 더블클릭하면 해당 항목에 대한 세부
  적인 데이터가 새로운 시트에 표시된다.

- 값 영역에 표시된 데이터는 삭제하거나 수정할 수 없다.

24.5, 24.3, 23.3, 22.5, 21.8, 21.5, 21.3, 21.2, 20.1, 19.1, 18.2, 17.1, 14.2, 14.1, 13.2, 13.1, 12.3, 12.2, 10.2, 10.1, 03.4

610201 ▶

1 시나리오의 개요

시나리오는 다양한 상황과 변수에 따른 여러 가지 결과값의 변화를 가상의 상황을 통해 예측하여 분석하는 도구이다.

- 실행 [데이터] → [예측] → [가상 분석] → [시나리오 관리자] 선택
- 이자율, 손익 분기점, 주가 분석 등에 많이 사용된다.
- 시나리오를 작성하면 현재 작업하는 워크시트의 왼쪽에 새 워크시트를 삽입하고 그 시트에 시나리오 보고서를 표시한다.
- 여러 시나리오를 서로 비교하기 위해 시나리오를 피벗 테이블로 요약할 수 있다.
- '시나리오 관리자' 대화상자에서 시나리오를 삭제해도 이미 작성된 시나리오 요약 보고서는 삭제되지 않고, 반대로 시나리오 요약 보고서를 삭제해도 시나리오는 삭제되지 않는다.
- 시나리오가 작성된 원본 데이터를 변경해도 이미 작성된 시나리오 보고서에는 반영되지 않는다.
- '변경 셀'과 '결과 셀'에 이름을 지정한 후 시나리오 요약 보고서를 작성하면 셀 주소 대신 지정한 이름이 표시된다.

기출체크 ☑

24.3, 22.1, 21.8, 21.5, 20.1
1. 시나리오의 값을 변경하면 해당 변경 내용이 기존 요약 보고서에 자동으로 다시 계산되어 표시된다. (○, ×)

전문가의 조언

- 시나리오는 말 그대로 시나리오를 만들어 보는 것입니다. '국어 점수가 100점이라면 평균이 얼마가 될까? 영어 점수도 100점을 맞았다면 평균이 얼마가 됐을까?' 하는 것처럼 말입니다.
- 시나리오의 개념과 특징을 묻는 문제가 출제되고 있습니다.

[기출 포인트]

- 시나리오는 여러 가지 결과 값의 변화를 가상의 상황을 통해 예측하는 도구이다.
- 시나리오의 값을 변경해도 이미 작성된 시나리오 보고서에는 반영되지 않는다.

기출체크 1번

시나리오가 작성된 원본 데이터를 변경해도 이미 작성된 시나리오 보고서에는 반영되지 않습니다.

기출체크 정답
1. ×

24.5, 23.5, 23.4, 23.3, 21.3, 21.2, 19.1, 18.2, 14.1

② 시나리오 만들기

예제 다음과 같은 데이터 목록 중 강현준의 수학 점수가 80으로 감소할 때와 100으로 증가할 때 변화하는 평균※을 계산하는 시나리오를 작성하시오.

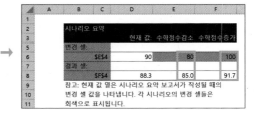

① [데이터] → [예측] → [가상 분석] → [시나리오 관리자]를 선택한다.

② '시나리오 관리자' 대화상자에서 〈추가〉를 클릭한다.

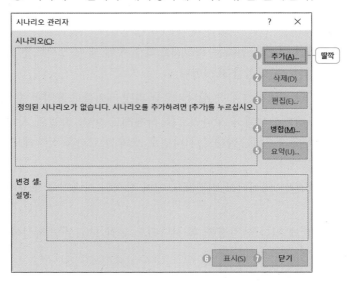

❶ **추가** : 시나리오 이름과 변경 셀을 입력할 수 있는 대화상자를 표시한다.
   – 변경 셀에는 데이터를 변경할 셀의 범위를 지정한다.
   – 하나의 시나리오에 최대 32개까지의 변경 셀을 지정할 수 있다.
❷ **삭제** : 선택한 시나리오를 삭제한다.
❸ **편집** : 선택한 시나리오를 변경할 수 있는 대화상자를 표시한다.
❹ **병합** : 다른 통합 문서나 워크시트에 저장된 시나리오를 가져와 병합한다.
❺ **요약** : 시나리오를 보고서로 작성한다.
   – 보고서의 종류와 결과 셀을 지정한다.
   – 보고서의 종류에는 시나리오 요약과 시나리오 피벗 테이블 보고서가 있다.
   – 결과 셀에는 변경 셀을 참조하는 수식으로 입력되어 있는 셀을 반드시 지정해야 한다.
❻ **표시** : 선택한 시나리오 값을 워크시트에 표시한다.
❼ **닫기** : 대화상자를 닫는다.

③ '시나리오 추가' 대화상자에서 시나리오 이름에 **수학점수감소**를 입력하고, 변경 셀에 [E4] 셀을 지정한 후 〈확인〉을 클릭한다.

④ '시나리오 값' 대화상자에 **80**을 입력한 후 〈확인〉을 클릭한다.

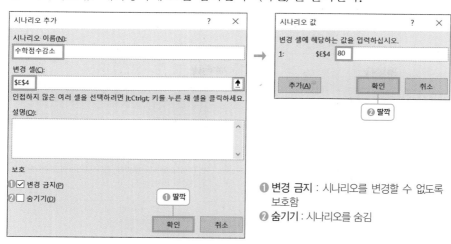

시나리오 바로 추가하기

'시나리오 값' 대화상자에서 〈추가〉를 클릭하면 시나리오가 입력되고, 새로운 시나리오를 바로 추가할 수 있도록 '시나리오 추가' 대화상자가 표시됩니다.

⑤ 시나리오에 '수학점수감소'가 추가된다. 〈추가〉를 클릭한 후 '시나리오 추가' 대화상자의 시나리오 이름에 **수학점수증가**, 변경 셀에 [E4] 셀을 지정하고 〈확인〉을 클릭한다.

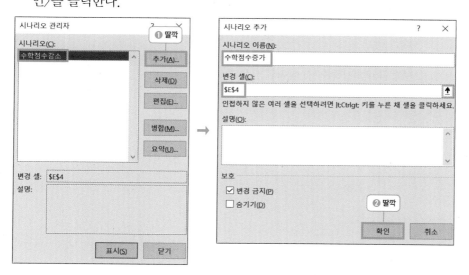

⑥ '시나리오 값' 대화상자에 **100**을 입력한 후 〈확인〉을 클릭한다.

⑦ '시나리오 관리자' 대화상자에서 〈요약〉을 클릭한다.

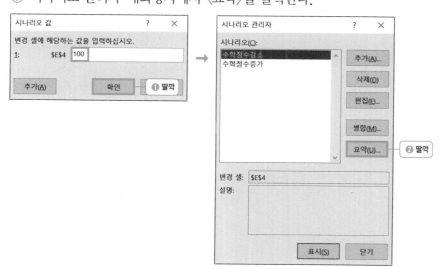

⑧ '시나리오 요약'을 선택하고 결과 셀에는 평균이 표시되어 있는 [F4] 셀을 지정한 후 〈확인〉을 클릭한다. 새로운 워크시트가 자동으로 만들어지며 작성된 시나리오가 표시된다.

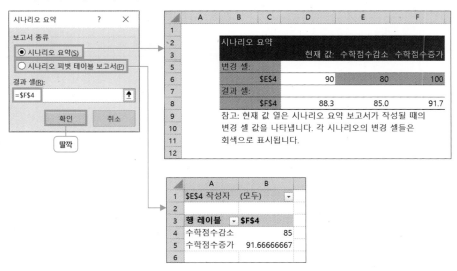

기출체크 ☑

23.5
2. 시트 보호가 지정된 경우 시나리오가 표시되지 않도록 하려면 '시나리오 추가' 대화상자에서 '변경 금지'를 선택한다. (ㅇ, ×)

기출체크 2번

· 시트 보호가 지정된 경우 시나리오가 표시되지 않도록 하려면 '숨기기'를 선택해야 합니다.

· '변경 금지'는 시나리오가 변경되지 않도록 보호하는 옵션입니다.

기출체크 정답
2. ×

목표값 찾기

21.4, 21.2, 16.3, 10.3, 09.1, 08.2, 06.3, 05.2, 02.1, 00.2

1 목표값 찾기의 개요

목표값 찾기는 수식에서 원하는 결과(목표)값은 알고 있지만 그 결과값을 계산하기 위해 필요한 입력값을 모를 경우에 사용하는 도구이다.

- 실행 [데이터] → [예측] → [가상 분석] → [목표값 찾기] 선택
- 목표값 찾기는 주어진 결과값에 대해 하나의 입력값만 변경할 수 있다.
- 결과값은 입력값을 참조하는 수식으로 작성되어야 한다.
- 목표값은 사용자가 원하는 데이터를 직접 입력해야 한다.

기출체크 ☑

09.1
1. 목표값 찾기는 여러 개의 값을 조정하여 특정한 목표값을 찾을 때 유용하다. (○, ×)

24.4, 24.1, 23.3, 23.1, 22.3, 21.7, 20.2, 18.2, 18.1, 17.2, 13.2, 12.3, 11.3, 11.2, 09.2, 09.1, 04.3, 04.1, 03.3, 03.1, …

2 목표값 찾기

예제 다음 데이터 목록에서 '한민재' 학생의 평균이 80이 되기 위한 국어 점수의 값을 목표값 찾기를 이용하여 계산하시오.

	A	B	C	D	E	F
1	1학년 중간고사 성적표					
2						
3	성명	성별	국어	영어	수학	평균
4	강현준	남	86	89	90	88.3
5	김영희	여	92	91	92	91.7
6	한민재	남	75	78	80	77.7
7	윤정희	여	90	93	91	91.3
8	이명준	남	95	93	92	93.3

→

	A	B	C	D	E	F
1	1학년 중간고사 성적표					
2						
3	성명	성별	국어	영어	수학	평균
4	강현준	남	86	89	90	88.3
5	김영희	여	92	91	92	91.7
6	한민재	남	82	78	80	80.0
7	윤정희	여	90	93	91	91.3
8	이명준	남	95	93	92	93.3

① [데이터] → [예측] → [가상 분석] → [목표값 찾기]를 선택한다.

② '목표값 찾기' 대화상자의 수식 셀에 **F6**, 찾는 값에 **80**, 값을 바꿀 셀에 **C6**을 지정한 후 〈확인〉을 클릭한다.

전문가의 조언

- 목표값 찾기는 시나리오와 반대 개념입니다. 시나리오는 '국어 점수를 100점 맞았다면 평균이 얼마일까?'를 계산하는 반면, 목표값 찾기는 '평균이 90점이 되려면 국어 점수는 몇 점을 맞아야 하나?'를 계산하는 도구입니다.
- '목표값 찾기' 대화상자에 있는 입력 상자들의 기능만 알면 맞힐 수 있는 문제가 출제되고 있습니다.

[기출 포인트]

목표값 찾기는 하나의 입력값만을 변경할 수 있다.

기출체크 1번

목표값 찾기는 여러 개가 아니라 하나의 값을 조정하여 특정한 목표 값을 찾을 때 유용합니다.

[기출 포인트]

목표값 찾기는 '수식 셀(평균)'이 '찾는 값(90)'이 되려면 '값을 바꿀 셀(국어)'이 얼마가 되어야 하는지를 찾는 것이다.

준비하세요

'C:\길벗컴활2급필기QnE\2과목.xlsm' 파일을 불러와 '섹션093' 시트에서 실습하세요.

기출체크 정답

1. ×

❶ 수식 셀
 – 결과값이 표시되는 셀 주소로, 해당 셀에는 반드시 수식이 있어야 한다.
 – 여기서는 평균이 있는 주소(F6)이다.
❷ 찾는 값
 – 목표로 하는 값을 직접 입력한다.
 – 여기서는 평균 점수 80이 목표 값이다.
❸ 값을 바꿀 셀
 – 목표값을 만들기 위해 변경될 값이 들어 있는 셀 주소이다.
 – 여기서는 국어 점수가 있는 주소(C6)이다.

③ 목표값이 표시된 '목표값 찾기 상태' 대화상자가 나타나면 〈확인〉을 클릭한다.

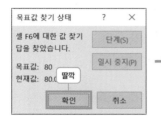

기출체크 ☑
24.5, 24.3, 23.3, 22.3, 21.7, 20.2, 18.2, 11.2, 04.1, 03.1, 01.1

2. 목표값 찾기를 다음과 같이 지정했을 때 괄호(ⓐ~ⓒ) 안을 채워 이에 대한 의미를 적으시오.

(ⓐ)이 (ⓑ)점이 되려면 (ⓒ) 점수는 얼마가 되어야 하는가?

기출체크 2번

문제에 제시된 '목표값 찾기' 대화상자는 평균(D2)이 90이 되려면 수학(C2)의 점수가 얼마가 되어야 하는지를 찾기 위한 설정입니다.

기출체크 정답
2. ⓐ – 평균, ⓑ – 90, ⓒ – 수학

SECTION 094 데이터 표

610401 ▶

1 데이터 표의 개요

23.3, 21.2, 17.2, 16.1, 15.3, 12.1, 07.1

데이터 표는 특정 값의 변화에 따른 결과값의 변화 과정을 표의 형태로 표시해 주는 도구이다.

- 실행 [데이터] → [예측] → [가상 분석] → [데이터 표] 선택
- 데이터 표는 지정하는 값의 수에 따라 단일 표와 이중 표로 구분한다.
- 데이터 표의 결과값은 반드시 변화하는 특정 값을 포함한 수식으로 작성되어야 한다.
- 변화하는 값과 수식이 입력된 부분을 모두 포함되도록 범위를 설정한 후 데이터 표를 실행한다.
- 데이터 표 기능을 이용하여 계산된 결과는 참조하고 있는 셀의 데이터가 수정되면 자동으로 갱신된다.
- 데이터 표의 결과는 일부분만을 수정할 수 없다.

기출체크 ☑

23.3, 21.2, 17.2, 07.1
1. 데이터 표를 이용하여 입력된 데이터는 부분적으로 수정 또는 삭제할 수 있다. (○, ×)

610402 ▶

2 데이터 표 만들기

08.3, 07.1

예제 다음 데이터 목록을 이용하여 국어와 영어 점수의 변화에 따른 총점의 변화를 구하시오.

	A	B	C	D	E	F	G	H
1	중간고사 성적표			국어와 영어점수 변동에 따른 총점표				
2	국어	90						
3	영어	80					국어	
4	수학	70				80	90	100
5	총점	240						
6				영어	80			
7					90			
					100			

→

	A	B	C	D	E	F	G	H
1	중간고사 성적표			국어와 영어점수 변동에 따른 총점표				
2	국어	90						
3	영어	80					국어	
4	수학	70			240	80	90	100
5	총점	240			80	230	240	250
6				영어	90	240	250	260
7					100	250	260	270

전문가의 조언

데이터 표의 용도와 특징을 묻는 문제가 출제되고 있습니다.

[기출 포인트]

- [데이터 표]는 특정 값의 변화에 따른 결과값의 변화를 표의 형태로 표시하는 기능이다.
- 데이터 표의 결과는 일부만 수정할 수 없다.

기출체크 1번

데이터 표를 이용하여 입력된 데이터는 부분적으로 수정 또는 삭제할 수 없습니다.

[기출 포인트]

- 열에 변경되는 값이 입력되어 있으면 '열 입력 셀'에 변화되는 값의 셀 주소를 지정한다.
- 행에 변경되는 값이 입력되어 있으면 '행 입력 셀'에 변화되는 값의 셀 주소를 지정한다.

준비하세요

'C:\길벗컴활2급필기QnE\2과목.xlsm' 파일을 불러와 '섹션094' 시트에서 실습하세요.

기출체크 정답
1. ×

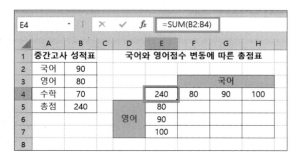
① 총점 변화 값을 구하는 데이터 표이므로 총점(B5)의 수식을 그대로 [E4] 셀에 입력*한다.

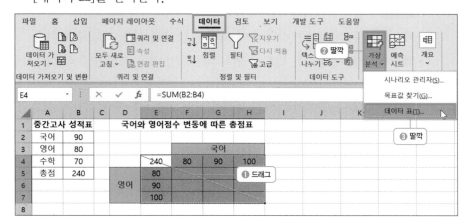

② [E4:H7] 영역을 블록으로 지정*한 후 [데이터] → [예측] → [가상 분석] → [데이터 표]를 선택한다.

③ '데이터 테이블' 대화상자*의 '행 입력 셀'에 국어 점수가 입력된 B2를, '열 입력 셀'에 영어 점수가 입력된 B3을 입력하고, 〈확인〉을 클릭한다.

❶ 행 입력 셀
  – 행에 있는 변화되는 값을 사용할 주소를 지정한다.
  – 국어 점수들이 4행에 있으므로 '행 입력 셀'에는 총점 계산식의 국어 점수 주소인 [B2] 셀을 입력한다.
❷ 열 입력 셀
  – 열에 있는 변화되는 값을 사용할 주소를 지정한다.
  – 영어 점수들이 E열에 있으므로 '열 입력 셀'에는 총점 계산식의 영어 점수 주소인 [B3] 셀을 입력한다.

기출체크 ☑

07.1

2. '데이터 테이블' 대화상자는 단일 데이터 표에서는 열 입력 셀만 사용하고, 이중 데이터 표에서는 행 입력 셀과 열 입력 셀을 모두 사용한다. (○, ×)

통합

24.3, 23.5, 23.2, 23.1, 22.5, 22.4, 22.3, 22.2, 22.1, 21.7, 21.6, 21.4, 21.1, 20.1, 19.상시, 16.1, 14.1, 07.3, 07.2, …

① 통합의 개요

통합은 비슷한 형식의 여러 데이터를 하나의 표로 통합·요약하여 표시해주는 도구이다.

- 실행 [데이터] → [데이터 도구] → [통합] 클릭
- 사용할 데이터의 형태가 다르더라도 같은 이름표를 사용하면 항목을 기준으로 통합할 수 있다.
- **통합 함수의 종류** : 합계, 개수, 평균, 최대, 최소, 곱, 숫자 개수, 표본 표준 편차, 표준 편차, 표본 분산, 분산 등
- 통합할 여러 데이터의 순서와 위치가 동일할 경우 위치를 기준으로 통합할 수 있다.
- 여러 시트에 입력되어 있는 데이터 및 다른 통합 문서에 입력되어 있는 데이터도 통합할 수 있다.

기출체크 ☑

24.3, 22.5, 22.3, 22.2, 21.7, 21.6, 21.4, 21.1, 20.1, 19.상시, 16.1
1. 여러 시트에 입력되어 있는 데이터들은 하나로 통합할 수 있지만, 다른 통합 문서에 입력되어 있는 데이터들은 통합할 수 없다. (○, ×)

24.3, 24.2, 23.5, 23.2, 23.1, 22.5, 22.4, 22.3, 22.2, 22.1, 21.8, 21.7, 21.6, 21.5, 21.4, 21.1, 20.2, 20.1, 19.상시, …

② 통합하기

예제 [표1]과 [표2]를 통합하여 [표3]에 각 구분별 세대수와 분양가의 합계를 구하시오.

	A	B	C	D	E	F	G	H	I
1	**[표1] 서울 아파트 분양 현황**					**[표2] 경기 아파트 분양 현황**			
2	구분	아파트명	세대수	분양가		구분	아파트명	세대수	분양가
3	국민 무주택	한대	213	17,358		국민 무주택	한대	369	12,098
4	민영 일반	오산	511	25,338		국민 일반	안성	843	16,492
5	민영 무주택	오산	458	19,158		국민 일반	사성	579	17,081
6	국민 무주택	한대	325	25,956		민영 일반	현대	117	13,150
7	민영 무주택	오산	1,021	20,615					
8									
9	**[표3] 아파트 분양 현황**								
10	구분	세대수	분양가						
11									
12									
13									
14									

→

	A	B	C	D	E	F	G	H	I
1	**[표1] 서울 아파트 분양 현황**					**[표2] 경기 아파트 분양 현황**			
2	구분	아파트명	세대수	분양가		구분	아파트명	세대수	분양가
3	국민 무주택	한대	213	17,358		국민 무주택	한대	369	12,098
4	민영 일반	오산	511	25,338		국민 일반	안성	843	16,492
5	민영 무주택	오산	458	19,158		국민 일반	사성	579	17,081
6	국민 무주택	한대	325	25,956		민영 일반	현대	117	13,150
7	민영 무주택	오산	1,021	20,615					
8									
9	**[표3] 아파트 분양 현황**								
10	구분	세대수	분양가						
11	국민 무주택	907	55,412						
12	국민 일반	1,422	33,573						
13	민영 일반	628	38,488						
14	민영 무주택	1,479	39,773						

전문가의 조언

통합의 특징을 묻는 문제가 출제되고 있습니다.

[기출 포인트]

다른 워크시트나 통합 문서의 데이터도 통합할 수 있다.

기출체크 1번

여러 시트에 입력되어 있는 데이터는 물론이고 다른 통합 문서에 입력되어 있는 데이터도 하나로 통합할 수 있습니다.

[기출 포인트]

- '원본 데이터 연결'은 통합할 데이터와 결과가 표시될 워크시트가 서로 다른 경우에만 적용할 수 있다.
- 통합할 참조 영역의 개수는 제한이 없다.

준비하세요

'C:\길벗컴활2급필기QnE\2과목.xlsm' 파일을 불러와 '섹션095' 시트에서 실습하세요.

기출체크 정답
1. ×

① [A10:C10] 영역을 블록으로 지정한 후 [데이터] → [데이터 도구] → [통합]을 클릭한다.

② '통합' 대화상자의 함수에서 '합계'를 선택하고, 참조의 범위 지정 단추를 이용하여 [A2:D7] 영역을 블록으로 지정한 후 〈추가〉를 클릭한다.

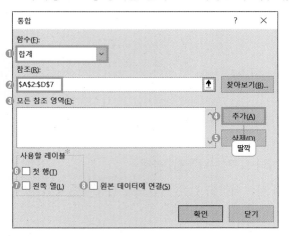

사용할 레이블

통합할 데이터 영역의 행이나 열 제목이 원본 영역과 다르게 배열되어 있을 때만 '첫 행'이나 '왼쪽 열'을 사용합니다.

❶ 함수 : 사용할 함수를 선택한다.
❷ 참조 : 통합할 데이터 범위를 지정한다.
❸ 모든 참조 영역 : 추가된 참조 영역이 모두 표시된다. 참조 영역의 개수는 제한이 없다.
❹ 추가 : 참조에서 지정한 데이터 범위를 추가한다.
❺ 삭제 : '모든 참조 영역'에 추가된 범위 중 선택하여 삭제한다.
❻ 첫 행 : 참조된 데이터 범위의 첫 행을 통합된 데이터의 첫 행(열 이름)으로 사용한다.
❼ 왼쪽 열 : 참조된 데이터 범위의 왼쪽 열을 통합된 데이터의 첫 열(행 이름)로 사용한다.
❽ 원본 데이터에 연결※ : 원본 데이터가 변경될 경우 통합된 데이터에도 반영한다.

③ 참조의 범위 지정 단추를 다시 클릭한 후 [F2:I6] 영역을 블록으로 지정하고, 〈추가〉를 클릭한다.

④ 사용할 레이블에서 '첫 행'과 '왼쪽 열'을 선택한 후 〈확인〉을 클릭하여 '통합' 대화상자를 닫는다.

원본 데이터 연결

통합할 데이터가 있는 워크시트와 통합 결과가 작성될 워크시트가 서로 다를 경우에만 '원본 데이터에 연결'을 적용할 수 있으며, 한번 연결되면 새 데이터를 추가하거나 통합된 데이터 영역을 변경할 수 없습니다.

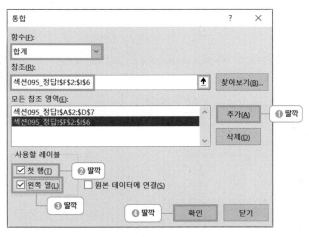

기출체크 2번

통합할 데이터가 있는 워크시트와 통합 결과가 작성될 워크시트가 서로 다를 경우에만 '원본 데이터 연결'을 적용할 수 있습니다.

기출체크 정답
2. ×

기출체크 ☑

24.3, 23.5, 23.2, 22.5, 22.3, 22.2, 21.8, 21.7, 21.6, 21.5, 21.4, 21.1, 20.2, 20.1, 16.1, 14.1, 09.3

2. '원본 데이터에 연결' 기능은 통합할 데이터가 있는 워크시트와 통합 결과가 작성될 워크시트가 같은 통합 문서에 있는 경우에만 적용할 수 있다. (○, ×)

24년 5회, 23년 4회, 22년 5회, 1회, 21년 8회, 5회, 2회, 20년 2회

01 다음 중 부분합에 대한 설명으로 옳지 않은 것은?

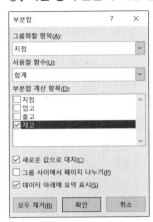

① 부분합을 실행하면 각 부분합에 대한 정보 행을 표시하고 숨길 수 있도록 목록에 개요가 자동으로 설정된다.

② 부분합은 한 번에 한 개의 함수만 계산할 수 있으므로 두 개 이상의 함수를 이용하려면 함수의 개수만큼 부분합을 중첩해서 삽입해야 한다.

③ '새로운 값으로 대치'를 선택하면 이전의 부분합의 결과는 제거되고 새로운 부분합의 결과로 변경한다.

④ 그룹화할 항목으로 선택된 필드는 자동으로 오름차순 정렬하여 부분합이 계산된다.

24년 1회, 21년 1회, 18년 상시, 14년 3회, 05년 4회, 01년 2회

02 다음 중 [부분합] 대화상자의 각 항목 설정에 대한 설명으로 옳지 않은 것은?

① '그룹화할 항목'에서 선택할 필드를 기준으로 미리 오름차순 또는 내림차순으로 정렬한 후 부분합을 실행해야 한다.

② 부분합 실행 전 상태로 되돌리려면 부분합 대화상자의 [모두 제거] 단추를 클릭한다.

③ 세부 정보가 있는 행 아래에 요약 행을 지정하려면 '데이터 아래에 요약 표시'를 선택하여 체크 표시한다.

④ 이미 작성된 부분합을 유지하면서 부분합 계산 항목을 추가할 경우에는 '새로운 값으로 대치'를 선택하여 체크한다.

24년 4회, 23년 2회, 1회, 22년 3회, 21년 7회, 16년 2회, 13년 3회

03 다음 중 피벗 테이블에 대한 설명으로 옳지 않은 것은?

① 원본 데이터가 변경되면 피벗 테이블의 데이터도 자동으로 변경된다.

② 외부 데이터를 대상으로 피벗 테이블을 작성할 수 있다.

③ 피벗 테이블을 작성한 후에 사용자가 새로운 수식을 추가하여 표시할 수 있다.

④ 많의 양의 자료를 분석하여 다양한 형태로 요약하여 보여주는 기능이다.

23년 5회, 21년 3회, 18년 1회

04 다음 중 피벗 테이블에 대한 설명으로 옳지 않은 것은?

① 값 영역에서 임의의 항목을 마우스로 더블클릭하면 해당 항목에 대한 세부적인 데이터가 새로운 시트에 표시된다.

② 데이터 그룹 수준을 확장하거나 축소해서 요약 정보만 표시할 수도 있고 요약된 내용의 세부 데이터를 표시할 수도 있다.

③ 행을 열로 또는 열을 행으로 이동하여 원본 데이터를 다양한 방식으로 요약하여 표시할 수 있다.

④ 피벗 테이블과 피벗 차트를 함께 만든 후에 피벗 테이블을 삭제하면 피벗 차트도 자동으로 삭제된다.

24년 5회, 23년 3회, 22년 5회, 21년 3회, 2회, 18년 2회, 14년 1회, 10년 2회

05 다음 중 시나리오에 관한 설명으로 옳지 않은 것은?

① 하나의 시나리오에 변경 셀을 최대 32개까지 지정할 수 있다.

② 요약 보고서나 피벗 테이블 보고서로 시나리오 결과를 작성할 수 있다.

③ 시나리오 병합을 통하여 다른 통합 문서나 다른 워크시트에 저장된 시나리오를 가져올 수 있다.

④ 입력된 자료들을 그룹별로 분류하고, 해당 그룹별로 원하는 함수를 이용한 계산 결과를 볼 수 있다.

▶ 정답 : 1. ④ 2. ④ 3. ① 4. ④ 5. ④

24년 3회, 23년 5회

06 다음 중 부분합 실행 결과에 대한 설명으로 옳지 않은 것은?

	A	B	C	D
1				
2	도서코드	도서명	분류	금액
8			소설 최대	34,200
9			소설 개수	5
14			시/에세이 최대	32,800
15			시/에세이 개수	4
23			인문 최대	35,000
24			인문 개수	7
31			정치/경제 최대	35,400
32			정치/경제 개수	6
33			전체 최대값	35400
34			전체 개수	22
35				

① 개요 기호 '③'을 클릭하여 3수준 상태로 표시되었다.

② 분류별 금액의 최대를 구한 후 개수를 구했다.

③ 데이터 아래에 요약이 표시되었다.

④ 분류를 기준으로 오름차순 정렬하였다.

24년 3회, 22년 1회, 21년 8회, 5회, 20년 1회

07 다음 중 아래 그림의 시나리오 요약 보고서에 대한 설명으로 옳지 않은 것은?

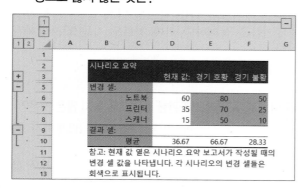

① 노트북, 프린터, 스캐너 값의 변화에 따른 평균 값을 확인할 수 있다.

② '경기 호황'과 '경기 불황' 시나리오에 대한 시나리오 요약 보고서이다.

③ 시나리오의 값을 변경하면 해당 변경 내용이 기존 요약 보고서에 자동으로 다시 계산되어 표시된다.

④ 시나리오 요약 보고서를 실행하기 전에 변경 셀과 결과 셀에 대해 이름을 정의하였다.

24년 4회, 23년 3회, 21년 4회, 2회, 16년 3회, 10년 3회, 08년 2회, 06년 3회, 05년 2회, 02년 1회, 00년 2회

08 상품 가격이 2,500원짜리 물건에 대하여 총 판매액이 1,500,000원이 되게 하기 위해서는 판매수량이 얼마나 되어야 하는지 알아보기 위해 사용되는 유용한 기능은?

① 피벗 테이블   ② 목표값 찾기

③ 시나리오   ④ 레코드 관리

24년 1회, 23년 1회, 22년 3회, 21년 7회, 18년 2회, 12년 3회, 11년 3회, 11년 2회, 09년 2회, 04년 3회, 1회, …

09 다음 중 아래 그림과 같이 목표값 찾기를 설정했을 때, 이에 대한 의미로 옳은 것은?

① 평균이 40이 되려면 노트북 판매량이 얼마가 되어야 하는가?

② 노트북 판매량이 40이 되려면 평균이 얼마가 되어야 하는가?

③ 노트북 판매량을 40으로 변경하였을 때 평균은 얼마가 되어야 하는가?

④ 평균이 40이 되려면 노트북을 제외한 나머지 제품의 판매량이 얼마가 되어야 하는가?

23년 3회, 21년 2회, 17년 2회

10 다음 중 가상 분석 도구인 [데이터 표]에 대한 설명으로 옳지 않은 것은?

① 테스트할 변수의 수에 따라 변수가 한 개이거나 두 개인 데이터 표를 만들 수 있다.

② 데이터 표를 이용하여 입력된 데이터는 부분적으로 수정 또는 삭제할 수 있다.

③ 워크시트가 다시 계산될 때마다 데이터 표도 변경 여부에 관계없이 다시 계산된다.

④ 데이터 표의 결과값은 반드시 변화하는 변수를 포함한 수식으로 작성해야 한다.

24년 3회, 21년 7회, 6회, 4회, 1회, 20년 1회, 16년 1회, 14년 1회

11 다음 중 데이터 통합에 관한 설명으로 옳지 않은 것은?

① 데이터 통합은 위치를 기준으로 통합할 수도 있고, 영역의 이름을 정의하여 통합할 수도 있다.

② '원본 데이터에 연결' 기능은 통합할 데이터가 있는 워크시트와 통합 결과가 작성될 워크시트가 같은 통합 문서에 있는 경우에만 적용할 수 있다.

③ 다른 원본 영역의 레이블과 일치하지 않는 레이블이 있는 경우에 통합하면 별도의 행이나 열이 만들어진다.

④ 여러 시트에 있는 데이터나 다른 통합 문서에 입력되어 있는 데이터를 통합할 수 있다.

23년 5회, 22년 1회, 21년 8회, 20년 2회

12 다음 중 [통합] 데이터 도구에 대한 설명으로 옳지 않은 것은?

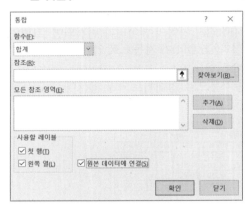

① '모든 참조 영역'에 다른 통합 문서의 워크시트를 추가하여 통합할 수 있다.

② '사용할 레이블'을 모두 선택한 경우 각 참조 영역에 결과 표의 레이블과 일치하지 않은 레이블이 있으면 통합 결과 표에 별도의 행이나 열이 만들어진다.

③ 지정한 영역에 계산될 요약 함수는 '함수'에서 선택하며, 요약 함수로는 합계, 개수, 평균, 최대값, 최소값 등이 있다.

④ '원본 데이터에 연결' 확인란을 선택하여 통합한 경우 통합에 참조된 영역에서의 행 또는 열이 변경될 때 통합된 데이터 결과도 자동으로 업데이트된다.

23년 1회, 22년 4회

13 다음 중 데이터 통합에 대한 설명으로 옳지 않은 것은?

① 참조 영역은 최대 3개까지만 추가가 가능하다.

② 지정한 영역에 계산될 요약 함수는 '함수'에서 선택하며, 요약 함수로는 합계, 개수, 평균, 최대값, 최소값 등이 있다.

③ 통합할 여러 데이터의 순서와 위치가 동일할 경우 위치를 기준으로 통합할 수 있다.

④ 사용할 데이터의 형태가 다르더라도 같은 이름표를 사용하면 항목을 기준으로 통합할 수 있다.

23년 4회

14 다음 중 아래 그림의 시나리오 요약 보고서에 대한 설명으로 옳지 않은 것은?

시나리오 요약			
	현재 값:	초과	미만
변경 셀:			
달성률	110.00%	150.00%	75.00%
계약금	3,500,000	4,300,000	2,700,000
결과 셀:			
지불금액	5,850,000	8,450,000	4,025,000

① '초과'와 '미만' 시나리오에 대한 시나리오 요약 보고서이다.

② '달성률'과 '계약금'의 변화에 따른 '지불금액'의 값을 확인할 수 있다.

③ '달성률'과 '계약금'이 이름 정의 되었음을 알 수 있다.

④ '지불금액'은 '달성률'과 '계약금'을 참조하는 수식으로 작성되지 않아야 한다.

[문제 01] Section 090

- 부분합 수행 시 그룹화할 항목으로 선택된 필드가 자동으로 정렬되지 않는다.
- 부분합을 작성하려면 먼저 그룹화할 항목을 기준으로 오름차순이나 내림차순으로 정렬한 후 부분합을 실행해야 한다.

[문제 02] Section 090

이미 부분합이 계산되어 있는 상태에서 새로운 부분합을 추가할 때는 '새로운 값으로 대치' 설정을 해제해야 한다.

[문제 03] Section 091

- 원본 데이터가 변경되어도 피벗 테이블 보고서에 자동으로 반영되지 않는다.
- 변경된 내용을 피벗 테이블 보고서에 반영하려면 [피벗 테이블 분석] → [데이터] → [새로 고침(🔄)]을 클릭해야 한다.

[문제 04] Section 091

피벗 테이블과 피벗 차트를 함께 만든 후에 피벗 테이블을 삭제하면 피벗 차트는 일반 차트로 변경된다.

[문제 05] Section 092

입력된 자료들을 그룹별로 분류하고 해당 그룹별로 특정한 계산을 수행하는 기능은 부분합이다.

[문제 06] Section 090

중첩 부분합을 수행하면 먼저 작성한 부분합의 결과가 아래쪽에 표시되므로 문제의 부분합은 분류별 금액의 개수를 구한 후 금액의 최대를 구한 것이다.

[문제 07] Section 092

워크시트에서 시나리오에 반영된 셀의 값을 변경해도 이미 작성된 시나리오 요약 보고서에는 반영되지 않는다.

[문제 08] Section 093

목표값 찾기는 수식에서 원하는 결과 값(총 판매액 1,500,000)은 알고 있지만 그 결과값을 계산하기 위해 필요한 입력값(판매수량)을 모를 경우 사용하는 도구이다.

[문제 09] Section 093

문제에 제시된 '목표값 찾기' 대화상자는 평균(E4)이 40이 되려면 노트북(B4)의 판매량이 얼마가 되어야 하는지를 찾기 위한 설정이다.

[문제 10] Section 094

데이터 표를 이용하여 입력된 데이터(결과)는 부분적으로 수정 또는 삭제할 수 없다.

[문제 11] Section 095

통합할 데이터가 있는 워크시트와 통합 결과가 작성될 워크시트가 서로 다른 경우에만 '원본 데이터에 연결'을 적용할 수 있다.

[문제 12] Section 095

- 아래 [그림1]의 상반기 판매현황과 하반기 판매현황을 [그림2]와 같이 다른 시트에 통합할 때, '원본 데이터에 연결' 확인란을 선택한 경우 [그림1]의 [B3:C6], [F3:G6] 영역의 데이터가 변경되면 [그림2]의 통합 결과(C5:D14)가 자동으로 업데이트된다.
- 하지만 행과 열(A3:A6, E3:E6, B2:C2, F2:G2)이 변경되면 자동으로 업데이트되지 않는다.

[그림1]

	A	B	C	D	E	F	G
1	상반기 판매현황				하반기 판매현황		
2	품목	판매량	판매액		품목	판매량	판매액
3	냉장고	15	14,250		비디오	18	10,080
4	오디오	14	14,000		카메라	35	11,900
5	비디오	15	14,250		냉장고	15	14,250
6	카메라	14	4,760		오디오	20	28,000

[그림2]

1	2		A	B	C	D
		1	한해 판매현황			
		2	품목		판매량	판매액
+		5	냉장고		30	28,500
+		8	오디오		30	42,000
+		11	비디오		33	24,330
+		14	카메라		49	16,660

[문제 13] Section 095

통합할 참조 영역의 개수는 기본적으로 제한이 없다. 다만 시스템의 사용 가능한 메모리에 따라 제한될 수는 있다.

[문제 14] Section 092

결과 셀(지불금액)은 변경 셀(달성률, 계약금)을 참조하는 수식으로 작성되어야 한다.

매크로

매크로 생성

610601

24.4, 24.3, 24.1, 22.4, 22.2, 21.8, 21.6, 21.4, 19.2, 19.1, 18.상시, 17.1, 16.3, 16.1, 15.3, 15.2, 15.1, 14.3, 13.3, 13.2, …

1 매크로의 개요

매크로는 엑셀에서 사용되는 다양한 명령들을 일련의 순서대로 기록해 두었다가 필요할 때 실행하면 기록해 둔 처리 과정이 순서대로 수행되도록 하는 기능이다.

• 키보드나 마우스로 매크로를 기록했더라도 VBA* 언어로 된 코드가 자동으로 생성되며, VBA문을 이용하여 직접 코드를 작성할 수도 있다.

• 매크로 기록에 사용된 명령과 함수는 Visual Basic 모듈에 저장되므로 Visual Basic Editor*를 사용하여 내용을 추가, 삭제, 변경할 수 있다.

   – **Visual Basic Editor 실행 방법**

     방법 1 : [개발 도구] → [코드] → [Visual Basic] 클릭

     방법 2 : Alt + F11 누름

   – Visual Basic Editor에서 매크로 전체를 복사하려면 Sub부터 End Sub까지를 복사하면 된다.

• 매크로 기록 중에 선택된 셀 주소는 기본적으로 절대 참조로 기록되지만 [개발 도구] → [코드] → [상대 참조로 기록]을 선택하여 상대 참조로 변경하여 기록할 수 있다.

• 매크로를 절대 참조로 기록하면 매크로를 실행할 때 선택한 셀의 위치를 무시하고 매크로가 셀을 선택한다.

기출체크 ☑

24.3, 22.4, 22.2, 21.6, 19.2, 16.3, 15.2, 14.3, 12.1, 03.4

1. 현재 셀의 위치를 기준으로 매크로가 실행되도록 하려면 [개발 도구] → [코드] → ( )을 설정한 후 매크로를 기록한다.

②매크로 생성

예제 학생별 합계와 평균을 구하는 과정을 매크로로 작성하시오.

	A	B	C	D	E	F
1	성명	국어	영어	수학	합계	평균
2	김수정	75	73	80		
3	박정호	79	71	70		
4	최아름	71	68	64		
5	박진수	85	90	98		

→

	A	B	C	D	E	F
1	성명	국어	영어	수학	합계	평균
2	김수정	75	73	80	228	76
3	박정호	79	71	70	220	73.3333
4	최아름	71	68	64	203	67.6667
5	박진수	85	90	98	273	91

① [개발 도구]* → [코드] → [매크로 기록]을 클릭한다.

② '매크로 기록' 대화상자에 매크로 이름, 바로 가기 키, 매크로 저장 위치를 차례대로 지정한 후 〈확인〉을 클릭하면 [개발 도구] 탭의 [매크로 기록]이 [기록 중지]로 변경되어 표시된다.

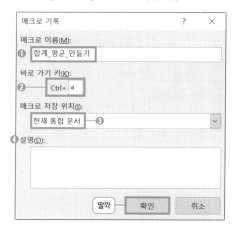

❶ 매크로 이름을 지정한다.
❷ 매크로를 실행시킬 바로 가기 키를 지정한다(선택 사항).
❸ 작성된 매크로가 저장될 위치를 지정한다.
❹ 매크로에 대한 간략한 설명을 기록한다(선택 사항).

준비하세요

'C:\길벗컴활2급필기QnE\2과목.xlsm' 파일을 불러와 '섹션096' 시트에서 실습하세요.

궁금해요 시나공 Q&A 베스트

Q 개발 도구가 없어요!

A [개발 도구] 탭은 기본적으로 화면에 표시되어 있지 않습니다. 화면에 표시하려면 [파일] → [옵션] → [리본 사용자 지정] 탭에서 '개발 도구'를 체크한 후 〈확인〉을 클릭하세요.

매크로 기록을 실행하는 다른 방법

[보기] → [매크로] → [매크로] → [매크로 기록]을 선택합니다.

③ [E2] 셀에 김수정의 합계를 구하는 수식을 직접 입력하거나(❶), 'Σ(자동 합계)' 아이콘을 이용하여 입력(❷)한다.

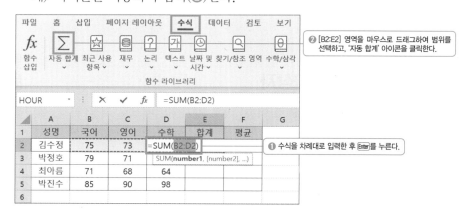

❷ [B2:E2] 영역을 마우스로 드래그하여 범위를 선택하고, '자동 합계' 아이콘을 클릭한다.

❶ 수식을 차례대로 입력한 후 Enter를 누른다.

④ [E2] 셀의 채우기 핸들을 [E4] 셀까지 드래그한다.

	A	B	C	D	E	F
1	성명	국어	영어	수학	합계	평균
2	김수정	75	73	80	228	
3	박정호	79	71	70		
4	최아름	71	68	64		드래그
5	박진수	85	90	98		
6						

⑤ [F2] 셀에 평균을 구하는 식을 입력한 후 채우기 핸들을 [F4] 셀까지 드래그한다.

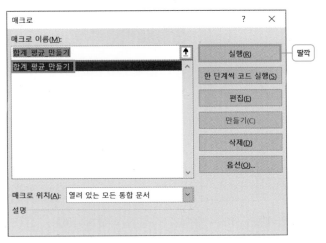

● 수식 =AVERAGE(B2:D2)를 입력한 후 Enter를 누른다.
❷ 드래그

⑥ [개발 도구] → [코드] → [기록 중지]를 눌러 매크로 작성을 종료한다.

⑦ 워크시트에서 합계, 평균 데이터를 지운 다음, [개발 도구]→ [코드] → [매크로]*를 클릭하여 작성된 매크로를 확인하고, 〈실행〉을 눌러 매크로를 실행한다. 지정한 바로 가기 키 Ctrl + a 를 눌러도 실행된다.

매크로를 실행하는 다른 방법

[보기] → [매크로] → [☰(매크로 보기)]를 클릭합니다.

딸깍

24.5, 24.4, 24.3, 24.1, 23.5, 23.4, 23.3, 23.2, 23.1, 22.5, 22.4, 22.3, 22.2, 21.8, 21.7, 21.6, 21.5, 21.4, 21.3, 21.2, ...

610603 ▶

3 '매크로 기록' 대화상자

매크로를 기록할 때 매크로 이름, 바로 가기 키, 매크로 저장 위치, 설명을 입력하는 대화상자이다.

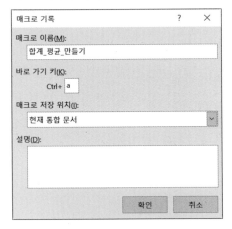

전문가의 조언

중요해요! 매크로 이름 지정 방법, 바로 가기 키 지정 방법, 매크로가 저장되는 위치 등 '매크로 기록' 대화상자에서 설정하는 내용에 대한 문제가 자주 출제됩니다.

❶ 매크로 이름 지정하기

- '매크로1, 매크로2 , …' 등과 같이 자동으로 부여되지만, 사용자가 원하는 이름을 임의로 지정할 수 있다.
- 이름 지정 시 첫 글자는 반드시 문자로 지정해야 하고, 두 번째 글자부터 문자, 숫자, 밑줄 문자(_) 등을 사용할 수 있다.
- / ? ' ' . – ※ 등과 같은 문자와 공백은 매크로의 이름으로 사용할 수 없다.
- 하나의 통합 문서에는 이름이 동일한 매크로가 존재할 수 없다.
- 매크로 이름은 대소문자를 구분하지 않는다.
- 지정된 매크로의 이름을 변경할 수 있다.

❷ 바로 가기 키 지정하기

- 바로 가기 키에는 영문자만 사용할 수 있으며, 지정하지 않아도 매크로를 기록할 수 있다.
- 기본적으로 Ctrl과 조합하여 사용하고, 대문자로 지정하면 Shift가 자동으로 덧붙여 지정된다.
- 매크로에 지정된 바로 가기 키가 엑셀의 바로 가기 키보다 우선한다.
- 지정된 바로 가기 키를 수정할 수 있다.

❸ 매크로가 저장되는 위치 지정하기

- **개인용 매크로 통합 문서**
  - PERSONAL.XLSB는 개인용 매크로 통합 문서로, 이 문서에 저장된 매크로는 모든 통합 문서에서 실행할 수 있다.
  - 엑셀이 시작될 때 XLSTART 폴더※에 있는 모든 문서가 한꺼번에 열리는데, 개인용 매크로 통합 문서는 이 XLSTART 폴더에 있다.
- **새 통합 문서** : 새 통합 문서를 열어 매크로를 기록하고 적용한다.
- **현재 통합 문서** : 현재 작업중인 통합 문서에 매크로를 기록하고 적용한다.

❹ 설명

해당 매크로에 대한 간략한 설명으로, 사용자가 임의로 지정할 수 있다.

기출체크 ☑

2. 매크로 이름의 첫 글자는 반드시 숫자이어야 하며, 문자, 숫자, 공백문자 등을 혼합하여 지정할 수 있다. (○, ×)

3. 매크로 실행의 바로 가기 키가 엑셀의 바로 가기 키보다 우선한다. (○, ×)

[기출 포인트]
- 매크로 이름은 대·소문자를 구분하지 않는다.
- 매크로 이름에는 공백을 사용할 수 없다.
- 하나의 통합 문서에서는 동일한 이름의 매크로를 작성할 수 없다.

[기출 포인트]
- 엑셀의 바로 가기 키를 매크로의 바로 가기 키로 지정할 수 있다.
- 바로 가기 키를 대문자로 지정하면 Shift가 자동으로 붙는다.

[기출 포인트]
- 매크로의 저장 위치에는 '개인용 매크로 통합 문서, 새 통합 문서, 현재 통합 문서'가 있다.
- 매크로를 '개인용 매크로 통합 문서'로 저장하면 모든 엑셀 문서에서 사용할 수 있다.

XLSTART 폴더의 위치

Windows 10의 경우 Windows가 C 드라이브에 설치되어 있다면 'C:\사용자\사용자 계정\AppData\Roaming\Microsoft\Excel\XLSTART' 폴더에 있습니다.

기출체크 2번

매크로 이름의 첫 글자는 반드시 문자로 지정해야 하고, 두 번째 글자부터 문자, 숫자, 밑줄 문자(_) 등을 사용할 수 있지만 공백은 사용할 수 없습니다.

기출체크 정답
2. × 3. ○

매크로 실행

중요해요! 매크로의 실행 방법으로 옳지 않은 내용을 찾는 문제가 자주 출제됩니다.

[기출 포인트]

매크로는 셀에 연결하여 실행할 수 없다.

① 24.5, 24.2, 23.4, 23.2, 21.4, 21.1, 18.2, 17.2, 14.3, 13.3, 10.2, 09.2, 09.1, 08.2, 08.1, 07.4, 06.4, 06.3, 05.4, 04.3, ⋯

매크로 실행

17.2, 14.3, 08.2, 08.1, 07.4, 06.4, 06.3, 05.4, 04.3, 04.2, 03.4, 03.3, 01.2, 00.3, 99.1

❶ '매크로' 대화상자 이용

다음과 같이 수행한 후 '매크로' 대화상자에서 매크로 이름을 선택하여 실행한다.

- 방법 1 : [보기] → [매크로] → [▦(매크로)] 클릭

- 방법 2 : [개발 도구] → [코드] → [매크로] 클릭

- 방법 3 : Alt + F8 누름

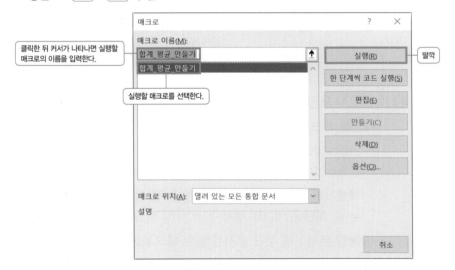

24.5, 24.2, 23.2, 21.4, 21.1, 18.2, 17.2, 14.3, 10.2, 09.1, 08.2, 07.4, 06.3, 05.4, 03.3

❷ 바로 가기 키 이용

매크로를 기록할 때 지정한 바로 가기 키를 누른다.

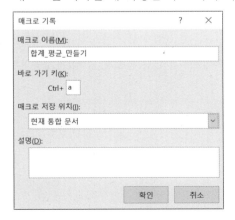

24.2, 23.4, 23.2, 21.4, 18.2, 17.2, 13.3, 10.2, 09.2, 09.1, 05.4

❸ 개체나 도형 이용

워크시트에 삽입된 도형, 그림, 차트, 명령 단추 컨트롤 등에 매크로를 지정하여 실행한다.

- 도형을 삽입한 후 바로 가기 메뉴에서 [매크로 지정]을 선택하고 원하는 매크로와 연결하여 사용한다.

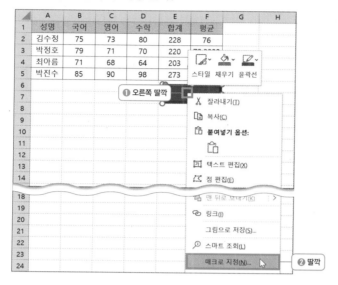

기출체크 ☑

24.5, 24.2, 23.2, 21.4, 21.1, 18.2, 14.3, 10.2, 09.1, 07.4, 05.4, 03.3, 01.2

1. 매크로를 실행하고자 하는 셀을 선택한 다음 마우스의 오른쪽 버튼을 눌러 매크로를 실행할 수 있다. (○, ×)

23.5, 23.2, 23.1, 22.2, 21.2, 21.1, 20.1, 18.1, 16.2, 15.3, 13.1, 10.3, 05.3, 05.2, 01.1

610702 ▶

② '매크로' 대화상자

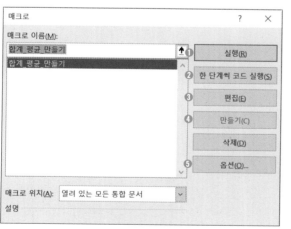

❶ **실행** : 선택한 매크로를 실행한다.
❷ **한 단계씩 코드 실행** : 선택한 매크로를 한 줄씩 실행한다(디버깅* 용도).
❸ **편집** : Visual Basic Editor를 이용해 선택한 매크로의 이름이나 명령들을 편집한다.
❹ **만들기** : Visual Basic Editor를 이용해 매크로를 작성한다.
❺ **옵션** : 선택한 매크로의 바로 가기 키나 설명을 변경한다.

기출체크 ☑

23.5, 23.2, 21.2, 20.1, 18.1, 13.1, 10.3

2. '매크로' 대화상자에서 [옵션] 단추를 클릭하면 선택한 매크로의 매크로 이름과 설명을 수정할 수 있는 '매크로 옵션' 대화상자를 표시한다. (○, ×)

기출체크 1번

그림이나 단추 등에는 매크로를 연결할 수 있으나 셀에 매크로를 연결하는 기능은 없습니다.

👨‍🏫 **전문가의 조언**

'매크로' 대화상자에 대한 설명으로 틀린 것을 묻는 문제가 출제되고 있습니다.

[기출 포인트]

- 매크로 이름이나 명령 내용 편집은 〈편집〉 단추를 이용한다.
- 바로 가기 키와 설명 변경은 〈옵션〉 단추를 이용한다.
- 매크로 작성은 〈만들기〉 단추를 이용한다.

디버깅(Debugging)

매크로 작성 혹은 실행하는 과정에서 오류가 발생할 경우 오류를 수정하기 위한 작업 과정을 말합니다.

기출체크 2번

'매크로' 대화상자의 〈옵션〉 단추를 클릭하면 선택한 매크로의 바로 가기 키와 설명을 수정할 수 있는 '매크로 옵션' 대화상자가 표시됩니다.

기출체크 정답
1. × 2. ×

24.4, 23.2, 22.1, 21.8, 21.5, 20.상시, 20.2, 18.상시, 16.1, 15.1, 14.1, 12.1

③ 매크로 보안 설정

- [개발 도구] → [코드] → [매크로 보안]을 선택하여 매크로의 보안을 설정할 수 있다.
- 엑셀의 매크로 보안은 기본적으로 '알림이 없는 매크로 사용 안 함'으로 설정되어 있는데, 이 경우 매크로가 포함된 문서를 열면 '보안 경고' 메시지*가 표시된다.

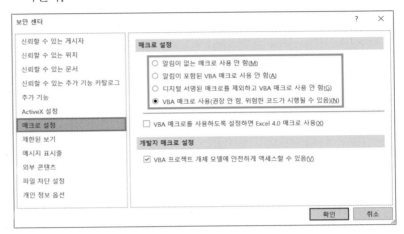

기출체크 ☑

22.1, 16.1, 14.1

3. 다음 중 선택 가능한 매크로 보안 설정으로 옳지 않은 것을 고르시오. (　　　)

- ⓐ 알림이 없는 매크로 사용 안 함
- ⓑ 알림이 포함된 VBA 매크로 사용 안 함
- ⓒ 디지털 서명된 매크로를 제외하고 VBA 매크로 사용 안 함
- ⓓ VBA 매크로 사용(권장)

기출체크 정답
3. ⓓ

24년 4회, 22년 4회, 2회, 21년 6회, 20년 상시, 15년 2회, 13년 2회, 11년 1회

01 다음 중 매크로에 관한 설명으로 옳지 않은 것은?

① 서로 다른 매크로에 동일한 이름을 부여할 수 없다.

② 매크로는 반복적인 작업을 자동화하여 복잡한 작업을 단순한 명령으로 실행할 수 있도록 한다.

③ 매크로 기록 시 사용자의 마우스 동작은 기록되지만 키보드 작업은 기록되지 않는다.

④ 현재 셀의 위치를 기준으로 매크로가 실행되도록 하려면 '상대 참조로 기록'을 설정한 후 매크로를 기록한다.

24년 1회, 22년 3회, 2회, 21년 7회, 6회, 20년 2회, 16년 3회

02 다음 중 매크로의 바로 가기 키에 대한 설명으로 옳지 않은 것은?

① 매크로 생성 시 설정한 바로 가기 키는 [매크로] 대화상자의 [옵션]에서 변경할 수 있다.

② 기본적으로 바로 가기 키는 Ctrl과 조합하여 사용하지만 대문자로 지정하면 Shift가 자동으로 덧붙는다.

③ 바로 가기 키의 조합 문자는 영문자만 가능하고, 바로 가기 키를 설정하지 않아도 매크로를 생성할 수 있다.

④ 엑셀에서 기본적으로 지정되어 있는 바로 가기 키는 매크로의 바로 가기 키로 지정할 수 없다.

24년 4회, 23년 2회, 22년 5회, 19년 2회

03 다음 중 매크로에 관한 설명으로 옳지 않은 것은?

① 같은 통합 문서 내에서 시트가 다르면 동일한 매크로 이름으로 기록할 수 있다.

② [매크로 기록] 대화상자에서 바로 가기 키 지정 시 영문 대문자를 사용하면 Shift가 자동으로 덧붙는다.

③ 엑셀을 실행할 때마다 매크로를 사용할 수 있게 하려면 [매크로 기록] 대화상자에서 매크로 저장 위치를 '개인용 매크로 통합 문서'로 선택한다.

④ 통합 문서를 열 때 어떤 상황에서 어떤 매크로를 실행할지 매크로 보안 설정을 변경하여 제어할 수 있다.

21년 8회, 5회, 2회, 18년 2회, 16년 2회, 11년 2회, 10년 3회, 09년 2회

04 다음 중 [매크로 기록]에 관한 설명으로 옳지 않은 것은?

① 매크로 이름의 첫 글자는 반드시 문자이어야 하며 나머지는 문자, 숫자, 밑줄 등을 사용할 수 있다.

② 공백 및 밑줄로 단어를 구분할 수 있으며 셀 참조가 되는 매크로 이름을 사용할 수 있다.

③ 매크로 실행의 바로 가기 키는 Ctrl과 함께 사용하며, 문자로 @나 #과 같은 특수 문자나 숫자는 사용할 수 없다.

④ 매크로 실행의 바로 가기 키는 매크로가 포함된 통합 문서를 사용하는 동안 이와 동일한 Excel에 기본적으로 지정되어 있는 바로 가기 키는 무시되므로 주의한다.

22년 4회

05 다음 중 매크로 단축키로 옳지 않은 것은?

① Alt + a
② Ctrl + a
③ Ctrl + Shift + a
④ Ctrl + p

24년 5회, 2회, 23년 2회, 21년 4회, 1회, 18년 2회, 14년 3회, 10년 2회, 09년 1회, 07년 4회, 05년 4회, …

06 다음 중 매크로의 실행 방법에 관한 설명으로 옳지 않은 것은?

① 실행하려는 셀을 선택한 후 마우스 오른쪽 버튼 메뉴에서 [매크로 지정]을 선택하여 매크로를 기록한 후 실행할 수 있다.

② 양식 도구 모음의 '단추' 버튼을 사용하여 매크로 실행 단추를 만들어 매크로를 실행할 수 있다.

③ 바로 가기 키를 이용해서 매크로를 실행할 수 있다.

④ 매크로 이름 상자에서 실행할 매크로 이름을 선택하여 실행할 수 있다.

23년 2회, 21년 1회, 16년 2회, 15년 3회, 13년 1회

07 다음 중 아래의 괄호 안에 들어갈 단추명이 바르게 연결된 것은?

> 매크로 대화상자의 (㉮) 단추는 바로 가기 키나 설명을 변경할 수 있고, (㉯) 단추는 매크로 이름이나 명령 코드를 수정할 수 있다.

① ㉮ – 옵션   ㉯ – 편집

② ㉮ – 편집   ㉯ – 옵션

③ ㉮ – 매크로   ㉯ – 보기 편집

④ ㉮ – 편집   ㉯ – 매크로 보기

▶ 정답 : 1. ③   2. ④   3. ①   4. ②   5. ①   6. ①   7. ①

23년 5회, 21년 2회, 20년 1회, 18년 1회, 13년 1회, 05년 2회

08 다음 중 [매크로] 대화상자에 대한 설명으로 옳지 않은 것은?

① 매크로 이름을 선택한 후 [실행] 단추를 클릭하면 매크로가 실행된다.
② [한 단계씩 코드 실행] 단추를 클릭하면 Visual Basic Editor에서 매크로 실행 과정을 단계별로 확인할 수 있다.
③ [만들기] 단추를 클릭하면 빠른 실행 도구 모음에 매크로 실행 명령을 추가할 수 있다.
④ [옵션] 단추를 클릭하면 매크로 바로 가기 키를 수정할 수 있다.

22년 1회, 21년 8회, 5회, 20년 상시, 18년 상시, 16년 1회, 14년 1회

09 다음 중 선택 가능한 매크로 보안 설정으로 옳지 않은 것은?

① 알림이 없는 매크로 사용 안 함
② 알림이 포함된 VBA 매크로 사용 안 함
③ 디지털 서명된 매크로를 제외하고 VBA 매크로 사용 안 함
④ VBA 매크로 사용(권장)

21년 4회, 19년 1회, 14년 3회, 07년 2회

10 다음 중 매크로 작성에 대한 설명으로 옳은 것은?

① 엑셀에서 지정되어 있는 바로 가기 키를 지정하면 에러가 발생한다.
② 매크로 이름은 문자로 시작해야 하므로 숫자로만 구성된 매크로 이름은 만들 수 없다.
③ 매크로 바로 가기 키를 대문자로 지정하면 Ctrl이 자동으로 덧붙는다.
④ 기록된 매크로를 수정할 수 없으므로 수정하려면 제거 후 다시 만들어야 한다.

21년 8회, 17년 1회

11 다음 중 매크로의 특징에 대한 설명으로 옳지 않은 것은?

① 매크로 기록을 시작한 후의 키보드나 마우스 동작은 VBA 언어로 작성된 매크로 프로그램으로 자동 생성된다.
② 기록한 매크로는 편집할 수 없으므로 기능과 조작을 추가 또는 삭제할 수 없다.
③ 매크로 실행의 바로 가기 키가 엑셀의 바로 가기 키보다 우선한다.
④ 도형을 이용하여 작성된 텍스트 상자에 매크로를 지정한 후 매크로를 실행할 수 있다.

24년 1회

12 다음 중 매크로에 대한 설명으로 옳은 것은?

① 매크로의 이름은 문자로 시작하여야 하고, 공백을 포함할 수 있다.
② 모든 통합 문서에서 매크로가 실행될 수 있도록 매크로 저장 위치를 설정할 수 있다.
③ 한 번 작성된 매크로는 삭제할 수 없다.
④ 매크로 작성을 위해 Visual Basic 언어를 따로 설치해야 한다.

▶ 정답 : 8. ③ 9. ④ 10. ② 11. ② 12. ②

[문제 01] Section 096

매크로 기록 시 사용자의 마우스 동작은 물론 키보드 작업도 모두 기록된다.

[문제 02] Section 096

엑셀에서 기본적으로 지정되어 있는 바로 가기 키도 매크로의 바로 가기 키로 지정할 수 있다.

[문제 03] Section 096

하나의 통합 문서에는 동일한 이름의 매크로를 작성할 수 없다.

[문제 04] Section 096

공백이나 셀 참조가 되는 매크로 이름은 사용할 수 없다.

[문제 05] Section 096

매크로 단축키는 기본적으로 Ctrl과 조합하여 지정할 수 있고, 대문자로 지정할 경우에는 Shift가 자동으로 덧붙는다.

[문제 06] Section 097

셀에서 마우스 오른쪽 버튼을 눌러 매크로를 실행하는 기능은 제공되지 않는다.

[문제 07] Section 097

'매크로' 대화상자의 〈옵션〉 단추는 바로 가기 키나 설명을, 〈편집〉 단추는 매크로 이름이나 명령 코드를 수정할 수 있다.

[문제 08] Section 097

'매크로' 대화상자에서 [만들기] 단추를 클릭하면 코드를 직접 입력하여 매크로를 작성할 수 있는 Visual Basic Editor 화면이 표시된다.

[문제 09] Section 097

[개발 도구] → [코드] → [매크로 보안]에서 설정할 수 있는 항목은 다음과 같다.

- 알림이 없는 매크로 사용 안 함
- 알림이 포함된 VBA 매크로 사용 안 함
- 디지털 서명된 매크로를 제외하고 VBA 매크로 사용 안 함

- VBA 매크로 사용(권장 안 함, 위험한 코드가 시행될 수 있음)

[문제 10] Section 096

① 엑셀에서 지정한 바로 가기 키를 매크로 실행용 바로 가기 키로 사용할 수 있다.

③ 매크로 바로 가기 키를 대문자로 지정하면 Shift가 자동으로 덧붙는다.

④ '매크로' 대화상자에서 수정할 매크로를 선택한 후 [편집] 단추를 클릭하면 Visual Basic Editor를 이용해 매크로를 수정할 수 있다.

[문제 11] Section 096

기록한 매크로는 편집이 가능하다.

[문제 12] Section 096

① 매크로의 이름에는 공백을 포함할 수 없다.

③ [개발 도구] → [코드] → [매크로]를 선택한 후 '매크로' 대화상자에서 원하는 매크로를 선택하여 삭제할 수 있다.

④ 매크로를 작성하면 자동으로 VBA(Visual Basic for Applications)에 작성되므로 따로 Visual Basic 언어를 설치할 필요가 없다.